Ignoriert, ausgelacht und abgezogen

IGNORIERT

AUSGELACHT

UND ABGEZOGEN

Wenn Politik und Bürger auf
verschiedenen Planeten leben

Ein Politthriller über eine Protestbewegung,
von der der heutige Arbeitsminister von
NRW, Karl-Josef Laumann, einmal sagte:
"In meinem gesamten politischen Leben
habe ich noch nie so eine politische
Bewegung gesehen"

Über den Autor: Siegfried Genreith, 63, ist Mathematiker, verheiratet, hat drei erwachsene Kinder und lebt in Nideggen/Eifel/NRW. Nach Abschluss seines Studiums an der Universität Köln arbeitete er mehr als drei Jahrzehnte bei einem weltweit führenden IT-Unternehmen als IT-Architekt und Chefdesigner in der Betreuung internationaler Großkunden aus der Banken- und Versicherungsbranche. Neben seinen Hauptaufgaben schrieb er dabei seit den frühen 90er Jahren immer wieder einmal Artikel für Fachzeitschriften. Einer seiner Schwerpunkte war das Thema „Künstliche Intelligenz", zu deren Grundlagen er eigene Gedanken und Ideen seit 2010 in mehreren Büchern veröffentlicht hat. Dazu zählen die Sachbücher „Bewusstsein, Zeit und Symmetrien", „The Source of the Universe", sowie unter seinem Pseudonym „Friedegis Heintger" die fiktionalen Erzählungen „Funkenflug" und „Einsichten eines Schwarms".

Sein neues Buch „Ignoriert, ausgelacht und abgezogen" fällt aus diesem Rahmen heraus. Er beschreibt darin in lockerem Erzählstil seine Erfahrungen mit einer landesweiten Initiative, die er im Frühjahr des Jahres 2010 ins Leben gerufen hatte, die schnell weite Kreise zog, außerordentlich erfolgreich wurde und letztlich ein bestehendes Landesgesetz in NRW zu Fall brachte.

Bibliografische Information der Deutschen Nationalbibliothek:

Die Deutsche Nationalbibliothek verzeichnet diese Publikation in der Deutschen Nationalbibliografie; detaillierte bibliografische Daten sind im Internet über dnb.d-nb.de abrufbar.

© 2019, 2020 Genreith, Siegfried

Lektorat: Karl-Udo Priesmeier, Bielefeld

1. Auflage März 2019
3. überarbeite Auflage August 2020

Herstellung und Verlag: BoD – Books on Demand, Norderstedt

ISBN: 978-3-7412-9433-4

Inhalt

Bedenkseite

Mainstream, Mehrheitsmeinung, Zeitgeist sind Begriffe, die heutzutage von Vielen zutiefst verachtet werden. Dabei kann eine Gesellschaft nur funktionieren, wenn eine überwiegende Mehrheit sich auf gemeinsame Wahrheiten – oder Werte – verständigt, unabhängig davon, ob die in einem objektiven Sinne wirklich wahr und richtig sind. Ohne Nachahmung wären wir alle in dieser Welt verloren. Wir müssen uns von frühester Kindheit darauf verlassen, dass die anderen um uns herum schon wissen, was man zu tun, zu sagen und zu denken hat. Dass man einem ausgewachsenen Höhlenbären alleine und unbewaffnet tunlichst nicht seine Beute streitig machen sollte, war sicher in der Frühzeit einmal ein weithin akzeptierter Gemeinplatz, den niemand ungestraft infrage stellte. Dass die fußläufige Überquerung der A1 in der Rushhour bei Köln keine gute Idee ist, weiß hoffentlich auch jedes Kind, ohne es selbst ausprobiert zu haben. Beides gehört und gehörte auch zum Mainstream. Wir können nur überleben, weil 99% unseres Verhaltens auf Nachahmung beruht. Darin unterscheiden sich Untertanen von Rebellen nur marginal.

Es ist nicht einfach zu entscheiden, welches Verhalten, welche Meinungen man hinterfragen sollte und welche nicht, und es ist manchmal beides nicht ungefährlich. Wenn eine überwältigende Mehrheit 1914 an den Bahnhöfen jubelnd ihre Söhne, Väter und Brüder in den Krieg gegen Frankreich schickte, war auch das aus unserer Perspektive heraus eine krasse Fehlleistung. Als alles Volk im Februar 1943 jubelnd „Ja" antwortete auf die Frage von Joseph Goebbels „Wollt ihr den totalen Krieg?", hätte man der Mehrheit deutlich widersprechen müssen, was nicht wenige unter Lebensgefahr wohl auch taten. Dies sind nur zwei Beispiele unter vielen, wo die Mehrheitsmeinung ein ganzes Volk in den Untergang gerissen hat. Von einem breiten Konsens getragen war im ausgehenden Mittelalter auch die Ansicht, dass Hexen hauptverantwortlich waren für die Abkühlung des Klimas, für Hagelschlag, Ernteausfälle und Hungersnöte, mit den bekannt tragischen Begleiterscheinungen. Und heute glaubt eine große Mehrheit immer noch daran, dass Windräder den Klimawandel aufhalten können. Aber bekommt nicht jedes Volk die Führung, die es verdient? Gibt es also nichts zu bedauern, weil die Mehrheit ihre Henker schließlich selbst wählt? Ist die Entwicklung zwangsläufig?

Bekanntlich stirbt die Hoffnung zuletzt. Ich habe seit einigen Jahren das immer stärker werdende Gefühl, dass unsere Gemeinschaft auf einen Abgrund zutreibt, wie eine Kanu-Gesellschaft, die fröhlich feiernd auf einem ruhigen Fluss dahintreibt und den Störenfried verflucht, der vorsichtig auf das stetig zunehmende Tosen eines Wasserfalls aufmerksam macht. Die Mahner gibt es auch jetzt, ausgegrenzt und verdammt wie schon in früheren Zeiten, und trotzdem scheint niemand den Untergang aufhalten zu können oder zu wollen. Auch ich weiß kein Mittel dagegen. Ich mache mir Gedanken und treffe Vorkehrungen, die für den Ernstfall keinesfalls ausreichen werden, so er denn eintritt. Vielleicht ist die wiederkehrende Zerstörung notwendig, um neu anzufangen, alte Fehler zu vermeiden und neue zu machen. Alles was lebt, muss sterben, damit das Neue Platz erhält.

Aber vielleicht gibt es noch eine Chance auf einen Neuanfang, ohne dass das Alte vollständig untergehen muss. Jeder kann einen Beitrag leisten. Wichtig ist es, seine Überzeugungen ständig zu hinterfragen. Genau dies ist ein Zeichen gesunder Intelligenz. Egal wie sicher ich mir in meiner Meinung bin, rufe ich mir immer wieder ins Bewusstsein, dass ich angesichts neuer Fakten vollkommen falsch liegen kann. Das bedeutet natürlich nicht, dass ich ständig meine Meinung wechsele, bin aber darauf vorbereitet, sie von Zeit zu Zeit anzupassen. An meiner Position festzuhalten würde erzwingen, unwillkommene Tatsachen dauerhaft zu ignorieren. Oft geschieht das einfach aus Dummheit und Unfähigkeit heraus. Das ist bedauerlich, aber kaum zu ändern. Dummheit regiert bekanntermaßen die Welt. Bei ansonsten hochintelligenten Menschen allerdings spielt regelmäßig Machterhalt eine wichtigere Rolle. Wer weitreichende Entscheidungen auf einer fragwürdigen Basis eigener Überzeugungen getroffen und durchgesetzt hat, kann dieses Fundament nicht einfach infrage stellen, ohne seine Existenz zu gefährden. Energiewende, Atomausstieg, Klimapolitik, Migrationspolitik, Euro-Rettung zähle ich in diese Kategorie, wo die führenden Köpfe vermutlich wissen, dass jede einzelne dieser Entscheidungen in eine Sackgasse führt. Die Verantwortlichen sehen sich vor die Alternative gestellt, das Desaster zuzugeben und die eigene Karriere damit sofort zu beenden, oder jetzt richtig Gas zu geben, neue Sündenböcke für offensichtliche Fehlentwicklungen zu benennen und vielleicht die Rolle bis zur Pensionierung noch durchzuhalten. An solchen Fehlentscheidungen hängen nicht nur Einzelpersonen, sondern ganze Netzwerke, die schwer zu fassen sind. Ausbaden muss es immer die Bevölkerung, die nur selten in die Lage kommt, Verantwortliche zur Rechenschaft zu ziehen, die ihrerseits oft unter dem Zwang des Zeitgeistes handeln.

Jeder sollte sich aber fragen, ob er immer einer Mehrheit folgen, oder ob er in der einen oder anderen Weise aus dem Durchschnitt herausragen will. Dazu muss er einige Dinge anders beurteilen. Dass die Mehrheit immer recht hat, ist ein fundamentales Missverständnis, das die Jahrtausende überdauert. Selbst in der Wissenschaft waren es immer Einzelne wie Keppler, Galileo, Newton, Einstein, Heisenberg, die – in früheren Zeiten unter Lebensgefahr – gegen eine überwältigende Mehrheit der Wissenschaftler neue Wahrheiten etablieren konnten.

Zu tun, was alle tun, zu sagen, was alle sagen, zu denken, was alle denken, ist immer bequem, aber selten richtig!

Wo alle einer Meinung sind, wird meistens gelogen!

Im Gegenteil scheint die – zugegeben eher polemische – Frage erlaubt, wann die Mehrheit schon einmal Recht hatte? Ein heute vergessener Leitsatz kritischen Journalismus ermutigte jeden Vertreter der schreibenden Zunft, gerade Mehrheitsmeinungen investigativ zu hinterfragen.

Denken Sie nach! Hinterfragen Sie vor allem vermeintlich „Offensichtliches" und „Selbstverständlichkeiten"! Lassen Sie sich nicht einschüchtern! Auch komplexe Sachverhalte sind in der Regel verständlich erklärbar. Wenn das als unmöglich behauptet wird, hat der Prophet seine eigene Verheißung nicht wirklich verstanden.

Prolog

Die Idee zu diesem Buch entstand Anfang 2018, als ich daranging, mein umfangreiches E-Mail-Archiv aufzuräumen. Im Verlaufe einer der größten politischen Protestwellen der letzten Jahre in Nordrhein-Westfalen hatte die Korrespondenz vieler unserer Mitstreiter und Gegner eine unglaubliche Zahl von Nachrichten hinterlassen. Die massiven und nahezu flächendeckenden Proteste hatten sich an einer skandalösen Landesgesetzgebung entzündet, die bundesweit ihresgleichen sucht. Es handelte sich um den zu trauriger Berühmtheit gekommenen § 61a des Landeswassergesetzes, der in seiner Urfassung sehr vielen Bürgern aufwendige und ökologisch sinnlose Arbeiten an ihren Abwasserkanälen abverlangt hatte. Die überwiegend ideologisch motivierten Belastungen daraus waren immens, in vielen Fällen sogar existenzbedrohend.

Mit der letzten Landtagswahl 2017 schien das zugrundeliegende Problem gelöst zu sein und tausende von elektronischen Nachrichten belegten viel Platz, den ich gerne freigeben wollte. Die nahezu vollständige Historie der vergangenen acht Jahre hatte einen Rechnerwechsel und mehrere Festplattenabstürze überstanden, sodass ich die Ereignisse seit 2010 aus meinem Blickwinkel heraus noch lückenlos recherchieren konnte. Eigentlich wurde mir bei der Lektüre einiger der Nachrichten erst bewusst, wie spannend und einzigartig die wechselvolle Geschichte unserer Protestbewegung bis in die Gegenwart hinein tatsächlich ist. Mit meiner Landesinitiative war ich immer mitten drin.

Die Geschichte des Widerstands gegen die Dichtheitsprüfung in Nordrhein-Westfalen, festgeschrieben im ehemaligen § 61A des Landeswassergesetzes von 2007, ist nur aus vielen unterschiedlichen Blickrichtungen zu verstehen. Zu keiner Zeit existierte eine geschlossene Organisation, nur viele über das ganze Land verstreute Akteure[1] und lokale Initiativen, die oft aus purer Verzweiflung der Betroffenen heraus ins Leben gerufen wurden. Diese zersplitterte Opposition wäre nahezu wirkungslos bei Kommunen und Bezirksregierungen verpufft, hätten die Proteste nicht unvermittelt ein gemeinsames Gesicht bekommen. Im Mai 2010 ging die Initiative „Alles dicht in NRW" an den Start, versammelte schnell die meisten verstreut bestehenden Bürgerinitiativen hinter diesem Sammelbegriff und ließ sehr viel mehr neue entstehen. Damit erst konnten viele einzelne Brandherde in Düsseldorf als Flächenbrand wahrgenommen werden. Alle Experten rieten von extremen Forderungen nach Streichung der Regelungen ab und vertraten die Ansicht, bestenfalls seien die Ausführungsbestimmungen noch diskutabel, um die Folgen

---

1 Sollte sich jemand diskriminiert fühlen durch die meist männlichen Wortformen, bitte ich um Nachsicht. Selbstverständlich meine ich jeweils alle Geschlechter – männlich, weiblich, divers. Ein „durchgegenderter" Text wäre einfach nicht mehr vernünftig lesbar und würde sich anhören wie eine Bundestagsrede.

für die Bürger abzumildern. Allen Skeptikern zum Trotz wurde im Jahr 2013 das bestehende und bereits in Umsetzung befindliche Gesetz gegen den erbitterten Widerstand weiter Kreise der Politik und des Handwerks gestrichen – ein einzigartiger Vorgang in der neueren Geschichte des Landes.

Für Außenstehende, die noch nicht mit den konkreten Folgen der damaligen Vorschriften konfrontiert waren, ist es schwer zu verstehen, was die Ursache für die Wut und den Protest gegen eine auf den ersten Blick alternativlos und eher harmlos daherkommende Regelung in Teilen der Bevölkerung war. Wieder einmal lagen die Probleme in politisch wenig beachteten Details und die Faktenlage erwies sich als fraglich bis schlicht falsch. In der Tat haben die Angst vor den Folgen dieses Gesetztes bis hin zu Panik den Proteststurm über Jahre getragen.

Die Gründe für die extremen Reaktionen von Betroffenen macht die nun folgende fiktionale Kurzgeschichte deutlicher, als es jede Auflistung harter Fakten könnte. „Die wahre Geschichte" folgt daran anschließend.

Jetzt heißt es also erst einmal

ACHTUNG – Fiktion!

… oder etwa doch nicht? Tatsächlich schildert die folgende Chronologie eine unglaubliche Katastrophe, die so oder so ähnlich hätte Tausenden unglücklicher Bürger passieren können und nicht wenigen im wirklichen Leben passiert ist.

Wie jede wahre Geschichte findet auch diese nie wirklich ein Ende. Unter dem Deckmantel der Ökologie werden wir fast täglich mit Regelungen bombardiert, die der Umwelt nicht nutzen, aber den Anbietern und Produzenten passender Lösungen und Dienstleistungen risikolos satte Renditen bescheren, während für den normalen Bürger das nackte Leben zunehmend unbezahlbar wird.

Wie das Unheil im Einzelfall seinen Verlauf nimmt und erdrutschartig den erträumten Lebensabend eines Ehepaares zerstört, erzählt nun in aller Kürze „Eine fast wahre Geschichte".

Ich wünsche ihnen viel Spaß und Betroffenheit bei der Lektüre.

Herzliche Grüße aus der wunderschönen Eifel

Siegfried Genreith

Nideggen, im August 2020

Eine fast wahre Geschichte

1. April

Heute habe ich das Angebot der Firma Rohrfrei GmbH über eine Dichtheitsprüfung meines Abwasserkanals erhalten: 500 Euro. Merkwürdig – das war exakt der Betrag, der in der Androhung der Stadt über ein Ordnungsgeld stand und genau der gleiche, den mein Nachbar zwei Jahre zuvor gezahlt hatte. Wie kamen solche Beträge zustande? Mein Nachbar hatte es eigentlich noch gut getroffen. Seine Leitungen verliefen unter der Kellerdecke und mussten nur über die acht Meter von seiner Hauswand bis in den öffentlichen Kanal geprüft und saniert werden. Das war überschaubar. Die 4.000 Euro hatten ihn zwar den Familienurlaub gekostet. Seine gewonnene Freizeit konnte er dann aber gut nutzen, um hernach seinen Vorgarten anzulegen, seine Auffahrt in Eigenleistung neu zu pflastern und den Stellplatz für sein Auto wieder in Ordnung zu bringen. Nachher sah dann alles viel schöner aus als vorher und er konnte zurecht stolz sein.

Die Nachbarin auf der anderen Seite hatte die Sache noch schneller hinter sich gebracht. Sie war als Witwe mit Kleinstrente mittellos, bis auf das alte Haus in dem sie lebte, mit maroden Tonrohren unter ihrer Kellersohle aus gestampftem Lehmboden. Sie hatte der Stadt einfach mitgeteilt, dass sie weder Prüfung noch Sanierung und erst recht kein Ordnungsgeld zahlen könne und würde. Merkwürdigerweise meldete sich die Stadt daraufhin nie wieder bei ihr. Vielleicht gingen ja Grundwassergefährdung und Fremdwassereintrag nur von wohlhabenden Hausbesitzern aus.

Bei mir war leider alles etwas schwieriger. Meine Frau und ich hatten schon einiges gespart, ein gutes Einkommen und unsere Leitungen verliefen unter unserem Erdgeschoss. Auf einen Keller hatten wir aus Kostengründen verzichtet. Wohnzimmer, Küche, Arbeitszimmer und Bad lagen im Erdgeschoss, zwei Kinderzimmer, Bad und Schlafzimmer im Dachgeschoss – alles mit Fußbodenheizung ausgestattet und ökologisch beheizt mit Gasbrennwerttechnik. Im Hinblick auf die möglichen Gebrechen unseres Alters wollten wir später einmal unser Schlafzimmer ins Erdgeschoss verlegen und vielleicht oben vermieten. Mit Rente und Miete würden wir sicher gut über die Runden kommen, ohne unseren beiden Kindern zur Last zu fallen. Deshalb gab es auch in einem der Kinderzimmer schon einen Wasseranschluss, wo dann einmal eine Küche einzubauen wäre.

Über die Dichtheitsprüfung hatte ich mir zunächst wenig Gedanken gemacht. Eine frühe Benachrichtigung der Stadt hatte ich überlesen und glaubte, mit meinem relativ neuen Haus nicht betroffen zu sein. Als mich ein Arbeitskollege auf mögliche Folgen aufmerksam machte, reagierte ich noch ungläubig und meinte, dass könne doch so gar nicht wahr sein. Ich versuchte die ganze Sache zu verdrängen und hoffte, es würde wohl gutgehen, die Prüfung meiner nach den Regeln der Technik professionell verlegten Leitungen als dicht bestätigen und ich hätte schnell meine Ruhe wieder.

Trotzdem wachte ich mehrfach nachts schweißgebadet auf. In meinem Albtraum sah ich immer wieder aufgerissene Straßen, Gärten, Zuwegungen und Wohnstuben, die feucht und modrig und nach Schimmel rochen.

Hinzu kamen erste Panikattacken, die mich tagsüber, am Wochenende, bei der Arbeit oder beim Einkauf unvermittelt heimsuchten. Aber so schlimm würde es sicher nicht werden, beruhigte ich mich. Die Handwerker würden morgens kommen, die Prüfung durchführen, mittags wieder abrücken, die Rechnung schicken und wir alle würden über meine Befürchtungen herzlich lachen.

10. April

Ich habe der Firma Rohrfrei GmbH den Auftrag zur Prüfung bestätigt. Im Kleingedruckten stand noch so etwas wie „freibleibend" und „unverbindlich" mitten in einem Kauderwelsch, das ich nicht verstand. Und die Firma machte auch nicht den Eindruck, als könne ich darüber verhandeln. Mehrfach wies man mich auf die übervollen Auftragsbücher hin und ich müsse mich schnell entscheiden, weil die Prüfung sonst in der von der Stadt gesetzten Frist nicht mehr möglich sein würde. Also unterschrieb ich mit einem mulmigen Bauchgefühl in der Gewissheit, keine Wahl zu haben.

29. Mai

Als ich gerade beim Zähneputzen bin, klingelt es an der Haustüre – einmal, zweimal, dann Sturm. Ich ziehe mir schnell den Bademantel über und öffne. Zwei Handwerker mit schwerem Gerät stehen dort, unangemeldet, und fragen nach dem Revisionsschacht. Was soll ich machen? Ich schaffe es gerade noch, zehn Minuten herauszuschlagen – die ich selbstverständlich als Arbeitszeit zu zahlen habe – in denen ich mich anziehe, meine Frau warne und damit beruhige, es sei ja alles bald vorüber, um mich dann noch an meinem Arbeitsplatz für heute krankzumelden.

Einen Revisionsschacht besitze ich nicht – das war nicht vorgeschrieben und niemand hatte mir gesagt, so etwas könne einmal wichtig sein. Nach kurzer Diskussion fällt mir die Rückstauklappe im Abstellraum ein. Zur Not geht das wohl, macht die ganze Sache jetzt aber kompliziert und der Handwerker meint, das würde jetzt teuer. Außerdem müsse man wohl nun auch vom öffentlichen Kanal aus sondieren. Da es vor meinem Haus keinen Kanaldeckel gibt, würde man, wenn es ganz dumm läuft, schon die Straße aufreißen müssen – natürlich auf meine Kosten. Der Angebotspreis ist schon nach der ersten Arbeitsstunde Makulatur. Ein Aufschrei meiner Frau zeigt eine große Beschädigung unserer Küchentüre an, verursacht durch den Transport des schweren Untersuchungsgerätes ins Haus.

Da unsere Küche vorübergehend nicht benutzbar ist, gehe ich mit meiner Frau auswärts essen.

30. Mai

Die Firma hat angerufen und mitgeteilt, dass man aufgrund eines Notfalls heute die Arbeiten nicht fortführen könne.

5. Juni

Endlich beginnt die eigentliche TV-Untersuchung. Ständig rennen irgendwelche Leute durchs Haus, schreien, trampeln durch Diele und Küche. Mein Parkett im Wohnzimmer werde ich wohl abschleifen und neu versiegeln müssen, wenn das alles hier vorbei ist. Etwas scheint nicht zu stimmen. Der Anführer der Handwerkertruppe eröffnet mir, dass sie zwei Abzweige meines Leitungsnetzes mit der Kamera nicht erreichen können. Die gute Nachricht sei aber, dass man die Straße nicht aufreißen müsse. Bis jetzt habe man auch noch keine Schäden erkennen können. Aber es reiche noch nicht zu einer Dichtheitsbescheinigung. Dazu müsse man mindestens 90 % untersucht haben. Er meint, ich habe nun zwei Möglichkeiten. Um mit der Kamera an die fraglichen Rohre heranzukommen müsse er an zwei Stellen, hinten im Wohnzimmer neben der Terrassentüre und im Bad unter der Wanne den Boden aufstemmen. Alternativ könne er auch eine Druckprüfung durchführen. Bei einem so neuen Haus hätten meine Leitungen eine realistische Chance, die zu bestehen. Auf meine Bemerkung, dass man sich dann ja die ganze bisherige Arbeit hätte sparen können, kommt nur ein ärgerliches „Nachher ist man immer schlauer".

6. Juni

Am morgen habe ich den Chef der Firma persönlich angerufen, ihn gefragt wie das denn sein könne und wieso ich keine Bescheinigung bekäme. Das Meiste sei doch untersucht und für einwandfrei befunden. Dieser Herr Müller meinte, er könne da nichts machen, so seien halt die Gesetze im Land und die Satzung der Stadt regele eindeutig, dass in meinem Fall noch weiter zu untersuchen sei. Mehr konnte ich nicht erreichen. Von einem Arbeitskollegen erfuhr ich kurz darauf, dass Herr Müller es schließlich wissen müsse. Der saß früher im Stadtrat und hatte die Satzung persönlich entworfen. Sie war vor Jahren ohne Gegenstimme angenommen worden. Alle wollten selbstverständlich das Grundwasser retten. Merkwürdig nur, dass diese unmittelbare Gefahr für Leib und Leben nur hier wahrgenommen wurde. Meine Frau und ich hatten eben einfach nur Pech gehabt, in NRW zu leben. Nur dreißig Kilometer südlich oder westlich kennt man keine Prüfungspflicht. Und trotzdem war das Grundwasser dort in Ordnung und niemand sah eine Gefahr.

16. Juni

Eine erste Abschlagszahlung an die Rohrfrei GmbH beläuft sich bereits auf 1.500 Euro – auch egal. In dem bedauernden Schreiben heißt es, ich habe bei der Planung meines Hauses grob fahrlässig gehandelt und grundlegende Anforderungen missachtet. Man gibt mir zu verstehen, dass ich für diese Fehler nun zahlen müsse. Ich zahle sofort und hoffe, es geht bald weiter. Erst einmal aber holt die Firma ihre Gerätschaften wieder ab, weil die jetzt für andere dringendere Aufträge benötigt werden.

15. Juli

Eine Druckprüfung ist fehlgeschlagen. Bei mir wurde ein Leck diagnostiziert. Bei der Nachricht brach meine Frau weinend zusammen. Ich konnte sie auch am Abend nicht beruhigen. Als die Weinkrämpfe immer schlimmer werden, rufe ich schließlich den Notarzt. Unter starken Beruhigungsmitteln schläft sie schließlich ein. Der Hausarzt schreibt sie am nächsten Tag für eine Woche krank.

30. Juli

Im ganzen Haus hat sich eine Staubschicht verbreitet. Schon beim Frühstück knirscht es zwischen meinen Zähnen. Auch das Atmen fällt manchmal schwer. Die Feinstaubwerte dürfte ein Vielfaches der gesundheitlich noch unbedenklichen Menge betragen. Das Aufmeißeln meines Wohnzimmers an der Terrassentüre hat fast zwei ganze Tage gedauert. Die Schläge der Hämmer und das durchdringende Rattern des Pressluftmeißels dröhnten stundenlang mit kurzen Unterbrechungen durch das ganze Haus. Am Nachmittag des ersten Tages bekam meine Frau einen Schreikrampf und brach dann vollkommen zusammen. Unser Hausarzt wies sie für einige Tage ins nahegelegene Krankenhaus ein zur Untersuchung und Beobachtung. Der zweite Tag rüttelte auch an meinen Nerven. Die Arbeiter der Firma fluchten und wirkten aufgeregt. Schließlich hatte man die Kamera einführen können, aber immer noch kein Leck gefunden. Der Vorschlag lautete nun, auch mein Bad aufzustemmen und dort nachzusehen. Man könne aber auch eine Hochdruckreinigung durchführen und danach noch einmal die schon besichtigten Rohre genauer anschauen. Ich stimme dem letzten Vorschlag zu.

2. August

Meinen Familienurlaub musste ich stornieren wegen der vielen Termine. Ich konnte die Handwerker ja keineswegs unbeaufsichtigt ins Haus lassen. Meine Tochter war kurz zu Besuch gekommen, erschrocken über das, was sie sah und gleich am Abend wieder abgereist. Sonst war sie immer mehrere Nächte geblieben und hatte in ihrem alten Kinderzimmer übernachtet.

8. August

Die Druckreinigung hat die Rohre blitzblank hinterlassen. Der ganze Dreck liegt nun auf dem Parkett im Wohnzimmer, das nur unzureichend abgedeckt war. Triumphierend hält einer der Arbeiter eine Videoaufnahme hoch, die gerade aus seinem mobilen Drucker gelaufen ist. Dort ist tatsächlich ein faustgroßes Loch zu sehen. Auf meine Bemerkung, dass man das auch vorher hätte sehen müssen, meinte der Herr, das könne man so nicht sagen. Mein Verdacht, der Schaden sei wohl durch unsachgemäßen Gebrauch des Reinigungsgerätes entstanden, wurde brüsk als beleidigend zurückgewiesen: Das müsse ich erst noch beweisen, bevor ich solch ungeheuerliche Behauptungen in die Welt setze. Natürlich konnte ich nichts beweisen. Als wenn das nicht schon schlimm genug wäre, erzählt mir kurz darauf ein Nachbar, der sich in der Materie etwas auskennt, dass meine Rohre nach einer Druckreinigung wohl auch kaum noch eine weitere Dichtheitsprüfung bestehen würden. Die ganze Selbstabdichtung sei jetzt perdu und jede der im oberen Bereich ausgetrockneten Gummidichtungen sei jetzt wohl da weggeschossen worden.

12. August

Der Einbau eines harzgetränkten Kurzliners hat eine Riesensauerei verursacht. Die Fliesen in der Diele, die Haus- und Terrassentüre sind wohl nicht mehr vollständig sauber zu bekommen. Die Firma Rohrfrei hatte mir angeboten, den Restbetrag für die Prüfung zur Hälfte zu erlassen, wenn ich ihr den Auftrag zur Sanierung erteile. Ich hatte zugestimmt. Da wusste ich noch nicht, dass nur wenige Firmen in NRW mit dieser Technik Erfahrung haben und die Rohrfrei GmbH gehörte nachweislich nicht dazu. Nach einem weiteren Nervenzusammenbruch hat meine Frau jetzt eine mehrwöchige Reha-Maßnahme angetreten.

15. August

Die vorgeschriebene Druckprüfung nach der ersten Sanierungsmaßnahme war nicht erfolgreich. Ein weiteres Leck war nicht eindeutig zu orten. Aufgrund der vielen Verzweigungen scheidet der Einsatz weiterer Inliner aus. Der Chef der Firma, Herr Müller, hat vorgeschlagen, Bad und Küche im Erdgeschoss stillzulegen und die Rohre aus dem Dachgeschoss unter der Wohnzimmer- und Küchendecke nach draußen zu führen. Zum Glück ist meine Frau noch zur Kur. Der Staub hat inzwischen die letzten Ritzen erreicht, liegt im Kühlschrank, auf jedem Teller, jedem Besteckteil. Es knirscht bei jeder Bewegung im Haus. Putzen hilft nur eingeschränkt und für kurze Zeit. Mich stört jetzt der zunehmend muffige Geruch im ganzen Haus, der aus den beiden tiefen Löchern im Boden strömt. Erste Schimmelspuren machen sich schon an den Rändern breit.

Ich brauche erst einmal Bedenkzeit. Herr Müller drängt und verweist auf seine vollen Auftragsbücher.

20. August

Meine Frau ist immer noch in Kur. Wenn sie anruft, erzähle ich nur die positiven Seiten meiner augenblicklichen Existenz. Die Telefonate sind meist nur kurz.

22. August

Es ist mein Geburtstag und ich habe niemanden eingeladen. Meine Frau hat morgens angerufen und gratuliert. Mein herzliches Dankeschön für die Glückwünsche fiel wenig überzeugend aus. Kurz danach habe ich bei der Stadt angerufen, meine Qual beschrieben. Die Antwort war so barsch wie eindeutig: Wenn eine Leitung undicht ist, muss die saniert oder stillgelegt werden. Ich frage noch, ob man nach dem Stand der Untersuchungen nun nicht doch Dichtheit bescheinigen könne. Wieder eine klare Antwort, die deutlich erkennen lässt, dass mein Anruf stört: Das Landesgesetz habe man nicht bei der Stadt gemacht und man müsse sich an die Vorschriften halten.

12. September

Meine Frau ist aus der Kur zurück. Ich habe sie am Bahnhof abgeholt. Auf dem Weg nach Hause beginnt sie leise zu weinen. Sobald die Haustüre sich öffnet, steht sie sprachlos in der Diele und schluchzt hemmungslos. Ich weiß nicht, wie ich sie beruhigen kann.

20. September

Ich habe eine kleine Wohnung in der Stadt angemietet. Auch ich halte es zu Hause nicht mehr aus. Da die Fußbodenheizung schon seit Wochen nicht mehr geht, wird es allmählich kalt dort und die vielen Elektroheizkörper, die ich angeschafft habe, verbreiten eine eher unangenehme Wärme.

30. Oktober

Ich habe einen Käufer für unser Haus gefunden für einen Bruchteil seines ursprünglichen Wertes. Ein Bauunternehmer hat es gekauft und führt nun die Sanierung mit seinen eigenen Leuten zu Ende. Alle Rohre unter dem Erdgeschoss sind freigelegt und werden komplett ausgetauscht. Der Mann sagte mir, dass die alten aus seiner Sicht vollkommen in Ordnung gewesen waren und wohl niemals irgendein Problem für Grundwasser oder Fremdwassereintritt bestanden hätte. Der Trümmerbruch konnte seines Erachtens nur durch die Hochdruckreinigung entstanden sein. Leider könnten nur wenige Arbeiter mit diesen Geräten richtig umgehen.

24. Dezember

Ich überrasche meine Frau mit dem Kaufvertrag für ein kleines Haus in den belgischen Ardennen in der unmittelbaren Nähe von Eupen, kaum 30 km Luftlinie entfernt von unserer alten Heimat. Sie freut sich unbändig. Es ist das erste Mal, dass ich sie wieder so glücklich sehe. Wir müssen noch einiges dort investieren. Da unser Geld trotz des Verkaufs aufgebraucht ist, nehmen wir einen Kredit auf. Glücklicherweise habe ich noch Arbeit und die Bank spielt mit.

1. April

Die Arbeiten haben länger gedauert, als erwartet. Dach und Installation mussten komplett erneuert, eine feuchte Wand saniert werden. Heute ziehen wir ein und sind beide zum ersten Mal seit langem wieder rundum glücklich. Das Haus liegt am Waldrand, teilweise noch aus alten Bruchsteinen der Umgebung gebaut. Holz stapelt sich hoch hinter dem Haus. Die Nachbarn sprechen Deutsch, sogar im vertrauten Dialekt der westlichen Eifel. Einen öffentlichen Kanal gibt es nicht, eine Prüfungspflicht schon gar nicht – da habe ich mich beim Bürgermeister persönlich erkundigt. So etwas stört hier niemanden – auch nicht die Sickergrube hinter dem Haus, die ich irgendwann einmal ersetzen werde durch eine Kleinkläranlage, sobald ich das finanzielle Desaster des letzten Jahres überwunden habe. Hier lässt es sich leben und auch in zwanzig Jahren würde uns hier niemand den Boden unter den Füßen wegziehen.

Es hätte schlimmer sein können. Wir sind noch einmal davongekommen und haben Glück gehabt

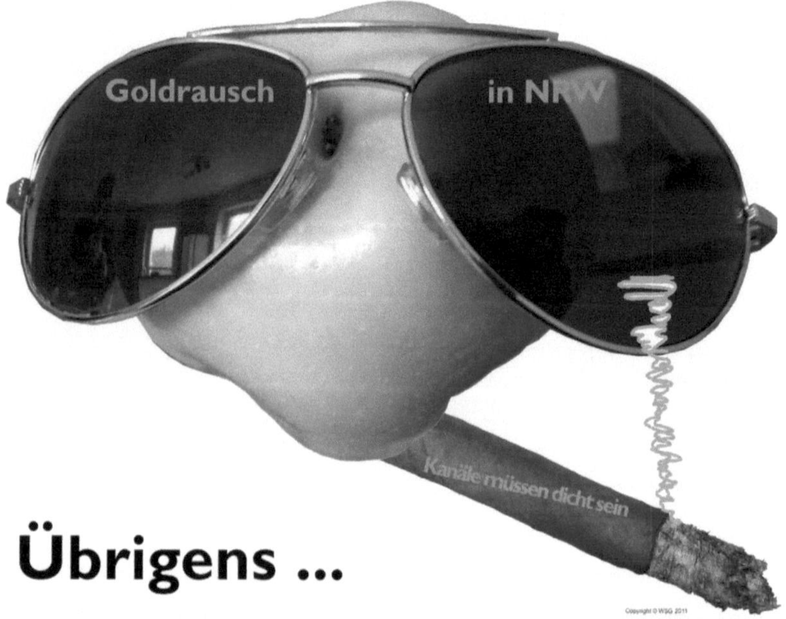

Übrigens ...

Abbildung 1: Achtung! Satire: Grüner Apfel im Goldrausch mit Sonnenbrille und Zigarre

Die wahre Geschichte

Davon steht nichts in der Bibel.

Ich bin ein unpolitischer Mensch. Ich wähle taktisch, nicht aus besonderer Verbundenheit zu einer Partei. Wenn ich CDU oder SPD will, aber ohne GRÜNE oder LINKE, dann wähle ich FDP. Wenn die mir alle nicht so recht passen, wähle ich gerne auch Protest. Zur Wahl des Landrats habe ich einmal „Snoopy"[2] auf dem Wahlzettel ergänzt und angekreuzt. Das Wahlprogramm interessiert mich eher nicht. Was zählt, ist das, was hinten rauskommt, und damit meine ich die Taten. „Worte sind Schall und Rauch" und „Papier ist geduldig" – an solchen Plattheiten ist durchaus etwas dran.

Im Übrigen war ich immer der beruhigenden Überzeugung, dass die da oben schon irgendwie vernünftig regieren, von wenigen Ausreißern abgesehen – jedenfalls im statistischen Mittel. Und sollte einmal etwas wirklich schieflaufen, würde sich sicher irgendwer rühren und dagegen vorgehen. Schließlich gibt es eine unabhängige Presse und dutzende Organisationen, die vorgeben, für das Wohl der Gemeinschaft zu arbeiten. Irgendeine davon wird es schon richten. Deshalb muss ich mich nicht aufregen oder irgendwo engagieren. Ich darf folgenlos bei Freunden und Kollegen meine überlegene Gelassenheit heraushängen, während ich darauf baue, dass andere die Kastanien aus dem Feuer holen. Außerdem kann ich mir so manchen Mist, der doch noch durchschlüpft und dem ich nicht ausweichen kann, finanziell durchaus leisten. Steigende Strompreise und höhere Gebühren sind ärgerlich. Dafür gehe ich aber sicher nicht auf die Straße. Würde ich mich engagieren, gäbe das nur Ärger. Ich hätte die Arbeit und andere profitieren gegebenenfalls. Sollen sich die doch kümmern, die vielleicht stärker von dem jeweiligen Mist betroffen sind.

Wenn man also tausende Fehlentscheidungen der Politik zusammenwirft, dann sollte das bei funktionierenden gesellschaftlichen Korrekturmechanismen im Durchschnitt leidlich passen. Dass aber trotz allem auch dieser Mittelwert und das, was letztendlich hinten rauskommt, extreme Tendenzen widerspiegelt, im Ergebnis eben nicht einmal annähernd passt und sogar existenzgefährdend sein kann, hätte ich nie für möglich gehalten.

Regeln sind auch erst einmal Papier, das irgendwo rumliegt, die jeweils einige Leute kennen und nur wenige verstehen. Mindestens eine halbe Million Vorschriften gibt es geschätzt – Gesetze, Rechtsverordnungen, Anweisungen

---

2   „Snoopy" ist der verrückte Hund von Charly Brown in der Comicserie „Die Peanuts" (02.10.1950-13.02.2000). Leider blieb er trotz Diskriminierungsverbot, Inklusion und Minderheitenschutz chancenlos.

von EU, Bund, Land, Kommune. Die kann niemand kennen. Und selbst wenn man sie liest, versteht ein normaler Mensch nur Bahnhof. Selbst Juristen verstehen nicht eindeutig, was da steht. Sonst müssten sich nicht ständig Gerichte mit deren Auslegung befassen. Ich scheitere schon am Aufsagen der Zehn Gebote. Meine Frau kriegt die auch nicht zusammen, geschweige denn die tausenden Regeln, die von der halben Million uns möglicherweise betreffen. Aber zumindest verstehen wir den Sinn hinter den Zehn Geboten, wenn wir unsere Bibel finden, oder andernfalls einfach in der Wikipedia nachschlagen. Nur Regeln, die man kennt und versteht, kann man absichtsvoll befolgen.

Ich muss mich damit abfinden, dass ich unwissentlich ständig irgendwelche Regeln verletze. Das ist normal und kein wirkliches Problem, solange nicht irgendjemand arrogant belehrend daherkommt „Das hätten sie doch wissen müssen!" und drakonische Folgen androht, oder gleich Strafen verhängt. Und kritisch wird es erst, wenn Behörden auf den Gedanken verfallen, sinnlose Regeln, die aus gutem Grund ignoriert wurden, rücksichtslos gegen die Bürger durchzusetzen, anstatt auf die naheliegendere Idee zu kommen, sie zu überdenken und zu streichen. Von Dichtheitsprüfung steht nichts in der Bibel. Ich hatte bis Anfang 2010 davon noch nie gehört.

Hoppla – das könnte wichtig sein!

Wichtige Mitteilung

Mittwochs kommt immer ein kostenloses Wochenblatt mit Nachrichten aus der Region. Diesmal ist eine behördliche Information eingelegt. „WICHTIGE MITTEILUNG" steht unter dem Logo der Stadt. Ich überfliege das beim Frühstück nur kurz, lese irgendetwas von „Häuser vor 1965" und lege es wieder weg – geht mich ja nichts an, denke ich noch. Dann nehme ich unsere Tageszeitung zur Hand. Karnevalsumzug am Sonntag – aha, neuer Frisör im Dorf – vielleicht probiere ich den einmal aus, Kanalprüfung zu Sonderkonditionen bis Monatsende. Das Radio läuft wie jeden Morgen auf SWR3. Die Verkehrslage auf der A3 ist die für mich interessanteste Nachricht – Mist! – Schneefall zwischen Koblenz und Dernbach, wieder einmal Stau zwischen Bad Camberg und Idstein, fünf Kilometer bei steigender Tendenz – na ja, nichts zu machen, da muss ich durch. Jetzt schnell rasieren, Krawatte anlegen, Anzugjacke ins Auto, Tasche prüfen – Laptop, Handy o.k. –, Koffer ist schon gepackt und dann die 235 km ab nach Frankfurt, wo ich um zehn Uhr erwartet werde. Mittwochs findet immer unser Team Meeting statt, bei dem wir uns untereinander abstimmen. Da kommen Kollegen aus unterschiedlichsten Unternehmensbereichen in ganz Deutschland zusammen, die jeweils für denselben Großkunden arbeiten.

Obwohl ich viel unterwegs bin, lässt mir der Beruf nach Feierabend mehr Raum als früher, den ich abends im Hotel für persönliche Interessen nutze, derzeit vor allem eigene Forschungen, naturwissenschaftliche Recherchen, mathematische Modelle.

Zwei Tage später bin ich wieder zu Hause. Abends gehe ich nochmal mein Manuskript für ein Buch durch, das ich demnächst veröffentlichen möchte. „Bewusstsein, Zeit und Symmetrien" ist der Titel und darin habe ich all das zusammengefasst, was ich mir in den letzten Jahren über die tiefliegenden Ursachen intelligenten Handelns erarbeitet habe.

Das Frühstück am Samstag verläuft gemütlich in entspannter Atmosphäre. Frisch gebrühter Kaffee steht auf dem Tisch. Meine Frau hat Brötchen geholt. Vielversprechende Düfte durchziehen Küche und Diele. Ich versuche einen Schluck Kaffee – ist noch zu heiß – und bestreiche mein Wurstbrot dünn mit Monschauer Senf. So lässt es sich leben. Nebenher schlage ich die Lokalzeitung auf, die heute wieder besonders dick ausfällt, auch wegen der Werbung. Aufwendige Anzeigen zur Kanalprüfung fallen mir ins Auge – was war das doch gleich?

Das Einlegeblatt der Stadt liegt noch auf dem Tisch. Das hätte man doch mit der ganzen Werbung ins Altpapier entsorgen können. Aber inzwischen hat meine Frau das sorgfältiger gelesen als ich und hakt nach, ob wir da was unternehmen müssen. „Das war doch nur was für alte Häuser" fällt mir noch

WICHTIGE MITTEILUNG!

Dichtigkeitsprüfungen der privaten Abwassergrundleitungen

Der Gesetzgeber hat im § 61a des Landeswassergesetzes festgelegt, dass Hausbesitzer die Grundleitungen ihrer Abwasseranlagen von einem Sachkundigen auf Dichtigkeit zu prüfen haben. Hierzu zählen auch der private Kanalhausanschluss, sowie alle Grundleitungen, die zur Ableitung von Abwässern dienen.

Was muss getan werden und wer muss es tun?
Folglich müssen **alle Hausbesitzer** ihre Grundleitungen unterhalb und innerhalb von ihren Gebäuden bis zur öffentlichen Sammelkanalisation in der Straße **untersuchen** und im ungünstigsten Fall **sanieren lassen**. Zur privaten Abwasseranlage zählt laut Entwässerungssatzung der Stadt Nideggen auch der Anschlussstutzen. Grundleitungen, die in Gebieten mit einer sog. Trennkanalisation liegen und ausschließlich Regenwasser führen, sind von der Untersuchungsverpflichtung ausgenommen.

Bis wann muss es getan werden?
Diese Prüfungen sollen flächendeckend bis zum **31. Dezember 2015** abgeschlossen sein und spätestens alle 20 Jahre wiederholt werden.
Für Abwasserleitungen in Wasserschutzgebieten muss die Stadt Nideggen durch eine entsprechende Satzung einen kürzeren Untersuchungszeitraum festlegen.
Dies betrifft insbesondere Grundleitungen, von denen

1.) häusliches Abwasser abgeleitet wird und vor dem 01. Jan. 1965 errichtet wurden,

2.) industrielles oder gewerbliches Abwasser

zur Fortleitung dienen.
Über das Ergebnis der Dichtheitsprüfung ist der Stadt Nideggen eine aussagekräftige Bescheinigung vorzulegen.

Vor unseriösen Firmen wurde bereits an anderer Stelle gewarnt, die eine Untersuchung mittels Kamerabefahrung zu vermeintlich günstigen Konditionen angeboten hatten. Jedoch lässt sich leicht vorstellen, dass sich eine Dichtigkeit des privaten Kanals nicht mit einer Kamerabefahrung nachweisen lässt. Hierzu bedarf es schon eines gewissen Mehraufwands in Form einer Druckprüfung, die nach vorgegebenen Kriterien zu erfolgen hat.
Daher wird an dieser Stelle nochmals vor „Schnellschüssen" gewarnt, die nur unnötig Geld kosten und nichts einbringen. Schnell werden für eine Untersuchung 500 und mehr Euro fällig. Die Instandsetzung einer festgestellten und nachgewiesenen Undichtigkeit kann um ein Vielfaches höher liegen. Oftmals müssen nicht nur Kellerböden, sondern auch Grundstücksteile, sowie die Straßen aufgebrochen und wiederhergestellt werden. Aus Erfahrungen anderer Kommunen weiß man, dass gerade bei Altbeständen mehr als 80 % der Grundleitungen undicht sind und saniert werden müssen.

Wie geht es weiter?
Die Stadt Nideggen wird in Zusammenarbeit mit den anderen Kommunen im Südkreis die weitere Verfahrensweise entwickeln.
Die Hausbesitzer werden kontinuierlich und zeitnah unterrichtet.

Nideggen, im Februar 2010

Abbildung 2: Mit dieser Beilage fing alles an.

ein. „Dann lies das bitte noch mal richtig!", fordert sie mich auf. Ich bin erst einmal verblüfft und lege die Zeitung beiseite. Sie hat recht. Da steht, dass bis 2015 alle Ableitungen in NRW zu zertifizieren seien – also auch unsere. Ich spüle den ersten Schrecken mit einem guten Schluck Kaffee herunter.

Da ich handwerklich nicht unbegabt bin und über ein solides technisches Verständnis verfüge, ist mir klar, dass so etwas bei uns nicht einfach wird. Wir haben erst von wenigen Jahren hier neu gebaut. Wozu soll ich jetzt die Abflussleitungen prüfen lassen? Die amtliche Bemerkung mit den aufgebrochenen Straßen, Grundstücksteilen und Kellerböden macht mich jetzt richtig unruhig. Eigentlich interessiere ich mich überhaupt nicht für so etwas. Mich beschäftigen normalerweise ganz andere Fragen. Dem meisten behördlichen Unsinn kann man ja tatsächlich ausweichen, indem man einfach nichts tut. Aussitzen kann ich gut. Trotzdem geht mir die versteckte Drohung in der „wichtigen Mitteilung" nicht mehr aus dem Sinn.

Aber heute stehen noch andere Dinge an und sorgen für Ablenkung. Ein Handwerker kommt vorbei. Wir sprechen über ein Angebot zum Ausbau eines Raums im Keller. Der ist als einfache Abstellfläche viel zu schade. Ich zeige ihm meine Pläne und Skizzen. Das wird jetzt länger als ein paar Tage dauern und der Spaß wird wohl deutlich teurer als erwartet. Mal sehen, ob ich mir das leisten kann und will. Die drohende Dichtheitsprüfung ist für den Augenblick in den Hintergrund gedrängt.

Eigentlich schlafe ich nachts sehr gut. Aber das Ganze geht mir nicht aus dem Kopf und verursacht den ersten Albtraum. Ich sehe schon eine persönliche Katastrophe heraufziehen. Das darf ja wohl nicht wahr sein! Dabei mache ich mir erstmals Gedanken darüber, was denn das konkret für uns bedeuten könnte. Klar, mit Glück würde eine Druckprüfung bestanden und alles wäre gelaufen – keine Aufregung also.

Aber die Details sind mir unklar, sobald ich darüber nachdenke. Wenn im Abwassersystem ein Überdruck aufgebaut werden soll, sind ja wohl alle Abflüsse im ganzen Haus abzudichten. Ich halte das für nahezu unmöglich oder nur mit extremem Aufwand machbar. Da gibt es Waschbecken-, Dusch-, Badewannen-, Bodenabläufe, und auch noch Belüftungsrohre zum Dach hin. Hat sich dazu überhaupt schon jemand ernsthaft Gedanken gemacht? Und da war noch die obligatorische Befahrung mit der Kamera und genaue Vermessung der Kanalrohre. Wie sollte das gehen, bei meinen weit verzweigten Grundleitungen unter der Kellerbodenplatte? Profis können vieles, aber sicher nicht zaubern und die Kanalkameras, soviel hatte ich inzwischen in Erfahrung gebracht, tun sich schwer mit jeder Abzweigung. Ich habe gleich ein Dutzend davon im Erdreich und außerdem keinen Revisionsschacht – nur eine Rückstauklappe im Abstellraum. Um an jedes Rohr ran zu kommen, würden die schon für die Prüfung tatsächlich hacken müssen – durch Fliesen, Estrich, Fußbodenheizung, Dämmung, Stahlbeton, Isolierung. Das wäre wohl nie mehr richtig instand zu setzen. An die genannten fünfhundert Euro könnte ich locker eine Null anhängen und wäre noch sehr gut dabei weggekommen, ganz zu schweigen von dem persönlichen Stress und der damit verbundenen Belastung für meine ganze Familie.

Was tun? Erst einmal fühle ich mich hilflos der Situation ausgeliefert. Bisher konnte ich mich darauf verlassen, dass sinnlose oder praxisferne Vorschriften im Zweifel nicht durchgesetzt werden. Sollte das doch einmal vorkommen, kann ich mich gegebenenfalls auf intellektuelle Defizite berufen, Reue und redliches Bemühen kundtun und zur Nachschulung kostenlose Wochenendseminare nachfragen. „Versteh ich nicht" und endlos erklären lassen geht im Zweifel immer besser durch als „Mach ich nicht!". Manches Problem verschwindet dann von selbst und man muss sich nur noch mit den verbliebenen befassen, wo dann tatsächlich Ultimaten gestellt und Kontrollen glaubhaft angedroht werden. Bei den begrenzten Ressourcen der Behörden ist so etwas regelmäßig nur für einen kleinen Bruchteil von Vorschriften umsetzbar. Nun ist dieser in meinem Weltbild nicht vorhergesehene Fall offensichtlich eingetreten und ich habe keinen Notfallplan dafür in der Schublade.

Welche Möglichkeiten zur Gegenwehr kann ich überhaupt nutzen? Bei der Stadt vorzusprechen, mich dort zu beschweren, erscheint mir wenig erfolgversprechend. Schließlich steht ein Gesetz im Raum, dem zu folgen ist. Die Antworten auf eine Eingabe kann ich mir jetzt schon vorstellen. Auf Landesebene habe ich erst recht keine Chance. Da bin ich einer unter Millionen. Die Arbeit kann ich mir wohl sparen. Ich denke schon über einen Betrug nach, ein totes Rohr nur für die Prüfung zu verlegen. Wer soll schon von innen erkennen, ob das eine echte Abwasserleitung ist. Im Detail ist das aber nicht so einfach oder ebenfalls extrem aufwendig – keine gangbare Taktik also, diesem Mist aus dem Weg zu gehen. Vielleicht finde ich einen Prüfer, der, für sagen wir fünftausend Euro bar auf die Hand, eine positive Prüfbescheinigung ausstellt, mit Videomaterial von irgendeinem bereits als dicht zertifizierten Kanal. Leider kenne ich keinen Sachkundigen, dem ich wagen könnte, ein solches Angebot zu unterbreiten. Also auch kein sicherer Ausweg.

Aber irgendjemand wird sich doch bestimmt schon wehren, vielleicht sogar eine Partei, eine Verbraucherorganisation, Haus und Grund, Sozialverbände, der Bund der Steuerzahler, eine Bürgerinitiative. Die sollte das doch sicher interessieren. Ich kann doch wohl nicht der Einzige in NRW sein, der die Bedrohung als solche erkennt.

Erst einmal bemühe ich Google. Der Sonntagnachmittag ist gelaufen, meine Frau verärgert, meine Kinder fühlen sich vernachlässigt. Die ersten Recherchen, unterschiedlichste Suchbegriffe – ich kann machen, was ich will. Nichts als Jubeleinträge haben sie zutage gefördert, vor allem Angebote von Kanalunternehmen, Ratschläge für eine möglichst frühzeitige Prüfung „Es ist schließlich Pflicht und sowieso nicht zu verhindern", bunte Informationsblätter der Landesregierung mit verständlicherweise lustig strahlenden Handwerkern, eine Infoseite über konzertierte Aktionen der Kommunen – von Kritik keine Spur.

Ich kann es nicht fassen! Wahnsinn – wo alle einer Meinung sind, wird meistens gelogen. Aber wo bleibt der Protest, wo ist die Presse, die hier doch kritisch hinterfragen sollte? Die globale Finanzkrise ist noch nicht überwunden, ganzen Staaten droht immer noch die Pleite, und die Politik sollte sich wirklich um wichtigere Dinge kümmern. Oder soll der Rekordeinbruch der Wirtschaft in Deutschland jetzt auf dem Rücken der kleinen Eigenheimbesitzer wettgemacht werden? Das alles stinkt zum Himmel und unter neunzehn Millionen Leuten riecht das niemand? Oder hat eine solche Unverfrorenheit allen total die Sprache verschlagen?

Meine Lokalzeitung scheint zum reinen Kampagnenblatt pervertiert zu sein. Das ist mir vorher noch nie so aufgefallen. Keinerlei Kritik, nur großformatige Anzeigen von Kanalsanierern, Artikel mit gut gemeinten Ratschlägen, wie man die Vorgaben denn umsetzen sollte, sich mit Nachbarn zusammenschließen, Warnungen vor Kanalhaien, die die Gesetzeslage für unseriöse Angebote nutzen, und anderes mehr. Mein Vertrauen in die Neutralität der Presse hat tiefe Risse bekommen. Wo bleibt denn hier der kritische Journalismus? Hatte das Problem noch niemand realisiert? Ein wenig kritisches Nachdenken sollte die Unverhältnismäßigkeit der Zwangsmaßnahmen doch schon aufdecken! Die liegt natürlich wieder einmal in den Details, die weder Politiker noch Journalisten leiden mögen, wenn es ums große Ganze geht, um das Trinkwasser, die Umwelt, das Klima, die Erde und überhaupt das ganze Universum. Irgendjemand muss doch helfen können. Wer entscheidet so einen Mist? Wir haben eine Regierung aus CDU und FDP – aha, sicher ein Wirtschaftsförderungsprogramm zur Rettung des Handwerks. Mein erster Verdacht fällt sofort auf die Freien Demokraten, die vermeintlich hier Politik für ihre Klientel durchsetzen.

Sei es, wie es ist. Es gibt mächtige Spieler hinter den Vorschriften. Ausschließlich mit Sachargumenten ist gegen solch starke wirtschaftliche Interessen nicht anzukommen. Das ist mir sofort klar. Kampagnen und Lobbyismus können enorm wirkungsvoll sein – alles eine Frage des Geldes. Die anderen haben natürlich längst ihre Frontkämpfer überall in Stellung gebracht, produzieren sachfremde Totschlagargumente wie am Fließband und sagen die an den richtigen Stellen in Politik und Medien auf wie auswendig gelernt. Es geht um hohe Milliardenbeträge allein in NRW.

Öffentlichkeit und Stimmungen können durchaus dagegen ankommen, wenn die Leute erkennen, was da auf sie zukommt und Angst um sich greift. Im Ausleben von Hysterien sind die Deutschen ohnehin Weltmeister. Dann müsste eigentlich die Lawine rollen, denn Angst ist eine gewaltige Triebfeder, die leicht die Massen lenkt. Jeder erfahrene Politiker weiß das ganz genau. Wenn eine kritische Masse erreicht ist, genügt schon ein kleiner Anlass, um Großes zu bewegen. Im Hochgebirge etwa kann ein einzelner Wanderer eine Lawine ins Rollen bringen. Das Bild gefällt mir, ist ein kleiner Lichtblick in der ganzen Hoffnungslosigkeit. Das setzt aber voraus, dass die Bedingungen bereits günstig sind – im Beispiel ausreichend Schnee, in diesem Fall aufgestaute Wut, Ärger, Verzweiflung die nur darauf warten, losgetreten und in eine Richtung gelenkt zu werden. Ob das wohl schon so ist, entzieht sich vollständig meinem Einblick.

Vielleicht genügt ja schon ein kleiner Anstoß für eine größere Welle hier im Ort. Im Grunde ist es nicht mehr als ein Test. Ich entwerfe erst einmal ein Flugblatt, verweise auf die Mitteilung der Stadt und erläutere ungeschönt die möglichen ruinösen Folgen. Da ich mich nicht als Störer der umfassenden Konsenskultur outen möchte, unterschreibe ich mit W.T. und denke an Wilhelm Tell – einer gegen alle, der einsame Kämpfer gegen staatlichen Terror. Drucker habe ich und Papier und so sind schnell hundert Handzettel gedruckt und im Stadtgebiet zwischen Nideggen, Schmidt und Wollersheim verteilt, mit der Aufforderung, den Inhalt zu kopieren und jeweils an Freunde und Nachbarn weiterzugeben – Schneeballsystem nennt man so etwas. Ich erfahre hernach, dass jemand aus der Nachbarschaft erbost im Rathaus angerufen und die Stadtväter übel beschimpft hat. Mehr passiert meines Wissens nicht. Eigentlich habe ich deutlich mehr erhofft, dass irgendwer die Initiative ergreift, einen wie auch immer gearteten Widerstand organisiert. Ich habe keine Lust auf so etwas. Da hätte ich mich dann einfach angehängt. Leider sind meine Mitbürger da eine schwere Enttäuschung. Wenn ich mit dieser Aktion überhaupt eine Welle ausgelöst habe, dann ist die ziemlich wirkungslos ans Ufer geplätschert.

Dann muss der Stein wohl deutlich größer werden. Mit Presse und Politik habe ich keinerlei Erfahrung. Die Stadt wird sich wohl hinter der Gesetzeslage verschanzen, sodass es wenig Sinn ergibt, da zu protestieren. Meine Bedenken muss ich auf Landesebene eskalieren. Aber warum sollten die mir überhaupt Beachtung schenken? Einen einzelnen Bürger unter Millionen wird man wohl freundlich mit Standardfloskeln abspeisen, mich an meine Verantwortung der Umwelt gegenüber erinnern, mich letztlich vielleicht als egoistisches Umweltschwein verdächtigen. Aber es geht um die Unverhältnismäßigkeit der Maßnahmen und die ist nur schwer gegen Totschlagargumente zu verteidigen.

Ich stehe wieder hilflos am Anfang. Wie kann ich denn nun trotzdem Gehör auf Landesebene finden? Einfach einen Brief schreiben, halte ich für verlorene Mühe. Gibt es persönliche Kontakte? Da wäre erst einmal ein Staatssekretär der FDP im Freundeskreis. Der hat aber mit Wissenschaft zu tun und dürfte sich eher weniger für dieses Thema interessieren. Außerdem halte ich noch die FDP für den Übeltäter. Meine Frau erinnert an die Familie. Ja wozu hat man die denn. Die Schwester meines Schwagers sitzt derzeit im Landtag für die SPD – also in der Opposition. Für die müsste das doch ein gefundenes Fressen sein, wenn Schwarz-Gelb hier Politik zulasten Dritter macht, zumal die weniger bemittelten älteren Leute mit alten Eigenheimen besonders hart getroffen werden. Der Gedanke alleine gibt mir Hoffnung.

Meine Frau ruft sie an. Liesel antwortet eigentlich immer schnell, etwa wenn meine Frau sie mit einer Schulklasse im Landtag besuchen will. Solche positiv besetzten Termine mag sie vermutlich, abseits der oft zähen Arbeit im Parlament. Kurz darauf ruft sie auch zurück, direkt aus Düsseldorf. Meine Frau erklärt ihr die Sachlage und unsere Bedenken. Liesel ist offenbar nicht auf dem Laufenden und verspricht, sich zu informieren und dann sofort auf uns zurückzukommen.

Es ist inzwischen Ende Februar. Mein erstes eigenes Buch habe ich jetzt in Druck gegeben und einen Blog[3] dazu ins Netz gestellt, falls jemand über die Thesen darin diskutieren möchte. Ich bin gespannt, ob es jemand kauft.

Die Tage vergehen und der drohende Prüfwahn lässt mir keine Ruhe. Irgendetwas muss ich tun. Vielleicht hilft Schreiben ja doch, zumindest mir selbst. Ich muss mir den Frust jetzt einfach von der Seele texten. Am 23. Februar schreibe ich den Landtagsabgeordneten der CDU, Rolf Seel, an, kurz danach die BILD-Redaktion. Da mir der Text zu schade ist für nur wenige Adressaten, schicke ich den zwei Tage später im Wesentlichen gleichlautend an Frank Plasbergs „Hart aber Fair", „Hammer der Woche", den Kölner Stadtanzeiger mit der Bitte um Veröffentlichung, sowie an den FDP-Landtagsabgeordneten Dr. Ingo Wolf. Schlussendlich erinnere ich auch Liesel noch einmal an mein Anliegen mit einem ähnlichen Anschreiben:[4]

> Liebe Liesel,   28.02.2010 12:02
>
> in dieser Sache hatte Irene Dich schon angeschrieben. Ich kann mir nicht vorstellen, dass dieses Landesgesetz und seine Folgen gerade für die kleinen, ohnehin stark belasteten Eigenheimbesitzer und ältere Bürger mit kleinen Renten durchdacht sind. Bitte hilf dabei, diese gigantische Fehlinvestition auf dem Rücken der Eigenheimbesitzer zu stoppen.
>
> Der § 61a des NRW Landeswassergesetzes schreibt bis 2015 eine Dichtigkeitsprüfung der privaten Abwassergrundleitungen vor. Die Gemeinden und Städte machen jetzt Ernst damit und schreiben die Hauseigentümer in dieser Sache an. Niemand kann das Problem mehr aussitzen. Auf jeden Hauseigentümer kommen in den nächsten Monaten Kosten von mehreren tausend Euro zu.

---

3   „Blog" ist die Kurzform für „Web Log" und meint eine Art elektronisches Tagebuch, meist mit der Möglichkeit die Einträge zu kommentieren.

4   Die im Folgenden grau hinterlegten Passagen stammen aus Originaldokumenten. Auf eine konsequente Rechtschreib- und Grammatikprüfung habe ich aus Gründen der Authentizität wiederholt verzichtet. Gleiches gilt für kursiv gedruckte Zitate.

Die Kosten für die vorgeschriebenen Maßnahmen zur Dichtigkeitsprüfung der privaten Abwassergrundleitungen stehen in keinem vernünftigen Verhältnis zu den zu erwartenden Ergebnissen. In vielen Fällen werden sie einer Enteignung von Hauseigentümern gleichkommen. Mit 20 – 50 Milliarden Euro Zusatzbelastung für die Bürger in NRW diskreditiert die Landesregierung andere, sinnvolle Maßnahmen für den Umweltschutz.

Ein konkretes Beispiel dazu findet sich in der Gemeinde Niederzier im Kreis Düren. Die Köttenicher Straße dort wurde im letzten Jahr wegen einer geplanten Kanalsanierung aufgerissen. Den Anliegern bot die Gemeinde an, im Zuge dieser Maßnahme die Dichtigkeitsprüfung durchzuführen. Selbst unter diesen idealen Voraussetzungen lagen die Kosten für jeden der Anlieger bei € 2000,-. Eine Bürgerinitiative beugte sich schließlich der Erpressung, dass bei einer Ablehnung die Kosten dafür später ein Mehrfaches betragen würden.

Ähnliches bahnt sich gerade in der Gemeinde Vettweiß an, wo die Angelegenheit im Rat schon hohe Wellen schlägt und im Lokalradio RadioRur am Donnerstag kommentiert wurde.

In einem Schreiben der Stadt Nideggen im Kreis Düren, das allen Bürgern im Januar zuging, ist von einer obligatorischen und aufwendigen Druckprüfung die Rede. Preisgünstigere Kamerafahrten werden ausdrücklich ausgeschlossen. Im Amtsblatt für die Stadt Nideggen von gestern wurde das noch einmal wortwörtlich bestätigt. Schon die Druckprüfung kann Schäden an den Grundleitungen erst verursachen, indem Anschlussmuffen auseinandergedrückt werden, da diese nicht auf eine solche Belastung ausgelegt sind. Im Falle einer notwendigen Sanierung müssten danach ggf. auch Kellerböden aufgestemmt werden. Für viele Betroffene kann dies einen Totalschaden bedeuten, der die Aufgabe des Eigenheims bedeutet. Des Weiteren muss jede Straße, jeder Weg in jedem Dorf und jeder Stadt in NRW in den nächsten 5 Jahren dazu aufgerissen und wieder instand gesetzt werden. Auch diese Kosten tragen die Anlieger. Technisch aufwendige Alternativen scheinen letztendlich auch nicht preiswerter zu sein. Im Durchschnitt dürften alleine für die Prüfung viele tausend Euro von jedem Eigenheimbesitzer aufzubringen sein. Im Sanierungsfall sind mehrere zehn- bis mehrere hunderttausend Euro im Einzelfall nicht unrealistisch.

Nach offizieller Statistik des Landes NRW gibt es hier fast 4 Millionen Wohngebäude. So ideale Bedingungen wie in Niederzier wird es nur für wenige davon geben. Damit kann man die Kosten alleine für die Prüfung in NRW auf mehr als 20 Mrd.€ beziffern. Muss dann nur jedes hundertste Gebäude davon saniert werden, fallen weitere Milliarden an. Manche Schätzungen gehen sogar von 20 % Sanierungsbedarf aus, bei Altbeständen bis 80 % .

Selbst bei vorsichtiger Schätzung mutet die Landesregierung den Bürgern eine Zusatzbelastung von bis zu 50 Milliarden Euro zu. Dieser Betrag steht in keinerlei vernünftigem Verhältnis zu dem zu erwartenden Nutzen. Solange beispielsweise Jauche und Chemikalien auf Felder aufgebracht werden, das öffentliche Kanalnetz vielerorts marode ist und am Rande von Straßen und Autobahnen Schadstoffe in großer Menge in den Boden gelangen, ist das etwa so, als würde man das Grillen neben einem Zementwerk verbieten, um die Feinstaubbelastung der Region zu senken.

Ich hoffe auf Deine Unterstützung.
Grüße Siegfried

Anlagen
Beispielrechnung
Amtliche Mitteilung der Stadt Nideggen

Wochen gehen ins Land ohne jede Reaktion. Ich selbst bin mit anderen Dingen beschäftigt, Beruf, Familie, meine übrigen Hobbys. Die Presse ist offenbar nicht interessiert. Die verdienen sicher ausgezeichnet an Anzeigekunden aus der Kanalbranche. Liesel ist abgetaucht. Erst mal warte ich noch ab und überlege, was ich sonst noch tun kann.

Neben dem Beruf gehe ich meinen privaten Forschungen nach, entwerfe mathematische Modelle, programmiere Simulationen dazu und werte Ergebnisse aus. Das erste Exemplar meines Buches halte ich jetzt in den Händen. Das ist ein schönes Gefühl. Früher hatte ich gelegentlich in beruflichem Zusammenhang Artikel in Fachzeitschriften veröffentlicht und einmal als Co-Autor ein Buch über Künstliche Intelligenz mitgestaltet. Das jetzt ist aber etwas anderes und macht richtig Spaß. Dagegen an Politik und Presse zu schreiben wird mir aufgezwungen, kostet auch viel Zeit und bereitet mir in der Regel keine Freude.

Es ist eine Sisyphusarbeit. Im März kontaktiere ich weitere Abgeordnete, auch Haus und Grund, den WDR und stoße auf den Webauftritt aus Schleswig-Holstein, der von Horst Heuberger und Rechtsanwalt Rolf Finkbeiner betrieben wird. Das ist ein erster Lichtblick, wenn auch nicht aus NRW. Die stemmen sich gegen den ähnlichen Wahnsinn dort und betreiben einen Internetauftritt buerokratie-irrsinn.de . Die Artikel zeugen von Kompetenz. Auf der ersten Seite prangt „Alles dicht, oder was?", ergänzt mit vielen guten Argumenten ausgewiesener Fachleute.

Auf meine Anfrage antwortet Rolf Finkbeiner schon am nächsten Tag, erläutert die rechtliche Situation bundesweit und speziell in NRW. So ein Gesetzt wie den § 61A gibt es anscheinend nirgendwo sonst. NRW reitet wieder einmal vor. Im Gefecht ist so ein Vorgehen Selbstmord, zumindest immer dann, wenn niemand nachfolgt. Aber Vorreiter zu sein hat etwas Mutiges, Edles an sich. Immerhin geht es um die Umwelt. Ich verstehe, dass kein Politiker da abseitsstehen möchte und die Presse spielt ununterbrochen die Heldenlieder. Außerdem, um beim Schlachtenbild zu bleiben, laufen ja die Bürger in die Bajonette, die die Vorreitenden nun ihrerseits vor sich hertreiben und die nicht gefragt wurden. Der März geht, der April kommt – keine weitere Reaktion. Jede Kritik ist offenbar unerwünscht und wird einfach ignoriert!

Ein Kurzurlaub über Ostern am Meer und Wandern mit meiner Frau auf dem Eifelsteig von Kornelimünster nach Roetgen bieten Ablenkung. Ansonsten bin ich beruflich wieder viel unterwegs in Frankfurt und Umgebung – viel

Arbeit, aber selten echter Stress, der mich nach Feierabend noch verfolgen könnte. Im Hotel habe ich abends Zeit für private Dinge, auch für Recherchen in dieser leidigen Angelegenheit. So bringt Google nach und nach die ganze Wahrheit ans Licht.

Mein politisches Lagebild ist sicher nicht komplett, aber schon vollständiger. Die Regelung wurde schon 1995 von Rot-Grün unter Wolfgang Clement in die Bauordnung lanciert und dann 2007 als Paragraf 61A im Landeswassergesetz unter Schwarz-Gelb von allen im Landtag vertretenen Parteien – CDU, SPD, FDP, GRÜNEN – einstimmig beschlossen, weil man ein Vollzugsdefizit feststellte. Na, das nenne ich einmal geräuschlose und erfolgreiche Lobby-Arbeit. Vermutlich gingen die Aufträge nicht in der erwarteten Höhe bei den Kanalunternehmen ein und die mächtige Branche machte ihren Einfluss geltend. Das muss doch an die Öffentlichkeit! Ein Gefühl der Hilflosigkeit macht sich bei mir wieder einmal breit. Aber wie und wieso sollte ich mich jetzt aus dem Fenster lehnen. Ich habe genug anderes zu tun.

Am 14. April antwortet Rolf Seel von der CDU auf meinen Brief vom Februar – eine vergleichsweise schnelle Reaktion, wie ich noch erfahren werde. Er stellt die Maßnahmen in keiner Weise infrage, verweist auf Förderprogramme und Informationen der Landesregierung. Auf meine Sachargumente geht er keineswegs ein – auch das ist im weiteren Verlauf der Normalfall. Vermutlich hat er ähnliche Formulierungen schon dutzende Male verschickt – Textbausteine halt. Die Festung des § 61A wird mit immer den gleichen Waffen routiniert verteidigt. Wie soll man solche Mauern einreißen? Bagger, Planierraupen, Rammen und Dynamit fallen mir dazu ein – großes Gerät halt, aber kein vernünftiges Szenario. Hartnäckigkeit ist möglicherweise ebenso wirksam, kostet aber sehr viel Zeit, die ich eigentlich nicht habe. Wenn aber die Schwachstellen bekannt sind und sehr viele Leute hartnäckig immer wieder in genau dieselben Kerben schlagen, stürzt das Bauwerk vielleicht schneller als erwartet. Das alles sind derzeit reine Fantasiegebilde, weit entfernt von jeder Realisierbarkeit.

Öffentlichkeit herstellen ist erst einmal der Schlüssel, um überhaupt etwas erreichen zu können. Im Verborgenen geht das gar nicht. Wohl oder übel muss ich ab jetzt mit offenem Visier kämpfen. Für Pressekampagnen fehlt mir das Geld, für öffentliche Auftritte auf irgendwelchen Versammlungen die Zeit und das Talent. Mit einer Bürgerinitiative, also einem Verein, selbst wenn ich den selbst gründe, käme ich nicht lange zurecht. Ich bin kein Team Player, eher Einzelkämpfer, der geborene Außenseiter. Dabei denke ich an eine Textpassage in einem meiner Lieblingssongs von Reinhard Mey *„Mehr als zwei sind eine Gruppe.[…] bei drei'n ist einer schon zu viel!"*. Ich liebe schnelle Entscheidungen, mag Dinge nicht lange in der Schwebe halten, schaffe gerne Fakten. Andere fühlen sich dabei überrumpelt und es gibt Ärger. Lange Diskussionen sind nicht mein Ding. Ich höre durchaus aufmerksam zu, aber entscheide dann für mich, ohne jemand anderen noch einmal zu fragen. Das Internet bietet sich deshalb als Plattform an. Die Techniken dahinter beherrsche ich ausgezeichnet und ich brauche keinerlei Hilfe zur Umsetzung eigener Ideen.

Bevor ich meine Zeit hier investiere, lehne ich mich erst einmal zurück und denke nach: Warum soll ich für andere die Kastanien aus dem Feuer holen? Mir graut zwar von den Zwangsmaßnahmen. Finanziell würde ich die aber wohl überstehen. Weshalb sollte ich eine öffentliche Angriffsfläche bieten? Undank ist der Welt Lohn, glaube ich zu wissen. Ich habe mit so etwas keine Erfahrung. Auf eine Bühne gehe ich nur, wenn ich muss oder es von mir erwartet wird. Nichts drängt mich, freiwillig das Rampenlicht zu suchen. Klar, beruflich trete ich durchaus vor große Gruppen. Auf dem Uni-Campus in Saarbrücken war ich schon auf dem Podium im Hörsaal, auf Cebit und Orgatec im Messe-Dauereinsatz und in unzähligen Kundenveranstaltungen auf dem Seil – in Englisch und in Deutsch, europaweit, USA, Kanada. Aber das ist etwas anderes. Da gibt es eher selten echte Konflikte. Das läuft alles professionell geschäftsmäßig. Schließlich bin ich nicht als Privatperson, sondern stellvertretend für eine große Firma in Aktion. Da kann es allenfalls passieren, dass ich in meiner Rolle angegriffen werde, dass fachlich scharf nachgefragt wird, ich Aussagen gegen Zweifel verteidigen muss, oder im anderen Extrem meine Zuhörer einschlafen, und ich nicht noch einmal eingeladen werde.

Hier nun geht es um echten Stress, der persönlich existenzgefährdend werden könnte. Immerhin versuche ich einer mächtigen und meiner Meinung nach hervorragend vernetzten Branche in die Suppe zu spucken, die Milliarden Einnahmen in relativ kurzer Zeit verspricht. Sollte ich erfolgreich sein, lassen die sich das sicher nicht so einfach gefallen. Ich kenne die Rechtsabteilung meines eigenen Arbeitgebers und die haben echt was drauf. Wenn solche Leute im Spiel sind, lauert reale Gefahr, teure Abmahnungen, Unterlassungsklagen, und das macht mich enorm nervös.

Ignorieren kann ich die Sache allerdings auch nicht. Ich fühle mich in die Enge getrieben und die Drohkulisse ist durch Nachdenken nicht verblasst – im Gegenteil. Ich habe meinen Installateur gefragt. Der bewertet das Ganze auch als groben Unfug, überlegt aber, jetzt in Kamerawagen und Personal zu investieren. Dazu muss er einen Kredit aufnehmen. Das sei bei den überaus vielversprechenden Gewinnaussichten aber kein Problem, meint er. Die Aufgabe ist halt auch für Handwerker gigantisch, nicht nur für die Bürger, die das alles ungefragt zahlen müssen. Technisch macht er mir leider auch keinen Mut. Er bestätigt nur meine Befürchtungen. Seine alte Kamera kann überhaupt keine Abzweigungen. „Die neuen können das angeblich – aber in Grenzen" meint er, „Da muss man halt mit schwerem Gerät von oben bis an die Rohre heran".

Bis Anfang Mai gehen doch noch Antworten zweier Politiker auf meine Anschreiben ein. Holger Ellerbrock, FDP-Landtagsfraktion NRW, antwortet auch für Dr. Ingo Wolf und bringt das absolute Killer-Argument vor „*Jeder würde doch die Dachpfannen an seinem Haus austauschen, wenn diese undicht werden sollten.*" und weiter „*Daher hält der Gesetzgeber, im Übrigen nicht nur in NRW, sondern auch in den anderen Bundesländern und EU-Ländern, die Dichtheitsprüfung aus gesundheits- und umweltpolitischen Gesichtspunkten für notwendig. Dies ist auch die Position der FDP.*" Damit verbietet sich jede weitere Diskussion von selbst. Totschlagargumente, Nebelkerzen und erfundene Fakten sind charakteristisch auch für noch folgende Antworten aus Politikerkreisen aller Fraktionen. Dass andere EU-Länder oder gar die EU hier Vorschriften machen ist schlicht falsch und frei erfunden, wie sich schon bald herausstellt. In der Antwort vom 6. Oktober 2009 auf eine Anfrage der Schleswig-Holsteiner vom 12. September hatte die EU-Kommission schon festgestellt „*[…] Die Durchführung von Dichtheitsprüfungen der Abwasserleitungen ist von der Richtlinie nicht vorgeschrieben […]*". Aber auf Sachargumente will niemand eingehen – ja nicht daran rühren, wir waren uns alle doch politisch so schön einig und möchten weiter miteinander kuscheln in unserer Wohlfühlecke – absolute Bunkermentalität und einfach nur widerlich.

Da hilft nichts. In meinem Lieblingshotel in Frankfurt werde ich fast schon familiär begrüßt, persönliche Ansprache selbstverständlich, ein Fläschchen Bier, Chips und Erdnüsse zur Begrüßung bringt der Service aufs Zimmer – Platin-Status im Sheraton. Hier habe ich wieder Zeit für eine Freizeitbeschäftigung anderer Art. Gut – Internet kann ich, zumindest was die technische Seite angeht, und es besteht offenbar ein Vakuum im Netz, das unbedingt zu füllen ist. Es ist das erste Mal im Leben, dass ich glaube, niemand anderes kann und wird das jetzt tun. Trotzdem macht es erst einmal durchaus Spaß, jetzt mit der vertrauten Technik zu experimentieren und auszuloten, wie ich die am besten für meine Ziele einsetzen kann.

Die erste Webpräsenz gestalte ich offline auf meinem Rechner mit minimalem technischem Aufwand. NetObjects hatte ich schon früher für einen Hobby-Auftritt verwendet und beherrsche die Software gut genug. Neben eigenen Inhalten, für die ich Texte aus meinen eigenen Anschreiben wiederverwende, „klaue" ich von der Schleswig-Holstein-Seite. Ein mündliches Einverständnis von Horst Heuberger dazu habe ich. Das Ganze ist noch im Experimentierstadium, aber das wird noch. Vor allem die rechtliche Seite muss ich beachten. Wie baue ich ein rechtssicheres Impressum? Welche Texte kann ich verwenden? Welche Regeln gelten für Zitate? Glücklicherweise gibt es dazu Beispiele im Netz. Ich verspüre keinerlei Lust, gleich zu Anfang schon teuer abgemahnt zu werden.

Bevor der eigene Auftritt online geht, richte ich erst einmal einen Blog auf wordpress.com ein. Das ist verhältnismäßig einfach. Aber naturgemäß passiert dort erst einmal nichts. Nur vereinzelt verirren sich Besucher auf die Seite.

Mittelfristig reicht das ohnehin nicht. Ein Blog erlaubt keine flexible und grafisch ansprechende Gestaltung. Das ist eher eine Art Tagebuch, bei dem die Artikel chronologisch organisiert sind. Ein individueller Auftritt im Internet setzt schon mehr voraus. Eigene Domains habe ich schon seit 2000 für private Zwecke. Wie soll das Kind jetzt heißen? Sehr schnell fällt mir „Alles dicht in NRW" ein, in Anlehnung an den Slogan der Holsteiner. Das ist schön doppeldeutig, spielt auf die Dichtheit der Kanalrohre an, aber auch auf die Abgeordneten, die wohl hackedicht gewesen sein müssen, als sie das durchgewunken haben. Die Domäne alles-dicht-in-nrw.de ist noch frei und so reserviere ich die für wenig Geld am 07. Mai 2010 bei meinem Provider unter meinen Namen.

Und nun ab mit der schon vorbereiteten Seite ins Netz und Google beobachten: Auch hier passiert erst einmal nichts. Suchbegriffe wie „Dichtheitsprüfung", „LWG 61a" bringen auch nach Wochen nur Angebote einschlägiger Unternehmen und pure Alternativlosigkeit. So mache ich die ersten weitgehend unbeachteten Gehversuche in einer Internet-Öffentlichkeit. Ob ich damit später mehr als ein paar Dutzend Bürger erreichen kann, erscheint noch völlig offen. Ehrlich gesagt, ist mir das im Augenblick ziemlich egal. Mein Ergebnis ist hübsch anzusehen, ich optimiere Darstellung und Texte, und betrachte das Ganze als ein Kunstwerk, das ich erst einmal stolz in meinem Umfeld präsentiere.

Anfang Mai schreibe ich doch einmal an den Ministerpräsidenten, Dr. Jürgen Rüttgers von der CDU, und mache ihn auf den Wahnsinn aufmerksam. Dazu verwende ich den früheren Text an Abgeordnete im Wesentlichen wieder:

Dichtigkeitsprüfung der privaten Abwassergrundleitungen

8. Mai 2010

Sehr geehrter Herr Dr. Rüttgers,
bitte stoppen Sie diesen Wahnsinn, der uns bevorsteht. Die Kosten für die vorgeschriebenen Maßnahmen zur Dichtigkeitsprüfung der privaten Abwassergrundleitungen stehen in keinem vernünftigen Verhältnis zu den zu erwartenden Ergebnissen.
[…]
Mit freundlichen Grüßen

Eigentlich hätte ich Besseres zu tun am Wochenende. Meine Frau erteilt die Freigabe und ich bringe das Kuvert zur Post. Aber der Ministerpräsident hat wohl andere Sorgen. Die Wahl am 9. Mai bringt der CDU 67 Sitze, gleichauf mit der SPD, GRÜNEN 23, FDP 13, DIE LINKE 11. Dumm gelaufen – Schwarz-Gelb ist abgewählt. Jetzt muss ich wohl mit anderen Leuten reden. Mit wem, ist noch nicht klar. Eigentlich reicht es nur für eine große Koalition, die dann wegen eines hauchdünnen Vorsprungs unter CDU-Führung zustande käme.

Bevor ich mich wieder dorthin wende, muss ich wohl oder übel abwarten, bis die handelnden Personen bekannt sind. Währenddessen arbeite ich weiter an meinem Auftritt im Internet. So ganz schlecht kann der nicht sein. Die Schleswig-Holsteiner bieten erstes Lob und Hilfestellung an:

Sehr geehrter Herr Genreith,   09.05.2010 10:29
Kompliment für Ihre Website[5] und viele Unterstützer für Ihr Vorhaben…
Wir werden auf unserer HP ebenfalls einen Link auf Ihre HP einbauen…

mfG Horst Heuberger

Das macht Mut. Am gleichen Tag noch gibt mir Reinhard Polte aus Lübeck, dessen Texte ich schon von deren Internetauftritt kenne, einige Hinweise, die ich gerne aufnehme:

                                                                 09.05.2010 11:19
Sehr geehrter Herr Genreith, habe über bürokratie-irrsinn Ihre HP angesehen. Hier einige Anregungen:

Möglicherweise muß man ja etwas übertreiben, sehe ich ein, allerdings läuft man dabei Gefahr, vom Feind nicht ganz ernst genommen zu werden, weil dieser merkt, daß da keine Fachleute am Werke sind. Die Aussagen:

/Muß i.d.R. die Straßendecke aufgebrochen und ganze Straßenzüge in NRW rekonstruiert werden/ und /… das Aufstemmen von Kellerfußböden dessen großflächige Beschädigung die Statik des ganzen Hauses gefährdet…/ sind deshalb mit Vorsicht zu genießen.

Ansonsten finde ich es ausgezeichnet, daß die Sache nun scheinbar größere Kreise zieht. NRW ist (hier in negativer) Hinsicht die abwassertechnische Speerspitze der Republik; d. h. hier wurde dieser ganze Unfug ersonnen und zuerst in Gesetze gegossen. Die Technokraten aller anderen Bundesländer schreiben nun nur noch ab. Wenn dieser Stein bundesweit ins Rollen gerät, wird's lustig.

MfG Reinhard Polte

Die entsprechenden Textstellen prüfe ich und entscheide, dass die im Prinzip bleiben sollen, nur weniger pauschalisierend und das mit der Statik fliegt 'raus. Für mich ist vor allem wichtig, meine Zielgruppe im Auge zu behalten. Das sind primär die betroffenen Eigenheimbesitzer. Die Mehrheit der Besucher meiner Seite werden wohl Neulinge sein, die sich erstmals informieren. Vor allem die will ich abholen, schnell in die Lage versetzen, eine belastbare Argumentation gegen die Prüfpflicht aufzubauen und Hinweise aufzugreifen, wie dagegen vorzugehen ist. Wenn dann aus anfänglicher Sorge beim Leser schließlich nackte Angst oder sogar Panik entsteht, ist das genau das, was ich erreichen möchte. Es ist völlig in Ordnung, solange die Fakten stimmen. Politik und Experten sind erst mal zweitrangig und nur in-

---

5   „Website" ist ein gebräuchlicher Anglizismus für „Webpräsenz", „Webangebot" oder „Web-
    auftritt".

sofern zu berücksichtigen, als ich meine Argumente gegebenenfalls gegen Kritik aus dieser Richtung verteidigen muss. Aber dazu muss ich erst einmal überhaupt wahr- und ernst genommen werden. Alleine das bedeutet schon eine echte erste Hürde, die noch zu meistern ist.

Zielrichtung ist natürlich die Landespolitik. Auf kommunaler oder Regierungsbezirksebene zu protestieren, ergibt keinen Sinn. Die verschanzen sich nur hinter dem Gesetz. Fehlt den anderen Bürgerinitiativen der Mut dazu? Ich verstehe immer noch nicht, wieso ich derjenige sein muss, der den Wahnsinn auf der einzig richtigen Ebene angreift. Ich würde mich auch überhaupt nicht für die Thematik interessieren, wenn ich dem Ganzen irgendwie ausweichen könnte. Schließlich gehe ich auch nicht mit der Kettensäge durch den Wald, weil mir da vielleicht ein Baum im Weg sein könnte, solange ich einen Pfad drum herum finde.

Diese Ziele führe ich mir noch einmal vor Augen. Deshalb gehört Stimmungsmache auch dazu, mögliche Folgen drastisch zu schildern, ohne unrealistisch zu wirken, nichts zu beschönigen, Behauptungen sorgfältig durch Quellen zu belegen. Die Leute müssen sich betroffen fühlen. Angst ist genau die Triebfeder, die ich nutzen will. Klar begründete Angst, die auch durch „Experten" nicht einfach in Abrede zu stellen ist, bringt Leute auf die Straße. Selbst wenn die Fachleute nur einräumen müssen, dass eine Minderheit tatsächlich so hart wie dargestellt getroffen werden könnte, genügt das vollkommen, um die Emotionen hochkochen zu lassen. Wer nimmt schon freiwillig an einer Lotterie teil, bei der er nur verlieren kann, die Höhe des Verlustes nach oben hin kaum begrenzt ist und die Erlöse nicht einmal wohltätigen Zwecken zugutekommen, sondern ausschließlich kommerzielle Interessen bedienen.

Die Schleswig-Holsteiner vermitteln mir weitere Kontakte in NRW, mehrere verstreut agierende Einzelkämpfer melden sich bei mir und mein Auftritt wird bekannter. Ich informiere wiederholt den Rat unserer Stadt und die der umliegenden Gemeinden und bitte darum, nichts zu überstürzen. Inzwischen gehen die Schleswig-Holsteiner in ihrem Auftritt auch auf die Situation in NRW ein. Das reicht aus meiner Sicht aber bei weitem nicht, um Aufmerksamkeit auf sich zu ziehen. Zudem ist Schleswig-Holstein weit weg.

Da mein Internetauftritt keine Kommentare erlaubt, halte ich den Wordpress-Blog aufrecht, stelle gelegentlich Texte meiner eigenen Seite dort leicht verändert als Artikel ein und verlinke wechselseitig. Um ein Minimum an Anonymität zu wahren, verwende ich im Netz statt meines Rufnamens meinen ersten Vornamen „Werner". Wenn jemand anruft oder mich so anschreibt, weiß ich gleich, worum es geht.

Schon nach wenigen Tagen schlägt Klaus Lau aus Mönchengladbach bei eigenen Recherchen im Kommentarbereich meines Blogs auf:

10.05.2010 um 18:54 Uhr

Seid ihr noch dicht?

Ich schreibe mir seit einiger Zeit „die Finger wund" an Leserbriefen (RP, Bild, Haus und Grund, WDR … und in Forenbeiträgen. Die Lethargie und Ignoranz ist noch sehr groß!
Die einzige Möglichkeit, das Gesetz zu kippen, besteht darin, die Öffentlichkeit zu mobilisieren und den Landtag vor Eintritt des zu erwartenden sozialen Chaos aufzuwecken. Wir sind in NRW allerdings einen Schritt weiter als in Niedersachsen und Schleswig – Holstein. Bei uns ist der Irrsinn bereits Gesetz geworden. Die Herren und Damen Politiker werden sich verwundert die Augen reiben, wenn junge Familien, Arbeitslose, Rentner, Hatz IV-Empfänger vor den Sozialämtern stehen oder/und ihr Häuschen verkaufen müssen.
Wir hatten bereits 2 zertifizierte Betriebe im Haus, die allein wegen der Tatsache, dass das Haus (EFH) 40 Jahre alt ist und Tonrohre verlegt sind, die Sanierungskosten auf 5000 – 10.000 € geschätzt haben – wenn alles gut geht (z. B. ausreichend Revisionsschächte vorhanden sind oder geschaffen werden)
Einer bestätigte ungeniert meine Meinung vom Lotteriegewinn für die Branche ohne Loseinkauf.

Vielleicht können wir zusammen etwas auf die Beine stellen?
Gruß
Klaus Lau, MG

Das klingt dramatisch. Er hatte schon Handwerker im Keller und die wollten tatsächlich seinen Boden aufstemmen, weil sonst an die Rohre nicht heranzukommen sei. Das ist genau die Situation, vor der ich mich fürchte, nur bei mir noch um Größenordnungen bedrohlicher. Er ist schon in diversen Blogs als Kommentator aktiv und verzweifelt an der Passivität seiner Mitbürger. Ich antworte an gleicher Stelle einige Tage später:

18.05.2010 um 13:06 Uhr

Ich bin immer noch dabei, mir ein Bild zu machen und Material zu sammeln. Deshalb reagiere ich so spät – Sorry dafür. Der Internetauftritt spiegelt das wider. Können Sie mir denn den einen oder anderen Beitrag aus Ihrer Feder schicken oder hier einstellen? Genauso wären die (detaillierten) Angebote hier interessant. Um eine breite Akzeptanz bei der Bevölkerung zu finden, müssen wir sachlich fundiert argumentieren. Sonst wird die Initiative schnell zum Bumerang. Der Dreh- und Angelpunkt aus meiner Sicht wird die Verhältnismäßigkeit sein. Die von mir hochgerechneten 50 Milliarden sind soviel wie der gesamte Haushalt in NRW für 2010. Das Umweltministerium hat insgesamt nur 750 Millionen Euro Ausgaben geplant. Gemessen daran können wir getrost die Klimakatastrophe, atomare Verseuchung und Finanzkollaps vergessen – der Supergau lauert unter Ihrem Keller und steht unmittelbar bevor. Anders wäre das kaum zu rechtfertigen. Wenn Sie noch mehr tun wollen, sehen Sie sich doch einmal das Flugblatt im Download-Bereich an. Ich bin dankbar für jeden Kommentar. Wenn das aus Ihrer Sicht ok ist, bitte drucken und breit verteilen. Ich werde genau damit jetzt hier anfangen. Bekanntheit ist erst einmal alles.

Klaus fragt noch „Wie viele Leute seid ihr?" Ich atme tief durch und antworte ausweichend. Aber Klaus macht jetzt Werbung. Jeden seiner Beiträge in

Blogs, Leserbriefen, Kommentaren garniert er mit einem Hinweis auf „Alles-dicht-in-NRW". Meine Initiative beginnt jetzt tatsächlich, ein bestehendes Vakuum zu füllen. So langsam erscheint der neue Auftritt zwar nicht auf der ersten Suchseite, aber immerhin auf der dritten, schließlich auf der zweiten Ergebnisseite einschlägiger Suchmaschinen. So bin ich auffindbar. Trotzdem bleiben die Besucherzahlen gemessen an der Bedeutung lächerlich gering.

Ein hoffnungsloses Unterfangen

Der Mai geht ins Land. Mit meiner Frau habe ich jetzt schon fünf Etappen des Eifelsteigs absolviert und wir wollen den im Laufe des Jahres noch komplett machen: Mehr als 350 Kilometer von Kornelimünster nach Trier, jede Tagesetappe im Schnitt um die zwanzig Kilometer. Daneben holt mich immer wieder die Dichtheitsprüfung ein. Die Landtagswahl ist gelaufen und die Gewinner stehen fest. SPD und GRÜNE bilden eine Minderheitsregierung – es hätte kaum schlimmer kommen können. Jetzt bestimmen endgültig die Ideologen, ohne wahrnehmbare Opposition in dieser Sache, und solche Leute nehmen Fakten ohnehin nur sehr selektiv zur Kenntnis. Als Gegenmittel kommen nur Öffentlichkeit und Stimmungen infrage. Bisher scheinen mir die Debatten viel zu sachbezogen. Meist entscheidet aber die emotionale Komponente. Erfolgreiche Politik besteht nicht unwesentlich im Schüren von Ängsten. Das beherrschen alle Parteien, die einen souveräner als die anderen. Drohe mit einer Hölle und die Menschen lassen sich nach Belieben Geld aus der Tasche ziehen. So hat das schon immer funktioniert.

Und die Presse spielt mit, übernimmt kritiklos die Untergangsszenarien wegen defekter Hausanschlüsse, und bleibt taub und stumm, sobald es umgekehrt um Kritik an den Maßnahmen geht. Dafür nehmen großflächige Anzeigen der Kanalbranche immer mehr Raum ein. Ich schreibe die Bürgermeisterin wieder an und als frisch gebackenen Landtagsabgeordneten (MdL) den erfolgreichen Direktkandidaten der CDU – steter Tropfen höhlt den Stein. Josef Wirtz signalisiert dann auch, dass die Sache in der laufenden Legislaturperiode irgendwann auf die Tagesordnung kommt – was immer auch das dann heißen mag. Von Unterstützung für meine Position ist keine Rede.

Eine Internetseite ist noch keine Bürgerinitiative. Wenn ich selbst auf Politiker oder Presse zugehen will, darf ich nicht den Eindruck eines Einzelkämpfers hinterlassen, den man getrost ignorieren kann. Das wäre tödlich. Im Netz informiere ich mich darüber, was eine Bürgerinitiative eigentlich ausmacht. Es handelt sich dabei offenbar nicht unbedingt um einen Verein oder gar eingetragenen Verein. Das Konstrukt ist ohne vorgeschriebene Form. Also lade ich zwei liebe Nachbarn zum Grillen ein. Nach Würstchen, Steaks und Bier steht die Bürgerinitiative „Alles dicht in Nideggen", mit Günter, Michael und mir als Vorstände und gleichzeitig einzige Mitglieder. Die kann ich bei Bedarf dann namentlich nennen und hoffe, dass der jeweilige Adressat der Botschaft die Mitgliederzahl kräftig nach oben extrapoliert – ja, nee, ist doch klar bei immerhin drei Vorständen.

Vor allem vermittels der regen Werbung durch Klaus und den einen oder anderen ungenannten Mitstreiter wächst mein Mail-Verteiler nach und nach. Nebenbei gehe ich dazu über, die Adressaten darin als Mitglieder der Landesinitiative zu betrachten. Anfragen leite ich aus Zeitgründen meist einfach an Klaus weiter zur Beantwortung.

Fritz Pucher aus Minden-Haddenhausen engagiert sich schon seit Jahren bei der Stadt und der Bezirksregierung in Detmold. Mit dem spreche ich und erfahre von einer Handvoll Bürgerinitiativen in Ostwestfalen, die lokal isoliert in ihrer jeweiligen Kommune kämpfen. Keine davon habe ich bei meinen vorangegangenen Recherchen im Internet gefunden. Er zeigt sich als echter Experte auf dem Gebiet, erzählt, dass er sich seit Jahren schon den Mund fusselig redet, vor allem bei seiner Stadt und ist anscheinend jemand, der mit seinem Anliegen bis zur Bezirksregierung durchkommt. Er macht mir keinerlei Hoffnung darauf, dass das Ganze noch zu stoppen sei. „Wenn ein solches Gesetz erst einmal beschlossen ist und umgesetzt wird, ist das leider nicht mehr zu ändern." meint er. Man könne allenfalls die brachialen Durchführungsregeln und die engen Termine noch weichspülen. Bis jetzt müssen sogar erkannte Haarrisse in einem Rohr ohne Rücksicht auf die Kosten saniert werden. „Jeder Tropfen Pipi im Grundwasser ist ein Tropfen zu viel" heißt eines von vielen Totschlagargumenten der Prüfungsbefürworter und duldet keinen Widerspruch.

Das macht mir wenig Mut. Keiner hilft wirklich, greift auf Landesebene an, also werde ich wohl selbst noch stärker investieren müssen. Ich will nicht nur weichspülen, ich will den Wahnsinn stoppen. Für weniger will ich meine Zeit nicht opfern. Aber mühsam nährt sich das Eichhörnchen, wie man so schön sagt. Ich bin eindeutig mit meiner Initiative noch im Stadium der Investition, die sich noch durch den späteren Erfolg rechtfertigen muss. Es verhält sich etwa so wie bei irgendeiner Unternehmensgründung, nur dass es hier nicht vordergründig um Geld geht.

Im Juni schreibt mir Erika Krebs, eine Stadträtin aus Monschau. Sie ist auch in der Landesgruppe der Partei DIE LINKE aktiv. Monschau ist eine Art bewohntes Heimatmuseum mit engen Gassen, altem Kopfsteinpflaster und uralten Fachwerkhäusern. Die flächendeckende Dichtheitsprüfung würde das Städtchen in eine Bauwüste verwandeln und meiner Meinung nach den florierenden Tourismus für Monate, wenn nicht Jahre, beschädigen. Wir telefonieren und sie bringt das Thema in der folgenden Woche schon in eine Parteiversammlung in Aachen ein – ein erster Hoffnungsschimmer, dass politisch etwas in Bewegung kommen könnte. Von dort aus ist der Weg kurz nach Düsseldorf. Als das Gesetz verabschiedet wurde, saß die LINKE noch nicht im Landtag. Deshalb haben die auch kein grundsätzliches Problem damit, das Thema kontrovers zu besetzen. Jede Hilfe, von welcher Partei auch immer, ist mir willkommen, auch wenn die im Landtag eher wie Aussätzige behandelt werden. Deshalb verspreche ich mir zunächst nicht allzu viel von deren Vorstoß.

Alle anderen Landtagsfraktionen ignorieren weiterhin, dass es hier ein Problem geben könnte. Für die ist das entschieden, das Gesetz wird schließlich schon umgesetzt und alles Weitere liegt bei den Bezirksregierungen, die den ganzen Mist zu exekutieren haben. Niemand auf Landesebene will sich mit der Thematik noch einmal befassen. Beschlossen ist beschlossen und die Rechnung zahlen schließlich andere.

Lange passiert nur wenig in Sachen Dichtheitsprüfung. Klaus scheint abgetaucht, vermutlich wegen privater Aufgaben. Ich kann mich neben meinem Beruf wieder auf andere Dinge konzentrieren – Familie, Fotografieren, Wandern, Schreiben. Nachdem meine Frau meinte, mein erstes Buch sei vor allem im naturwissenschaftlichen Kapitel für einen Laien nur schwer zu verstehen, habe ich beschlossen, eine lockere Geschichte rund um Bewusstsein, Seele und Tod zu schreiben, diesmal kein Sachbuch, ganz ohne Wissenschaft und Mathematik. Mal sehen, ob das funktioniert – wieder Neuland, diesmal kein Sachbuch, sondern eher Belletristik, eine Fiktion. Davon habe ich überhaupt keine Ahnung. Allenfalls lese ich einmal einen Eifelkrimi und früher, im Deutschunterricht, habe ich bei Heinrich Bölls „Ansichten eines Clowns" lieber Science Fiction Hefte unter der Bank gelesen. Aber ich liebe Experimente.

Die wachsende Bekanntheit meiner Initiative zahlt sich aus. Ein Kreistagsabgeordneter der CDU Hünxe, Dr. Heinrich Peters, meldet sich im September bei mir, der offenbar hervorragend in der Landespartei vernetzt ist, und stellt seine Unterstützung in Aussicht. Auf seine Bitte hin schreibe ich die aus meiner Sicht wichtigsten Argumente zusammen, die er in seinen Gesprächen nutzen sollte. Im Oktober kündigt er mir in der Sache einen Antrag seines Kreisverbandes für den nächsten Landesparteitag an. Dass er damit einen Entscheidungsprozess innerhalb der CDU in Gang setzt, der Monate später in einer echten Wende gipfelt, ahne ich noch nicht. Aber es ist ein erstes sehr gutes Zeichen und ein weiterer Hoffnungsschimmer. Noch sind alle Parteien mit Ausnahme der Linken gegen uns.

Im Oktober schreibe ich die SPD-Politikerin Eva-Maria Voigt-Küppers im Landtag an – eines von vielen Schreiben im Laufe der Zeit. Der Text ist wieder einmal im Wesentlichen recycelt:

Sehr geehrte Frau Voigt-Küppers,   24.10.2010 19:58

bitte helfen Sie mit, diesen Wahnsinn zu stoppen! Die immensen Kosten sind von Hauseigentümern und letztendlich auch den Mietern zu tragen. Herr Wirtz hatte in Aussicht gestellt, dass das Thema im Landtag auf die Tagesordnung kommt. Die CDU in Hünxe bereitet einen entsprechenden Antrag vor. Es wäre im Interesse Ihrer Bürger wünschenswert, wenn auch die SPD sich einer Überprüfung mit einem eigenen Antrag anschließen würde. Schließlich werden auch Mieterhaushalte erheblich belastet, über die bereits absehbaren Gebühren- und Energiepreissteigerungen hinaus.

Die im Landeswassergesetz 61A verankerte Prüfungspflicht ist einmalig in Deutschland und in Europa. Sie führt zu einer gigantischen Fehlinvestition auf dem Rücken der Eigenheimbesitzer in NRW. Die vielerorts vorgeschlagenen brachialen Mittel zur Prüfung der Abwasserleitungen werden den Sanierungsbedarf in vielen Fällen erst herstellen. Die behaupteten Umweltschäden durch undichte private Abwasserrohre sind im Allgemeinen nicht belegbar. Es kann nicht sein, dass die Eigenheimbesitzer in NRW bis zu 120 Milliarden Euro schultern für eine Maßnahme, deren Notwendigkeit und Wirksamkeit unklar ist.

Die wichtigsten Argumente gegen den Prüfungszwang werden auf unserer Internetseite http://www.alles-dicht-in-nrw.de/ durch Fakten belegt:

1) Der Nutzen der Prüfungen ist nicht belegbar.
2) Die Kosten insgesamt für Hauseigentümer und Mieter sind unvorstellbar hoch.
3) Die Gemeinden und Städte selbst sind überfordert und werden für die Prüfung der öffentlichen Leitungen zum Teil mehr als 100 Jahre benötigen, wie das Beispiel Köln zeigt.

Die Forderungen daraus sind zusammengefasst:

A) Die flächendeckende Dichtigkeitsprüfung wird ausgesetzt.
B) Dichtheitsprüfung und Sanierung – wo erforderlich – erfolgt nur gleichzeitig mir den öffentlichen Kanälen.
C) Die starre Fristsetzung 2015 mit Strafandrohung muss vom Tisch.

In Niedersachsen wurde auf die Prüfung inzwischen verzichtet. In Hessen werden Abwasserleitungen nur ab der Hauswand bis zum Einlauf in den Hauptwasserkanal geprüft. In Schleswig-Holstein geht eine andere Initiative mit zunehmendem Erfolg gegen den Wahnsinn vor und wartet mit interessanten Fakten und Gutachten auf. Lesen Sie selbst auf http://www.buerokratie-irrsinn.de/

Mit freundlichen Grüßen Siegfried Genreith

Eine Reaktion darauf erfolgt zwei Monate später. Aber das ist besser, als wenn sofort ein nichtssagender Bausteintext zurückkommt. Eigentlich erwarte ich auch keine direkte Antwort auf so ein Schreiben mehr. Mir ist durchaus klar, dass ich die im Landtag inzwischen eher nerve. Was sollen die denn auch schreiben? Einen Fehler eingestehen? Undenkbar für einen Politiker! „Auf alle Fälle Recht behalten" ist deren wichtigster Leitsatz und der

Titel eines Buchs[6], das jeder Berufspolitiker wohl verinnerlicht hat. *„Da zählen nicht vernünftige Argumente, sondern allein die Kunst der dialektischen Magie. Im Fadenkreuz ist immer nur ein Ziel: Recht zu behalten und die eigene Meinung durchzusetzen"* ist da schon in der Einleitung zu lesen.

Irgendwann Ende 2010 schreibt Jozeph Oude Moleman – kurz Jos – aus Löhne mir erstmals. Darin beklagt er sich unter anderem über die Behandlung durch Vertreter seiner Kommune:

Behörden-undicht !   11.12.2010 19:33

[…] Nach einem Zeitungsartikel(kann ich zusenden) wurde ich als Haupt der Terrorbande von der lokalen Obrigkeit schon verbal angegriffen. Wörter wie "hirngespinste" "flusen im kopf" "sie spinnen" "du spinnst" sind mir schon geläufig ! … .

Ich muss erst einmal lachen über die Reaktion der „Obrigkeit". Er will eine Bürgerinitiative gründen und fragt um Rat. Wir telefonieren häufiger miteinander. Er schickt mir den Zeitungsartikel aus der Löhner Zeitung vom Dezember 2010 mit einem langen Artikel und Foto. Daher kenne ich jetzt sein Gesicht und sein Alter. Persönlich werde ich ihm nie begegnen. Ich mag ihn auf Anhieb, mit seiner unverblümten Sprache, dem stark holländischen Akzent und überschäumenden Temperament. Diplomatie und Political Correctness sind allerdings nicht gerade sein Steckenpferd. Letzteres gilt eingeschränkt auch für Klaus, der aber bei aller Emotionalität sehr sachbezogen argumentiert und auch wichtige Details nicht aus den Augen verliert. Mein eigenes Temperament würde ich vorsichtig als ausgeglichen bezeichnen. Mit Emotionen kann ich nicht wirklich umgehen. Ich bewundere Leute, die emotional überzeugen können und damit etwas bewegen. Ich kann das nicht. Ich bin Mathematiker, so denke ich und manchem Klischee entsprechend verhalte ich mich so auch. Ich neige weder zu überschäumender Freude, noch zu tiefen Depressionen. Jos und Klaus sind da erfrischend anders.

Den Protest gegen den Prüfungszwang sehe ich inzwischen auch von einer rationalen Seite. Die anfänglich noch dominierende Angst vor dessen Folgen hat einer gewissen Spielfreude Raum gegeben. Da ist ein Drang, zu experimentieren, mit der Technik, mit Informationskanälen, und deren Wirkung. Die Erfahrung ist neu und alleine das macht die Sache schon spannend. Die Inhalte meiner Seite gebe ich ausdrücklich frei, für Klaus und alle anderen, auch ohne meine besondere Zustimmung, sofern sie helfen, gegen die Dichtheitsprüfung zu argumentieren. Ein Copyright einzufordern wäre kontraproduktiv, würde meine Person unnötig in den Vordergrund rücken. Ich bin auf Multiplikatoren angewiesen und deshalb will ich alle denkbaren Hürden aus dem Weg räumen. Eine Lawine kann nicht an Fahrt gewinnen, wenn überall Bremsen im Hang stehen.

---

6   Wolf Ruede-Wissmann, Auf alle Fälle recht behalten. Dialektische Rabulistik. Die Kunst der überzeugenden Wortverdreherei Taschenbuch – 1. April 2001

Ohnehin viel zu langsam kommt die Sache in Schwung. Über einige hundert Besucher im Monat freue ich mich zwar und im Vergleich zu den wenigen Dutzend für meinen anderen Auftritt ist das schon viel. Gemessen an Millionen Betroffener sind die Zahlen allerdings zu vernachlässigen. Ich erreiche die nicht einmal im Promille-Bereich. Wie soll daraus etwas werden? Aber es ist wie beim Bergwandern: Am besten denkt man nicht an den ganzen langen und steinigen Weg zum Gipfel, sondern betrachtet nur die jeweils nächsten Schritte. So kommt man fast sicher an, solange man das Ziel unterwegs nicht aus den Augen verliert.

Der Webauftritt sieht schon professioneller aus. Meine eigenen Ansprüche an deren Perfektion sind hoch, sodass ich ständig Dinge verändere. Nur Kommentare kann ich nach wie vor nicht entgegennehmen. Die einfache Technik lässt das nicht zu und Besserung ist erst einmal nicht in Sicht. Deshalb kopiere ich immer wieder einmal eigene Artikel in meinen Blog, oder mit Einverständnis des Absenders den Inhalt erhaltener E-Mails, und verlinke von meinem Webauftritt dahin. Das funktioniert. Die Kommentarfunktion wird immer stärker genutzt. Überwiegend Mitstreiter liefern sich Wortgefechte mit vereinzelten Befürwortern der Prüfungen. Ich denke, dass ich jetzt die Totschlagargumente beider Seiten kenne.

Anfang Dezember schreibt Fritz *„Eure Seite ist genial !!!!!!!!!!"*. Damit meint er Klaus und mich und „Alles-dicht-in-NRW.de". Das Lob aus berufenem Munde tut gut. Schließlich ist er mit seiner Bürgerinitiative schon viel länger online. So etwas motiviert bei allem unvermeidlichen Frust zum Durchhalten.

Aber Dichtheitsprüfung ist nicht alles. Privat viel wichtiger sind andere Dinge. Mein ältester Sohn hat vor einigen Wochen seine Urkunde als Diplom-Physiker entgegengenommen, meine Tochter in diesen Tagen ihren Grad eines „Master of Science" in Biologie erhalten und beide bereiten sich jeweils auf ihre Promotion vor. So etwas zählt wirklich im Leben und drängt die unangenehmen Seiten in den Hintergrund.

Zum Jahresausklang kündigen Signale aus Düsseldorf erstmals Erleichterungen an. Die avisierten Schritte sind allerdings viel zu klein, gemessen an meinem Ziel und es ist überhaupt nicht klar, wohin die schließlich führen. Eine wissenschaftliche Mitarbeiterin von Eva-Maria Voigt-Küppers informiert mich über eine Änderung der Durchführungsverordnung:

Von: <Eva-Maria.Voigt-Kueppers@landtag.nrw.de>

Sehr geehrter Herr Genreith,   21.12.2010 09:28
gestern kamen die neuen, ich denke sehr guten Nachrichten aus Düsseldorf zu einer
neuen Regelung der Kanaldichtigkeitsprüfung. Anbei die Pressemitteilung zu Ihrer
Kenntnis.
Ich hoffe, damit haben Sie ein wenig Zeit gewonnen.

Beste Grüße Stephanie G[...]

Eine neue Fristenregelung „erlaubt es jetzt den Kommunen, die Zeitspanne
zur Dichtheitsprüfung von 2015 auf 2023 auszudehnen". Sie ist wohl der
Meinung, dass damit der Druck aus dem Kessel entweichen sollte. Dieser
Erwartung kann ich naturgemäß nicht folgen:

An: Eva-Maria.Voigt-Kueppers@landtag.nrw.de

Sehr geehrte Frau G[...],   21.12.2010 14:29
vielen Dank für Ihre Nachricht. Es zeigt zumindest, dass sich etwas bewegt in der
Sache. Trotzdem bleibt die Kritik natürlich bestehen, dass hier unglaubliche Kosten
auf die Hausbesitzer und letztendlich natürlich auch die Mieter zukommen für eine
Maßnahme, deren Nutzen zweifelhaft ist und die in keiner vernünftigen Relation zu
allen anderen umweltrelevanten Maßnahmen stehen. Die Kosten werden bisher mit
wenigen hundert Euro je Prüfung verharmlost. Leider drängt sich nicht nur hier der
Verdacht auf, dass die Politik ständig Probleme löst, die niemand hat und am liebsten
Vereinbarungen zulasten Dritter trifft über den Kopf der Betroffenen hinweg.

Ich tausche mich mit ähnlichen Initiativen in NRW aus, wie die in Haddenhausen,
Löhne oder Hünxe. Im Übrigen erreichen mich zunehmend E-Mails betroffener Bürger, die dankbar für jede Unterstützung sind. Ein Betroffener schilderte mir die
Angriffe und Diffamierungen, denen er seitens der lokalen Politiker ausgesetzt ist,
seitdem er mit seinen Einwänden in die Öffentlichkeit gegangen ist. Ich denke, mit
der Thematik wird wieder einmal ein politisches Denkverbot berührt. Darüber
möchte man nicht mehr diskutieren, schon gar nicht öffentlich mit Betroffenen. [...]

Ende Dezember 2010 geht Jos mit seiner Seite online. Außerdem meldet
Klaus sich zurück, nachdem er einen verheerenden Bürobrand vom Mai auf-
gearbeitet hat. Kurz vor Weihnachten schreibe ich nochmal an die Bürgermeisterin und den Stadtrat mit der Bitte, die längeren Fristen auch in Nideggen zu nutzen. Am selben Tag erhalte ich Antwort von einem unserer Stadträte. Offenbar sieht er die Fristverlängerung skeptisch, weil die Maßnahmen
ja doch kommen werden und es deshalb gut wäre, früh damit zu beginnen.
Weihnachten steht vor der Türe und ich antworte erst einmal nicht, zumal
pünktlich vor Heiligabend ein unvergleichliches Schneechaos nicht nur die
Eifel überzieht und dazu führt, dass mein jüngster Sohn über die Festtage bei
den Großeltern strandet. Busse und selbst die Schienenbahn fahren nur noch
bis in die Nachbargemeinde. Glücklicherweise habe ich Urlaub und muss
nicht raus. So eingeschneit kommt eines der beschaulichsten Weihnachtsfes-
te, an die ich mich erinnere. Alles andere erscheint erst einmal weit weg.

Abbildung 3: Demo am 29.10.2011 in Münster - Infostand

Abbildung 4: Demo in Münster - Bühne

Abbildung 5: Demo in Münster

Die Sache nimmt Fahrt auf.

Bunkermentalität

Am Neujahrstag 2011 hat leichtes Tauwetter den Schneemassen noch nicht viel anhaben können. Nicht einmal in meinen Garten kann ich gehen, ohne eine Schaufel in die Hand zu nehmen.

Die Situation in Sachen Dichtheitsprüfung scheint verfahren. Nichts kann dieses politische Schlachtschiff vom Kurs abbringen oder gar zum Einhalten oder zur Umkehr veranlassen. Widerstand scheint ein Kampf gegen Windmühlen, gegen den der eines Don Quijote ein Dreck ist. Das liegt wohl auch daran, dass Windmühlen heute um ein Vielfaches größer sind als damals.

Bis jetzt haben wir nicht einmal eine nennenswerte Öffentlichkeit herstellen können. In Relation zu Millionen betroffener Bürgern in NRW sind wir eine verschwindende Minderheit. Die weitaus Meisten wissen nicht einmal, was da auf sie zukommt. Andere wollen einfach nicht glauben, was einige schon erfahren mussten. Früher hätte ich wohl auch so gedacht, bevor ich wusste, wie schlimm das tatsächlich werden kann. Wenn wenigstens die Presse kritisch berichten würde, wäre schon viel gewonnen. Aber weit gefehlt – die sind unisono auf der Seite der Landespolitik, beschwichtigen, beschönigen, beschwören in unzähligen Artikeln die vermeintlichen Umweltgefahren, den Trinkwasserschutz, wiederholen Totschlagargumente – Diskussion unerwünscht. Mein früheres Grundvertrauen in die Sachbezogenheit von Politik und die Rolle der Presse als deren kritischer Beobachter ist inzwischen irreparabel zerstört. Da sind überall Interessen im Spiel, die ich nicht durchschaue und die mich früher auch nie interessiert haben. Unangemessenen Resultaten aus solchem Gemauschel konnte ich bisher immer mehr oder weniger elegant ausweichen.

Ich verstehe nichts von Netzwerken, aber hier funktionieren die zweifellos hervorragend zum Schaden der Bürger. Über deren Art kann ich nur spekulieren. Fritz scheint sich da viel besser auszukennen. Er nennt manchmal Namen von Leuten, die in dem Spiel auf der Gegenseite hochrangig mitmischen, die bestimmte persönliche Interessen verfolgen und politische Entscheidungen beeinflussen. Er diskutiert mit solchen Personen bis tief in die Sachebene hinein. Geholfen hat es offenbar wenig. Ich kann solche Informationen nicht einordnen und auch nicht sinnvoll für meine Aktionen verwenden. Deshalb vergesse ich die meisten dieser Fakten einfach nach kurzer Zeit wieder.

Ich setze weiter auf Beharrlichkeit und Emotionen. Ich will die Schwachstellen der Regelungen deutlich herausstellen, sodass sehr viele Mitstreiter immer wieder in immer die gleichen Kerben schlagen, ohne sich nutzlos auf

Nebenkriegsschauplätzen zu verzetteln. Steter Tropfen höhlt den Stein und die Hoffnung stirbt bekanntlich zuletzt – Plattitüden mit wahrem Kern. So nutze ich die Zeit für eine ausführliche Stellungnahme auf die Antwort unseres Ratsmitglieds der GRÜNEN-nahen Wählergruppe der „UNABHÄNGIGEN" als offenen Brief mit allen nötigen Quellenangaben – man hat ja sonst nichts zu tun am Neujahrstag:

Betreff: Re: PM_20.12.2010_Dichtigkeitsprüfung   01.01.2011 12:36

Sehr geehrter Herr Klöcker,
danke für Ihre Nachricht. Nur geht die Argumentation an der eigentlichen Kritik vorbei. Es geht hier um ein Mammutprojekt, dass genauso wie das in Stuttgart ohne jede Öffentlichkeit in politischen Zirkeln zusammen mit Experten auf den Weg gebracht wurde, die bei ihrer Beratung regelmäßig auch eigene Interessen vertreten. Jedes einzelne der Argumente für die flächendeckende Dichtheitsprüfung ist angreifbar. Nicht umsonst hat Niedersachsen die Sache schon gestoppt, andere Länder das Vorgehen deutlich entschärft.

1) Grundwassergefährdung: Studien wie die der Universität Karlsruhe zeigen, dass eine Grundwassergefährdung allenfalls in wenigen Fällen bestehen kann. Natürlich muss dann saniert werden, wenn in besonderen Gefährdungsgebieten funktional eine erhebliche Undichtigkeit besteht.

2) Fremdwassereintrag: Hier handelt es sich nicht um ein Umweltproblem, sondern ausschließlich ein Problem der Kostenbelastung von Klärbetrieben an die Kommunen. Das muss kaufmännisch gelöst werden. Im Übrigen handelt es sich überwiegend um Fixkosten, die die Klärwerke auf die eingebrachten Mengen umlegen. Wenn die Kommunen weniger Abwasser einbringen, steigt notwendigerweise der Preis je cbm, hätte also in Summe keinen nennenswerten Effekt.

3) geringe Kosten: Genannt werden wenige hundert Euro je Haushalt für die Prüfung. Alle Beispiele, die mir vorliegen, kommen auf mehrere tausend Euro, was für jeden leicht nachvollziehbar ist, der schon einmal wegen einer Verstopfung den Installateur gerufen hat.

4) bis zu 90% der Hausanschlüsse sind undicht: Wieder ein Beispiel aus Niederzier: von ca. 50 Anschlüssen der Köttenicher Straße musste nach Auskunft eines Anwohners keiner saniert werden. Wer statistische Methoden beherrscht, kann leicht nachrechnen, dass damit nur eine Schadquote im kleinen einstelligen Prozentbereich verträglich ist. Keinesfalls bei noch so pessimistischer Deutung der Zahlen kommen nur annähernd die in der Presse genannten zustande. Dann aber wären die Zwangsmaßnahmen mit enormer Kostenbelastung erst recht weit jenseits jeder Verhältnismäßigkeit.

Nun zu den vorgeschriebenen Prüfverfahren:

1) Druckprüfung:
Eine Abwassergrundleitung ist im Betrieb nur im unteren Bereich über wenige Zentimeter benetzt. Nur dort muss sie für im Gefälle abfließendes Wasser dicht sein.

Damit ist sie grob vergleichbar mit den Anforderungen für ein Ziegeldach, das gegen abfließendes Regenwasser dicht sein muss, keinesfalls gegen Druckbelastung. Ausnahmen können nur in extrem seltenen Fällen gelten, wo die Leitung unterhalb des Grundwasserspiegels verläuft. Nur eine drucklose Durchflussprüfung ist ein akzeptables Kriterium.

2) Hochdruckreinigung mit bis zu 210 bar
Studien und Expertenberichte zeigen, dass hier ein enormes Schadenpotential für NRW besteht. Schon bei 80 bar können danach Rohre und Dichtungen beschädigt werden. In vielen Fällen wird die Prüfung den Sanierungsfall erst herstellen. Das ist vollkommen inakzeptabel, selbst wenn es sich um seltene Fälle handelt.

3) Kamerafahrten: ... sind ohne vorhergehende Reinigung sinnlos
Dieses und noch mehr auf der Internetseite. Die Gesamtkosten für NRW können leicht einen dreistelligen Milliardenbetrag erreichen – und das ohne der Umwelt nennenswert zu nutzen!

Halten Sie das für vernünftig?

Ich wünsche Ihnen ein Frohes Neues Jahr mit hoffentlich guten Nachrichten für die Bürger in NRW.
Werner S. Genreith

Neben vielen anderen steht auch Fritz auf dem Verteiler. Er schreibt zwei Tage später *„Ihre Argumentation ist exzellent."* – für mich das Highlight des Abends. Ich denke, er ahnt nicht, was er mit solch kurzen Statements bewirkt. Im Laufe der nächsten Tage weist Fritz mich noch auf das Pilotprojekt in Billerbeck aus den Jahren bis 2006 hin. Die Prüf- und Sanierungskosten dort bewegten sich zwischen 2.000 und 27.000 Euro, im Mittel 12.500 Euro. Die durchgeführten Maßnahmen waren wirklich krass bis hin zur Stilllegung aller Abflüsse der unteren Etage und Führung der Verrohrung unter der Decke und betrafen dort alle 113 Anlagen. Das zeigt mir, dass meine Befürchtungen sicherlich nicht aus der Luft gegriffen sind und die Drohkulisse absolut real ist. Solche Fakten landen unverzüglich – geeignet kommentiert – auf meinem Internetauftritt.

Die ersten Tage nach meinem Urlaub kann ich noch von zu Hause arbeiten. Dank Internet und Telefon ist das kein Problem. Außerdem habe ich dazu ein separates Büro im Keller, sodass Störungen nicht zu befürchten sind. Haushaltsgeräusche am Telefon wirken unprofessionell. Irgendwann sind dann auch die Straßen aus der Eifel heraus normal befahrbar, sodass Frankfurt wieder für mich erreichbar ist.

Nebenher erledige ich meine Alles-dicht-Post. Eine weitere Reaktion auf meine Mail klingt vielversprechend. Die im Stadtrat gut vertretene freie Wählergemeinschaft „Menschen für Nideggen" (MfN) stellt mir ihre Unterstützung in Aussicht:

Dichtigkeitsprüfung   06.01.2011 11:33

Sehr geehrter Herr Genreith,
ich danke Ihnen für Ihre sehr aufschlussreiche Information zur Durchführung von
Dichtigkeitsprüfungen und freue mich über Ihre Initiative, die im Interesse aller Bürgerinnen und Bürger ist.
[...]

Die lassen der Ankündigung auch gleich Taten folgen und spielen mir wenige Tage später ein Angebot an die Stadt zu, aus dem hervorgeht, dass Nideggen und zwölf weitere umliegende Kommunen viel Geld in die Hand nehmen wollen für ein Marketingkonzept, das den Bürgern die anstehenden
Maßnahmen schmackhaft machen soll. Tolle Idee: Wenn die Scheiße richtig
zu stinken beginnt, schlägt man sie einfach in ein hübsches Papier ein, mit
einer rosa Schleife darauf. Weitere Reaktionen aus dem Verteiler meiner
Antwort erfolgen nicht.

Die Besucherzahlen gehen langsam aber sicher nach oben. Inzwischen sind
die monatlichen Werte regelmäßig schon vierstellig. Das ist sehr viel in Relation zu meinen sonstigen Hobby-Auftritten, die es nur auf einige Dutzend,
vielleicht einmal hundert Sitzungen bringen. Absolut gesehen ist das immer
noch lächerlich gering, selbst im Vergleich zur Reichweite eines einzelnen
Artikels in der Lokalpresse. Wenn ich in Ruhe darüber nachdenke, ist das
Unterfangen hoffnungslos und ich sollte meine Zeit besser investieren.

Aber ich bin nicht ruhig, ich will auch nicht vernünftig sein und die Initiative
beginnt in gewissem Sinne Spaß zu machen, eine Art Experiment und so etwas liebe ich. Ich erziele damit sichtbare Wirkung in Form von Rückläufern
auf Anschreiben, Anfragen besorgter Bürger, Trefferplatzierung in Suchmaschinen, gelegentlichen Dankesschreiben, Referenzierungen in Leserbriefen
diverser Blätter landesweit, in Kommentaren, lokalen Internetauftritten, die
teilweise ganze Texte von meiner Seite kopieren, was ich ausdrücklich gut-
heiße. Ich bin nicht sicher, aber diese Multiplikatoren erweitern meine
Reichweite enorm. Ich vermute das zumindest und hoffe, dass das stimmt.
Belastbare Zahlen dazu habe ich nicht.

Ich denke, es spielt keine Rolle, ob ich als Person irgendwo auftrete. Sicher
– hätte ich das Rednertalent dazu, wäre das eine Überlegung wert. So aber
ist meine Zeit besser im Hintergrund investiert. Selbst wenn ich auf einer
Versammlung mitreißend sprechen würde, könnte ich mit hohem Zeitaufwand und Kosten für Organisation, Vorbereitung, Anfahrt vielleicht einige
Dutzend Menschen mitnehmen. Im Internet erreichen meine Argumente
ohne all das jetzt schon Tausende und das werden sicher noch viel mehr, da
die Werbung für meine Seite bereits ein Selbstläufer ist.

Von den Mitstreitern habe ich bis jetzt noch niemanden persönlich getroffen
und kennengelernt. Nideggen liegt halt weit ab von den Zentren des Protestes in Ostwestfalen-Lippe (OWL) und hier in der Eifel scheint das noch nie-

manden wirklich zu interessieren. Nur vereinzelt höre ich von teuren Sanierungen, die zu örtlichen Protesten führen, aber es kaum in die Lokalteile der Tagespresse schaffen. Aber das stört mich eigentlich nicht. Wichtig ist vor allem, dass mein Internetauftritt aktuell und interessant bleibt, die Problematik klar verständlich vermittelt und eindeutige Forderungen formuliert. Darauf kann ich mich konzentrieren und meinen Arbeitsaufwand in Grenzen halten.

Aber ich bin in solchen Dingen Perfektionist. Mit der Gestaltung des Auftritts bin ich nie wirklich zufrieden. Anregungen dazu nehme ich gerne auf, aber ich entscheide, was und in welcher Form es dort erscheint. So kann ich schnell reagieren ohne mich abstimmen zu müssen. Eigene Recherchen brauche ich kaum noch durchzuführen. Viele Kontakte landesweit füttern mich meist per E-Mail mit aktuellen Themen, die ich allerdings etwas mühsam per Hand in meine nach wie vor statische Webseite einpflege. Irgendwann werde ich das ändern müssen. Dazu wäre allerdings ein Wechsel meines derzeitigen Internet-Providers nötig und außerdem scheue ich noch die notwendige Einarbeitung.

Am 14. Januar schreibe ich erstmals an die neue Ministerpräsidentin. Inzwischen nicht mehr ganz so frisch im Amt sollte sie mit den wichtigsten Themen vertraut sein.

14.01.2011

Sehr geehrte Frau Kraft,
leider gibt es in der Frage der Dichtheitsprüfung bislang kaum Signale, die auf eine Entschärfung der für Ihre Bürger unerträglichen Belastungen hinweisen. Eine Fristverlängerung nimmt den Protesten zwar die Dringlichkeit, hilft letztendlich aber nicht aus der Misere.
[…]
Und vergessen Sie bitte nicht, dass die Belastungen nicht nur die wenigen als wohlhabend angeklagten Hauseigentümer treffen, die das vermeintlich aus der Portokasse bestreiten. Letztendlich sind in viel höherer Zahl Rentner, Witwen, unter Zinslasten ächzende junge Familien und letztlich natürlich auch alle Mieter betroffen.
[…]
Unsere Forderungen an die Politik sind

1. Die flächendeckende Dichtigkeitsprüfung wird ausgesetzt. Nur bei Verdacht in Gefährdungsgebieten ist in der Regel eine drucklose Prüfung – vorrangig eine Durchflussprüfung – durchzuführen.

2. In diesen Ausnahmefällen ist die Dichtheitsprüfung und Sanierung der privaten Abwassergrundleitungen nur zusammen mit einer gleichzeitigen Prüfung der öffentlichen Kanäle vor dem jeweiligen Grundstück durchzuführen. Nach übereinstimmender Ansicht von Fachleuten macht es keinen Sinn, nur eine Seite zu prüfen und zu sanieren. Die Verhältnismäßigkeit zwischen dem Aufwand einer Maßnahme und ihrem Nutzen für die Umwelt muss in jedem einzelnen Fall gewahrt sein.

3. Die starre Fristsetzung mit Strafandrohung muss vom Tisch. Die Initiative für die

Maßnahme muss von der Gemeinde ausgehen und immer im Zusammenhang mit der Prüfung der öffentlichen Kanäle stehen.

Ich wünsche Ihnen und Ihrer Regierung ein erfolgreiches Jahr 2011 mit hoffentlich guten Nachrichten für die Bürger in NRW und verbleibe

mit freundlichen Grüßen

Nach den bisherigen Erfahrungen verspreche ich mir davon nicht allzu viel. Aber vielleicht ist eine frisch gebackene Regierungschefin noch offen für Anregungen aus dem Volk. Dass sie das selbst liest, glaube ich allerdings nicht. Das landet eher bei einem Referenten, der ihr dann bestenfalls eine kurze mündliche Zusammenfassung liefert. Schon diese Vorstellung entspringt vermutlich ausschließlich meinem Wunschdenken. Aber auch diesen Text kann ich sicher noch wiederverwenden.

Der Januar verläuft ansonsten ruhig. Mein jüngster Sohn hat inzwischen den Weg zu uns gefunden, nachdem Busse und Bahnen auch wieder in die Eifel fahren. Das Manuskript meines zweiten Buches ist inzwischen fertig. Der Titel lautet „Funkenflug". Nach reiflicher Überlegung entscheide ich, die Geschichte um Seele und Tod mit biografischen Anteilen unter einem Pseudonym zu veröffentlichen und komme nach einigem Experimentieren mit Buchstabenkombinationen aus meinem Klarnamen schließlich bei dem Anagramm „Friedegis Heintger" an. Meine Frau findet den gut und ist auch inhaltlich einverstanden mit der Veröffentlichung. Auch „Bewusstsein, Zeit und Symmetrien" habe ich überarbeitet, vor allem die grafische Gestaltung des Covers. Die zweite Version gebe ich zehn Tage später frei.

Soweit es meine beruflichen Aufgaben zulassen, arbeite ich wegen des anhaltenden Winterwetters mit immer neuen Schneefällen weiterhin von zu Hause aus. Da einige meiner Kollegen ähnliche Probleme haben, etwa von Stuttgart aus nach Frankfurt zu kommen, ist das akzeptiert und nicht ungewöhnlich. Nur zu einem Kundentermin muss ich dann doch einmal aufbrechen – wegen Schneetreibens sechs Stunden Fahrt hin und zurück für zwei Stunden Gespräch im IT-Bereich einer Frankfurter Großbank. Na ja – da führt kein Weg daran vorbei und Job ist Job.

Mein Brief an Hannelore Kraft wurde an das Umweltministerium weitergeleitet. Eine Ministerpräsidentin hat wohl Besseres zu tun, als sich mit solchen Nebensächlichkeiten aufzuhalten. Von dem grünen Umweltminister Johannes Remmel kann ich bestimmt keine konstruktive Antwort erwarten. So schicke ich den Brief mit einem kurzen Anschreiben jetzt an einige Landtagsabgeordnete der umliegenden Wahlkreise und als Blindkopie an einen größeren Verteiler, später dann noch an BILD, Kölner Stadtanzeiger und Haus und Grund. Mal sehen, ob sich daraufhin etwas tut. Alle meine Anschreiben stelle ich jeweils auch auf die Internetseite zum Download und ermutige zum Kopieren.

Abgesehen von meinen eigenen direkten Aktionen erreichen mich Nachrichten über Aktivitäten im ganzen Land, die immer öfter auf Anregungen, Argumente, Texte auf meiner Seite zurückgreifen. Eine Unterschriftenliste aus meinem Auftritt macht die Runde, Vorschläge zu Online-Petitionen, Kettenbriefen gehen bei mir ein, Stellungnahmen von Politikern aller Couleur, von denen noch keiner ein Abweichen vom Gesetz erkennen lässt. Ich versuche, alles zu lesen und das Wichtigste zu beantworten, soweit meine Zeit das zulässt. Aber vieles nehme ich nur flüchtig zur Kenntnis, vergesse anderes einfach. Einen wirklichen Überblick darüber, wo gerade was läuft, habe ich schon jetzt nicht mehr, obwohl die Welle nun erst begonnen hat zu wachsen und noch wenig Wucht entwickelt. Dazu passiert viel zu viel parallel. Über meine Rolle bei dieser Entwicklung mache ich mir keine großen Gedanken. Ich weiß nur, dass ich selbst vor kaum acht Monaten noch keinerlei Protestaktivitäten in NRW im Netz auffinden konnte. Andernfalls würde „Alles dicht in NRW" heute nicht existieren. Inzwischen ist es leicht für jeden Betroffenen, nach kurzer Recherche auf meine Initiative zu stoßen und erste Hilfe zu finden.

Ich habe weder die Zeit dazu, noch überhaupt das Bedürfnis, in irgendeine Aktion außerhalb meines direkten Wirkungskreises hinein zu grätschen. Ich kann bestenfalls Bälle aufnehmen, die mir zugespielt werden, und schnell weitergeben. Ich bin nicht einmal in der Lage, die daraus möglicherweise folgenden Aktivitäten zu verfolgen. Immer wieder werden Politiker, Zeitungen, Magazine, Fernsehen angeschrieben, Versammlungen abgehalten, Treffen mit einzelnen Volksvertretern organisiert, Petitionen gestellt. Meist bin ich auf Kopie. Manche der dabei ggf. verwendeten Texte stammen von meinem Webauftritt, oft etwas modifiziert, oft aber auch eins zu eins kopiert. Genauso soll es sein.

Barbara Werner aus Wadersloh informiert mich Ende Januar über die Stellungnahme unseres vormaligen Umweltministers der CDU, Eckhard Uhlenberg, in Sundern-Stockum und zitiert ihn: *„Die Dichtheitsprüfungen für private Abwasserleitungen sind ein wichtiger Aufgabenbereich für die Betriebe des Garten- und Landschaftsbaus."* Finde ich super – die sind immer noch im Goldrausch. Nichts scheint sich grundsätzlich zu bewegen. Außerdem hat sie nach diesem Treffen ein Schreiben verfasst, dass sie dem Bürgermeister vorlegen möchte:

Herr Eckhard Uhlenberg, die Dichtheitsprüfung, ein Bürgermeister, der sich nicht erinnern kann und die Belastung des Grundwassers mit PFT in Wadersloh

Eine kleine Chronik und eine Frage an den Bürgermeister für die Bürgersprechstunde:

Der Landtagspräsident Ex-Umweltminister NRW Eckhard Uhlenberg war am 06.01.11 in Wadersloh bei Berlinghoff zum Jahresgespräch. Ich stellte ein paar Fragen zur Notwendigkeit der Dichtheitsprüfung der Abwasserrohre für private Haus-

> halte bis 2015.
>
> Herr Uhlenbergs Antwort zusammengefasst: Gülle und menschliche Ausscheidungen kann man nicht miteinander vergleichen. Gülle ist Dünger. Außerdem muss eine EU-Richtlinie umgesetzt werden und es geht um den Schutz des Grundwassers vor PFT.
>
> Das mit der EU-Richtlinie entsprach nicht der Wahrheit. Ich habe ihm dazu die Stellungnahme der EU-Kommission Umwelt vorgelegt.
>
> Dann war da noch etwas: PFT? Ich hatte von dem Zeug noch nie gehört. Vielleicht hatte Herr Uhlenberg von PCB gesprochen?
>
> Leider weigert sich Herr Uhlenberg überhaupt noch etwas zu dem Thema zu sagen. [...]

Bei solchen Sätzen gehen mir bereits Gewaltphantasien durch den Kopf – da sollte man doch 'reinhauen. PFT ist eine Industrie-Chemikalie, die keinesfalls in häuslichem Abwasser auftritt. Dass die EU-Richtlinie reine Fiktion ist, sollte sich auch inzwischen herumgesprochen haben. Es ist schon beschämend, wie einflussreiche Politiker in der Sache hilflos mit Nebelkerzen um sich werfen. Woher hat er nur den Mist? Unübersehbar haben die Einflüsterer der Kanalindustrie immer noch den weitaus größten Einfluss. Viele Mitstreiter glauben daher nur noch an Erleichterungen, nicht aber an die Möglichkeit einer grundlegenden Abkehr vom geltenden Gesetz. Auch Presse und Fernsehen greifen das Thema immer noch nicht aktiv auf. Artikelvorschläge werden ignoriert oder man lehnt freundlich ab, nur Leserbriefe erscheinen hin und wieder – mehr nicht. So erhält mein Nachbar Michael nach kaum zehn Tagen Nachricht von Monitor – die unverbindliche Absage entspricht dem Standard anderer Presseorgane.

Klaus meldet sich Ende Januar mit einem ersten Erfolg in Mönchengladbach. Die Fristen wurden angepasst entsprechend der neuen Vorlage und eine soziale Komponente vereinbart. Trotzdem ist er wie viele andere frustriert über die Fortschritte und schreibt eine Woche später *„Mich interessiert inzwischen fast noch mehr die sture Blockade und Ignoranz durch die Presse.“* Er erarbeitet ein „Erste-Hilfe-Paket“ für betroffene Bürger, das über meinen Auftritt schnell großen Anklang findet. So schreibt Peter Sevenich(†) **aus Erkelenz** am 6. Februar an seinen Freund Klaus: *„Der Internetauftritt ist beeindruckend. Ich bin schon dabei, das Schreiben auf Erkelenzer Verhältnisse umzuschreiben. Gruß Peter“*. Ich selbst maile mehrfach Bürgermeisterin und Stadtrat an, informiere über Entscheidungen anderer Kommunen in der Sache, und schreibe per Briefpost an alle Bürgermeister der umliegenden Städte und Gemeinden. Alle Anschreiben stelle ich zum Download bereit. Ähnliche Aktivitäten starten viele Mitstreiter in NRW.

Zukunft NRW

Im Februar bietet sich eine echte Chance zu weiterer Öffentlichkeit. Ein Aktivist aus Gütersloh macht mich auf ein Forum „Zukunft NRW" aufmerksam. Eigentlich sollen sich die Beiträge um den zukünftigen Landeshaushalt drehen. Hier kann jeder ein Thema einstellen und von anderen bewerten lassen. Einige andere Mitstreiter haben das schon getan. Das ist einer der Strohhalme, nach denen auch ich greife. Ob das mehr bringt, als irgendein Leserbrief, scheint fraglich. Tatsächlich aber ruft diese Aktion später endlich die Presse auf den Plan. Daran wage ich jetzt noch nicht zu denken. Es ist nur eine Aktion unter vielen.

Die Bewertungen bei „Zukunft NRW" gehen derweil durch die Decke. Am 20. Februar ist Platz 2 erreicht, am nächsten füllt das Thema Dichtheitsprüfung schon die Plätze 1, 4 und 5. Weil immer wieder ein Wechsel zwischen den ersten beiden Positionen stattfindet, wittert Jos Manipulation und beklagt sich bei der Redaktion. Begleitet wird die Umfrage durch sprunghaft ansteigende Besucherzahlen auf meiner Seite. Die Auswertung der Zugriffe sehe ich mir genauer an und recherchiere die Herkunft der protokollierten IP-Adressen. Interessanterweise läuft die Hälfte der Anfragen über eine einzige Adresse, das Rechenzentrum der Finanzverwaltung des Landes Nordrhein-Westfalen, das auch den Landtag versorgt. Die hohe Anzahl der von dort je Sitzung aufgerufenen Seiten spricht für jeweils umfassende Recherchen auf „Alles dicht in NRW". Vielleicht will der Stab um die Ministerpräsidentin einfach wissen, was denn da los ist und welche Ursache die plötzliche Aufregung hat.

Ende Februar stellt Erwin Fritsch von den MfN einen Kontakt zur Lokalpresse her. Ich rufe dort sofort an und informiere dabei auch über das NRW Forum und die Auswertung der Besucher. Daraus resultieren später ein erstes ausführliches Interview mit mir und ein langer Artikel in der Dürener Zeitung. Erwin Fritsch kündigt bei der Gelegenheit an, auch die Mitglieder der MfN zur Abstimmung im Dialogforum aufzurufen.

Dass das Thema im Landtag wieder diskutiert wird, zeigt eine Mail aus dem Büro von Eva-Maria Voigt-Küppers. Eine Mitarbeiterin meldet sich diesmal ohne direkten Anlass noch einmal bei mir:

Dichtheitsprüfung   22.02.2011 12:57

Sehr geehrter Herr Genreith,
zum Thema Dichtigkeit sende ich Ihnen in der Anlage den aktuellen Kenntnisstand. Neben dem Erlass vom 5. Oktober 2010 liegt nun eine Vorlage des Ministeriums für Klimaschutz, Umwelt, Landwirtschaft, Natur- und Verbraucherschutz des. Landes Nordrhein-Westfalen vor, welche von der SPD beantragt wurde, um den Erlass vom 5. Oktober 2010 zu präzisieren.

Insbesondere interessiert uns die Möglichkeit, wie man die Dichtigkeitsprüfung und die daraus entstehenden denkbaren hohen Sanierungskosten sozial abfedern kann.

Das Ministerium hat dies auf Seite 2 und 3 der Vorlage näher beschrieben. Wir müssen in diesem Zusammenhang darauf hinweisen, dass die Verlängerung der Sanierungsfrist aufgrund sozialer Gründe eine entsprechende örtliche Satzung voraussetzt. Ist dies nicht der Fall, so kann auch die in der Vorlage genannten Möglichkeiten nicht realisiert werden. Zugleich ist die Fristverlängerung individuell zu prüfen.

Es wird vielfach behauptet, dass nur NRW diese Regelung habe. Das Wasserhaushaltsgesetz des Bundes schreibt vor, dass Abwasser einer Abwasseranlage zugeführt werden muss. Eine Versickerung von Abwasser aufgrund fehlerhafter Kanäle und damit die Verunreinigung des Grundwassers ist strafbar. Siehe: § 55 Grundsätze der Abwasserbeseitigung. NRW geht folglich mit dem Vollzug des Wasserhaushaltsgesetzes seriöser um als andere Bundesländer.

Ich hoffe, Ihnen damit abschließend weitergeholfen zu haben und verbleibe mit freundlichen Grüßen Stephanie G.
–
Stephanie G[…] M. A.
Wissenschaftliche Mitarbeiterin
Büro Eva-Maria Voigt-Küppers MdL
Landtag NRW

„Abschließend" übersetze ich mit „halt jetzt die Klappe – du nervst" oder „Wir machen alles richtig – die Maßnahme ist alternativlos – seht das endlich ein und haltet euer Maul!" Über diese Arroganz, die mir und allen Mitstreitern ständig entgegenschlägt, ärgere ich mich jedes Mal. Es macht einfach wütend, ignoriert und im Prinzip ausgelacht zu werden. Ich schicke dieses Schreiben wie üblich in die Runde und meine knappe Erwiderung gleich auch an den Nideggener Stadtrat zur Kenntnis:

Dichtheitsprüfung – Vorlage des Ministeriums   24.02.2011 15:46
Re: Dichtheitsprüfung

Sehr geehrte Frau G[…],
danke für die Informationen. Abschließend ist uns erst weitergeholfen, wenn die Landesregierung das Gesetz zurückzieht oder auf unbestimmte Dauer außer Vollzug setzt. Das neue WHG des Bundes bietet ja eine Handhabe, ohne Gesichtsverlust die Lage zu bereinigen. Eine Grundwassergefährdung durch defekte Hausanschlussleitungen existiert in NRW nicht.

Grüße Werner S. Genreith

Die knappe Antwort sollte auch für gestresste Abgeordnete noch lesbar und verständlich sein. Von Frau Voigt-Küppers oder ihrem Büro habe ich danach nichts mehr gehört.

Für Anregungen im Zusammenhang mit meiner Initiative bin ich stets offen. Nur wenige betreffen direkt den Webauftritt. So wird die Frage nach Werbeartikeln verschiedentlich gestellt. Merchandising nennt man so etwas wohl.

Ein Aufkleber wäre gut. Ich frage in die Runde, ob ein Bedarf gesehen wird. Die wenigen Rückmeldungen sind meist skeptisch. Die Meisten unter uns scheint das nicht zu interessieren. Aber mir gefällt der Gedanke und ich fange an, erste Ideen grafisch umzusetzen. Ein anfänglicher Entwurf wird in der Runde aus verschiedenen Gründen eher zurückhaltend kommentiert. Erst einmal lasse ich das Ganze ruhen.

Dass vielerorts die Stimmung inzwischen umschlägt, zeigen wachsende Teilnehmerzahlen bei lokalen Veranstaltungen zum Thema. So spricht Fritz vor 400 Zuhörern in Löhne in übervollem Haus. Die Problematik scheint bei Bürgern da oben in Westfalen angekommen zu sein. Einen Monat später schon titelt die Neue Westfälische „Rat legt Dichtigkeitsprüfung trocken"[1]. Hier in der Eifel wäre eine Versammlung in diesem Umfang noch undenkbar. Ich kann mir nicht vorstellen, so einen Saal mit dem Thema Dichtheitsprüfung zu füllen. Stattdessen informiere ich wiederholt Bürgermeister und Gemeinderäte der umliegenden Kommunen und weise auf die Probleme mit dem Landeswassergesetz hin.

Immer wieder einmal beobachte ich das Forum „Zukunft NRW". Obwohl unser Thema da schon gut vertreten ist, stelle ich schließlich noch einen eigenen kurzen Artikel zur Dichtheitsprüfung ein – der Form halber, weniger sachlich als eher launisch. Das entspricht meiner derzeitigen Gefühlslage.

Werner S. Genreith aus NIDEGGEN

Seit Mai 2010 ist die Initiative "Alles-dicht-in-NRW.de" im Netz und inzwischen landesweit bekannt. Wann ist die Landesregierung bereit, auf die Argumente gegen die Dichtheitsprüfung dort einzugehen, statt Anfragen mit Standardfloskeln abzufertigen?

Die Bestätigung folgt kurz darauf:

From: "Staatskanzlei NRW" <info@nrw.de>
To: "Werner S. Genreith" <info@alles-dicht-in-nrw.de>
Unser Nordrhein-Westfalen.   26.02.2011 12:20
Zusammen. Stark.

Haben Sie herzlichen Dank für Ihre Teilnahme an unserem Dialogforum „Zukunft NRW". Ihr Beitrag wird im Sinne der „Netiquette" redaktionell moderiert und schnellstmöglich eingestellt.

Wir bitten um Ihr Verständnis dafür, dass wir nicht jede Frage einzeln beantworten können. Die zehn Fragen, die am häufigsten mit „wichtig" bewertet werden, wird Ministerpräsidentin Hannelore Kraft am 8. April 2011 in einer Talkrunde in der Staatskanzlei beantworten, die ab 15:00 Uhr auf http://www.nrw.de live ausgestrahlt wird. Wir werden Sie per Mail rechtzeitig informieren, um welche zehn Fragen es sich dabei handelt, und halten Sie über den weiteren Fortgang des Dialogforums regelmäßig per E-Mail auf dem Laufenden.

Interessant – meine Teilnahme halte ich aber für eher unwahrscheinlich und deshalb plane ich den genannten Termin auch nicht ernstlich ein. Schließlich müsste ich dazu Urlaub nehmen. Düsseldorf liegt nun nicht gerade bei Frankfurt um die Ecke.

Der Artikel startet am nächsten Tag noch abgeschlagen mit immerhin 223 Stimmen, während ein anderer Beitrag zur Dichtheitsprüfung mit 1582 Zählern schon Platz zwei belegt. Die Welt am Sonntag berichtet am 27. Februar „[…] *Ministerpräsidentin Kraft sucht nun Orientierungshilfe und ruft die Bürger im Internet dazu auf, Fragen zum Haushalt 2011 zu stellen. 'Was ist Ihnen wichtig', fragt sie in einer Videobotschaft. Bisher sind über 200 Fragen eingegangen, die von mehreren Tausend Lesern bewertet wurden. Die größte Resonanz erhielt die Forderung, die "unsinnige Dichtheitsprüfung der Abwasserkanalisation" abzuschaffen, deren Kosten die Hauseigentümer tragen müssten: Frau Kraft könne sich "die Wählerstimmen vieler Hausbesitzer in NRW sichern“.* [2] Damit taucht erstmals dieses Thema in der überregionalen Presse auf – ein nicht zu unterschätzendes Signal.

Gelegentlich experimentiere ich mit weiteren Entwürfen für ein Logo. Mir macht so etwas Spaß und ich kann daran arbeiten, wenn ich gerade einmal eine halbe Stunde Zeit habe. Da ich leidenschaftlich fotografiere, beherrsche ich die Open-Source-Software GIMP als Photoshop Ersatz ziemlich gut. Nach verschiedenen Rückmeldungen zu weiteren Varianten eines Aufklebers habe ich plötzlich ein bestimmtes Bild vor Augen. So müsste es gehen! Ich fahre schließlich in den nächstgelegenen Baumarkt und kaufe dort ein rotes Abflussrohr DN125 aus Kunst-

Abbildung 6: Das erste Logo der Initiative war bis 2013 in Gebrauch

stoff. Damit gehe ich daran, meine Vision zu verwirklichen. Dazu baue ich meine Kamera aufs Stativ und schieße einige Fotos, mit Blitz, frontal von vorne in die Öffnung. Das Rohr nehme ich als Umrandung für den bis dato vorhandenen Entwurf. Schon am Abend findet das Kunstwerk begeisterte Zustimmung. *„Topp! Baumarkt war schon immer mein Lieblingsrevier (grins)“* schreibt Jos am 5. März 2011. Der „Goldrausch“ erinnert an die gigantischen Umsatzerwartungen der Kanalbranche, „STOPPT die Dichtheitsprüfung“ fasst unserer Forderungen in drei einprägsame Worte und die Webseite verweist auf weitere Informationen zum Thema, während das Copyright am unteren Rand einem denkbaren Missbrauch vorbeugen soll. Ich habe ein gutes Gefühl dabei und noch eingehende Rückmeldungen geben mir recht.

Die Grafik baue ich nun überall in meine Webseite ein. Jetzt trommelt Jos richtig los. Ich habe keinen Überblick, in wie vielen Blog-Beiträgen, Kommentaren und Leserbriefen nun ein Verweis auf „Alles dicht in NRW" erscheint. Das Logo taucht nach und nach überall auf und ich stelle es auf meiner Webpräsenz ausdrücklich für jeden Zweck gegen die Dichtheitsprüfung zur freien Verwendung, auch ohne meine jeweilige Zustimmung. Das gleiche gilt weiterhin für alle anderen Inhalte.

Derweil schreibt Klaus an den Petitionsausschuss des Landes NRW. Einige Wochen später lässt die Antwort aufhorchen, nach der die Landesregierung aufgefordert wird, belastbare Belege für eine Grundwassergefährdung vorzulegen. Greifbare Konsequenzen scheint das aber nicht zu zeitigen und „belastbare Belege" bleiben auch in der Folge aus.

Eine weitere Umfrage zu einer Aktion WISO „Nicht mit meinem Geld" läuft schon seit 2010 parallel. Nach einem Hinweis und meinem darauf folgenden Aufruf zur Abstimmung entwickelt die sich ähnlich erfolgreich wie „Zukunft NRW". Am 05. März ist der Beitrag zur Dichtheitsprüfung mit der hervorragenden Note 4.0 bewertet, nachdem er monatelang bei 1.5 dümpelte. Die Bestnote ist 5.0. Leider führt die Aktion diesmal nicht zu einem Erfolg, weil die Redaktion das eigentliche Thema für verfehlt hält.

Besser läuft es im Dialogforum „Zukunft NRW". Dort sind am 8. März schon unter den zehn Spitzenreitern die Beiträge zur Dichtheitsprüfung neunmal vertreten, unter den Top zwanzig genau vierzehnmal mit insgesamt 22.964 Punkten. Kurz zuvor war dieser Themenkomplex geschlossen worden, werden weitere Artikel nicht mehr angenommen. Klaus lässt diese Entscheidung nicht so einfach auf sich beruhen und nimmt wie üblich kein Blatt vor den Mund:

Beschwerde bei Staatskanzlei   01.03.2011 18:27

Hallo in die (kleine) Runde,
ich hatte mich heute vehement in der Staatskanzlei Düs über die Themensperre Dichtheitsprüfung beschwert und den Vorschlag gemacht, noch einen Beitrag mit dem Hinweis einstellen zu dürfen , dass alle zukünftigen Beiträge an info@alles-dicht-in-nrw.de geschickt werden, damit die da kanalisiert und gesammelt werden, um die danach im Bündel an Hannelore Kraft für die Videokonferenz zu überstellen. (Hintergrund: Adressensammlung für spätere Aktionen)

Es hat danach der Forenbetreuer (ein sehr freundlicher) Herr Hahn bei mir angerufen und mir versichert, dass weiter Beiträge eingestellt werden, wenn neue Fakten zum Thema beigesteuert werden, die bisher noch nicht in den Beiträgen angesprochen wurden. In jedem Fall wird das Thema aufgenommen, das habe er gestern mit Frau Kraft schon fest gemacht, da bereits mehr als 10.000 Stimmen eingegangen seien.

Im Übrigen gab der sich sehr interessiert. Wir haben ca. 20 Minuten geplauscht wobei sich herausstellte, dass der auch sehr wenig Sachkenntnis hatte. Er und seine Kollegen hätten sich wohl schon sehr darüber gewundert, dass das Thema noch nicht in der Presse und den anderen Medien war. Da konnte ich ihm raushelfen … :-) Ich habe ihm auch gesagt, dass mich genau diese penetrante dreiste Lobbysperre zur Weißglut getrieben und immer mehr motiviert hatte und das ich deswegen bereits beim Verfassungsschutz nachgefragt habe aber noch keine Antwort erhalten habe.

Daraufhin war er noch interessierter und bat um direkte Zusendung meiner Ausführungen und Dateien an ihn. Er wolle die studieren und an Frau Kraft weiter geben.

Tschüss und einen schönen Abend Klaus Lau

Am Ende der Umfrage vereinigen die Beiträge zur Dichtheitsprüfung mehr Empfehlungen auf sich als alle anderen vorgeschlagenen Schwerpunkte zusammengenommen. Obwohl das Thema eigentlich außerhalb des erwünschten Spektrums liegt – schließlich standen Fragen zum Haushalt zur Debatte –, kommt die verantwortliche Internetredaktion in Düsseldorf wohl nicht um die Nominierung herum – ein schöner Erfolg und so etwas wie ein Etappensieg im Radsport, der aber keinesfalls das Rennen entscheidet.

Leider gibt es daneben noch genügend andere Fronten, die auch nicht zu vernachlässigen sind. Hier in meinem persönlichen Umfeld existiert schließlich noch dieses ominöse „Marketingkonzept" zur Umsetzung der Prüfungen in Nideggen und Umgebung. Zunächst einmal starte ich eine Kampagne an 127 Stadträte, nachdem ich vorher schon schriftlich die Bürgermeister der umliegenden Gemeinden angeschrieben hatte:

Dichtheitsprüfung nach LWG 61A   5. März 2011 10:15

im Anhang finden Sie einen persönlichen Brief an Sie in der Sache. Mein vorhergehendes Schreiben an Bürgermeister und Ratsmitglieder sollte Ihnen spätestens im Laufe der letzten Woche zu Kenntnis gegeben worden sein. Sie können es unter dem Link http://alles-dicht-in-nrw.de/GK-2011-02-17.pdf nachlesen. Ich kann verstehen, dass die direkte Kontaktaufnahme nicht jedem willkommen ist. Da die Konsequenzen für viele, abhängig von der Art der Umsetzung des Landesgesetzes, durchaus katastrophal ausfallen können, bitte ich Sie um wohlwollende Kenntnisnahme.

Mit freundlichen Grüßen
Initiative "Alles dicht in NRW"
c/o Werner S. Genreith
http://alles-dicht-in-nrw.de/

Die Reaktionen sind sehr unterschiedlich und vermitteln mir ein Bild, wo die Parteien und Kommunen in der Sache stehen. Meine Anschreiben zeigen hier eine viel direktere Wirkung als die an den Landtag. Offensichtliche Textbausteine in einer Antwort sind eher die Ausnahme. So antwortet etwa ein Vertreter der CDU Langerwehe

| AW: Dichtheitsprüfung nach LWG 61A | 11.03.2011 17:02 |

Sehr geehrter Herr Genreith,
bitte streichen Sie die Adresse [...]@cdu-langerwehe.de aus Ihrem Verteiler und senden Sie mir keine weiteren Emails in dieser Angelegenheit.
Vielen Dank!

Mit freundlichen Grüßen
[...]

Anders klingen die Stellungnahmen lokaler FDP Vertreter, wie etwa die aus dem gleichen Ort:

| AW: Dichtheitsprüfung nach LWG 61A | 05.03.2011 11:09 |

Guten Morgen, Herr Genreith,
recht herzlichen Dank für diese Information. Ich sehe die Problematik genauso wie Sie. Aus eigener Erfahrung (hinsichtlich der Einleitung von Abwässern wie beispielsweise von abseits liegenden Gebäuden über PE Druckleitungen anstelle dichter Abwassergruben) bleibt festzustellen, welch technischer und umweltschädlicher Blödsinn umgesetzt wird.

Für weitere Informationen wäre ich Ihnen dankbar.
Mit freundlichen Grüßen
[...]

und aus Aldenhoven:

| Re: Dichtheitsprüfung nach LWG 61A | 05.03.2011 11:42 |

Vielen Dank für die Infos...
Ich denke genau wie Sie..... nur alles Abzocke des Bürgers!!!!!!!!!
Schönes WE
Gruß
[...]
FDP Aldenhoven
... der BM hat übrigens die Bürger der Gemeinde Aldenhoven aufgefordert, auf keinen Fall selber in dieser Sache aktiv zu werden!!!!! :-))))

Aus diesen und anderen Schreiben kommt Zuspruch eher von Stadtverordneten der FDP, seltener der CDU, nie von SPD und GRÜNEN. Da heißt es eher „Bitte keine weiteren Nachrichten". Fritz hatte mich schon vor dem ausgesprochenen Korpsgeist der Roten gewarnt *„Da schert keiner aus".* Linnich und Langerwehe sind besonders eifrig dabei, die Vorgaben in vorauseilendem Gehorsam durchzusetzen. Siegfried S., Behördenchef meiner Nachbargemeinde, ruft erbost bei mir zu Hause an und erreicht meine Frau. Er hat die Aufgabe, die Dichtheitsprüfung strategisch für mehrere Kommunen zu organisieren. Meine Anschreiben scheinen einige unerwünschte Diskussionen ausgelöst zu haben und er fürchtet um sein Projekt. Meine Frau reagiert irgendwann genervt auf den von ihr als aggressiv empfundenen Ton und faucht zurück. Danach ruft sie mich in Frankfurt an. Während sie das Telefonat zusammenfasst, muss ich schon lachen. Unabhängig vom Inhalt des Gesprächs freue ich mich über die erzielte Wirkung. Nur Letztere ist wichtig. Sie zeigt, dass meine Informationen für Verunsicherung sorgen. So soll das sein.

Es gibt noch andere Rückmeldungen, die mich zum Schmunzeln bringen. Ein Bürgermeister lässt mir sinngemäß ausrichten, mich gefälligst nicht bei ihm einzumischen und mich an meine eigene Gemeinde zu wenden. Ein Stadtrat aus Heimbach droht mit rechtlichen Konsequenzen, weil er meint, ich habe seine private Mail-Adresse missbraucht – Super! Ich zittere vor Angst. Ich empfehle ihm, erst einmal seinen Web-Admin zu verklagen, der dann wohl ohne seine Zustimmung die Adresse widerrechtlich öffentlich auf die Stadtseite gestellt hat. Er meldet sich nicht mehr und ich streiche ihn aus meinem Verteiler. Mahatma Gandhi soll einmal gesagt haben: *„Zuerst ignorieren sie dich, dann lachen sie über dich, dann bekämpfen sie dich und dann gewinnst du."* Demzufolge kratze ich immerhin schon mit einem Fingernagel an der dritten Stufe, wenn auch nur in meinem direkten Umfeld.

Mein Beitrag in „Zukunft NRW" bleibt für mich persönlich nicht folgenlos. So meldet sich für März ein Filmteam bei mir an, um die Modalitäten eines Live-Talks in der Düsseldorfer Staatskanzlei zu besprechen. Ich bin ehrlich überrascht. Die Endergebnisse der Umfrage wurden von der Redaktion nach Themenbereichen zusammengefasst. „Dichtheitsprüfung" war danach mit sechzehn Beiträgen und insgesamt 24.349 Stimmen vor dem zweitplatzierten Thema mit 3.149 Punkten vertreten. Mein eigener Artikel ist im siegreichen Themenblock keineswegs als beliebtester eingestuft und liegt dort nur auf Platz neun. Deshalb finde ich es nicht naheliegend, dass die jetzt mit mir reden wollen. Ich überlege noch, ob ich den Part an Klaus oder Fritz delegieren kann. Aber das hätte vermutlich den Beitrag insgesamt gefährdet. Also stimme ich dem Besuch zu und vereinbare den Termin.

Auch im Kreis der Prüfungsbefürworter ist mein Auftritt inzwischen offenbar bekannt geworden. Am 08. März erreicht mich der Anruf des Geschäftsführers des „IKT – Institut für Unterirdische Infrastruktur gGmbH". Er lädt mich zum Vortrag am 25. Mai in die Westfalenhalle nach Dortmund ein. Nach dem Gespräch bin ich skeptisch, ob das den Aufwand lohnt, was ich in meinem Interesse dort erreichen kann oder ob die Bürgerinitiativen dort nur vorgeführt werden sollen. Schließlich besteht das Plenum meiner Meinung nach aus Lobbyisten der Gegenseite. Was soll ich also da?

Fritz rät mir, hinzugehen *„Dort sitzen Ingbüros [Ingenieurbüros] , ggf. der Netzbetreiber oder eben Verwaltungsleute – also Fachpublikum. Wir sollten die Gelegenheit auf jeden Fall nutzen, da dort auch Presse sitzt bzw. wir diese dort auch zusätzlich hinbringen können und dann sofort nach den Vorträgen mit unseren eigenen Kurzfassungen versorgen können."* Trotzdem sage ich ab. *„Ich fühle mich bei der Sache nicht wohl"*, lasse ich Herrn Waniek bei einem folgenden Telefonat wissen. Ich sehe mich nicht als Experten in der Sache. Inhaltlich interessiert mich das Kanalhandwerk nach wie vor überhaupt nicht, sind mir die vielen Fachausdrücke immer noch fremd. Vermutlich würde ich bei fachlichen Rückfragen aus dem Publikum ziemlich begossen da stehen und die eine oder andere Fragestellung nicht verstehen, zumindest wenn das zu technisch wird. Außerdem scheue ich den Zeitaufwand für die Vorbereitung zu einem solchen Vortrag, Urlaub müsste ich auch wieder einplanen und meinen Part ggf. auch kurzfristig wieder absagen, sollte mir ein wichtiger beruflicher Termin dazwischen kommen. Rolf Finkbeiner und Fritz nehmen die Gelegenheit zum Vortrag schließlich wahr.

Die Regierung fühlt sich immer noch nicht bemüßigt, das Thema auf die Tagesordnung des Landtags zu setzen, obwohl inzwischen jedem Verantwortlichen klar geworden sein sollte, dass hier ein echtes landesweites Problem existiert. Der Vorstoß der Linken wurde vollständig von allen anderen ignoriert. Genauso werden Kritiker innerhalb der CDU, von denen einige in meinem Mail-Verteiler stehen, abgebügelt. Dr. Peters aus Hünxe berichtet mir vom Schicksal seines Änderungsantrags auf dem Landesparteitag. Den hat Karl-Josef Laumann als Fraktionsvorsitzender der CDU persönlich mit einer emotionalen Rede in letzter Minute gestoppt, mit Hinweis auf die Verlässlichkeit einmal getroffener Entscheidungen und der Verantwortung gegenüber den Handwerkern, die im Vertrauen auf die Politik teilweise erheblich investiert haben. Seine Mail vom 9. März an die BILD-Zeitung zu diesem enttäuschenden Vorgang leitet er zur Kenntnis an mich weiter.

Ich empfinde das Ganze als Rückschlag, hatte ich doch nach hoffnungsvollen Rückmeldungen aus der CDU Basis auf ein Umdenken gehofft. Das scheint wieder in weiter Ferne. Wie soll die Partei hier noch gesichtswahrend die Kurve kriegen hin zu einer Unterstützung unseres Anliegens? Ich kann mir das nur noch schwer vorstellen. Schließlich fühlen sich führende Politiker der CDU persönlich im Wort bei den Handwerkern.

Die BILD hat diese Thematik leider auch diesmal nicht aufgegriffen. Dabei geht es hier gerade um die kleinen Leute, die das Blatt doch so gerne vertritt. Ich erinnere mich an die noch laufende Kampagne der Zeitung gegen E10 und knüpfe in einem eigenen Schreiben mit einer – zugegeben wilden – Spekulation zur Rolle von Norbert Röttgen in der Sache daran an:

Roettgens Coup nach E10	11.03.2011 10:28

Sehr geehrter Herr Menkens,
wie Sie dem Schreiben von Herrn Dr. Peters an Sie entnehmen konnten, wurde der Antrag gegen die flächendeckende Dichtheitsprüfung erst nach persönlicher Einflussnahme von Herrn Laumann abgelehnt. Es ist schwer vorstellbar, dass er dabei ohne Rückendeckung von und Abstimmung mit Norbert Röttgen vorgegangen ist. Herr

Laumann hat die Haltung der Parteiführung gegen eine Mehrheit seiner Landesdelegierten durchgesetzt.

Was das bedeutet, liegt auf der Hand: Herr Röttgen persönlich muss als eine der treibenden Kräfte hinter der Dichtheitsprüfung in NRW gesehen werden. [...]

Die führt überraschenderweise wenige Tage später zu einem deutlichen Dementi aus der CDU.

Mit der Presse ist allerdings ab Mitte März ohnehin nicht mehr zu rechnen. Der Tsunami in Japan mit der anschließenden Reaktorkatastrophe beherrscht unangefochten die Nachrichten. Führende Politiker der GRÜNEN lasten die hunderttausend Toten der Kraftwerkshavarie an (tatsächlich gibt es nicht ein einziges Strahlenopfer) und Angela Merkel läutet überhastet den Ausstieg vom Ausstieg vom Atomausstieg ein, getrieben von einer durch solche Falschmeldungen angestachelten, öffentlichen Angstpsychose. Erstaunlich, wie sicher dieses Rezept jedes Mal funktioniert: Mache den Leuten Angst, und du kannst sie lenken, wohin du willst. Die Deutschen sind halt ein hysterisches Volk. Über Dichtheitsprüfung will da jedenfalls niemand mehr reden.

Meine Mail an die Bildzeitung vom 11. März gelangt trotzdem über Umwege an den Pressereferenten der CDU-Mittelstandsvereinigung. Anlass für seine Antwort ist meine darin geäußerte Vermutung, neben Herrn Laumann sei auch Norbert Röttgen eine treibende Kraft hinter der starren Position der CDU zur Dichtheitsprüfung.

Dichtigkeitsprüfung – Ihre Mail vom 11.3.11   14.03.2011 11:53

Sehr geehrter Herr Genreith,
ich habe auf Umwegen Ihre Nachricht an Herrn Menkens erhalten. Die darin aufgeworfenen Vermutungen über Norbert Röttgen, ließen sich schnell nachprüfen.

Nach meinem aktuellen Wissensstand hat Herr Dr. Röttgen sich in diese Sachlage nicht eingeschaltet und es liegt auch nicht auf der Hand, dass sich unser Landesvorsitzender als treibende Kraft im Hintergrund entpuppt.

Hier ist unsere Landtagsfraktion eingeschaltet und hat auch die Belange der Bevölkerung aufzunehmen und zu klären. Ich gebe diese Mail daher auch an den Fraktionsvorsitzenden und dem Landesgeschäftsführer weiter und bitte diese, schnellstens die notwendige Erklärung nach Klärung der Sachlage uns zukommen zu lassen.

Ebenso muß von Herr Laumann persönlich ein Impuls kommen, ob die CDU-Landtagsfraktion an der Gesetzgebung mit allen Konsequenzen festhält oder vor Durchführung nochmals eingehend berät.

Dieses muß spätestens am Mittwoch, 16.3. 13 Uhr uns vorliegen, da im Nachmittag in Löhne die außerordentliche Sitzung des Rates stattfindet und die CDU-Ratsfraktion Zeichen setzen muß!

Mit freundlichen Grüßen
[…]
Mitglied der
Mit-Kommission Energie&Umwelt, Berlin
Mittelstandsvereinigung
der CDU Kreis Herford

Die Stellungnahme trifft dann auch pünktlich ein, in der eine Beteiligung von Herrn Dr. Röttgen scharf zurückgewiesen wird:

Dichtigkeitsprüfung – Ihre Mail vom 11.3.11   16.03.2011 14:08

Sehr geehrter Herr Genreith, vielen Dank für Ihre Mail. Soeben bin ich von der CDU-Landtagsfraktion angerufen worden und man hat mich vorab informiert:

1. die CDU-Fraktion NRW hat einen Antragsentwurf erarbeitet, der in Kürze vorliegen wird.

2. die CDU-NRW-Landtagsfraktion arbeitet daran, hier eine bürgerfreundliche und bürgergerechte Lösung erfolgt. Verständlicherweise kann dieses nicht von heute auf morgen erfolgen, die zu erarbeitende Lösung muß dem vorliegenden Gesetz standhalten.

3. die derzeitige Landesregierung NRW, SPD-Bündnis 90/Grüne, hatten den Erlaß für dieses Gesetz gegeben und halten daran in der jetzigen Gesetzes-Form strikt fest. Die SPD / Grüne signalisieren keine Änderungsabsichten!!

4. da das Gesetz zur Dichtigkeitsprüfung von den „Grünen" und der SPD kommt, will man es natürlich in der verabschiedeten Form durchsetzen und hört nicht auf die Belange und Nöte der Bürger.

5. nochmals: die CDU ist in der Findung, wie hier nachgebessert werden kann im Sinne des Bürgerwillens.

6. Sobald ich mehr weiß, informiere ich Sie selbstverständlich. Sie können aber allzeit bei der CDU-NRW-Fraktion direkt nachfassen

7. und nochmals: die Annahme, dass der CDU-Landesvorsitzende hier vollends involviert ist und „hinter den Kulissen die Stricke zieht", ist unwahr und so wie ich Herrn Norbert Röttgen einschätze, ist es nicht seine Art so Politik zu machen!

Mit freundlichen Grüßen

[…]
(Pressereferent)
Mitglied der Mit-Kommission Energie&Umwelt, Berlin
Mittelstandsvereinigung
der CDU Kreis Herford

Das ist schon eine interessante Reaktion auf eine Mail, die meines Wissens nie wirklich öffentlich wurde. Noch vor kurzem hätte niemand es für nötig befunden, auf so etwas zu reagieren. Im Kern stellt die CDU allerdings das bestehende Gesetz keineswegs infrage, denkt lediglich über Erleichterungen in dem gesteckten Rahmen nach.

Bis auf eine automatische Antwort zeigt BILD dagegen keinerlei Reaktion – Japan geht vor. Für mich ist es jetzt Zeit, meinen Internetanbieter zu wechseln. Inzwischen schreibt mein alter Provider jeden Monat eine Rechnung wegen deutlicher Überschreitung des maximal zulässigen Datenverkehrs. So etwas passiert mir zum ersten Mal. Ich wusste nicht einmal, dass es da eine Grenze gibt. Aber beim Geld hört der Spaß bekanntermaßen auf. Das monatliche Transfervolumen ist inzwischen auf über ein Gigabyte hochgeschnellt. Da meine Seite vor allem Texte liefert, keine Videos und kaum Grafiken, ist das ein enormes Aufkommen, das keiner meiner bisherigen Auftritte auch nur annähernd erreicht. „Alles dicht in NRW" spielt da eindeutig in einer anderen Liga. Deshalb ziehe ich die Seite jetzt um. Auf die Internetadresse alles-dicht-in-nrw.de hat das keinen Einfluss. Die schalte ich nach einigen Tests einfach um auf den neuen Webbereich, sodass meine Nutzer nichts davon bemerken. Mein Transfervolumen erreicht in den folgenden Wochen schnell auch zweistellige Gigabyte-Bereiche. Nicht auszudenken, was mich das bei meinem alten Anbieter gekostet hätte.

Die Nachrichtenlage verursacht ein Wechselbad der Gefühle. Sogar die EU-WID – Europäischer Wirtschaftsdienst – hält den Alleingang von NRW für einen Fehler[3]. Angela Lück, Landtagsabgeordnete der SPD für den Wahlkreis Herford II, fordert für die nächste Sitzung des Umweltausschusses am 16. März eine Aussetzung der Dichtheitsprüfungen, bis bestimmte Vorgaben des Landes verändert werden. Bürger ihres Wahlkreises hatten sie während einer Versammlung auf die ernsten Auswirkungen der Dichtheitsprüfung angesprochen. In der Diskussion hatte sie Verständnis geäußert und ihre Unterstützung zugesichert. Wieder ein Hoffnungsschimmer. Wenn die SPD wackelt, dann wackelt das Gesetz. Aber es ist wieder einmal zu schön, um wahr zu sein! Die kalte Dusche folgt auf dem Fuße: Laut Auskunft des CDU-Landtagsabgeordneten Friedhelm Ortgies wird Frau Lück kurz darauf von ihrer eigenen rot-grünen Regierungskoalition zurückgepfiffen und man streicht den Tagesordnungspunkt wieder.

Japan mit seiner Tsunami-Katastrophe und der Reaktorhavarie beherrscht weiter die Presselandschaft. Unsere Leserbrief-Kampagne bei der BILD droht deswegen zu verpuffen. Irgendwie passt das Thema Dichtheitsprüfung nicht mehr in den öffentlichen Rahmen. Wir müssen dringend nachlegen. Dramatische Sanierungsfälle zu dokumentieren und zu sammeln, bietet sich an, damit wir hier emotional wirksame Geschichten nachliefern können. Das Ergebnis meines Aufrufs ist allerdings dürftig. Viele Kommunen agieren zurückhaltend mit Prüfungsanweisungen. Wirklich verbindliche, rechtsmittelfähige Bescheide sind extrem selten. Viele prüfen und sanieren „freiwillig", sobald sie unter Druck gesetzt werden. Immer wieder fällt das Argument, jetzt zu prüfen sei ungleich billiger als das Unausweichliche später nachholen zu müssen. Andererseits sind Betroffene, die Prüfung und Sanierung bereits hinter sich haben, nicht bereit, ihren Fall an die Öffentlichkeit zu bringen. Das gilt selbst für meinen Bekanntenkreis. Weshalb sollte man denn jetzt anderen helfen, den teuren Zwangsmaßnahmen zu entgehen? Solidarität selbst mit Nachbarn, denen man die eigenen kostspieligen Erfahrungen ersparen könnte, scheint allgemein ein Fremdwort zu sein: „Heiliger St. Florian, wenn mein Haus schon brennt, zünd' auch andere an."

An vielen Orten im Land herrscht Aufruhr. Die ersten 2.500 Aufkleber mit dem Logo der Landesinitiative sind gedruckt und finden regen Absatz gegen geringe Kostenbeteiligung. Unzählige Handlungsstränge laufen parallel. Den Überblick habe ich längst verloren. Ich selbst schreibe wiederholt Serienmails und -briefe an alle kommunalen Räte der Umgebung, an Bürgermeister und an alle Landtagsabgeordneten. Die Schreiben sind persönlich zugeschnitten, mit korrekter Anrede und Textbausteinen je nach Partei, und erwecken überhaupt nicht den Eindruck einer Massendrucksache. Meinem Textprogramm und der Mail-Software habe ich das Kunststück beigebracht, so etwas automatisch zu erzeugen. Nach einigen Versuchen und Testläufen liefert die Automatik *„Liebe Liesel"* genauso durchgängig stilsicher wie *„Sehr geehrter Herr Dr. Rüttgers"*, oder *„Sehr geehrte Frau Prof. Dr. xyz"*, sogar mit Bezug auf die jeweilige Partei im Text. So was kann ich und es spart enorm Zeit. Ansonsten wäre es mir ohne Unterstützung oder eigenes Sekretariat unmöglich, hunderte Schreiben einzeln zu verfassen. So muss ich nur Listen pflegen mit Angaben zu Titel, Name, Vorname, Anrede, Partei, die ich meistens von Internetseiten des Kreises und des Landes kopiere und anpasse, oder die Klaus mir fertig aufbereitet liefert.

Aber Liesel ist nicht mehr im Landtag, Rüttgers auch nicht. Macht nichts. Hat sowieso nicht geholfen. So eine Aktion kostet mich um die drei Stunden: Textbausteine formulieren, Liste pflegen, Testläufe für Mann, Frau, mit/ohne Titel, Grüne, Rote, Schwarze, Gelbe, Violette. Zweihundert individuelle Anschreiben in drei Minuten sind danach ein durchaus lustvolles Erlebnis. Eigentlich macht mir so etwas auch Spaß, mit Technik zu experimentieren und dann kommt auch noch etwas Sinnvolles dabei heraus.

Sorgen bereitet mir hin und wieder die Kanalbranche, die „Alles dicht in NRW" inzwischen ja durchaus wahrnimmt. Offenbar aber registriert man dort nach wie vor keine echte Gefahrenlage. Noch vertrauen deren Repräsentanten den Zusagen der Politik, dass die Prüfpflicht bestehen und damit das Geschäftsmodell intakt bleibt. Dazu passen auch die neueren Aussagen von Karl-Josef Laumann. Ich kann das nachvollziehen. Jede Eskalation würde dann nur unerwünschte Öffentlichkeit schaffen und die scheut man wohl, vor allem die in der Folge unausweichliche Grundsatzdiskussion.

Die Nachrichtenlage insgesamt ist tatsächlich entmutigend. Nicht einmal intern scheinen die Parteien sich zu bewegen. Alle offiziellen Aussagen zementieren den Status Quo. Trotzdem ist inzwischen der Druck sehr plötzlich in Düsseldorf angekommen. Der Protest wird erstmals auf Landesebene wahrgenommen und nicht mehr nur als eine Ansammlung einiger weniger, lokal zu lösender Probleme. Viele Initiativen nutzen „Alles dicht in NRW" als eine Art Markennamen, der im Zusammenhang mit der Dichtheitsprüfung immer wieder hervortritt. Das verschafft nach außen hin ein Bild von Geschlossenheit. Erkennbar wird die Wirkung für mich nur auf Umwegen. Nach seinem Termin im Umweltministerium überrascht Fritz mich mit seiner Lagebeurteilung:

Guten Tag in die Abwasserrunde,   16.03.2011 08:34
am 11.3. hatten wir einen Termin im Ministerium Remmel mit Dr. Mertsch und der Kabinettsreferentin Susanne Zaß.

Für uns wurde deutlich, dass man in Düsseldorf unter enormen politischem Druck steht, was das Thema Dichtheitsprüfung angeht.

Unser besonderer Dank gilt hier Herrn Genreith und Herrn Lau. Vor 4 Wochen wäre das noch alles als lokales Problem in Mi-Haddenhausen und Mi-Häverstädt abgetan worden. Mit jeder neuen Gruppierung in den einzelnen Orten muss es in Düsseldorf und beim jeweiligen RP "rütteln".

Bin gespannt, wie in einem bevorstehenden Wahlkampf das Thema Dichtheitsprüfung von wem besetzt wird. Zwar wird seitens des Ministeriums Remmel die Aussetzung des Vollzugs des 61 a abgelehnt, unmöglich scheint mir das aber nicht mehr.

Ungeachtet gilt es in den Kommunen weiter Druck zu machen schon bestehende Satzungen zu entschärfen oder aber zu verhindern.

In Ostwestfalen muss der Druck auf den RP hochgehalten werden, um der "Fremdwasserphobie" dort ein Ende zu machen. Mittlerweile betrachtet das der Presssprecher des Ministeriums als "Kommunikationsproblem in OWL" – will sagen der Abwasserfundamentalismus der Herren Sürder und Schumacher geht völlig über das Ziel hinaus und das Ministerium hat ja nun eine andere Sichtweise für die Durchführung des 61 a – siehe Bericht.

Mit diesem Ansatz kann jeder Rat in einer Kommune eine schon verabschiedete Satzung ohne Gesichtsverlust wieder ändern.

mit Grüßen aus Minden
Fritz Pucher

Offenbar sind wir auf dem richtigen Weg. Erstmals sieht Fritz ein Ende des Gesetzes, nicht nur Erleichterungen, als erreichbar. Ich habe das sichere Gefühl, dass der Wind sich tatsächlich dreht. Die Seite gibt den vielen Initiativen im Land ein gemeinsames Gesicht und wird ganz allmählich als landesweiter Widerstand wahrgenommen. Ich denke, „Alles dicht in NRW" wirkt in gewisser Weise wie ein Katalysator, der aus einzelnen Brandherden erst eine als Flächenbrand wahrnehmbare Protestbewegung macht. In der Chemie bezeichnet man damit einen Stoff, der schon in geringen Mengen nur durch seine Anwesenheit eine Reaktion in sehr viel größerem Maßstab in

Gang setzen und beschleunigen kann. Bisher blies uns der Wind scharf ins Gesicht mit Totschlagargumenten wie „Sind sie etwa gegen Umweltschutz?" oder „Halten sie den Schutz unseres Trinkwassers für unnötig?" Schon jetzt von Rückenwind zu sprechen, wäre allerdings verfrüht.

Läuterung der FDP

Es ist manchmal zum Verzweifeln. Das Ganze ist doch nicht nur von den Bürgern kaum zu stemmen. Auch das Handwerk ist nicht nur im positiven Sinne betroffen. In ruhigen Minuten rechne ich einmal für den Kreis Düren nach. Es gibt nach Recherche auf dem NRW-Portal Sadipa genau 29 zertifizierte Prüfer im Kreisgebiet, sogenannte Sachkundige für Zustands- und Funktionsprüfung privater Abwasserleitungen. Nur solche besonders ausgebildete Handwerker dürfen überhaupt die Arbeiten durchführen. Jede dieser Personen kann laut Branchenauskunft pro Jahr bei voller Auslastung etwa 70 Prüf- und Sanierungsprojekte bewältigen. Wie man leicht nachrechnet, können damit maximal 2030 Anlagen jährlich bearbeitet werden. Bei grob geschätzten 40.000 – 50.000 Anschlüssen im Kreis Düren dauert die Abarbeitung danach etwa 24 Jahre, selbst dann, wenn alle betroffenen Bürger sofort die Aufträge vergeben. Wie soll das funktionieren? Kleines Angebot und gigantische Nachfrage, gepaart mit Alternativlosigkeit und schwindelerregende Strafandrohung bis 50.000 Euro, lassen unweigerlich die Preise durch die Decke gehen. Das ist Marktwirtschaft. Aber solche Argumente will wieder einmal kaum jemand hören. Ich schreibe diesbezüglich an meinen großen Verteiler aus Bürgermeistern, Kommunalräten, Landtagsabgeordneten.

Die einzige Reaktion darauf kommt von Dr. Ingo Wolf, der am 25. März im Namen der FDP nachfragt „*Sehr geehrter Herr Genreith, sehr geehrte Damen und Herren, sind die Zahlen auch für die Kreise Euskirchen, Heinsberg, Städteregion Aachen und für die Stadt Aachen verfügbar? Gfls. wird um Übermittlung gebeten.*" Aha, mit so einer Reaktion hatte ich nicht mehr wirklich gerechnet. Seit wann sind die an Argumenten interessiert? Irgendetwas ist anders als noch vor wenigen Wochen. Ich verweise auf die SAPIDA-Seite des Landes für die eigene Recherche. Denkt die FDP da etwa über die bisherige Parteilinie nach?

Kurz danach treffen weitere gute Nachrichten ein. Das Mindener Tageblatt beruft sich auf Kai Abruszat, MdL FDP [4]. Danach sei ein Antrag der FDP für die nächste Landtagssitzung beschlossen worden: „*In der jetzt bestehenden Form hat die Dichtheitsprüfung keine Akzeptanz. Die Belastungen für die Bürger stehen nicht im Verhältnis zum Nutzen, der sich aus einer solchen Prüfung ergibt*". Endlich! Zumindest eine Partei rückt von ihrer früheren Entscheidung ab. Man sei damals falsch beraten worden, hört man noch.

Fritz mailt dazu „*die Vorboten des Wahlkampfs zeigen sich … also Herr Ortgies CDU ist dagegen – Frau Lück SPD ist dagegen – Herr Abruszat FDP ist dagegen … die Bürgermeister (bis auf unseren in Minden) in OWL sind dagegen, der Landrat des Kreises Herford ist dagegen. Wer ist denn nun noch dafür???"* Konkret kann von Wahlkampf allerdings noch keine Rede sein. Nur die wackelige Minderheitsregierung legt den Gedanken nahe, dass vor Ablauf der Legislaturperiode doch noch Neuwahlen anstehen könnten.

Kai Abruszat setzt sich als umweltpolitischer Sprecher der FDP-Fraktion in den nächsten Wochen an die Spitze des Protestes im Landtag. Ein Zitat aus dem Plenarprotokoll 15/29 vom 30.03.2011 belegt einen regen Schlagabtausch zwischen den Parteien:

> Ich eröffne die Beratung und erteile für die antragstellende Fraktion der FDP Herrn Abruszat das Wort, der das Mikrofon schon hochgefahren und jetzt Gelegenheit zum Sprechen hat. Bitte schön, Herr Kollege.
>
> Kai Abruszat (FDP): Herr Präsident! Meine sehr geehrten Damen und Herren! Die Dichtheitsprüfung für private Hauseigentümer hat aus unserer Sicht in der derzeitigen Fassung in Nordrhein-Westfalen keine Akzeptanz und deshalb auch keine Zukunft.
>
> (Beifall von der FDP)
>
> Ich glaube, es ist richtig – wir haben heute schon viel darüber gesprochen –, eigene Positionen mal zu hinterfragen und auch zu schauen, wie die Akzeptanz beim Bürger vor Ort ist. Man sollte, wenn man eigene Positionen überdenkt, auch zu einem Ergebnis kommen. Das ist in diesem Fall so gelagert, dass die Kosten von Dichtheitsprüfungen einerseits nicht im Verhältnis zu ihrem Nutzen andererseits stehen. Ich weiß, dass viele Abgeordnete auch der anderen Fraktionen ähnlich denken, wie wir es formuliert haben.
> Deswegen freue ich mich, dass wir heute hier nicht direkt abstimmen, sondern das in den Fachausschuss verweisen werden, um dort eine intensive Debatte zu führen.
> […]

Die Rede wird begleitet von faktenbefreiter Polemik auf der anderen Seite. Vor allem die Abgeordneten der GRÜNEN tun sich damit hervor:

> […]
> Hans Christian Markert (GRÜNE): Herr Präsident! Liebe Kolleginnen und Kollegen! Verehrte Kolleginnen und Kollegen von der antragstellenden Fraktion, es ist durchaus nachzuvollziehen, dass Sie auch einmal eine Kampagne durchführen wollen. Aber, lieber Kai Abruszat, lass es dir von einem erfahrenen Grünen gesagt sein: Dieses Thema eignet sich nun wirklich nicht dafür, es sei denn, man wollte Fakten und Verantwortlichkeiten ausblenden. Ansonsten wird die ganze Nummer ein Rohrkrepierer.
> […]

Glücklicherweise nimmt der *„liebe Kai Abruszat"* den Rat des *„erfahrenen Grünen"* nicht an. Tatsächlich erreicht die FDP die Überweisung des Themas in die Ausschüsse, die sich nun wieder damit befassen müssen. Ich bin eigentlich überrascht, hatte ich doch anfangs erwartet, dass gerade diese Partei die wirtschaftlichen Interessen der Handwerksbetriebe über alles andere stellt – gut so. Ab jetzt wähle ich die Landes-FDP nicht nur taktisch. Sonst hätte ich wohl Linksaußen in Betracht ziehen müssen.

Weitere Bewegung auf der landespolitischen Bühne meldet Uwe. Danach hat der Kreisverband Borken der Linken jetzt Bürgeranträge in Ahaus, Bocholt und Heek gestellt. Wieso greift eigentlich die Presse die Initiative der FDP auf, ignoriert aber vollständig die schon älteren Rechte der Linken an dem Thema? Unabhängig von meinen persönlichen Sympathien für die eine oder andere Partei kann ich mir diesen Sachverhalt nur schwer erklären. Wichtiger, als was gesagt wird, ist offenbar, wer es sagt.

Es ist immer noch Ende März, als zwei Redakteure für „Zukunft NRW" vor meiner Türe stehen. Nach kurzer Begrüßung fragt man mich nach Werner Genreith. Das Türschild kennt schließlich nur Siegfried. Das muss ich erst einmal erklären. Wir einigen uns, dass ich ab sofort mit beiden Vornamen zitiert werde. Das Gespräch verläuft in lockerer Runde bei Kaffee und Keksen. Draußen herrscht bereits Aprilwetter mit Sonnenschein, Regen- und Schneeschauern im schnellen Wechsel. Ich erkläre, wer ich bin, die Initiative und meine Motive, mich zu engagieren. Die Damen und Herren der Redaktion nennen einen Zeitrahmen von höchstens drei bis allerhöchstens fünf Minuten, den ich mit meinem Beitrag während des Live-Talks mit Hannelore Kraft ausfüllen kann. Danach würde der Moderator das Thema hart abbrechen und zum nächsten übergehen. Ich solle mir also gut überlegen, was ich unbedingt loswerden möchte und wie ich mein Anliegen kurz und knapp darstelle. Ich denke wieder darüber nach, ob ich die ganze Sache abblase.

Klaus und Fritz raten mir unmissverständlich dazu, die Rolle im Interesse unserer Ziele wahrzunehmen und reisen am 2. April bei mir zu Hause an. Es ist das erste Mal, dass ich die beiden persönlich sehe. Fritz erzählt, dass er schon früher mit seinem Motorrad hier in der Eifel unterwegs war – unglaublich, schließlich liegt Minden nicht gerade hier um die Ecke – fast dreihundert Kilometer einfache Fahrt. Wir reden über die wichtigen Punkte, versuchen einen Testvortrag. Fünf oder gar drei Minuten reichen einfach nicht. Die Rahmenbedingungen sind uns dreien auch zu unklar, als dass daraus tatsächlich ein echter Probelauf werden könnte. Macht aber nichts. Die unter uns verabschiedete Liste mit den wichtigsten Punkten habe ich und ich muss sehen, wie ich die in der kommenden Situation rüberbringe.

Inzwischen zeigt die Lokalpresse hier verstärkt Interesse. Zunächst gebe ich selbst auf Anfrage ein Interview für die Aachener Zeitung, das am 31.03.2011 unter der Überschrift *„Abwassergrundableitungen: Kosten von über 10.000 Euro befürchtet"* mit Foto und Hinweis auf die Webseite veröffentlicht wird.[5] Einige Wochen später bittet der Lokalredakteur der Aachener Nachrichten ebenfalls um ein Interview.

Nicht als Aprilscherz gemeint, schreibe ich am 1.4. eine Aufforderung zum Kettenbrief an meinen schon recht umfangreichen Mail-Verteiler:

01.04.2011 19:28

Betreff: Gefahr im Verzug durch neuen Entschließungsantrag

Bitte leiten Sie diese Mail an möglichst viele Ihrer Freunde/Bekannte/Nachbarn weiter, die hier möglicherweise unterstützen und ebenfalls etwas Zeit bereit sind zu investieren.

Am 30.03. hat die CDU Führung einen Entschließungsantrag (http://alles-dicht-in-nrw.de/CDU_MMD15-1650.pdf) formuliert, nach dem der Landtag aufgefordert wird, an der Dichtheitsprüfung festzuhalten. Die Linie der Parteiführung widerspricht dabei auch großen Teilen der CDU Basis und der Ansicht vieler kommunaler CDU-Politiker. Ein Antrag des Ortsverbandes in Hünxe (http://alles-dicht-in-nrw.de/Antrag_GV_Hünxe_an_Landesparteitag.pdf) wurde nach persönlicher Intervention von Herrn Laumann mit knapper Mehrheit abgelehnt.

Dringend – bevor in der Landtagsfraktion der CDU in der Sache entschieden wird: Bitte schreiben Sie an Ihre Landtagsabgeordneten der CDU per Brief oder auch E-Mail und bitten um deren Unterstützung für eine Aufhebung des Gesetzes und gegen den vorgelegten Entschließungsantrag. Die Namen und Adressen für Ihren Wahlkreis und die Nachbarkreise finden Sie unter http://www.landtag.nrw.de/portal/WWW/Webmaster/GB_II/II.1/Oeffentlichkeitstsarbeit/Wahlkreiskarte/wahlkreiskarte.jsp.

Der anhängende Mustertext ist so per Brief bereits an einige Abgeordnete der CDU versandt worden. Nutzen Sie den Text insgesamt oder in Teilen oder schreiben Sie einen persönlichen Text in der Sache.

Vielen Dank für Ihre Unterstützung. […]

Danach sollten dutzende, wenn nicht hunderte Schreiben per Brief und per E-Mail bei den Abgeordneten eingehen. Inzwischen habe ich den Eindruck gewonnen, dass Anschreiben von mir im Namen der Initiative weitgehend ignoriert werden. Jetzt schreiben die Betroffenen direkt und erhalten regelmäßig Antworten, allerdings eher von der nichtssagenden Sorte, die nach Textbausteinen riecht.

Die Initiative erfährt währenddessen immer größeren Zuspruch. Die Vernetzung funktioniert hervorragend und die Vorlagen aus meinem Internetauftritt werden rege genutzt. Ob Personen in meinem Verteiler Einzelkämpfer sind oder eine eigene Initiative repräsentieren, erfahre ich eher zufällig. Eine E-Mail wie, die von Susanne Gross, tut der manchmal doch frustrierten Seele richtig gut und zeigt mir, dass meine Texte und Anregungen auf fruchtbaren Boden fallen:

Wie gut, dass es Sie gibt!   03.04.2011 12:26

Guten Tag Herr Lau und Herr Genreith,
ich gehöre zur frisch gegründeten (und daher noch ziemlich unsicheren, leider auch mitunter zögerlich handelnden) IG in Beckum und nutze seit einigen Wochen inten-

siv u.a. Ihre Seite. Ihre Informationen, Einsatz, Hilfestellungen auch dadurch, dass Sie der Allgemeinheit all Ihre Textvorlagen zur Verfügung stellen, ist – mir fehlt ja eigentlich das richtige Wort – einfach genial und unbezahlbar! An dieser Stelle endlich mal ein dickes Dankeschön, bitte weitermachen!

Kontakte habe ich seit einiger Zeit zu Jozeph Oude Moleman in Löhne und zur IG Haddenhausen/Minden sowie hier vor Ort zur BI Ahlen. Alle zum Glück stets sehr rührig und hilfsbereit, ohne dies wären wir anderen doch alle aufgeschmissen, das Feld ist riesig und für Laien nur schwierig und langsam zu überblicken (wenn überhaupt).
[...]

In Sachen „Hilfestellung" geht sicher noch mehr. Geschichten erklären oft mehr als tausend Argumente und wecken Emotionen viel effektiver als jeder Sachvortrag. Beim Joggen reift die Idee dazu, die ich in wenigen Stunden niederschreibe und in Umlauf setze *„Für alle mit Interesse an schaurigen Kurzgeschichten mit Happy End – die Weiterverbreitung ist ausdrücklich erwünscht."* Der Titel lautet „Glück gehabt" und füllt gut ein Dutzend Seiten[7].

„Zukunft NRW" lässt mich noch nicht los. Die kommende Gesprächssituation habe ich wieder und wieder gedanklich durchgespielt – in verschiedenen aus meiner Sicht möglichen Verläufen. Am 8. April schließlich, einem Freitag, habe ich Urlaub genommen und fahre in die Staatskanzlei. Meinen Kollegen in Frankfurt habe ich nicht erzählt, was ich an meinem freien Tag vorhabe. Wer in Hessen kennt schon Hannelore Kraft. Ein bisschen aufgeregt bin ich. Schließlich ist eine Diskussion mit einer Regierungschefin vor laufender Kamera, die auch noch live im Internet übertragen wird, eine mir völlig unbekannte Situation. Die genaue Wegbeschreibung bis zu einem Parkplatz an der Staatskanzlei habe ich mir geben lassen, sodass ich nach eineinhalb Stunden Fahrt ohne Zwischenfälle in Düsseldorf ankomme. Das Gebäude kenne ich bisher nur von außen, wie es mit seiner Glasfassade imposant über der Einfahrt zum Rheinufertunnel thront. Der Aufzug bringt mich schnell in die obere Etage – mit atemberaubendem Blick durch die Panoramafenster auf die Stadt – wo ich auf die weiteren Teilnehmer der Gesprächsrunde treffe.

Nachdem ich für den Auftritt leicht abgepudert bin, spreche ich den Moderator Timo Schnitzer auf den Zeitrahmen an, der mir viel zu eng für ein so komplexes Thema erscheint. Er nimmt meine Bitte um etwas mehr Raum wohlwollend entgegen, ohne eine Zusage zu machen. Als er mich schließlich vor laufender Kamera als Werner Nideggen[8] anmoderiert, rutscht mir noch heraus, dass so ein „Schnitzer" jedem mal passiert. Er nimmt es mit Humor und ich fülle fast eine Viertelstunde mit dem Vortrag von Argumenten. Einen echten Dialog kann man das allerdings nicht nennen. Dazu reicht einfach die

---

7   Diese fiktionale Geschichte ist im Wesentlichen hier im „Prolog" wiedergegeben.
8   Vermutlich dachte er gerade an die Kölsch-Rock-Gruppe BAP und Wolfgang Niedecken, dessen Vorfahren tatsächlich aus dem fast gleichnamigen Ort stammen.

Zeit nicht. Meinen Zettel habe ich wider Erwarten vollständig abgearbeitet. Insofern denke ich, mein Ziel erreicht zu haben. Zum Abschluss schiebe ich Frau Kraft noch unseren Aufkleber zu, zusammen mit der schon erwähnten fiktionalen Geschichte, die die Dramatik der Dichtheitsprüfung verständlich machen soll. Sie verspricht, das zu lesen. Meine Zeit geht zulasten der neun anderen Themen, die wir danach nicht mehr alle schaffen. Im Anschluss folgt im Foyer dann das unvermeidliche Gruppenbild mit Dame, sprich der Ministerpräsidentin.

Die später einlaufenden Kritiken von Zuschauern, die den Vorgang teilweise gemeinsam live vor den Bildschirmen verfolgt haben, fallen eher durchwachsen aus. Die Erwartungen waren da draußen wohl höher als meine eigenen. Ein Zuschauer aus Greven schreibt noch am selben Tag einen offenen Brief an Frau Kraft:

Ministerpräsidentin des Landes Nordrhein-Westfalen
Frau Hannelore Kraft
Stadttor 1
40219 Düsseldorf

Betr.: Erste Live Diskussion am 08.04.20011 im Internet
hier: Dichtheitsprüfung von privaten Abwasserkanälen

Sehr geehrte Frau Kraft,
auf die „Live Diskussion Zukunft NRW" am 08.04.2011 habe ich gespannt und mit einer gewissen Vorfreude gewartet. Ich habe sie mir angesehen und bin mehr als enttäuscht! „Direkte Demokratie stärken" ist Ihr immer wiederholtes Motto. So habe ich geglaubt, dass Sie den mit überwältigender Mehrheit gestellten Fragen zum Themenkomplex „Dichtheitsprüfung von privaten Abwasserkanälen" den gebührenden Respekt schenken.

Fazit: Fehlanzeige! Anspruch und Realität klaffen weit auseinander!

Die Daten: Von 40.000 Bewertungen wurden mehr als 20.000 zum Thema „Dichtheitsprüfung" abgegeben. Während der ca. 60 min Sendezeit wurden knapp 10 Minuten dem gewählten Prioritätsthema 1 „Dichtheitsprüfung" zugestanden. Dem eingeladenen Vertreter zu dieser Frage, dem Initiator der Initiative „Alles Dicht in NRW", haben Sie keine Möglichkeit eingeräumt einen, (dem Votum der Bürger) angemessenen kurzen Sachvortrag zum Thema, zu halten. Seine Ausführungen haben Sie, im Unterschied zu den anderen Themen, in diesen 10 Minuten immer wieder unterbrochen, um Ihre eigenen Statements abzugeben. Den eigentlichen Fragen sind Sie dabei offensichtlich bewusst ausgewichen. Die" Live Diskussion" ist auf Ihrer Homepage" NRW.de" nicht mehr zu sehen. (Stand 08.04.2011 22:39) Hiermit haben Sie eine Chance vertan „den Bürger mitzunehmen". Das Gegenteil – nämlich ihn zu verprellen – ist Ihnen mit dieser Aktion gelungen.

Wieder bleibt nur eins für den betroffenen Bürger: Selbst die Initiative zu ergreifen und zu zeigen, wer der „Souverän" im Land ist!
Mit freundlichem Gruß W. Klaus

Die Aufzeichnung steht einige Tage später dann doch auf der NRW-Seite zur Verfügung. Das Mindener Tageblatt schreibt am 9. April *„Dichtheitsprüfungen: Von der Welle zum Thema doch überrascht – Heimische Kritiker verfolgen Internet-Diskussion mit NRW-Ministerpräsidentin Hannelore Kraft".*[6]

Ein Mitstreiter aus Ostwestfalen-Lippe (OWL) nimmt den Live-Talk zum Anlass, noch einmal auf eine schon im März vorgetragene Idee einer gestaffelten Organisation zurückzukommen, mit „Alles-dicht-in-NRW" an der Spitze und regionalen Unterorganisationen wie „Alles-dicht-in-OWL". Der Gedanke ist sicher überlegenswert. Nur ist für mich persönlich aus beruflichen Gründen ein Organisationsaufwand kaum zu leisten und so hatte ich den Ball zurückgespielt. Leider kann ich auch seiner Einladung zu einer Sitzung noch im April nicht folgen.

08.04.2011 19:03
Re: Gründung einer Partei/überörtliche Organisation und massive Ausdehnung von Protesten im Sinne einer Bürgerbewegung

Hallo Herr Genreith,
Sie fragten in Ihrer Antwort, wer Ihnen behilflich sein könnte und wie eine mögliche Organisationsform aussehen kann. Ich habe nun folgenden Vorschlag, der auch bei unserer nächsten OWL-weiten Sitzung am 17.04.2011 Thema sein wird:

1. Gründung eines unabhängigen, unparteilichen Bürgerbündnisses auf Bezirksebene des Regierungsbezirks Detmold (OWL)
2. Bündelung von Kräften für dieses Bündnis mit den Einzelsparten Recht (Rechtliche Prüfungen der Gegenargumente, Ausarbeitungen, rechtliche Hilfe für andere IGs etc.), Information (Pressekontakte etc.) und Organisation (Einladungen, Verwaltung etc.).

Ich habe dies in der anliegenden PowerPoint-Präsentation festgehalten.

Wir würden uns gerne an dem Namen alles-dicht-in-nrw orientieren, der für NRW ja von Ihnen initiiert wurde und nach meiner Einschätzung die am weitesten bekannte, fachlich fundierteste aller Seiten im Internet gegen die Dichtigkeitsprüfung ist. Es gibt übrigens schon viele Nachahmer, die ihre eigenen Initiativen an Ihren Namen anlehnen, zuletzt: alles-dicht-im-extertal (Kreis Lippe).

Das übergeordnete Bündnis würde alles-dicht-in-nrw lauten. Dieses übergeordnete und die nachgeordneten Bündnisse (jeweils für jeden Regierungsbezirk in NRW) werden dabei getragen von allen einzelnen IGs auf der untersten Ebene. Die Personen, die dahinter stecken, fungieren also in Doppelfunktionen. So könnte erreicht werden, dass endlich eine Bündelung aller Kräfte erfolgt, ausdrücklich als lose Formation und somit nur als Dachorganisation.

Eine solche Kraft, die sich dann aus x-fachen-IGs zusammensetzt und wiederum x-fache Einzelbürger hinter sich weiß, ist sicher beeindruckender und ernstzunehmender als irgendeine kleine dörfliche IG, die für sich kämpft. So wollen wir erreichen, dass mehr Struktur in die Sache kommt und das Ganze seriöser und kompetenter, verbunden mit Synergieeffekten für alle, wird.

Übrigens: Ihr Auftritt bei Frau Kraft heute Nachmittag, gesehen über Internet-Stream, war heute sehenswert. Leider ist Frau Kraft, wie auch viele andere Politiker, den Sachargumenten gegenüber wenig aufgeschlossen. Gestern meinte ein Grünenfraktionsvorsitzender bei uns ernsthaft: "Nach Prüfung der Häuser auf Dichtigkeit würden sich Wertsteigerungen ergeben". Da sieht man mal wieder, wie wenige kompetent unsere Volksvertreter doch sind.

Bitte teilen Sie mir kurzfristig Ihre Meinung zu den Organisations-Modellen mit und ob Sie damit einverstanden sind als landesweites übergeordnetes Bündnis namentlich zu fungieren. Alles Weitere ergibt sich dann. In Ostwestfalen ist hier einiges los, leider in den übrigen Landesteilen noch nicht, aber die Zeit wird es mit sich bringen.
Vielen Dank im Voraus.
Mit freundlichen Grüßen
Lars Müller

Rechtzeitig vor der avisierten Versammlung nehme ich Stellung zu seinen Vorschlägen:

12.04.2011 09:04

Re: Fwd: Re: Gründung einer Partei/überörtliche Organisation und massive Ausdehnung von Protesten im Sinne einer Bürgerbewegung

Hallo Herr Müller,
im Prinzip ist dagegen nichts zu sagen. Die Seite Alles-dicht-in-NRW.de ist genauso gedacht, wie Sie es beschreiben – als lose Klammer über lokale Initiativen und als landesweites Markenzeichen. Jeder, der das nutzen möchte, ist herzlich willkommen und viele lokale Initiativen verlinken ja schon jetzt auf die Seite. Insbesondere Alles-dicht-in-xxxxxxxx kann frei verwendet werden. Nur der Name "Alles dicht in NRW" muss für unsere landesweite Initiative reserviert bleiben.

Entscheidend ist eher, ob und wie viele lokale Initiativen sich freiwillig daran orientieren wollen und ob die einen Nutzen darin sehen. Da müssen Sie sicher Überzeugungsarbeit leisten. Es könnte durchaus den Aufwand lohnen.

Vielleicht sprechen Sie einmal mit Fritz Pucher von der Initiative in Haddenhausen.

Grüße und viel Glück

Er antwortet am selben Tag, nachdem der offenbar mit Fritz schon in engem Kontakt steht – hätte ich eigentlich wissen können. Aber ich habe die Verbindung nicht hergestellt. Etwas peinlich ist mir das schon. Die Einladung ins Best Western Hotel Bonneberg in Vlotho hatte Fritz auch an mich adressiert und der Termin war in mehreren Mails noch von anderer Seite erwähnt, auch in der Hoffnung, mich dort persönlich anzutreffen. Ich hoffe, dass mir das nicht als Affront oder Ignoranz ausgelegt wird. Offen gestanden bin ich oft mit dem Lesen selbst der wichtigsten Mails überfordert, geschweige denn einer angemessenen Reaktion darauf. An erster Stelle stehen halt Job und Familie, danach erst diverse Hobbys, bei denen Alles-dicht-in-NRW allerdings allzu oft die Spitzenstellung einnimmt.

12.04.2011 18:03

Re: Fwd: Re: Gründung einer Partei/überörtliche Organisation und massive Ausdehnung von Protesten im Sinne einer Bürgerbewegung

Hallo Herr Genreith,
vielen Dank für Ihre Zustimmung. Dann werden wir das so machen.

Fritz Pucher ist schon eingeweiht, schließlich hat er mit seiner IG für kommenden Freitag eingeladen. Wir werden das Modell dann am Freitag diskutieren und von den anderen IGs ggf. dann im Rahmen einer Abstimmung die Zustimmung zu einer Dachorganisation auf Bezirksebene einholen. NRW-weit bleiben Sie natürlich weiterhin Vorreiterorganisation. Lassen Sie sich bitte nicht abhalten von Ihrem weiteren Engagement, auch wenn Frau Kraft und die derzeitige politische Lage es nicht gerade einfach macht. Allerdings hat die Bewegung gegen Stuttgart21 zunächst auch nur müdes Belächeln geerntet. Und nun hat diese Bewegung nachweislich dazu beigetragen, dass ein Regierungswechsel stattfand und u. U. sogar das ganze Projekt kippt. Von daher ist sicher noch genügend politisches Ausbaupotenzial vorhanden.

Viele Grüße Lars Müller

Am Abend folge ich noch einer Einladung unserer Bürgermeisterin zur Ratssitzung in Nideggen. In einem persönlichen Termin hatte sie angeregt, ich solle einen Antrag an den Rat der Stadt für eine Resolution an die Bezirksregierung Köln stellen mit der Forderung, die Dichtheitsprüfung auszusetzen. Sie war der Meinung gewesen, es sei besser, wenn die Initiative von einem Bürger ausgeht, als wenn eine Ratsfraktion das macht. Die Idee dazu stammte ursprünglich von den MfN und die Wählergruppe hätte den wohl ansonsten auch von sich aus gestellt.

Meinen Antrag trage ich in der öffentlichen Sitzung mündlich vor und werbe um Zustimmung. Er wird teilweise angenommen. Die Bürgermeisterin stimmt zusammen mit GRÜNEN, UNABHÄNGIGEN und SPD dagegen. Dafür sind CDU, FDP, MfN und ein grüner Abweichler, der diesen Frevel politisch nicht lange überleben wird. Die Resolution geht nun ihren folgenlosen Weg nach Köln. Die Dürener Zeitung berichten über die Ratssitzung unter dem Titel „Nideggen wendet sich an das Land"[7]. Solche Veröffentlichungen werden regelmäßig begleitet von einem starken Besucherandrang auf meiner Seite.

Ein Herr Fragemann vom Umweltministerium antwortet auf mein Schreiben vom Januar im Auftrag für Hannelore Kraft. Aus dem Remmel'schen Dunstkreis kommt auch diesmal nur das übliche, inhaltsleere Geschwurbel, das in keiner Weise auf die vorgetragenen Sachargumente eingeht.

Ich nehme mir jetzt erst einmal Zeit für einen persönlichen Brief an die Ministerpräsidentin aus Anlass des vorangegangenen Dialogs, den ich im Anschluss in die Runde schicke:

Dialog-Forum "Zukunft NRW"   12. Apr. 2011
Talk-Runde in der Staatskanzlei am 08. April 2011

Sehr geehrte Frau Kraft,
herzlichen Dank noch einmal für das offene Gespräch während der Talk-Runde in der Staatskanzlei am letzten Freitag. Ich denke, auch in Sachen Dichtheitsprüfung handeln Sie in der festen Überzeugung, das Richtige zu tun. Wäre dem nicht so, dann hätten Sie aus taktischen Erwägungen heraus dieses Thema von der öffentlichen Diskussion dort leicht ausschließen können. Aber bedenken Sie bitte, dass schon viele große Irrtümer sich erst sehr spät als solche herausgestellt haben. Selbst die Entscheidungsträger mussten sich dann im Nachhinein fragen, wie es überhaupt so weit kommen konnte und ob man auf die richtigen Ratgeber gehört hatte.

Ich bitte Sie, auch Ihre Überzeugung in dieser Sache kritisch zu hinterfragen. Prüfen Sie genau, wer Ihnen Ratschläge erteilt, welche Motivation dahintersteht und welche Absichten. Sie werden feststellen, dass nur selten die großen Schlagworte, die vordergründig als Begründung herhalten, die wahren Antriebe sind. Oft geht es um alte Entscheidungen, die man nicht revidieren mag, um Gesichtsverlust, um wirtschaftliche Interessen, um Ideologien und politische Reflexe. Bei den gigantischen Beträgen, die hier für eine Branche im Raum stehen, lassen sich leider zu jedem Unsinn die richtigen Sachargumente herbeischaffen und durch Studien belegen. Dagegen hilft nur der gesunde Menschenverstand, ein Blick für Verhältnismäßigkeit und das Gespräch mit Betroffenen, die sich mit den Folgen der konkreten Umsetzung bereits intensiv auseinandergesetzt haben.

Die nicht ganz humorfreie Geschichte, die ich Ihnen übergeben hatte, habe ich noch einmal überarbeitet nach den Eindrücken aus unserer Diskussion und ins Netz gestellt. Die Rückmeldungen darauf von Betroffenen sind überaus positiv. Viele finden sich mit ihren Befürchtungen darin wieder und bestätigen die Aspekte darin als sehr realitätsnah. Ich denke, wenn Sie die wenigen Seiten lesen, werden Sie verstehen, wie Ihre Maßnahmen bei den Bürgern ankommen.

Mit freundlichen Grüßen
Werner Siegfried Genreith

Fritz schreibt mir dazu „*Respekt*". Ausdrückliches Lob ist selten und tut immer wieder gut. Über den Kommentar meiner Tochter, die die Aufzeichnung des Live-Talks mit Frau Kraft inzwischen angesehen hat, freue ich mich besonders „*schön! der hast du's gegeben und du hattest sogar das letzte Wort! Hast einen sehr guten Eindruck gemacht. Die Kamera mag dich. Also vielleicht doch eine Politiker-Karriere???*" Na ja – Letzteres dann doch lieber nicht.

Eigentlich hatte ich mir vorgestellt, die Ministerpräsidentin würde persönlich antworten. Diese Hoffnung war wohl zu naiv. So wichtig war ihr das Thema dann doch nicht. Die Antwort durch einen Mitarbeiter von Frau Kraft vom 17. Mai auf mein Schreiben fünf Wochen zuvor fällt dann auch eher enttäuschend aus:

17. Mai 2011

Sehr geehrter Herr Genreith,
haben Sie vielen Dank für Ihr Schreiben vom 12. April 2011 an Frau Ministerpräsidentin Kraft. Sie hat mich gebeten, auch Ihnen noch einmal für Ihr großes Engagement und die offene Diskussion im Dialogforum am 08. April 2011 ganz herzlich zu danken.

Die wesentlichen Grundlinien zur Dichtheitsprüfung und die Notwendigkeit der Prüfung selbst hat Frau Ministerpräsidentin Kraft im Dialogforum am 08. April 2011 aus Sicht der Landesregierung erläutert. Wo Schäden festgestellt werden, ist mit Augenmaß und abgestuft zu bestimmen, ob und welche Reparaturen nötig sind.

In diesem Sinne wird das fachlich zuständige Ministerium für Klimaschutz, Umwelt, Landwirtschaft, Natur- und Verbraucherschutz Nordrhein-Westfalen zeitnah entsprechende Kriterien entwickeln.

Bitte haben Sie Verständnis, dass ich keine Möglichkeit habe, von hier aus auf einzelne Aspekte näher einzugehen. Für weitere inhaltliche Fragen und Anregungen zur „Dichtheitsprüfung" steht Ihnen aber das zuständige Ministerium ebenfalls gerne zur Verfügung.

Mit freundlichen Grüßen
Im Auftrag

Ob sie meinen Brief wohl zumindest selbst gelesen hat? Wenn nicht, dann war das wohl ein Schuss in den Ofen. Ich hatte mehr erwartet. Danach schicke ich meinen Brief mit kurzem Begleittext per E-Mail an die Landtagsabgeordneten.

Die Zugriffszahlen auf die Webseite schwanken stark Monat für Monat, steigen aber tendenziell weiter an. Die Texte aus meinem Auftritt finde ich bei Recherchen in Leserbriefen, Zeitungsartikeln und Webauftritten lokaler Bürgerinitiativen, teilweise unverändert kopiert, manchmal leicht verändert oder ergänzt. „Die nicht ganz humorfreie Geschichte" geht viral und auch die findet meine Tochter *„beeindruckend"*. Eine weitere aufmunternde Rückmeldung dazu kommt aus Steinhagen:

Am 05.04.2011 21:37, schrieb Jörg Beese:

Die Geschichte hat mir ausgesprochen gut gefallen. Sie kommt mir ziemlich realistisch vor. Natürlich hat sie auch mein kompletter Bekanntenkreis. Leider scheint das Ende der Kurzgeschichte in Ihrer Mail zu fehlen!?

Re: Glück gehabt   06.04.2011, 15:49

Hallo Herr Genreith, wie mein Sohn mich inzwischen aufgeklärt hat, lag "das fehlende Ende der Geschichte" an einer Einstellung an meinem Mac. Inzwischen habe ich schmunzelnd (mit einem tränenden Auge) das Ende der Geschichte gelesen. Für die ständigen Benachrichtigungen möchte ich ausdrücklich danken!

Grüße

Manch einer glaubt sogar an einen Tatsachenbericht. So schreibt ein Mitstreiter aus Minden (mit Englisch als Muttersprache):

Frage aus Haddenhausen   11.04.2011 21:13

Hallo Herr Genreith,
die Geschichte "Glück gehabt" ist wirklich ein Hammer!
Diese Geschichte könnte endlich mal für das Fernseh z.B. ARD-Monitor ein interessantes "Story" sein, das die Politiker mächtig unter Druck setzt und das Thema weiter verbreitet.
Ist die Geschichte absolut "wasserdicht" (!) und wäre der Betroffene bereit vor den Fernsehkameras zu treten?

Nick Scott

Leider muss ich Nick enttäuschen. Es gibt zwar ähnliche Fälle, aber keinen, den ich eindeutig als Grundlage heranziehen könnte.

Noch einmal äußert sich die FDP zur Thematik. Auch der Rheinisch-Bergische Bundestagsabgeordnete und FDP-Kreisvorsitzende Christian Lindner will sich für eine neue Lösung der nordrhein-westfälischen Dichtheitsprüfung privater Hausanschlüsse einsetzen [8]. Er bekräftigt damit die Initiative der Landes-FDP. Ein entschiedener Fürsprecher im Bund kann sicher nicht schaden.

Am 15. April treffen sich Vertreter von vierzehn Initiativen gegen die Dichtheitsprüfung aus Ostwestfalen-Lippe zu dem angekündigten Workshop in Vlotho und beschließen, einen Dachverband der ostwestfälischen Bürgerinitiativen zu gründen. Die vermeintliche Solonummer der Ostwestfalen irritiert so manchen und der Protest bleibt nicht aus. Für den Dachverband „Dichtheitsprüfung Nein Danke" (DND) ist das kein gutes Omen, obwohl ich dem eigentlich positiv gegenüber stehe. Mich stört eher der Name, der meines Erachtens zu sehr an „Atomkraft Nein Danke" erinnert und unsere Leute eher abschrecken könnte. Der Slogan wird schließlich vor allem von unseren derzeitig politisch erbittertsten Gegnern verwendet, unabhängig davon, wie man inhaltlich dazu stehen mag. Aber ich sichere Fritz meine volle Unterstützung zu und biete an, den doch ziemlich bekannten Namen meiner Initiative auch für den Verein zu nutzen, anstatt einen neuen erst mühsam zu etablieren. Fritz signalisiert Zustimmung. Ansonsten verfolge ich die Angelegenheit eher als Zuschauer.

Anlässlich einer anstehenden Sitzung des Umweltausschusses starte ich Ende April wieder eine Kettenbriefaktion. Termin und Anregung „*wir sollten etwas unternehmen*" stammen wieder von Mitstreitern aus meinem Mail-Verteiler. Einen Text habe ich relativ schnell formuliert, mit Musteranschreiben im Anhang. Inzwischen habe ich Übung mit so etwas.

21.04.2011 10:34

Kampagne: Die Position der SPD in der aktuellen Debatte zur Dichtheitsprüfung

Liebe Mitstreiter, bitte helfen Sie hier mit. Der Text unten ist als Brief am 18.04. an 5 Abgeordnete der SPD im Landtag gegangen (Wahlkreis Düren I und angrenzende). Leider halten SPD und Grüne bis jetzt unbeirrbar an der strikten Durchsetzung der Dichtheitsprüfung fest. Die FDP plädiert inzwischen – anders als noch im letzten Jahr – für das Niedersächsische Modell. Die CDU hält nur kleinere Veränderungen für notwendig und bleibt ansonsten bei der Prüfpflicht. Die Linke war an dem Unsinn von Anfang an unbeteiligt und kritisiert das Vorhaben unter sozialen Gesichtspunkten. Es bewegt sich etwas, aber noch zu wenig – und steter Tropfen höhlt den Stein. Am 11. Mai findet eine Beratung des NRW-Umweltausschusses statt. Bis dahin sollte die Kampagne abgeschlossen sein.

1) Bitte leiten Sie diese Mail sofort an möglichst viele Nachbarn, Freunde, Bekannte weiter von denen Sie annehmen, dass sie hierfür etwas Zeit investieren wollen. Da die Mail dabei auch mehrfach bei Ihnen ankommen kann, werden Sie nur beim ersten Mal aktiv.

Bitte leiten Sie auch die beiden Anhänge weiter. (Sollten die verloren gegangen sein, finden Sie die im Netz unter http://alles-dicht-in-nrw.de/Brief_SPD.pdf und http://alles-dicht-in-nrw.de/Gluck_gehabt.pdf). Die Kurzgeschichte führt auch den Mitbürgern, die sich nicht mit den trockenen Fakten belasten wollen, deutlich vor Augen, was die Zwangsmaßnahmen für sie bedeuten können.

2) Schreiben Sie im Laufe der nächsten Tage an den/die Landtagsabgeordnete/n der SPD in Ihrem Wahlkreis. Die Namen und Adressen finden Sie unter http://www.landtag.nrw.de/portal/WWW/Webmaster/GB_II/II.1/Oeffentlichkeitstsarb eit/Wahlkreiskarte/wahlkreiskarte.jsp

Schreiben Sie am besten auch die SPD-Abgeordneten der benachbarten Wahlkreise an. Herkömmlicher Brief auf Papier ist am besten und wird eher ernst genommen als eine E-Mail.

Schreiben Sie möglichst einen eigenen Text in der Einleitung und übernehmen den Text unten in Teilen oder auch insgesamt. Wenn Sie möchten, weisen Sie ggf. darauf hin, dass der Text von der Initiative "Alles dicht in NRW" stammt und Sie den inhaltlich voll und ganz unterstützen.

Grüße und vielen Dank im Voraus.
Werner S. Genreith

Diese Vorgehensweise erscheint mir wesentlich effektiver, als Serienmails in eigenem Namen zu schreiben. Aber Politiker sind entgegen einer weitverbreiteten Annahme nicht wirklich doof, zumindest nicht, wenn es um soziale Interaktion geht. Die merken natürlich, dass hier viele ähnliche Schreiben im Umlauf sind. Trotzdem ist die Wirkung vieler unterschiedlicher Absender ungleich stärker. Im Mustertext gehe ich unter anderem auf die Ergebnisse einer Pilotstudie in Köln-Höhenhaus ein, die 2004 von der RWTH Aachen begleitet wurde. Neben den drastischen Details der geforderten Maßnahmen bei einer Schadquote von 90 %, vergleichbar mit Billerbeck, trat hier die ökologische Sinnlosigkeit besonders deutlich zutage. Klaus hat sehr genau nachvollzogen, dass die penibel durchgeführten Trinkwassermessungen an örtlichen Brunnen dabei vor, während und nach den teuren Sanierungen unverändert einwandfreie Werte ergaben. Wieder ein schlagendes Argument gegen den Prüfungswahn, mit dem auch Klaus an verschiedene Abgeordnete direkt in sehr ausführlichen Schreiben mit allen Quellenangaben herangetreten ist. Aber die Landespolitiker zeigen sich weit überwiegend faktenresistent – Diskussionen in der Sache weiterhin unerwünscht. Ich würde Berichte über ein derartiges Verhalten als absurd zurückweisen, wenn ich es nicht selbst jetzt Tag für Tag erlebte.

Der Artikel zu meinem Interview mit den Aachener Nachrichten erscheint am 27.04. unter dem Titel *„Die Angst, Geld in den Kanal zu schütten"* [9]. Den gedruckten Text finde ich etwas unpassend. Er entspricht meiner Erinnerung nach durchaus nicht dem Verlauf und den Schwerpunkten des Interviews. Bevor noch jemand aus unserer Runde die Frage stellen kann, was für einen vermeintlichen Unsinn ich denn da geredet hätte, schicke ich eine Stellungnahme an meinen Verteiler. Schließlich weiß ich, wie schnell Missverständnisse hochkochen können, die dann kaum noch auszuräumen sind.

Re: AC _ Zeitung: Siegfried Genreith   30.04.2011 20:30

Danke für die Info. Ich war ein paar Tage im Urlaub und hatte das noch nicht gesehen.
Auf der positiven Seite: Die Besucherzahl auf der Seite hat sich von Mi auf Do verdreifacht. Zumindest hat es wieder öffentliche Aufmerksamkeit bewirkt und das ist eigentlich das Wichtigste.

Erstaunlich ist aber, wie da doch auch einiger Unsinn zusammenkommt. Der Artikel kam auf Grund eines einstündigen Gesprächs mit einem Lokalreporter der Dürener Nachrichten am 21.04. zustande, um das er mich gebeten hatte. Die Dürener Zeitung – "die Konkurrenz" – hatte vorher schon berichtet (Anhang).

Leider findet sich fast nichts von dem, über das ich mit dem Redakteur der Nachrichten letzten Donnerstag tatsächlich gesprochen habe, in dem Online-Artikel und selbstverständlich halte ich z.B. die Prüfungen keineswegs für eine gute Idee. Stattdessen hat wohl die Kurzgeschichte als Grundlage hergehalten (die ich nur kurz erwähnt und ihm neben vielen anderen Unterlagen in die Hand gegeben habe). Was der Redakteur damit beabsichtigt haben mag, kann ich nicht beurteilen. Ich hätte natürlich ganz andere Dinge in den Vordergrund gerückt.

Eine gute Idee wäre aber jetzt, hierzu Kommentare zu schreiben (ganz unten unter dem Artikel). Am besten mit einer eigenen Einschätzung, dass die Geschichte gar nicht so realitätsfern ist und durchaus realistische Szenarien beschreibt, die sich durch die gängigen Vorschriften fast zwingend in einigen Fällen ergeben und die viele zehntausend Bürger in NRW in ähnlicher Härte tatsächlich treffen wird.

Also – Ich ermutige jeden in der Runde, hier aktiv zu werden und zu kommentieren.

Danke im Voraus und Grüße

Man nimmt, was man kriegen kann – Hauptsache, eine breite Öffentlichkeit wurde wieder einmal hergestellt – und die aktuellen Klick-Zahlen sind tatsächlich nicht zu verachten.

Dichtheitsprüfung Nein Danke!

Parallel dazu schreitet die Gründung des Vereins DND voran. Da ich etwas Zeit habe, verlasse ich noch einmal meine sonst vorherrschende Zuschauerrolle in der Angelegenheit, lade über meinen Verteiler ein und biete wieder Unterstützung an:

Fwd: Gründungssitzung Dachverband Dichtheitsprüfung   05.05.2011, 15:31

Liebe Mitstreiter,

am 10. Mai findet die Gründungsveranstaltung für den Dachverband NRW (DND) in Minden-Haddenhausen statt. Das hatten 14 Bürgerinitiativen in OWL vor einigen Wochen beschlossen. Wer die Einladung noch nicht gesehen hat, kann sich unter der untenstehenden Adresse mailto:IG-Abwasser-Haddenhausen@web.de noch anmelden. Leider kann ich selbst der Einladung dorthin nicht folgen, da ich beruflich anderweitig unterwegs bin. Ich wünsche den Bürgerinitiativen viel Erfolg bei diesem wichtigen Schritt, den ich ausdrücklich begrüße. Im Land darf nicht wieder der Eindruck entstehen, es mit vielen einzelnen Protesten und unterschiedlichen Problemen zu tun zu haben, die man lokal einzeln nacheinander mit voller Übermacht bekämpfen kann.

Einige persönliche Anmerkungen:

Es wäre aus meiner Sicht schade, wenn der inzwischen erreichte Bekanntheitsgrad der Seite "alles-dicht-in-nrw.de" im ganzen Land dazu ungenutzt bliebe. Wir brauchen ein gemeinsames Markenzeichen mit hohem Wiedererkennungswert auf Landesebene. Die Politiker im Land müssen auf den ersten Blick erkennen, womit sie es zu tun haben. Viele Politiker sind einfach strukturierte Menschen, die ein Problem sofort in eine Schublade ablegen und da bleibt es dann. Nur mit einem gemeinsamen Markenzeichen ist sicherzustellen, dass diese Schublade "landesweites Problem" heißt, und nicht "lokales Problem" oder "regionales Problem". Natürlich kann auch der DND ein neues Markenzeichen einführen, nur kostet das Zeit und auf Landesebene kommt schlimmstenfalls an "die sind sich nicht einig".

Mit dem einen oder anderen hatte ich schon über vernünftige Möglichkeiten dazu gesprochen. Die Seite "Alles-dicht-in-NRW.de" hat sich bereits mit Wiedererkennungswert im Land etabliert und würde sich leicht als Markenzeichen weiter ausbauen lassen. Unnütze Reibungsverluste sollten wir alle uns nicht leisten. Jeder BI gegen die Dichtheitsprüfung steht es frei, einen Namen "Alles dicht in Xxxxxxx" zu wählen. Alleine diese Namenswahl würde schon den Anspruch an eine Marke erfüllen und deutlich machen, dass die lokalen Ziele und Probleme im Rahmen der landesweiten Forderungen zu sehen sind. Aber das mag jeder selbst entscheiden. Die Seite alles-dicht-in-nrw.de wird ggf. auf den DND als Dachverband an prominenter Stelle verweisen. Genauso sollte der DND die Bekanntheit der Seite in ihrem Auftritt nutzen. Es muss augenfällig sein, dass es sich nicht um eine Konkurrenzveranstaltung handelt. Ich kann z. B. eine Adresse wie http://dnd.alles-dicht-in-nrw.de/ zur Verfügung stellen, die unmittelbar auf den DND-Auftritt weiterleitet. Das würde jedem sofort nahelegen, dass Marke und Verband zusammenhängen.

Meinungen und Ideen dazu sind willkommen

(Übrigens kamen die meisten der mehr als 5000 Besucher der letzten vier Wochen in dieser Reihenfolge aus dem Raum Bielefeld – Aachen – Münster – Düsseldorf – Löhne – Krefeld – Essen – Dortmund – Köln – Mönchengladbach. Interessanterweise ist Düsseldorf schon seit Monaten immer vorne dabei (im Februar auf Platz 1) mit vielen Zugriffen auch aus dem Ministerium).

Grüße Werner S. Genreith

Die Gründungsveranstaltung des Vereins wird begleitet von einer hervorragend organisierten Öffentlichkeitsarbeit. Es ist schon erstaunlich, was Fritz Pucher zusammen mit Karl-Friedrich Deerberg, Nobby Morkes, Wolfgang Kretschmann, und Jozeph Oude Molemann da leisten. Die Initiatoren schreiben in die Pressemitteilung:

MedienInfo

NRW Dachverband der Bürgerinitiativen DND gegen die Umsetzung des Landeswassergesetzes § 61a gegründet

Der Auftakt ist gelungen. Ca. 250 Vertreter der Bürgerinitiativen aus Bad Lippspringe, Beckum, Castrop-Rauxel, Extertal, Frille, Gütersloh, Haddenhausen, Herford, Lage, Löhne, Lippstadt, Petershagen, Versmold, Vlotho, Wadersloh erschienen in der Aula der Waldorfschule Minden-Haddenhausen, um die Gründung des NRW Dachverbandes zu beschließen. Die Initiativen aus Nideggen (Kreis Düren) und Mönchengladbach konnten leider nicht teilnehmen, begrüßen und unterstützen jedoch ausdrücklich die Gründung des Dachverbandes.
[...]

Die Löhner Zeitung berichtet „Dichtheitsprüfung, nein danke – Dachverband der Bürgerinitiativen geht an den Start – Fritz Pucher ist erster Vorsitzender" und weiter „Mit im Boot ist auch Werner Genreith aus Nideggen, der bereits am 8. April an der Live-Diskussion zum Thema Dichtheitsprüfung mit Ministerpräsidentin Hannelore Kraft teilgenommen hatte. ,Er *konnte zwar nicht an der Gründungsveranstaltung teilnehmen, unterstützt uns aber tatkräftig'* sagte der Vorsitzende Fritz Pucher. [...]" [10]. Im Interview fragt die Neue Westfälische unter anderem nach den Aufgaben des neuen Verbandes[11]:

> [...] Herr Pucher, die Bürgerinitiativen in NRW haben sich im Dachverband "Dichtheitsprüfung. Nein, danke" zusammengeschlossen. Was kann der gemeinsame Verband bewirken?
> FRITZ PUCHER: Es geht in jedem Fall darum, mehr Öffentlichkeit zu schaffen. Für mich bedeutet dies zudem eine geringere Arbeitsbelastung. In den letzten Wochen gab es 50 bis 100 Mails pro Tag zum Thema, das lässt sich auf Dauer nicht alleine machen. Wichtig ist, dass wir nun die Arbeit verteilen können und unsere Argumente geschlossen vor dem Umweltausschuss in Düsseldorf vorbringen.
> [...]

Der Verein heißt nun doch DND. So richtig kann ich mich mit dem Namen nicht anfreunden. Aber sei es drum. Vielleicht funktioniert es ja trotzdem. Ob Fritz sich damit entlasten kann, bezweifele ich allerdings. Die formale Eintragung als e. V. oder gar als gemeinnütziger Verein erscheint den Beteiligten zu kompliziert, sodass es bei dem formlosen Zusammenschluss bleibt.

Von Anfang an allerdings gibt es auch Gegenwind aus unserer Runde. Bedenken gegen einzelne Personen im Vorstand werden vorgebracht. Wieso sind Genreith und Lau nicht berücksichtigt, wird gefragt und vermutet, der DND vertrete doch nur Ostwestfalen mit der Fremdwasserproblematik. Verschwörungstheorien werden laut, einige halten Fritz mit seinen Forderungen für viel zu moderat, anderen wird ein Hang zur Selbstinszenierung unterstellt. Ich versuche zu beschwichtigen, hätte so schon genug zu tun, strebe keinen Vorstandsposten an. Meine Hoffnung ist in der Tat, nach und nach Aufgaben an einen Verein abzugeben. Auch die Übergabe meiner Internetseite ziehe ich insgeheim in Betracht. Zumindest gibt es jetzt einen zentralen E-Mail-Verteiler an die Bürgerinitiativen, den ich nun nicht mehr selbst pflegen muss. Die Initiative Harsewinkel mit Gerhard Minuth an der Spitze übernimmt das jetzt. Aber die Stimmung bei einigen Mitstreitern beginnt schon nach wenigen Wochen gegen den DND zu kippen.

Inzwischen habe ich einen Facebook- und einen Twitter-Account erstellt und mache beide bekannt, um weitere Öffentlichkeit zu ermöglichen. Die „Interessengemeinschaft Fremdwasser Alverdissen" (IGFA) bittet um Aufkleber für eine Veranstaltung mit mehreren hundert Teilnehmern, Lindlar befasst sich mit der Gründung einer Bürgerinitiative, die SPD Gadderbaum fordert die Aussetzung der Prüfungspflicht, Gütersloh setzt die Prüfungen aus, Klaus versucht vergeblich CAMPACT für unsere Sache zu gewinnen, Kai Abruszat lädt zum Fachdialog in den Landtag und eine verzweifelte Rita Peters aus Bad Lippspringe soll bis Monatsende 50.000 Euro für die Sanierung ihres Abwasserkanals berappen. Derweil sorgen Anzeigen von Kanalunternehmen für Diskussionsstoff, die auf einigen Seiten lokaler Bürgerinitiativen erscheinen. „*Was soll das?*", und „*Sind die noch bei Trost?*" wird kommentiert, so wie auch in der folgenden Rückmeldung:

> Re: Klasse Bürgerinitiative in Castrop-Rauxel 11.05.2011, 10:10
> Habe auf einer Bürgerinitiative in Castrop-Rauxel den absoluten Witz entdeckt.
>
> Da schreien alle auf der Seite, dass die Dichtheitsprüfung abgeschafft werden soll und auf allen Seiten dieser Homepage sind Anzeigen von Dichtheitsprüfern und Sanierungsunternehmen.
>
> Denke mal dass die Seite eine Verarschung ist und so nur der Eindruck entstehen soll das die Firmen, die dort werben, völlig ok sind.
> Also mit solchen Aktionen macht sich hier keiner Freunde.
> [...]

Das ist halt der Preis dafür, wenn man kostenlose Webhoster nutzen möchte. Andernfalls muss man eben einige Euro im Monat investieren. Ziemlich schräg kommt das schon 'rüber, ist aber ein Sturm im Wasserglas. Die Zugriffszahlen der lokalen Internetauftritte liegen ohnehin um Größenordnungen unter denen meiner Seite.

Anfang Mai hat sich Bernd Ahlers in meinem Verteiler registrieren lassen. Ende des Monats schon gründet er die Bürgerinitiative „Alles dicht in Nordwalde" und findet Erwähnung in der überregionalen Presse. In der Frankfurter Allgemeinen Zeitung erscheint Mitte Mai ein Artikel[12]. Ich habe ihn nie gefragt, wie der das denn angestellt hat.

> F.A.Z. 16. Mai 2011
> Nordwalde
> Noch ganz dicht?
> [...]
> Wie schon in vielen anderen Kommunen in Nordrhein-Westfalen hat sich nun auch im münsterländischen Nordwalde eine Bürgerinitiative gegründet. Die Initiatoren haben sich zum Ziel gesetzt, "die sinnlose und teure Dichtheitsprüfung von privaten Abwasserleitungen zu stoppen".
> [...]
> Zudem gibt es mittlerweile einen Dachverband mit dem Namen "Dichtheitsprüfung, nein danke" und eine Internetseite ("Alles dicht in NRW"), auf der sich die Bürgerinitiativen Anregungen holen können.
> [...]

Die DND-Gründung hat in der Tat unzweifelhaft positive Konsequenzen, indem sie zusätzliches Interesse der Presse auf sich gezogen hat. Dieses Ziel wurde tatsächlich erreicht. Auch politisch wird der Verein wahrgenommen. Ich denke, damit hat sich die öffentlichkeitswirksame Gründung schon gelohnt. Fritz erscheint jetzt in mehreren Presseartikeln zum Thema und tritt bei WDR Westpol auf (So, 22.05.2011 19:30–20:00 WDR Politik in Nordrhein-Westfalen). Der macht das wie immer ziemlich souverän. Überhaupt ist die Presse jetzt an dem Thema interessiert.

Die angekündigte IKT-Veranstaltung in der Dortmunder Westfalenhalle hat inzwischen stattgefunden mit Fritz Pucher und Rolf Finkbeiner als Redner von unserer Seite. Den Termin hatte ich schon fast vergessen. Erst die Zusammenfassung durch Fritz vom nächsten Tag erinnert mich wieder daran:

26.05.2011 23:11
Kurzbericht von 3ten Tagen der Grundstücksentwässerung in Dortmund !!!! wichtige Änderungen der Dichtheitsprüfung

Guten Abend in die Abwasserrunde,

ich komme gerade vom 3ten Tag der Grundstücksentwässerung in Dortmund – ein reines Expertenforum der Kanalsanierungsbranche und der Netzbetreiber/Verwaltungen . Programm siehe unten .

die wichtigsten Punkte in Kürze:
[...]
3 . Dichte Leitungen sind Grundwasserschutz
Wir haben aber kein Grundwasserproblem und in keinem Fall seit Bestehen von Kanalisation mußten Trinkwasserbrunnen wg. austretenden häuslichen Abwassers geschlossen werden.

4. Prof. Pinnekamp RWTH zitierte die inzwischen oft genannte Arbeit aus Linz, in der das Antiepileptikum Carbamazepin im Grundwasser in der Nähe von Abflußleitungen nachgewiesen werden konnte – allerdings mit 1 Nanogramm in Meter Entfernung. Von dem Medikament sollen in 2001 88 to. in Deutschland verkauft worden sein – Ich glaube , daß hier Originalsubstanz und Reinsubstanz verwechselt wurde – Versuche das zu klären – muß alte HOECHST-Kontakte aktivieren.
es gibt KEINE weitere Studie hierzu – (Prof. Pinnekamp möchte wohl eine machen) – es gibt keine Daten über das Gefahrenpotential dieses Rückstandes – zum Vergleich hier sollen 1 Nanogramm im Boden gefunden worden sein – Bei Dioxin im Fleisch ist die Schadschwelle 7,5 Nanogramm.

Hier wird bewußt ein neues Fass aufgemacht, um das Angstpotential hochzuhalten – ich wette, es wartet jemand in Aachen auf einen Auftrag, da es die Arbeitsgruppe in Karlsruhe nicht mehr gibt.

Der Tagungsband kann für 20 Euro bei www.IKT.de bestellt werden – kopieren lohnt nicht, da ca. 350 Seiten.

Die Teilnahme ist hochinteressant allerdings mit 375 Euro auch rattenteuer – zum Glück waren Referenten ausgenommen.
Der Vortrag von Herrn Finkbeiner www.buerokratie-irrsinn.de war nicht nur brillant sondern schlicht Sonderklasse.
[...]

Da hätte ich wohl nicht viel zusätzlich beitragen können, aber den Vortrag hätte ich dann aber doch gerne live erlebt – hätte, hätte, Fahrradkette. Als kleine Entschädigung kann ich mir das Video zu seinem Beitrag in YOU-TUBE ansehen – in der Tat Sonderklasse. Seine „Botschaft der Bürger an die

Bundes-, Landes- und Kommunalpolitiker" lautet: „Ihr werdet uns nicht los – wir euch schon!" Den Link zum Video schicke ich auch an unsere Lokalpresse, ohne das die darauf erkennbar reagieren. Deren Interesse scheint schon wieder erlahmt zu sein.

Privat beschäftigt mich etwas anderes viel mehr. Mein Vater liegt nach längerer Krebserkrankung im Sterben. Sein langsames Dahinsiechen in den letzten vier Jahren mitzuerleben ist belastend. Seit Monaten schon ist er pflegebedürftig. Meine Mutter ist glücklicherweise noch recht fit und kümmert sich um ihn. Auch mein Sohn lässt sich gerne einspannen, um sie bei der Pflege zu entlasten. Meine Möglichkeiten dazu sind leider begrenzt.

So ganz ausblenden kann ich die Dichtheitsprüfung aber nicht, auch wenn das meiste inzwischen bereits ohne mein Zutun läuft. Manchmal denke ich über die derzeitige Rolle meiner Initiative nach, was geschehen würde, wenn ich die Seite einfach abschalte. Ich glaube, dass die Signalwirkung nach außen, gegenüber Presse und Politik, verheerend wäre. Eine alternative Internetpräsenz ist auch nicht erkennbar, die eine gleichwertige Leuchtturmfunktion übernehmen könnte. Ich empfinde die ganze Protestdynamik um mich herum wie einen Sog, der mich so schnell wohl nicht loslassen wird und ich erspare mir jede Kraftanstrengung, dem zu entkommen. Obwohl ich selbst mich aus vielen Vorgängen heraushalten muss, fühle ich mich doch irgendwie immer mitten drin.

Eine alte Dame mit kleiner Rente aus Wassenberg wendet sich erstmals im Mai telefonisch an mich und bittet um Hilfe, weil die Gemeinde sie zur Prüfung aufgefordert hat. Meine Kontaktdaten hat sie von einem Nachbarn bekommen. Nicht einmal die in den Raum gestellten Prüfungsgebühren von 500 Euro kann sie ohne Weiteres aufbringen. Als ich die möglichen hohen Sanierungskosten für ihr altes Häuschen erwähne, gerät sie in helle Aufregung. Ich nenne Robert Horras als erfahrenen Ansprechpartner aus dem nahegelegenen Wegberg und weise ansonsten auf das Material meiner Seite hin. Leider ist sie nicht vernetzt und hat keinerlei Internetzugriff. Wir telefonieren in den nächsten Monaten regelmäßig. Ein Nachbar erklärt sich freundlicherweise bereit, Dokumente aus dem Netz für sie auszudrucken. Persönlich treffe ich sie erst Monate später zusammen mit Robert Horras, als der Bayerische Rundfunk das Thema aufgreift und sie nach meiner Vermittlung einem Interview zustimmt.

Hier in der Eifel ist außer der MfN-Wählergruppe niemand zu sehen, der sich aktiv gegen den Prüfwahn engagiert. Nur selten meldet sich einmal ein Bürger, bittet um Rat und ein Gespräch. Die Kommunal- und Abwasserberatung NRW wird demnächst eine neue Mustersatzung auf Basis der geltenden Regelungen vorlegen. Es besteht die Gefahr, dass die Kommunen diese unkritisch aufnehmen und umsetzen. Für Nideggen denke ich, dass zumindest Erwin Fritsch mit den MfN zuverlässig dagegen hält. Auch die FDP im

Stadtrat scheint konsequent auf den gesunden Menschenverstand zu setzen. Die CDU ist nach meinem Eindruck ein Wackelkandidat, der mal so, mal so abstimmt. Zuverlässig für eine Prüfpflicht im Stadtgebiet und gegen die Bürger votieren SPD, GRÜNE und die Wählergruppe der UNABHÄNIGEN. Vor allem die Landtagsabgeordnete und Vorsitzende der GRÜNEN hier scheint sich wöchentlich ihre eigene Meinung bei der Landtagsfraktion abzuholen. Was sie sagt, hat leider Gewicht bei der Verwaltung und vor allem bei der Bürgermeisterin. Die parteilose Margit Göckemeyer und Gudrun Zentis wirken manchmal wie beste Freundinnen auf mich. Eine richtige Landtagsabgeordnete erscheint in einem Eifeldorf eben wie eine Lichtgestalt.

Das Kräfteverhältnis ist daher unklar, erst recht außerhalb von Nideggen. Natürlich möchte ich nicht riskieren, die Welt zu retten, aber selbst privat dabei unterzugehen. Deshalb schreibe ich wieder die Bürgermeister meiner und der umliegenden Kommunen an und warne vor übereilten Entscheidungen unter Hinweis auf die laufenden Diskussionen und die in Aussicht gestellten Erleichterungen:

29.05.2011 16:41

"NRW-REGELUNG ZUR DICHTHEITSPRÜFUNG IST RECHTSWIDRIG!"

Sehr geehrte Damen und Herren,
demnächst wird vermutlich die KUA NRW ihr Gutachten vorlegen, das als Grundlage für die zu erarbeitenden Satzungen in Ihren Kommunen dienen soll. Das Ergebnis wird niemanden überraschen, der die Präsentation eines der Geschäftsführer gelesen hat [...].
Es wird voraussichtlich strikt auf der Linie der Landesregierung und der unbelehrbaren Ökofundamentalisten liegen. Dass undichte private Abwasserleitungen in nennenswertem Umfang das Grundwasser gefährden, entbehrt nach wie vor jeder belastbaren Grundlage. Im Landtag werden bereits umfassende Änderungen diskutiert, die im Laufe des Jahres zu entsprechenden Erlassen führen werden. Die Dichtheitsprüfung wird auch Gegenstand der Sitzung des Umweltausschusses am 6. Juli sein.

Bitte berücksichtigen Sie, dass die zu beschließenden Satzungen sich auf ein vermutlich rechtswidriges Gesetz beziehen. [...]

Sichtbare Reaktionen erhalte ich nicht, weder genervte noch dankbare. Dazu hätte ich mir die *„unbelehrbaren Ökofundamentalisten"* vielleicht nicht gönnen sollen. Beschimpfungen kommen nie gut an, auch wenn sie nicht direkt an eine bestimmte Adresse gerichtet werden. Aber mir war einfach danach. Ich bin aber nach meinen früheren Erfahrungen sicher, dass die Informationen berücksichtigt werden, zumindest von denen, die sich von meiner provokanten Formulierung nicht angesprochen fühlen.

Die Stadt- und Gemeinderäte sind inzwischen verunsichert, ganz anders als noch vor einem Jahr, als man landauf landab dabei war, die Prüfungen generalstabsmäßig zu planen und umzusetzen. Von der gemeinsamen Initiative der Stadt Nideggen und zwölf weiterer Kommunen im Kreis Düren ist jedenfalls öffentlich kaum etwas zu vernehmen. Ich befürchte allerdings, dass das Geld für das ominöse „Marketingkonzept" der „Kommunal- und Abwasserberatung NRW GmbH" (KUA NRW) schon geflossen ist. Der entsprechende Internetauftritt 13dicht.de ist jedenfalls online, wenn auch mit veralteten Inhalten.

Am Rande nur verfolge ich die Kommunikation rund um den DND. Der Verein steht weiter in der Kritik. So schreibt eine Mitstreiterin Ende Mai an kleinen Verteiler „*Der DND ist für mich zZ (bis auf Weiteres, aber dann werde ich erfahrungsgemäß lange brauchen, denen wieder zu vertrauen) tot oder sowas wie Geschichte*". Eine weitere äußert sich „*hoffentlich ist das Theater um den DND bald erledigt und wir können wieder vernünftig arbeiten.*"

Abseits dieser unglücklichen Diskussionen gibt es wieder positive Signale. Die Presse zeigt auch überregional Interesse. So meldet Hubert Schulte einen überraschenden Besuch des WDR, der über die Dichtheitsprüfung in Lippstadt berichten will. Die Ausstrahlung am 1. Juni in der Aktuellen Stunde Südwestfalen habe ich leider nicht empfangen können. Auch Roland Krüger aus Castrop-Rauxel berichtet vom Interesse des Länderspiegels an unserem Thema. Weitere Beiträge des WDR kommen unter Mitwirkung von Bernd und Barbara zustande.

Fritz ist unermüdlich im Land unterwegs. Ich frage mich oft, wie er das aushält. Gerade die unvermeidbaren Nackenschläge sind doch purer Stress. Im Juni berichtet er von einer wieder einmal enttäuschenden Infoveranstaltung, nach der die Politik überwiegend nicht bereit ist, sich grundsätzlich in der Frage zu bewegen. Fast alle sind sich danach wieder einmal einig zulasten Dritter.

08.06.2011 00:08

heute vorgestellt: gemeinsamer Antrag von SPD Grüne UND CDU !!!!!!!!!!!!

Guten Abend in die Abwasserrunde, komme eben von einer Infoveranstaltung der SPD in Versmold mit SPD MdL Georg Fortmeier. Er hat nach einführenden bekannten Totschlagargumenten einen gemeinsamen Beschluss von SPD ,Grüne und CDU vorgestellt. Im Wesentlichen nichts weiter als der schon angekündigte Mertsch-Erlass.

Nach meinem Verständnis die einzige wirkliche Veränderung ist die Sanierung nach Schadensklassen gemäß Katalog in Anlehnung an die neue DIN 1986-30. Zusätzlich soll es eine Durchflussprüfung mit Wasser geben !!!!! Ich glaube das erst, wenn es in einem Beschluss des Parlaments steht und in den Kommunen durchgeführt werden kann. Denn es gibt hierfür überhaupt keine technischen Regeln und ist nach Auskunft von Experten somit noch nicht durchführbar und damit eine gewaltige Mogelpackung. Die Kommunen können mit eigenen Satzungen von den Prüfungen und Methoden abweichen. Damit liegt der schwarze Peter bei den Kommunen.

Angeblich ist es seit gestern zwischen SPD Grüne UND CDU Konsens, dass die Prüfpflicht bleibt und auf keinen Fall auf eine bundeseinheitliche Regelung gewartet wird.

Herr Fortmeier war in der Sache denkbar schlecht informiert und formulierte seinen Stolz auf die NRW-Regelung und er hat gar kein Verständnis für das "nachlässige" Niedersachsen, damit sei der Verweis darauf für ihn auch kein Argument.
[...]

Der Erlass dazu wird einige Tage später veröffentlicht. Trotz einiger Erleichterungen steht das beanstandete Landeswassergesetz § 61A nicht zur Disposition, sodass überall zu prüfen ist. Die Durchführungsverordnungen werden allerdings deutlich entschärft. Bagatellschäden müssen nun nicht mehr saniert werden und die Fristen können von den Kommunen per Satzung erheblich verlängert werden. Das entspricht in etwa dem, was Frau Voigt-Küppers mir Ende Dezember schon mitgeteilt hatte. Anscheinend hofft die SPD-Führung, die Proteste damit zu entschärfen. Ärgerlich ist das für die Bürger, die schon ihre Haarrisse teuer saniert haben, was unter den neuen Voraussetzungen unnötig erscheint.

Ich starte wieder eine Kettenmail aus diesem Anlass über meinen Verteiler. Ziel sind diesmal die Lokalredaktionen im Land. Den Erfolg kann ich gut im Internet verfolgen. Meine Mustertexte erscheinen vor allem als Leserbriefe in Lokalblättern. Teilweise kenne ich die Schreiber dem Namen nach schon, andere sind mir völlig unbekannt.

Inzwischen spitzt sich der Streit um DND oder nicht-DND in der „Abwasserrunde" zu. Fritz sieht offenbar keine reale Chance mehr, den § 61A zu kippen. Ein Artikel über ein angebliches „Aufeinander zugehen" und einen Kompromiss zwischen Bürgerinitiativen und Politik, bringt das Fass für Einige zum Überlaufen. Ob die Aussagen tatsächlich so gefallen sind, darf aus meiner eigenen Erfahrung durchaus angezweifelt werden. So hinterfragt ein Mitstreiter bei Fritz *„Können Sie mir erklären, aus welchem Grund Sie draußen die Auskunft geben, dass die Aufhebung des § 61 a LWG wohl nicht zu erreichen sei?"* Darauf folgt ein für mich schwer nachvollziehbares Hickhack per E-Mail in die große Runde. Solche Schreiben leite ich grundsätzlich nicht weiter. Einige Mitstreiter bringen hierfür kein Verständnis auf und möchten aus dem zentralen Verteiler gestrichen werden. Unverständnis herrscht offenbar auch bei vielen der stillen Beobachter, die sich nur selten melden, wie in diesem Fall:

Wo ist der DND?   10.06.2011 13:05

An die vereinigten Gegner der Dichtheitsprüfung in NRW, wo seid ihr präsent? Man hört nichts und sieht nichts, außer dem Link von Herrn Genreith auf die Haddenhausener Seite. Und die zeigt immer noch veraltete Infos vom März.

So langsam komme ich mir veralbert vor, geht es hier nach dem Motto: Und wenn ich nicht mehr weiter weiß, dann gründe ich halt einen Dachverein?

Die Arbeit macht immer noch allein Herr Genreith. Mein Kompliment und Wertschätzung dafür.

Wir haben doch alle ein gemeinsames und gut formuliertes Ziel:
Weg mit dem Alleingang von NRW in Sachen Dichtheitsprüfung!

Oder werden es jetzt Anwälte und Verwaltungsgerichte richten – dank der stümperhaften Gesetzgebung von NRW können wir uns jetzt locker zurücklehnen und das Schauspiel des vor Gericht ausgetragenen Kanalkampfes genießen?

Botschaft an die Gemeinde: Vereinigt Euch endlich oder lasst es sein – aber bekennt Euch dazu!

Mir fehlt ein eindeutiges, von allen Gegnern der Dichtheitsprüfung getragenes Statement.

Mit freundlichen Grüßen Erich M[…]
- der das Geschehen als Betroffener bisher nur beobachtet hat – und langsam sauer wird.

Ist das etwa die Position einer schweigenden Mehrheit oder eine Einzelmeinung? Ich könnte mir vorstellen, dass einige so denken und einen ähnlichen Eindruck mitnehmen. Die Mail beantworte ich umgehend und nehme den DND dabei in Schutz:

Re: Wo ist der DND?   10.06.2011 15:01

Hallo Herr Müller, einen ordentlichen Verein wie den DND zu gründen ist sicher viel schwieriger und dauert länger, als einen lockeren Interessenverbund als Internet-Community aus der Taufe zu heben und zu betreiben. Hinter den Kulissen dort läuft vieles, was im Augenblick für die Öffentlichkeit wenig interessant wäre. Wichtig ist, dass jetzt kein Thema anbrennt. Eine Leserbrief-Kampagne läuft gerade, an der Sie sich gerne beteiligen können. Wenn Sie helfen möchten, finden Sie Möglichkeiten unter […], darin speziell […] die gerade laufende Leserbrief-Aktion.

Grüße Werner S. Genreith

„Offene Briefe" fliegen hin und her. Ich lese die nur flüchtig und verstehe oft nicht einmal deren Inhalt. Worüber wird da eigentlich gestritten? Nach Einzelgesprächen folgen auch wieder Vertrauensbekundungen. Ich mische mich nicht in die Auseinandersetzungen ein und bleibe wieder einmal im Hintergrund. Für mich ist aber inzwischen klar, dass ein Verein wohl nicht funktionieren wird und ich weiter für die einheitliche Außensicht auf diesen „Flohzirkus" sorgen muss. Trotzdem hat der DND eine nicht zu unterschätzende Außenwirkung in der Presse. Ein Verein ist offenbar für die Redaktionen leichter einzuordnen und wirkt verbindlicher als eine nebulöse „Initiative".

Wenn schon nicht der DND eine wirksame Führungsrolle einnimmt, wie kann dann so ein loser Haufen überhaupt funktionieren? Wie kann er tatsächlich Ziele verfolgen und erreichen? Dazu habe ich meine eigene abstrakte Meinung. Früher schon habe ich mich intensiv mit Gesetzmäßigkeiten chaotischer Systeme, mit Gruppendynamik und Selbstorganisation auseinandergesetzt. Für einen Mathematiker wie mich ist das ein hochinteressantes Spielfeld. Darüber denke ich manchmal nach und deshalb bereiten mir die oftmals chaotischen Aktivitäten auch nicht wirklich Sorge. Umfassende Koordination oder gar Führung einer so heterogenen Gruppe kann ungeheuer kräftezehrend sein und einen enormen Zeitaufwand nach sich ziehen, alleine schon für die notwendigen Abstimmungen. Ich selbst darf an so eine Rolle nicht einmal denken, obwohl ich eine relative Mehrheit vermutlich schnell hinter meiner Person versammeln würde. Die damit verbundenen Erwartungen allerdings könnte ich unmöglich erfüllen. Die würden meine Ressourcen bei weitem überfordern.

Selbstorganisation dagegen kann bei den richtigen Rahmenbedingungen sehr gut funktionieren und erfordert keine kräftezehrende Lenkung. Vermeintliche Fehler sind dann eben zu tolerieren. Sie können sich so manches Mal im Nachhinein sogar als Segen erwiesen. Wer denn sollte darüber entscheiden, was richtig und was falsch ist? Ich selbst habe dazu meist eine Meinung, maße mir aber keinesfalls an, darüber abschließend zu urteilen. Niemand kann das im Vorhinein absolut sicher sagen. „Fehler" sind sogar existentiell wichtig, um so eine lockere Organisation über längere Zeit lebendig zu erhalten. Auf einer abstrakten Ebene glaube ich, dass trotz des augenscheinlichen Chaos der gemeinsame Widerstand funktioniert. Jede Entscheidungsfindung in Gruppen oder ganzen Gesellschaften läuft inhärent chaotisch ab. Zu keinem Zeitpunkt lässt sich mit absoluter Gewissheit sagen, was dabei herauskommt. Die Rahmenbedingungen, Erwartungen, Einstellungen, Regeln und vor allem die gemeinsamen Ziele bestimmen die möglichen Ergebnisse. Ich denke, dass meine Initiative gerade dazu wesentlich beiträgt, diese Bedingungen zu schaffen und dauerhaft aufrechtzuerhalten. Diese Aufgabe kann ich bewältigen und darauf konzentriere ich mich weiterhin.

Im Juni weist Klaus mich auf eine Internetseite des LINKE-Kreisverbandes in Borken hin „*Das ist Uwe Gellrich, der Kontakt zum Landtag hat und DIE LINKE dort mit Infos zur Dichtheitsprüfung versorgt hat.*" Uwe kennt auch Erika Krebs aus Monschau, meinen Erstkontakt in die Politik. Offenbar hält Uwe unsere Fahne im Landtag hoch. Er steht schon seit März neben vielen anderen auf meinem Verteiler. Welche Rolle er spielt, lerne ich erst jetzt. Von der Stadträtin in Monschau habe ich schon länger nichts mehr gehört. Auch sie steht nach wie vor auf meinem Mail-Verteiler. Jetzt lädt die Partei zu einer Anhörung in den Landtag, wie Klaus mir berichtet, und erwähnt dabei noch sein Interview mit dem ZDF:

16.06.2011 10:39
Dichtheitsprüfung ZDF 18.6.2011 – vormerken | Expertenanhörung Klaus Lau für
Die Linken

Hallo in die Runde,
Ein Filmbericht zur Dichtheitsprüfung ist im ZDF-Länderspiegel am 18. Juni um
17.05 – 17.45 Uhr vorgesehen. Frau Gisela Haneld vom ZDF [...] hatte mich am 6.6.
per Mail um Kontaktaufnahme gebeten. Am 7.6. haben wir in 2 Sitzungen ca. 40
Minuten lang telefoniert und die gesamte verlogene Entwicklung der Gesetzgebung
und den daraus resultierenden Unsinn anhand unserer NRW-weiten Erfahrungen
besprochen.

Auf der Suche nach einer grenzüberschreitenden Gemeinde zu Niedersachsen hatte
ich ihr Bruchmühlen (Kreis Herford) empfohlen, weil dort bereits Lokalzeit-OWL
gedreht hatte und der Unfug da noch am ehesten für die Kamera darzustellen ist.

Am 6.7.2011 13:00 Uhr werde ich bei der Expertenanhörung des Umweltausschusses
[...] für Die Linken im Landtag sprechen. Ich persönlich bin aus gutem Grund partei-
politisch vollkommen unabhängig und habe das den Linken [...] gegenüber auch
zum Ausdruck gebracht. Mir geht es allein um die Sache. Die Partei ist schließlich
demokratisch gewählt und hat mir auch in MG in der Angelegenheit umgehend
geholfen, als die Ampel noch in arroganter Souveränität verharrte. Die Linken im
Landtag sind bereit, uns voll zu unterstützen. Sie hatten bisher wohl ein (gesteuer-
tes?) Informationsdefizit in der Angelegenheit. Wer also Zeit und Lust hat, sollte
unbedingt dort sein/ unser Anliegen auch an Frau Akbayir (Umweltausschuss für die
Linken) und deren pers. Mitarbeiterin [...] sowie deren Sekretärin [...] vermitteln,
um den Eindruck einer möglichst großen Bewegung zu schüren.
[...]
Nach der FDP wäre das bereits die zweite Partei, die unser Anliegen voll unterstützt.
Wenn wir beide kleinere Parteien jetzt schon als Multiplikatoren unterstützen und
nutzen, sehen die zu Recht eine Chance auf große Mobilisierung einer potenziellen
Wählergruppe auch in der Gruppe bisheriger Nichtwähler – also schreibt ...

Ein permanentes Stochern in der Thematik der Abstrafung durch den Wähler dürfte
auch einige Parlamentarier des jetzigen 15. Landtags nervös und nachdenklich
machen, denn da sind viel junge dabei, die gerade mal die Koffer ausgepackt haben
und gerne bleiben möchten ...

Frdl. Gruß Klaus Lau, MG

Na ja – eigentlich war die LINKE zuerst auf unserer Seite und die FDP die
Nummer zwei. Aber so kleinlich will ich nicht kommentieren. Letztlich
nimmt auch Fritz an der Anhörung teil. Trotzdem gefällt es nicht jedem, dass
die LINKE als Partei hier in den Vordergrund tritt. Jede Parteipolitik kann
leicht zu kontraproduktiver Frontenbildung führen und Sachargumente weit
in den Hintergrund drängen. Noch ist die LINKE eher der Paria im Landtag.
Im Übrigen konzentrieren sich deren Gegenargumente für meinen Geschmack zu sehr auf die soziale Problematik, die Lösungen provoziert, die
an unseren Forderungen vollkommen vorbeigehen.

Der neue Vollzugserlass liegt am 17. Juni nun offiziell vor. Danach müssen Bagatellschäden an privaten Kanälen nicht mehr repariert werden – eigentlich eine Selbstverständlichkeit. Bisher hätten auch Haarrisse im Abwasserrohr unter einer Bodenplatte nach den Buchstaben des Gesetzes aufwendig saniert werden müssen – eine Ungeheuerlichkeit, aber so bereits durchgesetzt und geschehen beispielsweise in Jülich im Kreis Düren, in Billerbeck und auch in Köln-Höhenhaus. Die Mail eines Betroffenen erreicht mich, in der nach Schadenersatz gefragt wird. Ich bin kein Jurist und antworte vorsichtig. Nach meinem Verständnis bestehe solch ein Anspruch nicht, schreibe ich. Die mir bekannte Lesart ist: „Sie haben schließlich in den Wert ihrer Immobilie investiert." Das Argument erscheint zwar lächerlich, aber so funktioniert Rechtsprechung.

Ebenfalls am 17. Juni schreibt Barbara an den CDU-Landtagsabgeordneten Josef Rickfelder. Zunächst äußert sich der Abgeordnete abweisend, fühlt sich von ihr angegriffen und bemängelt unsachliche Kritik. Auf Bitte von Klaus schicke ich diese Antwort in die Runde mit der Aufforderung, doch gegenüber dem Abgeordneten direkt geeignet Stellung zu beziehen. Wie viele E-Mails daraufhin bei Herrn Rickfelder eingehen, kann ich nicht sagen. Nur bei wenigen stehe ich auf Kopie. So manches Schreiben klingt aggressiv und wenig sachlich. Glücklicherweise baut diese „kleine Kampagne" keine neue persönliche Front auf und es entwickelt sich doch noch ein fruchtbarer Dialog zwischen ihm und Klaus:

An: bneudorf94 <bneudorf94@aol.com>
Verschickt: Mo., 20. Jun. 2011, 14:58
Thema: AW: Dichtheitsprüfung: Leserbrief in der Lippstadt am Sonntag

Sehr geehrte Frau Werner,
nachdem ich ein langes Telefongespräch mit Herrn Lau geführt habe, komme ich noch einmal auf meine Mail zurück. Was mich zu meiner kurzen und knappen Reaktion, und das ist mir wichtig zu erklären, geführt hat, war die der Sache nicht entsprechende Betreff-Zeile -Neuigkeiten bei der CDU Ortsunion Albachten- und die folgende Ansprache – Offener Brief an Herrn Rickfelder (MdL)-. Der der dann folgende Text war für mich nicht erklärbar und entsprach nicht dem Betreff. Mein erster Eindruck richtete sich auf die Gefahr einer mit Viren infizierten Mail, bzw. im Nachhinein des Vortäuschens falscher Tatsachen. Deswegen meine, vielleicht aus Ihrer Sicht, zu heftige Reaktion. Ich bitte Sie aber, dass Sie sich für einen Moment in die Rolle meiner Person versetzen. Ich erhalte jeden Tage eine erhebliche Anzahl von Mails und nicht alle möchten von mir eine Stellungnahme zu politischen Themen, bzw. sind ehrlich gemeint, nein manche sind auf einem sehr niedrigen Niveau. Vielleicht können Sie mit dieser Erklärung meine heftige Reaktion verstehen. Übrigens, ich wollte Sie auch nicht aus dem Wochenende "abfertigen", nein ich arbeite auch regelmäßig Samstags und Sonntags, zu mindestens meine Mails ab.

Nun aber zur Sache:

Wie Sie meiner Homepage entnehmen können, beschäftige ich mich in erster Linie mit der Innen- und Finanzpolitik. Deswegen, habe ich auch anfängliche Mails nicht beantwortet, sondern (so auch die Verabredung in unserer Fraktion) dies den Fachpolitikern überlassen. Soweit ich gehört habe, gibt es dort auch einen intensiven Kontakt. Eine intensive Diskussion haben wir zu diesem Thema in der Runde der CDU Abgeordneten aus dem Münsterland geführt. Zu Ihrer Info, in meinem Wahlkreis, in Münster, spielt das Thema keine herausgehobene Rolle ebenso auch nicht in meinem persönlichen Umfeld – Einfamilienhausbebauung -. Grundsätzlich bin ich schon der Meinung, dass neben der Dichtigkeit von öffentlichen Leitungen auch private Abwasserleitungen dicht sein müssen. Der Umgang der Kontrolle und eine mögliche Reparatur müssen aber angemessen und flexibel gehandhabt werden. Dabei müssen dann auch die entsprechenden Böden und die Grundwassergefährdung beachtet werden. Seitens der CDU, SPD und den Grünen hat es aktuell einen gemeinsamen Antrag gegeben, ich denke, dass Sie diesen kennen.

Aus dem Gespräch mit Herrn Lau habe ich entnommen, dass dieser Antrag Ihren Überlegungen noch nicht entspricht. Ich habe ihm zugesagt, dass ich unseren Fachpolitikern noch einmal vortragen werde und mich dann zurückmelde. Vielleicht ist es Ihnen Recht, dass ich meine Reaktion auf diesen Weg, Rückmeldung an Herrn Lau, beschränke. Falls Sie aber auch noch persönlich mit mir sprechen möchten, teilen Sie mir doch bitte Ihre Telefonnummer mit. Ich rufe Sie gerne an.
[…]

Der Abgeordnete zeigt sich in der Folge unserem Anliegen durchaus aufgeschlossen und versorgt Klaus immer wieder direkt aus Landtag und Fraktion mit Insider-Informationen.

Ende Juni dann startet in Kamen ein neuer Versuch, den DND doch noch zu etablieren. Leider kann ich wieder einmal nicht zu der Versammlung kommen. Diesmal stehen auch Klaus und ich mit Zuständigkeiten in einer Liste. Zum Folgetermin bin ich leider wieder beruflich verhindert. Ich schalte im Anschluss eine Seite dnd.alles-dicht-in-nrw.de mit E-Mail-Adresse dnd@alles-dicht-in-nrw.de frei. Damit wird zumindest nach außen hin eine direkte Beziehung zur Initiative hergestellt.

Wut, Ärger, Nerven

Immer wieder denke ich darüber nach, welchen weiteren Beitrag ich bei begrenztem Zeitaufwand sinnvoll leisten kann. Eine Umfrage auf einem kostenfreien Portal „DeineUmfrage.de" entwickle ich ab dem 24. Juni mit vergleichsweise geringem Aufwand – eigentlich wieder einmal ein Experiment, das ich eher aus Neugierde anstelle, weil ich so etwas noch nie gemacht habe. Der Betreiber verspricht wenig Werbung und ich mache den Link über meinen Internetauftritt bekannt. *„Die Idee allein ist schon klasse!"*, schreibt Susanne und Barbara folgt im gleichen Sinne *„Ein dickes Lob. Das mit der Umfrage ist Klasse."* Leider lassen sich aus den Ergebnissen keine komplexen Analysen mit Korrelationen zwischen verschiedenen Merkmalen ermitteln, da das Portal die Rohdaten nicht preisgibt.

In der Folge beginne ich daher, eine eigene Software zu programmieren, mit echter Datenbank dahinter – gelernt ist gelernt. Beruflich gehört so etwas zwar schon lange nicht mehr zu meinen Aufgaben. Da geht es um eher abstrakte IT-Architekturen und strategische Weichenstellungen in großen Unternehmen. Trotzdem ist es recht nützlich, eine gewisse Fingerfertigkeit in praktischen Dingen zu bewahren. In den folgenden Wochen lassen die Antworten der Umfrage „Alles dicht in NRW" trotz der noch bestehenden Einschränkungen klare Rückschlüsse darauf zu, wie Betroffene sich positionieren. Die Reaktionen aus unserer Runde darauf sind jedenfalls überaus positiv. So antwortet ein Mitstreiter aus Versmold etwa:

27.06.2011 14:42

AW: Umfrage "Alles dicht in NRW" : Wut und Ärger dominieren die Gefühle

Hallo und DANKE für die Mail,
Ihre Homepage ist absolut super gemacht, sehr informativ und immer auf dem aktuellsten Stand. DANKE für Ihre super ARBEIT
Habe natürlich schon an der Umfrage teilgenommen (smile)
Weiter so ……….. […]

Ob meine Statistiken bei den Landespolitikern irgendeinen Eindruck hinterlassen, ist unklar. Vor allem weiß ich nie, in welchem Kontext die gegebenenfalls genutzt werden. Ich liefere solche Zahlen einfach als Argumentationshilfe an unsere Runde zur freien Verwendung. Wer das dann nutzt und in welcher Weise, erfahre ich eher zufällig. Dass es Wirkungen gibt, zeigt etwa die schon sichtlich genervte Reaktion eines Lokalpolitikers auf diverse Briefe und E-Mails, die im Zusammenhang mit den von mir veröffentlichten vorläufigen Ergebnissen der Umfrage geschrieben werden. Der Urheber eines anonymen Leserbriefs ist Susanne offenbar bekannt. In diesem Fall beziehe ich direkt Stellung an den Schreiber, mit großem Verteiler bei Landtag und Presse:

27.06.2011 16:28

Leserbrief in der Lippstadt am Sonntag

Sehr geehrter Herr K[…], leider kann ich nur begrenzt Verständnis für Ihre dünnhäutige Reaktion aufbringen. Als SPD-Politiker in Beckum sollten Sie die Probleme kennen, denen sich Betroffene gegenüber sehen. Die gerade laufende Umfrage "Alles dicht in NRW" zeigt sehr deutlich, dass gerade die SPD im Land sich Sorgen machen sollte (s. Mail ganz unten).

Grüße Siegfried Genreith

Am 27.06.2011 15:51, schrieb Dichtheit@t-online.de:

Wann hört nur dieses unsägliche Gehetze gegen andersdenkende Menschen auf? Diese ständige Flut an Mails von Frau Groß und anderen Konsorten ist ja unerträglich. Das ist ja die reinste Hatz. Schluss mit dieser miesen Diffamierung!!!

Die Aufdeckung seiner Identität dürfte dem betreffenden Lokalpolitiker äußerst peinlich sein. Eine Antwort erhalte ich erwartungsgemäß nicht. Natürlich ist hier eine Front entstanden, die sich so bald nicht mehr bewegen lässt. Da gibt es persönliche Verletzungen, auch ausgelöst durch diese Bloßstellung, die durch Argumente nicht zu heilen sind. Auf das Schreiben hätte ich wohl besser verzichtet, aber manchmal schieße ich halt auch mal schnell aus der Hüfte, ohne lange über die Folgen nachzudenken.

Die Front der Befürworter baut inzwischen schweres Geschütz gegen die Gemeindevertretungen auf. Wieder einmal heißt es, Angst und Panik zu schüren, um danach Entscheidungen zu erzwingen. Bei Amateuren, die schließlich nur ehrenamtlich ihren öffentlichen Job machen, wirkt so etwas nachhaltig. Den hier umliegenden Kommunen wird ein Dokument zugeleitet, das eine massive Drohkulisse gegen die Bürgermeister und Räte aufbaut:

Bericht
Konzept zur Umsetzung des § 61a LWG
Interkommunaler Arbeitskreis
„Dichtheitsprüfung privater Abwasseranlagen im Kreis Düren"

Beteiligte Städte und Gemeinden:
Aldenhoven, Heimbach, Hürtgenwald, Inden, Kreuzau, Langerwehe, Linnich, Merzenich, Nideggen, Niederzier, Nörvenich, Titz und Vettweiß

Projektbegleitung und Moderation: Kommunal- und Abwasserberatung NRW GmbH, Cecilienallee 59, 40474 Düsseldorf

Datum / Entwicklungsstand: 10. Juni 2011

Darin heißt es auf den Seiten 18/19:

[...]
Umweltstrafrecht

Schließlich besteht die Gefahr, dass die Entscheidungsbefugten in der Gemeinde wie Bürgermeister, Rat, Beigeordnete, Betriebsleiter, usw. sich einer strafrechtlichen Verfolgung aussetzen können, wenn sie Dichtheitsprüfbescheinigungen nicht einfordern. Denn das Einfordern der Prüfbescheinigungen ermöglicht eine einfach zu handhabende Überprüfung, ob von Grundstücken Gefährdungen ausgehen, die die Gemeinde als Abwasserbeseitigungspflichtige unterbinden könnte. Der BGH (Strafsenat – 38/322) hat in seiner Entscheidung festgestellt, dass die Abwasserbeseitigungspflicht der Städte und Gemeinden derart umfassend ist, dass sie verpflichtet sind, über ihre handelnden Organe intensiv auf die Grundstückseigentümer einzuwirken, um Gewässerverunreinigungen zu unterbinden. In dem damals entschiedenen Fall ist der Bürgermeister als Täter einer Gewässerverunreinigung verurteilt worden, weil er nicht nachhaltig genug über Sanierungsverfügungen und deren zwangsweisen Durchsetzung gegenüber den Grundstückseigentümern vorgegangen ist, die ungeklärtes Abwasser in die öffentliche Kanalisation und damit in ein Gewässer einleiteten.
[...]

Das ist so unseriös wie brandgefährlich. Der geschilderte Sachverhalt ist keineswegs auf die Dichtheitsprüfungen übertragbar. Aber das muss den Entscheidungsträgern erst einmal klar gemacht werden. Die meisten Stadträte werden sonst vermutlich schnell einknicken und selbst die restriktivsten Maßnahmen durchwinken.

Glücklicherweise scheinen derartige Anschreiben weniger stark einzuschlagen, als ich befürchte. Einzelne Gemeinden, wie etwa Gütersloh, setzen die Dichtheitsprüfung inzwischen aus, andere aber, wie Köln, verschärfen eher die Situation. So lassen die Stadtentwässerungsbetriebe Köln in der Stellungnahme 15/757 vom 30.06.11 an den Landtag NRW verlautbaren:

> Stadtentwässerungsbetriebe Köln. AöR
> Postfach 910754· 51077 Köln
>
> Landtag Nordrhein-Westfalen
> Postfach 1011 43
> 40002 Düsseldorf
>
> Mein Zeichen   Datum
> StEB/TB Br   30.06.2011
>
> AKUNLV – 06.07.2011 – Dichtheitsprüfung
>
> Sehr geehrter Herr Landtagspräsident Uhlenberg,
> [...]
> ein Aufweichen dieser Regelungen würde das Engagement der Bürger, die bereits tätig geworden sind, bestrafen und die Akzeptanz und Verlässlichkeit der handelnden Kommunen sowie des Gesetzgebers infrage stellen.
> [...]

Es ist unglaublich. Im Klartext heißt das, Unrecht muss Unrecht nach sich ziehen, damit keiner merkt, dass Unrecht geschehen ist. Eine ähnliche Begründung hatte ich schon von kleineren Kommunen zu hören bekommen, so etwa aus Jülich im Kreis Düren. Soviel Zynismus ist schon bewundernswert. Das Ziel solcher Stellungnahmen ist klar: Jedwede Kritik ist abzubügeln – mit allen Mitteln.

Die DND-Seite unter meinem Internetauftritt fülle ich nach und nach mit Dokumenten, die Klaus und Barbara mir zuleiten und erinnere die Vorstandsmitglieder daran, bitte regelmäßig auch den zugehörigen Posteingang zu bearbeiten. Ich habe nicht vor, auch den noch täglich abzurufen. Susanne bittet daraufhin um Tipps, wie sie den am besten organisieren kann.

Anfang Juli kündigt die FDP erste konkrete Schritte an. Kai Abruszat ist voll auf unserer Linie für die Aussetzung des Gesetzes. Von dessen Abschaffung ist noch nicht die Rede. Noch kämpft die Partei – die Unterstützung durch DIE LINKE wird öffentlich ignoriert – auf einsamer Flur gegen alle anderen.

Susanne schreibt 67 Landtagsabgeordnete der CDU persönlich an und schickt den Text als Kettenbrief mit genauer Anleitung in die Runde. Den

Vorschlag nehme auch ich gerne auf und sende den Text fast unverändert an weitere 144 Abgeordnete. Der entspricht zwar nicht meinem Schreibstil, erspart mir aber durchaus Zeit, die ich besser einsetzen kann. Andere schließen sich ebenso an. Daraufhin bestätigt die LINKE ihre Unterstützung, erläutert die aktuelle Situation im Landtag und weist noch einmal auf die kommende Anhörung hin:

05.07.2011 14:47

Re: Wichtige Information zur Aussetzung des § 61a LWG NRW

Sehr geehrte Damen und Herren,
wir bedanken uns für Ihre E-Mails, da Ihr Anliegen bei uns auf offene Ohren trifft.

Die Fraktion DIE LINKE im Landtag von NRW hat mit den anderen Parteien beschlossen, eine Anhörung zum Thema „Dichtigkeitsprüfung von Abwasserrohren" durchzuführen.

Erst danach wollen wir diskutieren, wie wir weiter vorgehen.

Auch im Landtagsplenum haben wir uns entsprechend positioniert. Unsere Stellungnahme hierzu finden Sie auf unserer Homepage unter: […]
Da es im Juli dieses Jahres dazu schon einen Erlass von Umweltminister Remmel gegeben hat, der die Inhalte eines Antrages der SPD, CDU und den Grünen aufgenommen hat, ist für uns kaum noch eine Möglichkeit der Änderung gegeben.

Selbstverständlich haben wir das Vorgehen der Regierung scharf kritisiert, weil diese schon vor der Anhörung eine Entscheidung gefällt hat.

Wir werden alles uns mögliche tun, im Sinne der Bürgerinnen und Bürger auf diesen Ablauf und die Gesetzesänderung noch Einfluss zu nehmen.

Mit freundlichen Grüßen
Hamide Akbayir MdL
Umweltpolitische Sprecherin der Fraktion DIE LINKE NRW

Die angekündigte Expertenanhörung im Landtag findet am 6. Juli statt. Klaus ist danach alles andere als begeistert, hatte erwartet, respektiert und ernst genommen zu werden. Er kommentiert am folgenden Tag frustriert in unsere Runde und fordert ein offenes Protestschreiben an den Umweltausschuss:

m. E. dringend offener Protestbrief erforderlich   07.07.2011 07:09

Guten Morgen,
die Veranstaltung von gestern war die vorher gesehene Alibiveranstaltung zur Präsentation der Notwendigkeit der Dichtheitsprüfung. Wer sich erst nach einem Mehrparteienbeschluss (CDU/ FDP/ GRÜNE) Experten anhört, will nur ein Häkchen an „Gegenseite gehört" in das Geschichtsbuch schreiben können.
[…]

Ich bin für einen geharnischten offenen Empörungsbrief an die Mitglieder des
Umweltausschusses mit Verweis auf die inhaltlichen Inkonsequenzen der gegneri-
schen Vorträge und der unfairen Befragungsregie (mit Durchschrift an den Landtagspräsidenten und alle MdL).
[...]

Die angeregte Aktion aus unserer Runde wartet er nicht ab. Noch vor seinem
angekündigten Urlaub am nächsten Tag schreibt er selbst an die Abgeordneten im Umweltausschuss. Und Klaus nimmt in seinem langen Schreiben kein
Blatt vor den Mund, wiederholt seine harsche Kritik am Ablauf der Veranstaltung:

08.07.2011 09:58

Expertenanhörung Umweltausschuss 6.7.2011 – Beschwerde

Sehr geehrte Damen, sehr geehrte Herren,
viel Dank für die Einladung, der ich gerne gefolgt bin.

Die vom Petitionsausschuss mehrheitlich geforderte Beweisführung (u. a. aus dem
Petitionsbeschluss 15-P-2011-02501-00) war Anlass für die Expertenbefragung.

Die Tatsache, dass ich persönlich kaum befragt wurde, ist wohl auf die Tatsache
zurückzuführen, dass meine vorherige Stellungnahme derart überzeugend war, dass
keine Fragen übrig blieben.

Die Veranstaltung war nach Ansicht der meisten Zuschauer bedauerlicherweise als
Alibiveranstaltung zur Präsentation der Notwendigkeit der Dichtheitsprüfung ange-
legt. Allein die Tatsache, dass die Expertenanhörung erst nach dem Mehrparteien-
beschluss (CDU/ FDP/ GRÜNE) erfolgte, spricht dafür, dass lediglich ein Häkchen
„Gegenseite gehört" in das Geschichtsbuch des Hauses geschrieben werden sollte.
Die Ablehnung des weitsichtigen und sinnvollen Antrags der FDP auf Verzicht der
Beschlussfassung hat sich absehbar als voreilig herausgestellt und signalisierte keine
tatsächliche Ratsuche durch uns nicht behördliche Experten.

Wie erwartet sind die Vertreter der Verbände und der öffentlichen Hand trotz mehr als
ausreichender Vorbereitungszeit weiterhin jeden Beweis für das Erfordernis einer flächendeckenden Dichtheitsprüfung aufgrund von Trinkwasserbelastungen durch
Eventualleckagen u n t e r und v o r Privathäusern schuldig geblieben. Es blieb beim
vollkommen unbewiesenen, tatsächlich per Indizien -, EU und BMU – Testaten und
Uni Karlsruhe – Untersuchungen widerlegten, vollkommen frei erfundenen Generalverdacht.

Der hilflos anmutende Rückzug des Herrn Dr. Wendenburg auf einzelne Hausbrun-
nen mit x % Keimbelastung als Begründung für die NRW – weit flächendeckende
Rundumkeule Dichtheitsprüfung sowie die zynische Bemerkung, Grundbesitz und
Mittellosigkeit schlössen sich aus, sprechen für sich und sind keine weitere Kommen-
tierung wert. EHEC hat nach den bisherigen Erkenntnissen mit Trinkwasser rein gar
nichts zu tun. (Der Salatkopf wurde in der Nähe des Baches gefunden, in dem später
EHEC Erreger nachgewiesen wurden, wie auch bereits ab und zu in den Vorjahren.
Er hat vielmehr mit der in Deutschland bewährten, weltweit belächelten „German

Angst" argumentiert, die ja bekanntlich immer dann ersatzweise hilft, wenn beweisbare Argumente fehlen. Der Rettungsschlenker zur „Vorsorgemaßnahme" war schließlich sein resignierendes Bekenntnis zur Einsicht in die Tatsache der fehlenden Beweisführung.

Auch ich war auf Einladung des Herrn Landtagspräsidenten zunächst gerne Gast in Ihrem Haus, der Ihnen auf Ihre Bitte hin bei der Entscheidungsfindung helfen sollte und wollte.

Vor der Anhörung gesellte sich ich ein Mitglied des Ausschusses – ohne sich vorzustellen – zu einem Teil der eingeladenen Experten. Als ich erwähnte, dass wir alle ausnahmslos den Eindruck hatten, dass viele Abgeordnete ausweislich des gelegentlich nachschulungsbedürftigen Kenntnisstands unsere Emails nicht lesen, weil z. B. nicht zur Kenntnis genommen wird, dass im WHG (Fassung ab 1.3.2010) kein einziges Wort von „Dicht" oder „Dichtheitsprüfung" steht, behauptete er sehr barsch Gegenteiliges. Als ich ihn daraufhin bat, die genaue Fundstelle im WHG zu benennen, bemerkte er unbeherrscht zornig, das sei der gleiche Unsinn, den ich immer schreibe und verschwand …

Sollte das der untadelige ortsübliche Umgangsstil Ihres Hauses mit von Ihnen zu Ihrer persönlichen Hilfestellung eingeladenen Gästen sein, muss ich mich für meine Person sehr entschieden dagegen verwahren und einen höflicheren, gesellschaftsüblichen Umgangsstiel mit Ihren Arbeitgebern anmahnen.

Meine Frau und ich haben ihn später anhand der Bildübersicht als Herrn Hovenjürgen, CDU gemutmaßt. Der betreffende Herr wird sich jedenfalls erinnern …

Ich erlaube mir darauf hinzuweisen, dass ich mir in ca. 1500 Stunden bisheriger Arbeitszeit eine vielseits anerkannte, durchaus fachlich belastbare, objektive Sachkenntnis erworben habe. Das macht nicht nur Spaß. Mein Leben war auch ohne das von Ihnen geschaffene Kanalproblem voll ausgefüllt.

Ich fordere hiermit den betreffenden Herrn auf, mir entweder den von ihm empfundenen Unsinn in meinen Ausführungen zu benennen, seinen eigenen Sachkenntnisstand mit mir in einem Vier Augen-Gespräch abzugleichen oder sich bei mir zu entschuldigen.
[…]

Ich weiß nicht, ob und welche Reaktionen daraufhin bei Klaus ankommen. Erstmal ist er im wohlverdienten Urlaub bis Ende des Monats und äußert sich demzufolge nicht mehr weiter. Kaum zu glauben ist, dass der gescholtene Josef Hovenjürgen später einer unserer einflussreichsten Unterstützer wird.

Meine Umfrage habe ich Mitte Juli geschlossen. Die Ergebnisse werte ich in den Tagen danach aus und schicke die Analyse in die Runde:

Umfrage "Alles dicht in NRW" : Wut und Ärger dominieren die Gefühle

Die Umfrage wurde am 16.07. abgeschlossen. Die Ergebnisse sollten zu denken
geben.
Zusammengefasst bestätigen die Resultate unten folgendes Bild:

Wut und Ärger dominieren die Gefühle der Betroffenen, gefolgt von Ohnmacht und
Angst. Wirklich Freude bereitet die Dichtheitsprüfung nicht einmal den 8 % Teilnehmern der Umfrage, die politisch oder beruflich damit zu tun haben. Abgestimmt hat
ein bunter Querschnitt von Bürgern in NRW. Die meisten sind bereits gut oder sehr
gut über das Thema informiert (88 %), repräsentieren alle Altersklassen und Regionen in NRW. Die Abstimmenden sind Arbeitnehmer (45 %), Rentner(38 %) und
Selbständige(14 %), repräsentieren Familien mit Kindern (37 %), Ehepaare (44 %),
Ledige, Alleinerziehende.

Fast 94 % können der Argumentation unserer Landespolitiker nicht folgen und halten
die Gefährdungen durch häusliches Abwasser für konstruiert. Danach gefragt, wo
man denn tausende von Euro besser anlegen sollte, nennen die meisten die alternative
Entsorgung von Klärschlämmen und Resten von Biogasanlagen, die heute zur Dün-
gung ausgebracht werden. Mehr als 12 % würden ihr Geld lieber in soziale Projekte
stecken und sehen nach dem uneingeschränkten Lob der EU keine Notwendigkeit für
weitergehende Maßnahmen zum Grundwasserschutz in Deutschland.

Für fast 84 % der Abstimmenden ist die Frage der Dichtheitsprüfung für ihre Wahl
zum nächsten Landtag entscheidend. Danach verlieren vor allem SPD-Wähler ihre
Geduld mit der Partei und wandern massenhaft ab (von 31 % auf 11 %). Gewinner
sind vor allem die Nichtwähler (8 % auf 25 %), gefolgt von DIE LINKE (4 % auf
17 %). Aber auch CDU (29 % auf 14 %) und sogar Bündnis 90/Die GRÜNEN (20 %
auf 13 %) verlieren deutlich an Zustimmung unter den Abstimmungsteilnehmern. Die
FDP (7 % auf 13 %) verdoppelt annähernd ihren Anteil. Die Bürger sind sich also
durchaus der Postionen der einzelnen Parteien im Landtag zur Dichtheitsprüfung
bewusst.

Umfragen und mit Zahlen hinterlegte Schlussfolgerungen haben immer etwas wissenschaftlich Objektives an sich. Wer von Statistik nichts versteht,
glaubt immer, dass die Werte ursächliche Zusammenhänge beweisen. Ich
selbst habe mathematische Statistik studiert und weiß, wie beliebig und ma-
nipulativ solche Auswertungen sind. Statistisch gesehen besteht etwa ein extrem starker Zusammenhang (Korrelation > 99 %) zwischen der Scheidungs-
rate im US-Staat Maine und dem Pro-Kopf-Verbrauch von Margarine zwischen den Jahren 2000 und 2009[9]. Genauso korreliert die Abnahme der Stor-
chenpopulation in erstaunlich hohem Maße mit dem Verlauf der Geburtenra-
te in Niedersachsen zwischen 1971 und 2000[10]. Die Lächerlichkeit darin,
hier einen kausalen Zusammenhang sehen zu wollen, ist in diesen Fällen all-

---

9   Quelle: Spurious Correlations http://tylervigen.com/spurious-correlations
10   Quelle: New evidence for the Theory of the Stork, Blackwell Publishing Ltd. Paediatric and
     Perinatal Epidemiology 2004, 18, 88–92

zu offensichtlich. Aber genauso läuft das in der Praxis auch, nur liegt die Absurdität meist nicht klar auf der Hand.

Auf die von Susanne initiierte Kettenbriefaktion hatte ich nicht mit einer Antwort gerechnet. Schließlich formulierte der Text keine Fragen. Erfreulicherweise meldet sich Kai Abruszat noch bei mir und bestätigt im Prinzip die kritische Bewertung der Expertenanhörung, die Klaus schon abgegeben hatte:

08.07.2011 14:51

AW: Wichtige Information zur Aussetzung des § 61a LWG NRW

Sehr geehrter Herr Genreith,
vielen Dank für Ihre Zuschrift, auf die ich auch im Namen meiner Abgeordnetenkollegen der FDP-Landtagsfraktion

Herrn Dr. Gerhard Papke
Herrn Ralf Witzel
Herrn Dietmar Brockes
Herrn Holger Ellerbrock
Herrn Horst Engel
Frau Angela Freimuth
Herrn Marcel Hafke
Herrn Dr. Robert Orth
Frau Ingrid Pieper-von Heiden
Herrn Christof Rasche
Herrn Dr. Stefan Romberg
Herrn Dr. Ingo Wolf

antworten möchte.

Die FDP-Fraktion im Landtag von Nordrhein-Westfalen hat in einem Entschließungsantrag – den ich zu Ihrer Information beifüge – (Drucksache 15/2256) zum Antrag von CDU, SPD und Grünen (Drucksache 15/2165), die darin bekunden, an der Dichtheitsprüfung festhalten zu wollen, noch einmal deutlich gemacht, dass die landesweite Dichtheitsprüfung ausgesetzt werden muss.

Obwohl sich die Fraktionen im Landtag einvernehmlich darauf geeinigt haben, eine Expertenanhörung zu diesem Thema durchzuführen, haben CDU und Rot-Grün eine Woche vor der Anhörung kurzfristig einen Antrag zur direkten Abstimmung eingebracht. Uns drängt sich der Eindruck auf, als solle die öffentliche Debatte über die Dichtheitsprüfung hastig und ohne Würdigung von Expertenmeinung politisch beendet werden.

Für die FDP-Fraktion im Landtag Nordrhein-Westfalen muss eine ausführliche Erörterung der zahlreichen offenen Fragen über das Ob und Wie der Dichtheitsprüfung einer hastigen Entscheidung vorgezogen werden.

Mit freundlichen Grüßen
Kai Abruszat MdL

Ich kann mich noch gut an die Antwort seines Parteifreundes Holger Ellerbrock vom Vorjahr erinnern mit seinem Killerargument für die Prüfungen. Zwischen damals und heute scheinen Welten zu liegen.

Die CDU weist immer noch jede Grundsatzdiskussion von sich. Die steht vermutlich bei den Handwerkern im Wort und will jeden Eindruck vermeiden, der die frühere Entscheidung infrage stellen könnte. Schließlich hat auch die CDU die Firmen zu erheblichen Investitionen in Ausbildung und Ausrüstung aufgefordert, denen viele im Vertrauen auf diese Art von Politik nachgekommen sind und in ernste Schwierigkeiten geraten könnten. Alleine die Schulungen zur Sachkunde haben den Kammern in Nordrhein-Westfalen schon jetzt gute Umsätze beschert und die hoffen sicher darauf, das Geschäft noch deutlich weiter ausbauen zu können. Tatsächlich rühren sich die Verbände der Kanalbranche immer noch nicht öffentlich. Die verfolgen vermutlich ihre Interessen im Hintergrund und glauben fest an ihren Erfolg im Bemühen, die Goldader offenzuhalten. Nur Vertreter einzelner Firmen reagieren von Zeit zu Zeit genervt. So titelt MV-Online im Juli [13]:

Kritik an Gegnern von Dichtheitsprüfung
„Das ist erstunken und erlogen"

Rheine. „Das ist erstunken und erlogen." Holger N[...] gerät regelrecht in Rage, wenn er über die Argumente der Gegner der sogenannten Dichtheitsprüfung für Hausanschlüsse spricht. Der Unternehmer, der seit Jahren solche Prüfungen anbietet, sieht sich und seine Branche in ein schlechtes Licht gerückt. Als „Kanalhaie" werde seine Branche teilweise bereits bezeichnet, berichtet er im Gespräch mit unserer Redaktion.
[...]

Sogar musikalisch tut sich jetzt etwas. Hans-Peter Bergmann von der Bürgerinitiative „Möllener Fairplay" offenbart sein Talent als Texter und Musiker. "*Wer ist denn hier wohl nicht ganz dicht*" findet auf YouTube vergleichsweise großes Interesse mit bald mehreren tausend Aufrufen.

Ende Juli weist Jos mich auf ein weiteres Forum „unser.nrw.de" hin. Sobald ich dazu komme, stelle ich einen Beitrag ein und schicke den Link in die Runde mit der Bitte um Abstimmung. Der Start ist vielversprechend und weitere Wahrnehmung bis in die Staatskanzlei schon jetzt garantiert. Allerdings kann ich mir nicht vorstellen, dass es unser Thema nochmal nach Düsseldorf in die Endrunde schafft.

Derweil gehen auch „Alles dicht in Rheine" und „Alles dicht in Havixbeck und Hohenholte" mit eigenen Internetauftritten ins Netz. Jos hat inzwischen ebenfalls ein Diskussionsforum online gestellt und wirbt um Beteiligung. Ich platziere den Link auch gleich auf meine Seite. Wie gesagt, Kommentare kann ich auf meinem primären Auftritt noch nicht entgegennehmen und so ist mir dieser Weg willkommen. Anmeldungen trudeln unter Jos' kritischen Blicken nach und nach ein. Manches Kürzel bei den Benutzernamen kann er nicht eindeutig einer Person zuordnen und so besteht er auf eindeutigen Namen, um die Urheber der Diskussionsbeiträge zuordnen zu können. Ich verstehe das. Anonymität haben wir wirklich nicht nötig und anonyme Kommentare gleiten schnell ab in Beschimpfungen und Beleidigungen.

User-account & Wilkommen	25.08.2011 19:21

Hallo Uwe,
Wilkommen im Forum "Alles Dicht"

Nur der Name Uwe reicht nicht. Folgender Vorschlag:

Der Account wird auf den Usernamen Uwe-Heek freigeschaltet.

Das Passwort bleibt wie bei der Anmeldung.

Muss allerdings zugeben, dass z. B. WSG so bleibt. Er ist einfach eine "institution"; jeder kennt ihm!

Gruß Jos
 Board-Admin-Anmeldung

Wieder ein sehr schönes Kompliment und als „Ausnahme von der Regel" fühle ich mich durchaus wohl damit.

Nachdem meine erste Umfrage auf reges Interesse gestoßen ist, schalte ich Mitte August eine Dauerumfrage „Alles-dicht-in-NRW" auf Basis der selbst entwickelten Software frei, erst einmal im kleinen Kreis zu Testzwecken. Die Fragen sind ähnlich den früheren. Aber die Datenbasis setzt meinen statistischen Analysemöglichkeiten nun keine Grenzen mehr. Damit kann ich jetzt Verbindungen zwischen den Merkmalen herstellen, etwa, wie viele GRÜNEN-Wähler bereit wären zu einer Demo gegen die Dichtheitsprüfung zu kommen, oder welche Berufsgruppe am stärksten unter den Zwangsmaßnahmen leidet. So etwas konnte ich vorher nur vermuten.

1. Wie gut sind Sie über die in NRW anstehende Dichtheitsprüfung und den Sanierungszwang Ihrer privaten Abwasserleitungen informiert?

2. Auf welche Weise sind Sie hauptsächlich von der Dichtheitsprüfung und Zwangssanierung nach LWG 61A betroffen?

3. Angenommen, Sie persönlich bekämen 10.000 Euro in die Hand, um sie in Grundwasserschutzmaßnahmen zu investieren. Wofür würden Sie das Geld ausgeben?

4. Glauben Sie, dass defekte private Abwasserleitungen im Vergleich zu anderen Schadstoffquellen in nennenswertem Umfang unser Grundwasser belasten?

5. Wie würden Sie Ihre eigene Stimmungslage im Hinblick auf die Dichtheitsprüfung und Zwangssanierung beschreiben?

6. Was sollte man Ihrer Meinung nach gegen den Zwang zur Dichtheitsprüfung und Sanierung unternehmen?

7. Angenommen der/die Bürgermeister(in) Ihrer Kommune tritt für eine rigide Umsetzung der Dichtheitsprüfung und Zwangssanierung ein. Würden Sie in diesem Fall auch eine Bürgermeisterabwahl unterstützen?

8. Was unternehmen Sie selbst gegen den Zwang zur Dichtheitsprüfung und Sanierung?

9. Würden Sie selbst sich die Zeit nehmen und für die Teilnahme an einer Demo gegen die Dichtheitsprüfung nach Düsseldorf reisen?

10. Wird die Position der im Landtag vertretenen Parteien zur Dichtheitsprüfung Ihre Wahlentscheidung bei der nächsten Landtagswahl beeinflussen?

11. Welcher Partei haben sie bei der letzten Landtagswahl Ihre Stimme gegeben?

12. Welcher Partei werden Sie voraussichtlich bei der nächsten Landtagswahl Ihre Stimme geben?

13. In welchem Familienstand leben Sie?

14. Wie alt sind Sie?

15. In welchem Postleitzahlenbereich wohnen Sie?

16. Welche berufliche Tätigkeit üben Sie derzeit aus?

17. In welcher Gruppe liegt Ihr jährliches regelmäßiges Haushaltsnettoeinkommen?

• Kommentare zur Umfrage

Während der nächsten Tage beobachte ich die Abstimmung, erstelle Probeauswertungen, finde Fehler, korrigiere die Software noch einige Male, bis alles wunschgemäß und stabil läuft. Eine Datenschutzerklärung muss noch her. Die bekomme ich von einschlägigen Seiten im Internet.

Aufgrund der anhaltenden Kritik suchen einige Städte und Gemeinden nach Auswegen aus der Misere. Ende August reagiert Münster auf den wachsenden Widerstand mit der Ankündigung, Verstöße gegen das Gesetz nicht mehr zu ahnden. Dem Beispiel folgen weitere, aber leider insgesamt viel zu wenige Kommunen. Die meisten Städte und Gemeinden sind verunsichert, andere, wie etwa Köln, wollen jetzt erst recht die Maßnahmen energisch durchziehen, sehen eine Gerechtigkeitslücke kommen gegenüber denjenigen, die schon frühzeitig geprüft haben.

Zur gleichen Zeit meldet Barbara auf eigene Faust mit Ehemann und Nachbarn einen Verein „DND-Dichtheitsprüfung Nein Danke! e. V." beim Notar zur Eintragung ins Vereinsregister Münster an und beantragt eine Steuernummer. Damit bekommt der DND demnächst wohl einen formellen Vereinsstatus. Hilfreich wäre das sicherlich, etwa um Spenden zu sammeln und gezielt einzusetzen. Ich selbst nehme kein Geld an, leite Spendenangebote gegebenenfalls weiter an bedürftige Bürgerinitiativen. Im anderen Fall müsste ich sonst irgendwann irgendjemandem Rechenschaft über die Verwendung ablegen und das will ich nicht. Ich bin inzwischen aber skeptisch, ob die Vereinsgründung alleine den DND noch in die gewünschte Position bringen kann.

Ungeachtet der Proteste arbeiten die Kommunen im Kreis Düren doch noch weiter an der Umsetzung der flächendeckenden Prüfungen. Ein Informationsblatt der Gemeinde Nörvenich verweist im September auf die neu geschaffene Seite zur Dichtheitsprüfung privater Abwasserleitungen, die unter Führung der Gemeinde Kreuzau aus dem mir schon lange bekannten „Marketingkonzept" hervorgegangen ist:

> 06.09.2011
>
> Zum Thema Dichtheitsprüfung privater Abwasserleitungen zur Umsetzung des § 61a Landeswassergesetzes NRW haben sich 13 Städte und Gemeinden des Kreises Düren zusammengeschlossen und einen einheitlichen Internetauftritt geschaltet.
> Unter www.13dicht.de finden Sie ausführliche Informationen zur Dichtheitsprüfung.

Die lassen einfach nicht locker. Ich bezweifle, dass ein lachender dicker Handwerker mit Rohrzange, der mir dort auf der Titelseite entgegensieht, Betroffene motivieren kann, genauso freudig Prüfung und Sanierung zu beauftragen.

Das zweite Dialogforum NRW ist ebenso wie sein Vorgänger im April sehr erfolgreich verlaufen. Anfang September kontaktiert mich der mir schon bekannte Redakteur und fragt an, ob ich für ein kurzes Statement zur Verfügung stünde. Er erklärt mir auf meine Rückfrage, dass ein dreißig Sekunden Video mit mir zu meinem Beitrag im Forum aufgezeichnet werden soll, das dann mit einer Stellungnahme des Umweltministers zusammengeschnitten wird. Nach einer Woche Bedenkzeit lehne ich ab:

> **Re: Aufzeichnung**   09.09.2011 15:03
>
> Hallo Herr Hahn, danke für die Erinnerung. Ich möchte auf die Aufzeichnung doch lieber verzichten. Ich halte es einfach nicht für wahrscheinlich, dass Herr Remmel konstruktiv und respektvoll auf einen so kontroversen Kurzbeitrag antwortet, der im direkten Gegensatz zu seiner eigenen politischen Linie steht.

Ein weiterer Mitstreiter mit ähnlich erfolgreichem Beitrag zur Dichtheitsprüfung lehnt aus vergleichbaren Erwägungen ebenfalls ab.

Gleichzeitig entwickelt sich eine rege Diskussion um die Aufnahme von Rheine in den Kreis der Prüfungsgegner. Einige haben recherchiert und sind auf einen wenige Jahre alten Artikel gestoßen, nach dem der Initiator, jetzt Mitglied der PIRATEN, damals rechten Kreisen nahestand. Meine Meinung dazu ist, dass Politik keine Rolle spielen soll und solange der Betreffende keine Parteipropaganda betreibt, darf jeder mitmachen. Wie wäre das auch aus meiner Position heraus zu verhindern? Mein Auftritt stellt jedem die Nutzung aller Materialien ohne Rücksprache frei. Die einzige Bedingung ist, dass sie gegen die Dichtheitsprüfung eingesetzt werden. Auch die LINKE entspricht nicht unbedingt meinen persönlichen politischen Präferenzen. Danach steht der Aufnahme von „Alles dicht in Rheine" in unseren Verteiler nichts mehr im Wege. Eine Retourkutsche des Sprechers der Initiative folgt später mit Hinweis auf Uwe, der immer noch seine E-Mails unübersehbar als Mitglied „DIE LINKE" unterzeichnet:

Parteiwerbung DIE LINKE   23.10.2011 10:25
[…] ich finde es langsam unerträglich, daß DIE LINKE über uwe gellrich parteienwerbung in unseren BI durchführt. […]

Selbstverständlich leite ich wunschgemäß die Mail unkommentiert an den großen Verteiler weiter. Dabei vermeide ich jede Parteinahme. Viel wichtiger als solches Geplänkel ist, dass die Bewegung weiter wächst. So stößt neben Rheine auch „Alles dicht in Nottuln" zu uns.

Demo in Münster

Auf Anregung von Bernd und anderen diskutieren wir im Netz über die Möglichkeit einer Demo vor dem Düsseldorfer Landtag. Karl-Friedrich Deerberg aus Petershagen sähe am liebsten den DND in der Führungsrolle. Jos äußert Bedenken wegen des Ortes. Schließlich setzt sich die Meinung durch, lieber in einer kleineren Stadt mit einem Probelauf zu beginnen, um Erfahrung zu sammeln, insbesondere mit der Anzahl zu erwartender Teilnehmer. Die meisten Mitstreiter sind kaum Demo-erfahren, sind oft schon älter und es ist durchaus nicht klar, wie viele sich dazu wirklich aufmachen. Schließlich übernimmt Bernd mit seiner Bürgerinitiative „Alles dicht in Nordwalde" die weitere Organisation. Ich selbst wüsste nicht einmal, wie ich so etwas anfangen sollte.

                                        Gesendet: 17:28 Freitag, 30.September 2011
Von: "Bürgerinitiative "Alles dicht in Nordwalde"

Betreff: 2. Treffen aller Münsterländer Bi`s in Neuenkirchen

nach unserem gestrigen Treffen aller Münsterländer Bi`s in Neuenkirchen, mit dem ich übrigens sehr zufrieden war, geht es jetzt Schlag auf Schlag weiter. Ich habe bereits heute Morgen mit dem Polizeipräsidium in Münster telefoniert und am Mittwoch, dem 05.10.11, einen Termin wegen der geplanten Demo am 29.10.11 um 16 Uhr in Münster auf dem Domplatz.
[…]

Erste Ergebnisse der Dauerumfrage sind inzwischen in Umlauf und werden rege von Mitstreitern bei der Argumentation genutzt. Mehr als zwei Drittel der Teilnehmer daran hatten sich auch für eine Demo als geeignete Maßnahme ausgesprochen (Stand 19.09.2011 waren es 69,4 %).

So allmählich bringt das Trommelfeuer aus unseren Reihen noch eine weitere Partei ins Grübeln. Anfang Oktober wird erkennbar, dass auch die CDU über ihre Position nachdenkt. So berichtet die Borkener Zeitung am 7. Oktober [14]:

> Rheine. Die Bürgerinitiative (BI) gegen die Dichtheitsprüfung privater Hausanschlüsse („Alles dicht in Rheine") hat prominente Unterstützung erhalten: Der Fraktionsvorsitzende der CDU im Düsseldorfer Landtag, Karl-Josef Laumann, sicherte den Vertretern der BI zu, sich für eine bürgerfreundlichere Umsetzung des umstrittenen Paragrafen im Landeswassergesetz einzusetzen – wenngleich er die Dichtheitsprüfung grundsätzlich verteidigte.
> [...]
> Gleichzeitig warnte Laumann davor, Panik zu schüren. „Wir dürfen nicht mit Zahlen jonglieren, die eine alte Oma in Angst und Schrecken versetzen", forderte der CDU-Fraktionschef.

Vielleicht aber waren die vergleichsweise milden Formulierungen nur der Situation geschuldet, denn das Gesetz stellt Laumann dabei nach wie vor nicht infrage und worin die „Unterstützung" im Einzelnen besteht, bleibt im Dunkeln. Dass es parteiintern bereits brodelt, ist mir schon längere Zeit klar. Dem letzten Satz im Interview kann ich ohnehin nicht beipflichten. Im Gegenteil: Nur wenn die „alte Oma" in Angst und Schrecken fällt, wehrt die sich auch, wenn man ihr die Mittel dazu in die Hand gibt. Ansonsten scheint der Druck auch in der CDU-Führung anzukommen. Vor kurzem klang Herr Laumann noch viel entschiedener.

Am 8. Oktober meldet sich Sven Kausemann mit „alles-dicht-in-koeln.de" und einem eigenem Webauftritt. Endlich ist auch die größte Stadt in NRW mit dabei. Die haben allerdings einen extrem schweren Stand gegen eine Allparteien-Allianz im Stadtrat, gemeinsam mit den Stadtwerken und sogar gegen den Kölner Haus und Grundbesitzer Verein, der doch eigentlich die Interessen der Hausbesitzer vertreten sollte – kölsche Klüngel eben. Auch Monika Mostert macht diese Erfahrung, die dort schon im Juni mit mehreren Aktivisten eine Initiative gestartet hat. Sie war damals mit einer recht eigenwilligen Aktion aufgefallen. Im November informiert sie über die Protestaktion „NRW sagt NEIN zum Kanal-TÜV", zu der auch sie einen eigenen Blog ins Netz stellt.

Mit „Alles dicht in Gronau", „Alles dicht in Dülmen", „Alles dicht in Steinfurt", „Alles dicht in Harsewinkel", „Alles dicht in Wettringen" stoßen weitere Initiativen zu uns. Bei so manchen Gründungen hat Uwe seine Hände im Spiel und berät die Initiatoren nach Kräften.

Trotz zaghafter Zeichen der Entspannung im Vorfeld kommt die weitere Entwicklung für alle Beteiligten plötzlich und unerwartet. Es ist die FDP, die uns von einer kleinen Sensation in Kenntnis setzt und die anschließend durch den Blätterwald rauscht:

Gesendet: Mittwoch, 12. Oktober 2011 12:36

An: info@alles-dicht-in-nrw.de

Betreff: Sensation im Düsseldorfer Landtag: FDP-Antrag zur Dichtheitsprüfung angenommen

Sehr geehrte Damen und Herren,
im Düsseldorfer Landtag hat es heute Morgen im Wirtschaftsausschuss eine kleine Sensation gegeben. Der von mir formulierte Antrag der FDP-Landtagsfraktion, die Dichtheitsprüfung auszusetzen hat im Wirtschaftsausschuss mit den Stimmen von FDP, CDU und Linkspartei eine Mehrheit bekommen. Hartnäckigkeit zahlt sich offensichtlich aus. Ob dieses auch am Ende so bleibt, wird sicherlich davon abhängen, ob das Ganze im Landtag noch einmal zur Abstimmung aufgerufen wird. Hierzu müsste allerdings die Landesregierung einen eigenen Antrag stellen.

Freundliche Grüße Kai Abruszat

Kai Abruszat MdL
Platz des Landtags 1
40221 Düsseldorf

Kai Abruszat verbucht das Ergebnis als seinen persönlichen Erfolg. Einen Hinweis auf die wichtige Rolle der Bürgerbewegungen hätte ich mir hier und in der Folge schon gewünscht. Macht aber nichts, „M'r muss och jönne könne". Nur das Ergebnis zählt. In Presse und Wirtschaft wird dies noch als Unfall angesehen, der keinesfalls Bestand haben würde im Umweltausschuss. In der Tat bleiben die Vertreter der Kanalbranche merkwürdig ruhig. Nehmen die uns immer noch nicht wirklich ernst? Eigentlich kann ich mir die Ignoranz nicht erklären. Aus deren Richtung hätte ich längst erheblichen Gegenwind erwartet. Vielleicht läuft das aber auch im nicht-öffentlichen Raum, in Hinterzimmern und über vertrauliche Kanäle, in die wir keinen Einblick haben. Möglich wäre natürlich auch, dass man die Öffentlichkeit bewusst meidet, um unerwünschte Grundsatzdiskussionen zu vermeiden.

Fritz schreibt zu der neuen Entwicklung fast schon euphorisch:

Sent: Thursday, October 13, 2011 11:02 AM

Subject: Pucher: im Wirtschaftsausschuss positiv beschiedener Antrag der FDP zur Dichtheitsprüfung

Guten Morgen in die Runde,
hier der Text des gestern mit Mehrheit beschlossenen FDP-Antrages!!!! Die Großwetterlage zur Dichtheitsprüfung in Düsseldorf hat sich gedreht!!!!

mit freundlichem Gruß aus Minden
IGH Interessengemeinschaft Haddenhausen
Fritz Pucher

Der lange herbeigesehnte Rückenwind scheint jetzt tatsächlich einzusetzen. Die Wirkung ist kaum zu überschätzen. Ab jetzt sollten wir mit unserem Anliegen deutlich schnellere Fortschritte machen. Aber der Wirtschaftsausschuss ist nicht der Umweltausschuss und nur der kann die Weichen wirksam umstellen.

Bernd ist mit den Vorbereitungen für die Demo in Münster beschäftigt. Er hat um 5000 Aufkleber mit dem Logo der Initiative gebeten, die ich drucken und direkt an ihn schicken lasse. Minister Remmel lässt ausrichten, dass er einer Einladung leider nicht folgen kann und auch keinen Vertreter benennt. Ein Abgeordneter der Linken sagt seine Teilnahme zu. Der kommt dann leider ziemlich unvorbereitet und stellt sich schnell als kaum mit der Materie vertraut heraus. Außerdem nimmt schließlich noch ein Vertreter der FDP an der Veranstaltung teil.

Eine faustdicke Überraschung liefert Robert Longerich aus Engelskirchen, der bis dato niemandem in unserem Kreis bekannt ist. Sein Song „Seid ihr noch ganz dicht" erreicht mich per E-Mail völlig überraschend wie ein Blitz aus heiterem Himmel. Da schlummert offenbar noch erhebliches Potenzial unter den „stummen Begleitern". Auch Robert werde ich nie persönlich kennenlernen.

Mein Beitrag zum Kanalchaos	14.10.2011 09:43

Hallo Freunde,
anbei mein Song zum Thema. Ich hab das Copyright – könnt ihr gerne verwenden.
Was muss man dem Bürger noch alles antun, damit er auf die Straße geht. Die Politiker ,die dieses Gesetz bezüglich DICHTIGKEITSPRÜFUNG beschlossen haben, sind nicht bürgernah, sondern bürgerfremd. Die werden wir bei der nächsten Wahl in den Kanal der Tränen versenken. Weiterhin viel Erfolg im Kampf gegen diesen Irrsinn.
Nur zusammen sind wir stark.

mit freundlichen Grüßen Robert Longerich

Ich leite den Song sofort weiter an meinen Verteiler und erhalte begeisterte Rückmeldungen, die noch am selben Tag auch direkt bei Robert ankommen. Melodie und Text gehen einfach ins Ohr und ermuntern zum Mitsingen. Ich lade ihn spontan zur Demo ein, um das Lied auf der Bühne zu präsentieren. Leider sagte er aus persönlichen Gründen ab, stellt uns aber frei, den Song zu spielen.

Am 16. Oktober schreibt er, überwältigt von der Resonanz, wieder: „*Hallo Alles Dicht NRW, euer Engagement bzgl. Dichtigkeitsprüfung ist einzigartig. In solch einer Stärke hab ich das so noch nicht erlebt. Bin stolz einer von euch zu sein. Robert Longerich*". Weitere Songs von ihm folgen noch und werden teilweise von der Lokalpresse, etwa den Westfälischen Nachrichten, zum Abspielen mit Text übernommen.

Die Presse bleibt jetzt am Ball. Ein „Medienlotse" des NDR nimmt Kontakt zu mir auf. Es geht um einen Beitrag für das ARD Magazin Plusminus:

dichtheitsprüfung plusminus/ard   19.10.2011 12:02

Liebe BI-Streiter,
für das ARD-Magazin "Plusminus" bereite ich einen Bericht über die umstrittene
Dichtheitsprüfung vor. Gerne würde ich mit Ihnen Kontakt aufnehmen, um Sie um
Ihre eventuelle Hilfe bei der Umsetzung zu bitten (Stellungnahmen, besonders krasse
Fälle etc.).

Könnten Sie mich möglichst zeitnah unter der u. a. Mobil-Nummer anrufen?

Mit freundlichen Grüßen
Der Medienlotse/NDR

Ich stehe telefonisch Rede und Antwort, vermittele ihm einige Kontakte und
weise ihn auf die bevorstehende Demo in Münster hin. Er wendet sich daraufhin u. a. direkt an Bernd, um die Einzelheiten einer Übertragung zu klären.

Uwe läuft inzwischen zur Hochform auf. Er reist unermüdlich durch NRW
und berät zur Gründung von Bürgerinitiativen. In der Spitze werden es einschließlich schon bestehender bis zu 84 sein. Auf vielfachen Wunsch passe
ich jeweils das Logo der Landesinitiative grafisch an mit einem passenden
Titel „Alles dicht in …" und schicke das zu, so wie in diesem Fall:

From: Gerhard Minuth
Sent: Sunday, October 16, 2011 5:39 PM
To: **DND Postmaster
Subject: Harsewinkel: Logo "Goldrausch in NRW"

Guten Tag in die Runde,
einige Initiativen haben das schöne Logo "Goldrausch in NRW". Harsewinkel hätte
gern auch so ein Logo. Wer macht das für uns oder besser für alle Initiativen?

MfG Gerhard Minuth
Bürgerinitiative Harsewinkel
"Alles dicht in Harsewinkel"

Im Laufe der nächsten Monate liefere ich so die Grafiken unter anderem an
Nordwalde, Bocholt, Schöppingen. Später kommen noch hinzu Euskirchen,
Übach-Palenberg, Heek-Nienborg, Alsdorf, Krefeld, Gladbeck, Engelskir-
chen, Dorsten, Oerlinghausen, Schermbeck, Wesel und Ahaus:

Logo   30.10.2011 15:21

Hallo Herr Genreith,
hiermit bitte ich Sie das Logo:
Alles dicht in Ahaus
zu erstellen.

Zum 3 Nov. 2011 habe ich hierzu zur Gründungsversammlung aufgerufen. Vielleicht ist es Ihnen bis dahin möglich, sonst eben später.

Vielen Dank vorab und weiterhin viel Erfolg
Uwe Gellrich

Andere passen das Landeslogo auch auf eigene Faust an, wie etwa „Möllener Fairplay" mit Hans-Peter Bergmann als Sprecher – eine Bürgerinitiative, die schon lange vor „Alles dicht in NRW" präsent war und vor Ort noch einige andere Themen bearbeitet. So etwas erfahre ich meist erst aus veröffentlichten Pressefotos oder zufällig bei einer Versammlung. Da immer wieder Bedenken wegen des Copyrights geäußert werden, gebe ich noch einmal ausdrücklich per Webauftritt und E-Mail in die große Runde das Design für alle gegen die Dichtheitsprüfung gerichteten Zwecke frei. Auf die Einschränkung lege ich allerdings wert, da ich Missbrauch durch unsere Gegner für möglich halte.

Abbildung 7: Das Logo der Bürgerinitiative „Alles dicht in Steinfurt", ausgestellt für die BI am 20.10.2011

Zwei Tage vor der Demo informiert Barbara über die Gründung des DND e. V., der jetzt hochoffiziell im Vereinsregister steht:

Der Dachverband DND ist ein e. V.   27.10.2011 20:19

Hallo kleine Runde, unser DND ist laut Eintragungsnachricht vom AG Münster seit 21.10.11 ein e. V. Seine Registernummer ist VR5130. Wenn man bedenkt, dass laut Info AG es im Schnitt 4 bis 6 Monate bis zur Eintragung dauert, waren wir Anfänger, wenn man mal von Fehlstart Haddenhausen absieht, ganz gut. Zum Vorstand gehören, meine Nachbarin, mein Mann und ich. Der Vorstand ist nur gesamtvertretungsberechtigt, wir wollten keine Einzelgänge. Wir haben es hauptsächlich als unsere Aufgabe betrachtet, die Eintragung zu veranlassen.
[...]
Viele Grüße Barbara Werner

Ein Vorstand ist zunächst formal eingetragen und sollte dann in den nächsten Wochen ersetzt werden. Die Resonanz aus der Runde ist eher verhalten. Das bevorstehende Ereignis in Münster steht eindeutig im Vordergrund und überdeckt alles andere. Ich selbst bin mit meiner Frau schon am Vortag angereist. Wir haben uns zusammen einmal Münster angesehen, sind um den Aasee gewandert, haben dann gemeinsam in einem Lokal am Seeufer zu Abend ge-

gessen. Ich selbst hatte früher regelmäßig beruflich hier zu tun und kenne die Stadt daher ein wenig.

Die Demo am 29. Oktober wird im Fernsehen übertragen und hat Signalwirkung bis nach Düsseldorf. Es ist die erste Veranstaltung, bei der ich persönlich vor Ort bin. Bernd moderiert souverän auf der überdachten Bühne – erstklassige Lautsprecheranlage, Beleuchtung, Musik, Mikrofone – alles da und absolut professionell. Woher kann der so was bloß? Als ich ihn begrüße und mich vorstelle, holt er mich sofort auf die Bühne, von wo aus ich nur ein kurzes Statement ins Publikum absetze. Susanne lerne ich hier oben erst persönlich kennen. Sie ist etwas nervös, weil nicht gewohnt, vor vielen Menschen zu sprechen.

So Manchen aus meinem umfangreichen Mail-Verteiler treffe ich hier zum ersten Mal persönlich. Umgekehrt muss ich mich selbst auch immer wieder vorstellen, auch wenn die Logos meiner Initiative überall auf Plakaten zu sehen sind. Nur wenige kennen mein Gesicht, davon manche noch aus der Dialogrunde vom April, die einige live verfolgt haben. Abends gehen wir in einer kleinen Gruppe in ein Münsteraner Restaurant. Barbara und ihr Mann bestehen darauf, meine Frau und mich zu Essen einzuladen – als Anerkennung, sagt sie. Ich nehme schließlich an und freue mich sehr über die Aufmerksamkeit.

Am nächsten Tag fasst Karl-Udo Priesmeier, ein erfahrener SPD-Kämpe in unseren Reihen, seine Eindrücke zusammen:

30.10.2011 22:26

Kurze Impressionen von der Anti-Dichtheitsdemo in Münster

Hallo in die Runde:
da die Bielefelder/Gadderbaumer Bürgerinitiative GABI gestern leider terminlich verhindert war, an der überraschend gut besuchten Veranstaltung teilzunehmen, an dieser Stelle schnell ein paar persönliche Eindrücke von dort – gleichzeitig auch zur Info an weitere am Thema interessierte:

- Die insgesamt jetzt bereits ca. 60 Initiativen in NRW waren ziemlich flächendeckend aus nahezu allen Teilen des Landes mit mindestens einer kleinen Abordnung vertreten; OWL u. a. mit Minden, Extertal, BI/GT durch meine Wenigkeit mit 3 "Mitstreitern".

- Medienpräsenz angemessen: neben lokaler Presse auch TV, WDR, NDR für umfassenderen 'Plusminus'-Bericht über die Dichtheitsprüfung und deren Probleme (Sendung wahrscheinlich Ende Nov.); regionales FS Münsterland (wm.tv, Beiträge sollen auch im YouTube stehen)

- Präsenz der Politik: leider fast Fehlanzeige, trotz ausdrücklicher Einladung an örtliche Spitzenpolitiker (MdL, etc.), auch ihre Sachpositionen pro Prüfung zu erläutern. Lediglich MdL Atalan von der Linkspartei war der Einladung gefolgt und gab ein deutliches Statement für die Links-Fraktion ab (kurzum: derzeitige Gesetzeslage nicht hinnehmbar – Aussetzung!). Während alle anderen Eingeladenen

ohne irgendeine Rückmeldung der Veranstaltung fernblieben (sehr "bürgerfreundliches" Verhalten!) ließ Umweltminister Remmel wenigstens sinngemäß dem Veranstalter übermitteln: 'wer mit ihm reden wolle, solle eben nach D'dorf kommen' –
vielleicht kommen wir ja noch dazu, dem Mann seinen Wunsch zu erfüllen?! Das
stete Anwachsen der Bewegung sowie das gestern von allen gezeigt Engagement
machen Mut.

• Berichte der Bürgerinitiativen: die Vertreter der anwesenden BI beschrieben ihre
  örtliche Situation; erste Erfolge wie auch noch nicht erreichte Ziele. Besonders
  positiv: Zuspruch der Bürger bei Unterschriftenaktionen, teilweise (in kleineren
  Kommunen) mit Erfolgsraten von rd. 40 % sowie Aussetzung der Prüfung in weiteren Gemeinden analog Stadt Münster. Besonders negativ: unglaublich aber
  offenbar wahr, wie weit verbreitet immer noch Lug und Trug von Teilen der Politik und Verwaltung benutzt werden, um die "Bürokratieorgie" Dichtheitsprüfung
  gegen ihre Bürger durchzupeitschen! Aber dazu gibt es bekanntlich aktuell ja weitere, fundierte Gegenanalysen (Klaus Lau; Barbara Werner), die viele dieser
  Dinge ad absurdum führen!!

• Stimmungslage & weitere Berichte: DND veröffentlichte soeben erste Presse- u.
  TV-Berichte via Internet:

• WDR- Lokalzeit – Münsterland vom 29.10.2011 19:30 Uhr ab Minute 8:22
  (Kurznachrichten) http://www.wdr.de/mediathek/html/regional/rueckschau/lokalzeit_muensterland.xml

• Westfälische Nachrichten: http://www.westfaelische-nachrichten.de/lokales/
  muenster/nachrichten/1752481_Nicht_ganz_dicht.html

• in YouTube findet Ihr meinen kurzen Videoausschnitt von der Stimmung am
  Domplatz mit der bekannten "Anti-Dichtheits-Hymne" von Robert Longerich
  'Seid ihr noch ganz dicht?'

• ebenfalls unter DND sind die ersten Fotoeindrücke von der Veranstaltung eingestellt:

• zum Schluss noch im Anhang 2 persönliche Fotos – 1. die schnell improvisierte
  Bühne, auf der sich die BI vorstellten und 2. man beachte mein kreatives Kanalrohr mit dem "grünen Umwelthammer" (-Minister), häufig fotografiertes Objekt
  auf der Demo ;-)

Soweit ein kurzer Bericht, damit Ihr auf dem Laufenden und durch die gelungene
Veranstaltung noch mehr motiviert für die weitere Arbeit seid!

Eine schöne Woche wünscht Karl-Udo Priesmeier

Meine Besucherzahlen brechen nach der ersten Sendung alle bisherigen Rekorde, schließlich ist das Logo von „Alles dicht in NRW" auf Fotos und Videos gut erkennbar.

Der im Rahmen der DND-Gründung beschlossene große Verteiler an alle
landesweiten Bürgerinitiativen ist inzwischen voll in Funktion. Gerhard Minuth in Harsewinkel pflegt den genauso, wie die wachsende Liste der Bürgerinitiativen, sodass ich dieser Aufgabe enthoben bin. Gelegentlich hakt es

technisch noch, was zu Misstrauen führt. Werden hier vielleicht wichtige Informationen gezielt zurückgehalten?

Minuths Machtübernahme??   02.11.2011 15:45
Hallo kleine Runde,
[...]
Herr Genreith, kriegen Sie an Ihre eigene Adresse denn seit dem 31.10., ca. 20 h, noch Post von

post@buergin-harsewinkel.de ??
Vielleicht alles nur Spinnerei, aber dazu sehe ich mich inzwischen einfach veranlasst.

Ich muss wieder einmal schmunzeln, als ich die Mail einige Tage später erst lese. Im Dienst lese ich halt grundsätzlich keine private Post. Ich finde die aufgeworfene Frage eher lustig. Diese Verschwörungstheorie entbehrt natürlich jeder Grundlage und ich kann das schnell ausräumen.

Bernd hat neben seinem persönlichen Zeitaufwand das volle finanzielle Risiko der Demo getragen. Ich kann sein Engagement nur bewundern. Zumindest seine Kosten möchte er natürlich decken. Der Spendenaufruf u. a. auch auf meiner Seite mit seinen Bankdaten ist wohl erfolgreich. Er signalisiert bald, dass er seine Unkosten gedeckt sieht.

Gleichzeitig berichtet er mir allerdings von einer existenzgefährdenden Klage mit einem Streitwert von 50.000 Euro, der er seit kurzem ausgesetzt ist. Einen solchen Betrag würden wir sicherlich nicht ohne weiteres für ihn einsammeln können. Aber noch hat das Verfahren nicht stattgefunden. Mir tut das herzlich leid und ich fühle mich mitschuldig an seiner Notlage. Ein Installationsbetrieb aus Wuppertal hat die Klage angestrengt. Er sieht sich durch die Veröffentlichung seines Angebots in seinen Rechten verletzt. Das beanstandete Dokument stammt von einem meiner Bonner Unterstützer und ist auf Umwegen zu Bernd gelangt. Ich hatte mehrere solche Angebote gesammelt und das zur Debatte stehende ist auch auf meiner Seite zu finden. Die textlichen Firmenangaben habe ich allesamt unkenntlich gemacht. Es geht schließlich keineswegs um die Diskreditierung eines Handwerksbetriebs, sondern speziell um die darin aufgeführten Beträge, die die offiziell genannten Aufwände als Schönfärberei enttarnen. Das grafische Logo der Firma ist allerdings noch erkennbar – ohne jeden textuellen Hinweis. Letztlich verliert der Kläger den Prozess. Der Vorgang zeigt aber überdeutlich, dass meine früheren Befürchtungen, die Branche könnte uns mit Abmahnungen und Klagen mundtot machen, durchaus nicht aus der Luft gegriffen waren.

In der Folge organisiert Bernd weitere Versammlungen im Namen der landesweiten Initiative, lädt Presse und Vertreter der Parteien ein und übernimmt jeweils die Moderation. Er macht das souverän und so etwas sicher nicht zum ersten Mal. Er ist derzeit das öffentliche Gesicht für „Alles dicht".

Die überregionale Presse steigt weiter auf das Thema ein. Als zentrale An-
laufstelle gilt oft „Alles dicht in NRW" mit meiner Telefonnummer im Impressum. Folgerichtig erreichen mich in den folgenden Monaten immer wieder Anrufe verschiedener Redaktionen. Die Bälle spiele ich meist sofort weiter an Klaus, Bernd, Uwe und Fritz. Die kennen sich im Zweifel besser aus
und wissen umfassender als ich, wo gerade etwas läuft, welche Betroffenen
zu einem Besuch bereit sind. Ich selbst verspüre immer noch wenig Neigung
nach Öffentlichkeit.

Am Schwebezustand des DND e. V. hat sich in den wenigen Tagen seit seiner Gründung noch nichts geändert. Irgendwelche Reaktionen auf die avisierte Klärung der Vorstandspersonalien sind mir zumindest nicht bekannt
geworden, sodass vor allem Barbara diese Funktion weiter wahrnimmt. So
schreibt sie im Namen des Vereins an die Abgeordneten:

Offener Brief   02.11.2011
an alle 181 Damen und Herren
des 15. Landtags NRW

Dichtheitsprüfung § 61 a LWG NRW

Sehr geehrte Damen und Herren des Landtages,
der Petitionsausschuss hat Herrn Minister Johannes Remmel mit Beschluss 15-P-
2011-02678-00 vom 7.6.2011 um wissenschaftlich belastbare Beweise über die tatsächlichen Gefahren gebeten, die von undichten privaten Abwasserleitungen ausgehen. Herr Minister Remmel ist bis heute diese Beweise schuldig geblieben und
argumentiert aktuell mit Vorsorgemaßnahmen. Der Wirtschaftsausschuss des Landtags hat sich am 12.10.11 für eine Aussetzung des § 61 a LWG NRW ausgesprochen.
Was nun?

Wir führen hier nicht noch mal unsere Argumente gegen das Gesetz oder sogenannte
Pilotprojekte auf, weil unser Verbandsmitglied Klaus Lau in seinem Schreiben vom
26.10.11 an Sie das bereits ausführlich getan hat.

Wir schildern Ihnen aus Sicht unseres Verbandes, wie es weiter gehen wird. Es gibt
inzwischen rund 60 Bürgerinitiativen hier in NRW. In Köln wurde kürzlich die Interessengemeinschaft „Alles dicht in Köln" gegründet. Etliche Bürgerinitiativen haben
sich mittlerweile in unserem Verband organisiert. Über die aktuelle Zahl der Resolutionen für eine Aussetzung der Dichtheitsprüfung weiß wohl nur Herr Minister Remmel genaueres zu berichten. Der Protest hat in diesem Jahr einen Umfang angenommen, den wir als betroffene Hausbesitzer zu Anfang des Jahres niemals zu hoffen
gewagt hätten. Und dieser Protest wird stärker. Die regionalen Medien berichten jetzt
fast täglich über die Dichtheitsprüfung. Letzte Woche fand die erste größere Demo
gegen das Gesetz statt. Eine nette Demo mitten in den Herbstferien: Die Bürgerinitiativen stellten sich vor. Es wurde Musik gespielt. Die Hausbesitzer zeigten ihre bunten
Plakate. Und es wurde sogar getanzt. Auch die Polizei war auf Seite der demonstrie-

renden Hausbesitzer. „Ihr macht das ja auch für uns!"
[...]
Mit freundlichen Grüßen
Barbara Werner-Neudorf
Vorstand

Nicht jedem in unserer Runde gefällt das. Noch gibt es aber keinen offenen Protest gegen den impliziten Vertretungsanspruch für alle. Ich selbst sehe solche Initiativen durchweg positiv, wenn sie denn unseren Zielen dienen. Schließlich stimme ich auch meine Aktionen fast nie vorher in der Runde ab, die nach außen wohl auch regelmäßig den Eindruck erwecken, für die Gesamtheit der Protestbewegung zu stehen. Allerdings erhebe ich formal keinerlei Anspruch auf eine Gesamtvertretung. Trotzdem finde ich es erstaunlich, dass ich mit meinem Auftritt noch nie heftiger Kritik ausgesetzt war.

Die noch junge Initiative in Köln erreicht über den WDR inzwischen die Öffentlichkeit. Bemerkenswert ist, wie bereitwillig die Sender inzwischen so etwas aufgreifen und dabei eine neutrale bis verständnisvolle Position unserem Anliegen gegenüber einnehmen. Auch das war vor Monaten noch ganz anders. Die Befürworter der Zwangsmaßnahmen geraten so immer weiter in die Defensive – gut so.

WDR 2, Studio Köln, Nachrichten Rheinland aktuell   Freitag, 04.11.2011
Ärger um Dichtheitsprüfung

In Köln sorgt die oft mehrere tausend Euro teure Dichtheitsprüfung von Abwasserkanälen bei Haus- und Grundstückseigentümern für immer mehr Ärger. Gegen die Überprüfung hat sich nun eine Bürgerinitiative gegründet. Rund 100 Hauseigentümer kamen am Abend im Stadtteil Dellbrück zusammen. Einige fürchten den wirtschaftlichen Ruin. Die Sanierungskosten der Kanäle kosten bis zu 500 Euro pro Meter. Wer die Frist zur Kanalüberprüfung nicht einhält, der riskiert in Köln ein Bußgeld von bis zu 50.000 Euro.

Die Etablierung des DND Vereins kommt dagegen nicht voran. Alte Fragen werden wieder gestellt: Ist so ein Verein notwendig? Der umfassende Vertretungsanspruch wird infrage gestellt, Personen in Zweifel gezogen – ein Déjà-vu. Unklar ist im Einzelfall, welche Gruppierung denn jeweils gemeint ist – der DND e.V oder der vorherige Zusammenschluss ohne formalen Status. So betrifft die erste Distanzierung den Verein:

Sent: Friday, November 04, 2011 12:07 PM
[...]
Nach Rücksprache mit meinen Mitstreitern aus Lage möchte ich mich und uns hiermit absolut und eindeutig von dem Verein distanzieren, da uns u. a. keine Satzung vorliegt und unserer Meinung nach auch gegen die Vereinbarung des Kamener Treffens verstoßen wurde. Im Weiteren geben wir zu bedenken, daß die Politiker nun sehr wahrscheinlich glauben, daß die Vertretungsberechtigung für alle BI´s über den Verein abgedeckt wird. Ein solches Vorgehen ist schlicht irreführend.

> Der Vertretung unserer BI durch den Verein DND e. V. widersprechen wir hiermit
> ausdrücklich.
> [...]

– die zweite offenbar den informellen Zusammenschluss:

> 05.11.2011 08:09
> Hallo Siegfried, wie waren die Zeiten noch schön harmonisch und erfolgreich als es
> noch keinen DND gab. Ich kann und will mit dem ganzen uneffektiven Palaverge-
> döns nichts mehr zu tun haben.
> [...]

während Jos schreibt *„Hallo zusammen, hatte zwei schöne Tagen ohne DHP
oder DND Querelen. Einfach herrlich."* – schade, vielleicht unnötig, insgesamt wohl unvermeidbar. Vielleicht aber hat ja der Verein seine wichtigste
Funktion bereits erfüllt, indem er zusätzliche, öffentliche Aufmerksamkeit
auf unseren Protest gezogen hat. Ich sehe das Ganze eher als Nebenkriegs-
schauplatz.

Wichtiger aus meiner Sicht sind positive Nachrichten die zeigen, dass die
Protestbewegung sich immer noch ausweitet. So höre ich etwa aus Bocholt
*„Liebe Mitstreiter! Die IG Bocholter Hausbesitzer will sich umbenennen,
und zwar: BI Alles-dicht-in-Bocholt"* und Uwe bittet um die Erstellung eines
Logos für „Alles dicht in Schöppingen".

Auf dem Umweg über Schleswig-Holstein erreicht mich die Nachricht über
einen interessanten Aufsatz eines Prof. Dr. Stefan Muckel, Rechtswissen-
schaftliche Fakultät der Universität zu Köln, Öffentliches Recht. Der Text
wird demnach unter dem Titel: *„Dichtheitsprüfung nach § 61a LWG NRW
trotz fehlender Landeskompetenz für Regelungen zu Abwasseranlagen?"* in
den Nordrhein-Westfälischen Verwaltungsblättern (NWVBl) erscheinen. Der
Professor kommt er zu dem klaren Ergebnis: *„Die gesetzlichen Regelungen
über die Dichtheitsprüfung von privaten Abwasseranlagen in § 61a LWG
NRW sind in formeller Hinsicht verfassungswidrig."* Die Formulierung
stammt aus einem Kurzgutachten vom 24.05.11 für den Haus- und Grundei-
gentümerverein Solingen e. V. Die Argumente bleiben mir als juristischem
Laien weitgehend unverständlich. Das Wörtchen „formell" bedeutet zweifellos eine Einschränkung und verheißt sicher am Ende nichts Gutes. Trotzdem
bricht Jubelstimmung aus, als der Aufsatz die Runde macht. Eine politische
Wirkung entfaltet das Gutachten allerdings nicht. Wie sich später herausstellt, ist die Verfassungswidrigkeit eine rein formale Geschichte, die der
Landtag ggf. leicht durch einen neuen Beschluss heilen kann.

Fast am Ziel – Kurswechsel der CDU

Die CDU ist wohl inzwischen auf die „Mengendurchflussprüfung" gestoßen,
die Klaus einmal skizziert und danach vehement als neue Methode zur pra-

xisgerechten Bewertung von Kanaldichtheit beworben hatte. Dazu besteht offenbar noch Informationsbedarf. Das Hilfegesuch der CDU an Roland Krüger von der Bürgerinitiative zur Dichtheitsprüfung Castrop-Rauxel macht die Runde in unserem Kreis::

Landes-CDU braucht unsere Unterstützung i.S. druckloser Durchflussprüfung
12.11.2011 09:22

Sehr geehrter Herr Krüger,
aufgrund der bestehenden Zweifel des Ministeriums für Klimaschutz, Umwelt, Land-wirtschaft, Natur- und Verbraucherschutz und des Ministers Johannes Remmel an der Durchführung der drucklosen Durchflussprüfung ist es aus Sicht von Herrn Hoven-jürgen von Nöten, hier technische Hilfestellung zu leisten. Herr Hovenjürgen hält Sie als Fachmann und Ingenieur für genau die qualifizierte Person, die das Umweltminis-terium NRW über das Verfahren informieren kann.
Über eine Durchschrift Ihres Schreibens würde Herr Hovenjürgen sich freuen.

Mit freundlichen Grüßen aus Düsseldorf
i.A.
[...]
(Wiss. Mitarbeiterin)
Josef Hovenjürgen MdL

Doch die Skepsis überwiegt. Was will die CDU hiermit erreichen? Sollen wir wieder einmal als technische Laien vorgeführt werden, die keine Ahnung von der Materie haben? Da steht immer noch die gemeinsame Resolution von SPD, GRÜNEN und CDU vom Sommer im Raum, die den Status Quo mit wenigen Erleichterungen festschreibt.

AW: Die CDU braucht Unterstützung in Sachen Durchflussmengenprüfung?
12.11.2011 20:26

Hallo Klaus,
[...]
Ich denke allerdings auch, dass im Dezember nicht wirklich über eine Aussetzung und schon gar nicht über eine Abschaffung abgestimmt wird. Die werden sich auf einen dritten Erlass einigen. Der Druck der Kommunen, welche schon die Termine für dieses Jahr in ihren Satzungen stehen haben, scheint mittlerweile sehr groß.

Habe den zuständigen Beigeordneten in Voerde die Tage bei einer Veranstaltung, die nichts mit unserem Thema zu tun hatte, kurz gesprochen. Er sagte, wenn die das Din-gen aussetzen, werden wir als Stadt mit allen Rechtsmitteln gegen das Land vorgehen müssen, da schon sehr viele Bürger der Satzung gefolgt seien und danach benachtei-ligt wären. Ich denke, da liegt das eigentliche Problem. Die meisten Politiker haben mit Sicherheit mittlerweile durch unsere Proteste die Nase voll und würden in großen Teilen nichts mehr von diesem Thema hören wollen. Aber es scheint das „Kind" lei-der schon in den Brunnen gefallen zu sein!

Wünsche ein schönes Wochenende!
Viele Grüße vom unteren Niederrhein
Hans-Peter Bergmann

Auch Fritz drückt seine Skepsis aus bezüglich der wahren Ziele der CDU hinter diesem „Hilfeersuchen": *„[...] Das heißt also selbst bei sofortigem Beschluß Gelder zur Entwicklung zur Verfügung zu stellen, würde es mindestens 1.5 bis 2 Jahre dauern überhaupt eine Durchflußmessung zu bekommen – wovon allein der Ablauf der Mittelbereitstellung durch das Ministerium 6 Monate nach Beschluß beansprucht. Was ist also der tolle gemeinsame Beschluß der 3 Parteien incl. CDU? Eine Mogelpackung – Es gibt keine anerkannte/zugelassene Methode zur drucklosen Durchflußmessung(x Liter oben rein – x Liter unten gemessen). [...]."*

Ich selbst kann mich wieder einmal nicht einbringen und verbleibe in der Beobachterposition *„Hallo Klaus, leider sehe ich im Augenblick terminlich kein Land und bin auch für die Wochenenden so dicht wie hoffentlich mein Kanal. Grüße Siegfried".*

Die erweiterten Analysemöglichkeiten aus meiner laufenden Umfrage bewähren sich. So lassen sich interessante Rückschlüsse und Tendenzen statistisch einwandfrei belegen. Die Auswertung des Zwischenstandes nehme ich deshalb zum Anlass für eine erneute Kettenbrief-Kampagne:

Hilfe : Die Angst geht um bei SPD-Anhängern	14.11.2011 14:29

Die Umfrage am 14.11.2011 zeigt, dass vor allem bisherige Wähler der SPD Angst haben vor dem, was die Politik uns allen zumutet unter dem Deckmantel des Umweltschutzes und der Abwehr nicht belegbarer Gefahren. Und die Angst ist begründet. Wessen Interessen vertritt die SPD auf Landesebene eigentlich?

Alle Ergebnisse der Umfrage finden Sie unter http://alles-dicht-in-nrw.de/Umfrage/Auswertung.php. Wenn Sie noch nicht teilgenommen haben, holen Sie, Ihre Nachbarn, Freunde, Familienangehörige das gerne nach unter http://alles-dicht-in-nrw.de/Umfrage/ .

Bitte konfrontieren Sie auch Ihre Abgeordneten wieder und immer wieder. Der Umweltausschuss wird am 14. Dezember erneut über die Aussetzung der Regelungen zur Dichtheitsprüfung beraten. Nur wenn dort, so wie schon im Wirtschaftsausschuss am 12.10.2011 geschehen, eine Mehrheit für die Aussetzung des Gesetzes stimmt, haben wir eine Chance, zumindest Zeit zu gewinnen. Ansonsten rollt die Umsetzung in den Kommunen gnadenlos weiter.
[...]

Mein beruflich bedingter Zeitmangel hindert mich auch, einer Einladung zur Ratssitzung in Nideggen zu folgen. Erwin Fritsch hatte mich darauf hingewiesen, dass das Ministerium in Reaktion auf die von mir initiierte Resolution der Stadt erheblichen Druck aufbaut zur Verabschiedung einer neuen Abwassersatzung. Dazu hat er mir ein Schreiben an unsere Bürgermeisterin zugeleitet – von Herrn Remmel persönlich unterzeichnet. Auch Michael findet leider beruflich bedingt keine Zeit dazu, Günter kämpft noch mit ganz anderen privaten Problemen. Den Ratsmitgliedern muss die wiederholte Abwesenheit der Bürgerinitiative „Alles dicht in Nideggen" inzwischen zumindest merkwürdig erscheinen. Ich kann es leider nicht ändern. NRW und Nideggen geht zusammen zeitlich überhaupt nicht.

Ich habe mehr als genug damit zu tun, mich nach Feierabend zu Hause oder im Hotel um die wichtigsten Mails zu kümmern. Ein Mitstreiter bittet um Informationen für eine öffentliche Veranstaltung der SPD Willich, zu der der Abgeordnete André Stinka erscheinen soll. Er ist wohl der umweltpolitische Sprecher der SPD im Landtag. Der Name sagt mir bis dato nichts, sodass ich auch diesen Dialog unmittelbar nach meiner Antwort schnell wieder vergesse:

Dichtheitsprüfung,   17.11.2011 11:12

Sehr geehrter Herr Genreith,
leider kann ich das Schreiben des Herrn Professors, das Sie auf Twitter eingestellt haben nicht lesen, es ist irgendwie mit dem CDU-Schreiben an den Umweltminister zusammengefallen. Da wir heute Abend eine Infoveranstaltung der SPD Willich zu diesem Thema haben, würde ich gerne über diese Information verfügen. Sollten Sie weitere Informationen dazu haben, würde ich mich über eine kurzfristige Information freuen.
[...]

Damit kann ich in der Tat dienen. Mein Archiv ist reich bestückt. Unter anderem weise ich ihn auf einen Eintrag in AbgeordnetenWatch vom 30. Oktober hin und auf die Internetseite der Stadt „Wer prüft in Dülmen". Den Tip hatte ich selbst erst kürzlich von dritter Seite erhalten. Dort ist an prominenter Stelle nachzulesen, dass der Sohn von André Stinka als Dichtheitsprüfer in Dülmen zertifiziert ist. Die Tatsache landet nach sorgfältiger Prüfung der Quellen folgerichtig auch auf meiner Seite – ohne Wertung, nur die Fakten. Er antwortet daraufhin „*Vielen Dank für die Hilfe, das wird heute Abend ein Spaß! Beste Grüße*".

Inzwischen laufen beunruhigende Nachrichten ein. Danach wackeln LINKE und CDU bedenklich, befürworten im Prinzip die Dichtheitsprüfung und fordern nur Erleichterungen. Der Ausgang des Spiels erscheint wieder ziemlich offen. Kaum noch jemand wagt an einen günstigen Verlauf bei der anstehenden Sitzung des Umweltausschusses zu glauben. Derweil hat Robert Longerich erneut getextet und komponiert:

Neuer Song   18.11.2011 13:56

Hallo Kanalfraktionen, anbei Link für die Sache
Ihr könnt uns mal mit 61a
http://www.youtube.com/watch?v=-DxqSXEfdXE

Viele Grüße Robert Longerich

Den Link schicke ich wieder an den großen Verteiler, wieder mit überaus positiver Resonanz.

Für einen Sonntag, den 20. November, organisiert Klaus ein Treffen bei sich zu Hause in Mönchengladbach. Ich selbst kann einmal wieder der Einladung nicht folgen, diesmal aus privaten Gründen. Unter anderem testen die Teilnehmer dabei ein Verfahren zur Durchflussmengenprüfung, das in der Folge zu einiger Bekanntheit kommt und heftige Kritik von „Experten" aus der Kanalbranche auf sich zieht. Die Methode veröffentliche ich unmittelbar danach auf der von mir mit betriebenen DND-Seite.

Meine Hilfestellung für die Veranstaltung in Willich hat überraschende Folgen. Am 19. November finde ich eine ungewöhnliche Nachricht zu Hause auf meinem Anrufbeantworter. Der Klima- und Umweltpolitische Sprecher der SPD-Fraktion im Landtag von Nordrhein-Westfalen, André Stinka, bittet um Rückruf. Ich sehe seine Handynummer am Display und notiere die. Danach informiere ich noch schnell in die kleine Runde „*Gerade hatte ich André Stinka auf meiner Telefon-Mailbox. Er klang nicht amüsiert und bat DRINGEND um meinen Rückruf – allerdings ohne seine Telefonnummer zu hinterlassen. Vermutlich hat das mit dem netten Kommentar auf unserer Seite zu tun*". Von Mitstreitern erfahre ich, dass er mit Hinweis auf meinen Artikel während eines Auftritts heftig angefeindet wurde und mir wird langsam erst klar, welche Veranstaltung und welche Art von „Spaß" gemeint war.

Heute ist Samstag, ab Montag bin ich in Frankfurt und nehme mir vor, von dort aus anzurufen. Erst am zweiten Abend im Hotel erinnere ich mich wieder an meinen Vorsatz. Herr Stinka nimmt den Anruf sofort entgegen und schildert mir ruhig und bestimmt seine Sicht auf den betreffenden Artikel. Die Nennung seines Sohnes als zertifizierter Prüfer stört ihn offensichtlich. Er droht mit rechtlichen Schritten und habe die Sache schon dem juristischen Dienst im Landtag vorgelegt, lässt er verlauten. Ich verspreche ihm, den Text anzupassen. Inzwischen kann ich solche Drohungen einordnen und bin nach kurzer Durchsicht der beanstandeten Passage in keiner Weise beunruhigt. Schließlich muss er als Politiker deutlich mehr aushalten können als der durchschnittliche Bürger. Trotzdem streiche ich den Namen seines Sohnes noch am selben Abend aus dem Artikel. Der tut schließlich nichts zur Sache.

Dass der Abgeordnete mit dieser kosmetischen Korrektur nicht zufrieden ist, war nicht schwer vorherzusehen. Wenig später erhalte ich dann auch eine E-Mail seines Mitarbeiters mit der Bitte um Gegendarstellung. Danach findet ein kurzer Austausch statt:

> 24.11.2011 16:25
>
> Ihre Behauptungen über Herrn Stinka auf www.alles-dicht-in-nrw.de
>
> Sehr geehrter Herr Genreith,
> Sie haben bereits mit Herrn Stinka über die von Ihnen veröffentlichten Vorwürfe tele-

foniert. Nachdem Sie, außer der Entfernung des konkreten Namens von Herrn Stinkas Sohn, in dieser Frage keine weiteren Änderungen vorgenommen haben, senden wir Ihnen nun eine Gegendarstellung mit der Bitte um Veröffentlichung. Geben Sie Ihren Lesern einfach die Möglichkeit, selbst zu entscheiden, wer hier recht hat. Im weiteren Verfahren würden wir uns freuen, wenn die Auseinandersetzung dann endlich zurück zur Sache finden würde.

Hier meine Gegendarstellung:

"Meine Position in der öffentlichen Debatte, ob Dichtheitsprüfungen notwendig sind und wie sie zu erfolgen haben, ist rein sachlich begründet. Sie wird auch von der Mehrheit der Expertinnen und Experten geteilt. Die gegen mich erhobenen Vorwürfe, ich würde beim Thema Dichtheitsprüfung persönliche, gar finanzielle Interessen verfolgen, möchte ich mit allem Nachdruck zurückweisen. Sie sind ehrabschneidend und zudem mehr als absurd. Sollte jemand darauf aus sein, möglichst jeder kontroversen Diskussion aus dem Weg zu gehen, nur auf den eigenen Vorteil bedacht zu sein oder die Hoheit über die Stammtische zu erlangen, rate ich ihm dringend: Lassen sie die Finger von dem Thema Dichtheitsprüfung. Es gibt keine Dichtheitsprüfungs-Lobby, die mit Geschenken lockt oder umgekehrt Druck ausübt.

Der Spaß hört aber auf, wenn in dieser Diskussion meine Familie instrumentalisiert wird. Ich scheue nicht die Auseinandersetzung in der Sache, fordere dabei aber einen gegenseitigen Respekt ein, der auch für die Angehörigen gelten muss. Fakt ist: Mein Sohn hat vor geraumer Zeit seine Ausbildung als Anlagenmechaniker für Sanitär-, Heizungs- und Klimatechnik abgeschlossen und ist seitdem als Geselle bei einem kleinen Unternehmen in meiner Heimatstadt angestellt. Und selbstverständlich – Stichwort ‚Lebenslanges Lernen'- bildet er sich weiter und hat vor kurzem in einer Fortbildung auch die Fähigkeit erworben, Dichtheitsprüfungen durchzuführen. Ich gehe davon aus, dass die meisten jungen Anlagenmechaniker für Sanitär-, Heizungs- und Klimatechnik immer mal wieder ihre Kompetenzen erweitern. Wer andere Zusammenhänge konstruiert, hat nicht nur eine blühende, sondern leider auch eine bösartige Phantasie."

Mit freundlichen Grüßen [...], Mitarbeiter im Landtagsbüro André Stinka MdL, Klima- und Umweltpolitischer Sprecher der SPD-Fraktion im Landtag von Nordrhein-Westfalen

Die Darstellung beantworte ich postwendend. Der Text wird viel länger als eigentlich beabsichtigt. Aber ich bin einfach wütend und das muss jetzt so raus. Meine Kommentierung setze ich dann auch gleich ins Netz, direkt hinter die geforderte Gegendarstellung, für jeden zum Nachlesen:

25.11.2011 13:51

Re: Ihre Behauptungen über Herrn Stinka auf www.alles-dicht-in-nrw.de

Sehr geehrter Herr Stinka,
die von Ihrem Mitarbeiter übermittelte Gegendarstellung habe ich selbstverständlich unverzüglich veröffentlicht. Erlauben Sie mir noch einige Kommentare:

Die behaupteten Vorwürfe wurden von mir in keiner Weise so formuliert. Ich stelle nur Fakten zusammen. Jedwede Schlussfolgerung daraus überlasse ich den Lesern. Ich kann allerdings nachvollziehen, dass Wut, Ärger, Ohnmacht und Angst bei Betroffenen sich durchaus auf unsachliche Weise ein Ventil suchen. Dafür sind alleine Sie und Ihre Mitstreiter für eine überzogene, unverhältnismäßige und existenzgefährdende Umweltpolitik verantwortlich, zu der die Dichtheitsprüfung und Zwangssanierung nur das bislang krasseste Beispiel liefert.

Ihre Politik und Sie persönlich mache ich verantwortlich für die Gefährdung meiner Existenz und der meiner Familie. Hätte ich in 2001 geahnt, was auf mich zukommt, hätte ich mein Grundstück in der Eifel verkauft und vielleicht meinen Wohnsitz 30 km weiter nach Westen in die Ardennen verlegt. Für unser Haus hier in Nideggen bedeutet schon die Prüfung einen Aufwand von mehreren Tausend Euro. Die Fachverbände rechnen mit kostendeckenden Sätzen von 1190 – 1900 Euro für 20 m Grundleitung bei ausreichend vorhandenen Revisionsöffnungen. Das bestätigen auch die Zahlen, die Schleswig-Holstein kürzlich ermittelt hat.

Die von Ihnen immer wieder genannten Werte sind entweder nicht kostendeckend und müssen über eine Sanierung quersubventioniert werden oder gelten vielleicht noch für kurze (städtische) Kanalrohre ab Hauswand bis in den öffentlichen Kanal. Viel schlimmer noch ist, dass eine Kamerabefahrung in meinem verzweigten Leitungsnetz in einer geschätzten Gesamtlänge von mindestens 80 m unter einer tragenden Stahlbetonbodenplatte nicht durchführbar ist, ohne ein Dutzend Kopflöcher zu hacken, jeweils durch Fliesen, Estrich mit Fußbodenheizung, Dämmung, Isolierung, 20 cm Stahlbeton, Feuchtesperre, Sauberkeitsschicht. Maximal der Hauptstrang wäre wohl über die Öffnung einer Rückstauklappe zu erreichen. Dabei geht es nicht nur um Kosten, die ich vielleicht noch aufbringen könnte, sondern um die Bewohnbarkeit meines Hauses, um meine Gesundheit und die meiner Familie und um unerträgliche psychische Belastungen. Eine Geschichte dazu ist inzwischen weithin bekannt und wird von vielen als leider allzu realistisch akzeptiert (http://alles-dicht-in-nrw.de/Gluck_gehabt.pdf).

Obwohl die Leitungen in unserem Haus nach dem Stand der Technik von erfahrenen Arbeitern unter Aufsicht eines erfahrenen Bauleiters verlegt wurden, halte ich es für fraglich, ob ein derart langes und verzweigtes Netz eine Druckprüfung bestehen würde. Und schlägt die fehl, kann eine vermeintliche Leckage, wenn überhaupt, nur per Kamerabefahrung ermittelt werden (s. o.).

Ich kann es drehen und wenden wie ich will: Sie und Ihresgleichen haben mir und meiner Familie einen Krieg erklärt, bei dem es auf Ihrer Seite um Recht haben und Recht behalten geht, auf unserer Seite um das Überleben. Und das empfinden immer mehr Betroffene genauso. Ich und leider zu wenige andere Mitstreiter sind glücklicherweise noch in der Lage, uns zur Wehr zu setzen und uns zu artikulieren. Für tausende andere, vor allem alte Leute, gilt das nicht. Die sitzen zu Hause, wissen weder ein noch aus, haben nur noch Angst (dazu auch Umfrage http://alles-dicht-in-nrw.de/Umfrage/Auswertung.php). Auch solche Leute melden sich von Zeit zu Zeit bei mir und suchen Hilfe, die ich ihnen nicht geben kann – nur ein wenig Hoffnung auf politische Vernunft, die vielleicht doch noch eine Chance bekommt.

Es mag sein, dass überwiegend diese Prüfungen in einem tragbaren Rahmen ablaufen. Aber selbst wenn nur 1 % der mehr als 4 Mio. Anschlüsse in NRW gravierende und teure Probleme verursachen und die Prüfungslotterie verlieren, dann sind davon insgesamt die Bürger einer mittleren Stadt betroffen, denen diese Kriegserklärung gilt. Und unter der bequemen Ausrede, schließlich ein Gesetz umsetzen zu müssen, werden die Verantwortlichen in den Kommunen in aller Regel keine persönlichen Risiken eingehen und auf einer rigiden Umsetzung der Maßnahmen auch in diesen Fällen bestehen.

Die Dichtheitsprüfung belastet mich und meine Familie bereits seit Februar 2010, als ich zum ersten Mal durch eine Mitteilung der Stadt davon erfuhr und mir Gedanken machte, was das für uns bedeutet. Seitdem beeinträchtigt der Gedanke daran meine Lebensqualität, verfolgt mich in Träumen. Mir tut es leid um jede Stunde, die ich wegen dieser Ungeheuerlichkeit nicht meiner Frau und meinen drei Kindern widmen kann. Genauso geht es vielen anderen, nicht nur denen, die ihre wertvolle Lebenszeit direkt und sichtbar in Bürgerinitiativen gegen diesen Wahnsinn einsetzen müssen. Und es werden immer mehr. Herr Stinka: Verstehen Sie jetzt die Wut, die Ihnen gelegentlich entgegenschlägt und die nur die sichtbare Spitze verkörpert?

Deshalb haben Sie bitte auch Verständnis dafür, dass mein und unser aller Bedauern darüber, dass Ihre Lebensqualität etwas leidet, sich in engen Grenzen hält. Von "Spaß" kann keine Rede sein und wie wir unter diesen Voraussetzungen "zur Sache" zurückfinden sollten, entzieht sich meiner Vorstellungskraft. Eine Aussetzung des Vollzugs bis hinunter in die Kommunen wäre ein erster Schritt, der wieder Raum zum Nachdenken gäbe.

Grüße
Siegfried Genreith
52385 Nideggen

Danach erhalte ich die eine oder andere Beileidsbekundung wie „Kopf hoch" aus dem großen Verteiler meiner Antwort, die ich dankend entgegennehme. Aber eigentlich geht es mir und meiner Familie nicht wirklich schlecht. Trommeln gehört zum Geschäft und manchmal muss man etwas heftiger auf die Sahne schlagen, um eine sichtbare Wirkung zu erzielen. Vielen Betroffenen spreche ich damit ohnehin aus dem Herzen. Von Herrn Stinka habe ich danach nichts mehr vernommen.

Ende November deutet immer noch nichts auf einen fundamentalen Umschwung hin. Entsprechend gedrückt ist die Stimmung. Hat das Ganze überhaupt noch einen Sinn? Trotz des einen oder anderen positiven Signals überwiegen gefühlt die schlechten Nachrichten. Herrn Stinka dürften inzwischen jedenfalls auch persönliche Motive davon abhalten, eine in unserem Sinne gute Lösung zu ermöglichen. Ich bin halt kein Politiker und Diplomatie gehört nicht unbedingt zu meinen Stärken. Diese Front ist wohl verhärtet und nicht durch noch so gute Argumente zu bewegen. Aber dafür gibt es andere in unserer Runde, die deutlich diplomatischer vorgehen und so hat alles irgendwo seine Berechtigung.

Entsprechend gering sind die Erwartungen an die Tagung des Umweltausschusses zum Thema. So schreibt Barbara *„Mir wurde übrigens auch von*

Zweien seiner MdL Kollegen vor knapp 14 Tagen bestätigt, dass Remmel um jeden Preis an der Dichtheitsprüfung festhalten will." Das dürfte einer von mehreren Gründen dafür sein, dass sie ein vom Ministerium nachgefragtes Treffen mit dem Minister im Namen des DND e. V. absagt. Nicht überraschend führt die Absage zu erneuten Kontroversen. Ende November wird immer klarer, dass der DND auch diesmal scheitert *"Der DND e. V. wurde bisher weder von uns, noch von allen anderen BI´s als Dachorganisation anerkannt (siehe Absprache von Kamen)"* heißt es in einer Mail vom 30. des Monats.

Das nun folgende Hick-Hack läuft wieder über den zentralen Verteiler und schreckt viele Beobachter ab. So beschwert sich etwa die „Bürgerunion Nörvenich" über die Art der Kommunikation und möchte aus dem Harsewinkel-Verteiler entfernt werden. Ich erkläre kurz die Situation und biete an „[…] *tut mir leid, dass Sie über den DND-Verteiler direkt mit so vielen destruktiven Mails belästigt wurden. Das ist nicht immer so. Im Augenblick kann man sich offenbar nicht einigen, ob auf das Remmel'sche Gesprächsangebot eingegangen werden sollte oder nicht. Ich war einige Tage auf Dienstreise und selbst erschrocken, was da wieder läuft. Aber es gibt keine Zentrale, die den Flohzirkus bändigen könnte. Jede Bürgerinitiative macht letztendlich, was sie für richtig hält. Ich gehe davon aus, dass Herr Minuth von der BI Harsewinkel, der den zentralen Verteiler der Initiativgruppen führt, sie dort sofort herausnimmt. Darf ich Sie und die Bürgerunion stattdessen hier im Allesdicht-in-NRW Verteiler führen? Ich verspreche Ihnen, dass ich Sie mit solchem Hickhack verschone. […]"*.

Das ARD-Magazin plusminus berichtet am 30. November unter anderem über unsere Demo in Münster. Der Beitrag unter dem Titel *„Abwasserleitungen – nicht ganz dicht: "Kanalhaie" wittern ein dickes Geschäft"*[15] liegt wieder ganz auf unserer Linie. Interviews mit Bernd Ahlers „von Alles dicht in NRW", sowie Rita Peters und Hildegard Odet als besonders hart Betroffene nehmen breiten Raum ein. Was aber bewirkt das? Immerhin dürften hunderttausende oder gar Millionen diesen Beitrag sehen. Wieso nehmen die Leute die dort geschilderten, drastischen Folgen der Gesetzgebung einfach so hin? Mein Besucherzähler vollführt in der Tat wieder einmal einen dramatischen Sprung nach oben. Ansonsten kann ich keine Reaktion feststellen, weder ein erhöhtes E-Mail-Aufkommen, noch Telefonanrufe zum Thema, oder sonstige Kontaktaufnahmen zwecks Hilfestellung, Unterstützungsangebote oder dergleichen.

Anfang Dezember beginnt das Blatt sich zu wenden. Barbara erhält eine Antwort auf ihre Anfrage im Namen ihres DND e. V. bei Rainer Deppe (CDU), die neue Hoffnungen weckt. Natürlich riecht das Ganze nach Parteitaktik. Aber es scheint, dass die CDU darüber nachdenkt, wie sie ohne Gesichtsverlust aus der Geschichte herauskommt:

Schreiben vom MdL Rainer Deppe   01.12.2011 17:27

Hallo Abwasserrunde,
anbei schicke ich Euch die Antwort der CDU an den DND e. V. auf das Schreiben
des Vereins vom 02.11.11

Herr Deppe bedankt sich für die bedenkenswerten Hinweise … usw. …

Die CDU-Landtagsfraktion ist vor diesem Hintergrund zu der Auffassung gelangt,
dass die Landesregierung bis zur Umsetzung der vom Landtag beschlossenen Forderungen den Vollzug des § 61 a LWG aussetzen sollte. Wenn die Landesregierung weiterhin nicht bereit ist, den Beschluss des Landtags in die Tat umzusetzen, wird die
CDU-Landtagsfraktion einen entsprechenden Antrag stellen.

Ich wünsche allen einen schönen Abend.
Barbara Werner
DND e. V.

Ein Artikel in Haus und Grund Rheinland, der das Gegenteil behauptet,
macht es wieder spannend. Er stellt sich glücklicherweise als veralteter
Stand heraus, weil die Drucklegung vor dem sich andeutenden Meinungsum-
schwung der CDU noch stattfand. Klar ist, dass der politische Druck in Düsseldorf enorm ist. „Haus und Grund Oberberg" mit etwa 3000 Mitgliedern
hat angeblich schon die Bürger zum Boykott der Prüfungen aufgerufen, wird
berichtet. Vieles ist in Bewegung geraten, das vor Monaten noch in Stein ge-
meißelt schien.

Die entscheidende Sitzung des Umweltausschusses wurde inzwischen auf
Antrag der SPD auf den 14. Dezember verschoben – um Klärungsbedarf zu
decken. Uwe ruft für diesen Tag zu einer Demo „mit Fahnen und Transparenten" auf der Wiese vor dem Landtag auf und sorgt für die Genehmigun-
gen. Die Kölner bieten Zelte und Equipment an, worauf wir aus Platzgrün-
den und mangels ausreichender Vorbereitung leider verzichten müssen.

Fritz hat währenddessen beunruhigende Informationen des IKT weitergeleitet, die andeuten, dass unsere Gegenspieler auch in den kommunalen Parlamenten sitzen: „Minden: aus Infodienst Grundstück und Wasser, Bürgermeister pro DHP bringen sich in Stellung". Ich nehme die noch einmal zum
Anlass für eine kleine Kampagne „Wer sich in der Lage sieht, sollte unbedingt mit eigener Mail an die CDU Abgeordneten oder Herrn Laumann dagegenhalten. Die Sitzung des Umweltausschusses tagt am 14.12.2011. Voraussichtlich steht die Zukunft der Dichtheitsprüfung auf der Tagesordnung.
Bitte leiten Sie diese Mail auch an Nachbarn, Freunde, Bekannte weiter."
Derweil geht mein Bestand an Aufklebern zu Ende, sodass ich weitere Nachfragen nicht mehr bedienen kann. Aber Klaus hat noch einige auf Lager und
springt ein. Irgendwann werden wir wohl nachdrucken müssen.

Das nächste im positiven Sinne einschneidende Ereignis findet im Dezember statt, als Prof. Dr.-Ing. Hartmut Hepcke von der Fachhochschule Münster, Fachbereich Energie – Gebäude – Umwelt, erstmals über Kurt Lewandowski und seine Bürgerinitiative „Alles dicht in Steinfurt" in Erscheinung tritt. Seine scharfsinnige Stellungnahme vom 22.11.2011 begeistert mich: *„Warum die Umsetzung des § 61a WHG NRW scheitern muss – eine kritische Analyse"*. Das 20-seitige Dokument schicke ich gleich auch an meinen Verteiler [16]. Hepckes Fazit lautet:

> Die **Gefahr** der **Boden- oder Grundwasserverunreinigung**, die von einer vermeintlichen Exfiltration von häuslichem Abwasser durch undichte Hausanschlussleitungen ausgehen soll, **ist nicht existent** und **nicht nachweisbar**. Sie wurde **vom Ministerium** sowohl aus abwassertechnischer als auch ökologischer Sicht vollkommen **falsch bewertet**.

Abschließend heißt es dort:

> Damit ist der **Protest** und **Widerstand** der Bürger gegen die **Umsetzung der Dichtheitsprüfung** nicht nur **gerechtfertigt** sondern im höchst demokratischen Sinne **geboten**.

Klarer kann die Ansage nicht sein.

Der Vortrag schlägt auch im Landtag Wellen. Ich bin überzeugt, dass dieser ausgewiesene Experte mit herausragender Reputation unser Anliegen jetzt vielleicht den entscheidenden Schritt voranbringt. Er ist zudem anscheinend der einzige anerkannte Gutachter, der über die notwendige Erfahrung verfügt und gleichzeitig den Mut aufbringt, fundiert gegen die vielen bezahlten Auftragsstudien zu argumentieren, mit denen wir uns immer wieder konfrontiert sehen. Ich vermute, er riskiert damit Einiges, zumindest gut dotierte öffentliche Projektaufträge. Und er ist jemand, den die Verantwortlichen nicht einfach ignorieren können.

Aber kann dieses Papier die Entscheidungsprozesse jetzt noch beeinflussen? Ein Bericht eines Stadtrats aus Königswinter zeigt, dass ein Erfolg des Widerstands alles andere als wahrscheinlich ist:

NRW-CDU im Zwiespalt	Tuesday, December 06, 2011 2:40 PM

Hallo zusammen,
von einer Landtagsabgeordneten habe ich indirekt erfahren, dass die CDU-Fraktion im Landtag nicht weiß, was sie machen soll. Auf der einen Seite sehen die CDU-MdL, dass die Protestwelle gegen die Dichtheitsprüfung weiter anschwillt, weil das Gesetz überzogen ist.

Auf der anderen Seite ist dies ein Gesetz der CDU, eingebracht oder besser einge-brockt vom ehemaligen CDU-Umweltminister Uhlenberg und in der CDU/FDP-Re-gierungszeit 2007 verabschiedet. Viele CDU-geführte Städte haben rechtstreu (besser: in vorauseilendem Gehorsam) damit begonnen, die Dichtheitsprüfung umzusetzen und viele brave CDU-Wähler in die Kostenfalle getrieben. Wenn die CDU nun zusammen mit FDP und Linke die Dichtheitsprüfung kippt, löst sie für die SPD/Grüne-Minderheitsregierung ein Problem und bekommt selbst den Ärger der Kommunen und Bürger ab, die an das CDU-Gesetz geglaubt haben und nun sehen, dass sie deshalb die Dummen sind.

Deshalb sucht die CDU nach einem Weg, der SPD/Grünen-Regierung die Schuld für ihre Rückwärtsbewegungen in die Schuhe zu schieben, indem sie dem grünen Remmel vorwirft, dass er die versprochene drucklose Dichtheitsprüfung noch nicht zugelassen hat. Remmel bereitet nun einen Erlass zur drucklosen Dichtheitsprüfung vor, um der CDU genau diesen Weg, gesichtswahrend aus dem Dilemma zu kommen, zu versperren. Um die Nöte der Bürger geht es bei diesem Ränkespiel überhaupt nicht.

Was können wir tun?

Zunächst einmal, was wir bleiben lassen sollten:

Wir sollten den eleganten Ausstiegsweg von Herrn Abruszat nicht kritisieren, sondern unterstützen. Wenn dieser intelligente FDP-Mann die Einführung des Niedersachsen-Modells fordert, dann fordert er das Ende der Dichtheitsprüfung. Die Kommunalpolitiker werden ohne ein verpflichtendes Gesetz ihre Bürger nicht mehr zur Dichtheitsprüfung anhalten können, weil sie den Kostenwahnsinn gegenüber ihren Wählern dann nicht rechtfertigen können. Vielleicht werden einige Kommunen anfangs den Irrweg noch weiter gehen, aber nicht lange. Außerdem hat nach meiner nicht ganz sicheren Einschätzung die ersatzlose Abschaffung des § 61a LWG die gleiche rechtliche Wirkung wie die kommunale Handlungsfreiheit gemäß Niedersachsen-Modell: Jede Kommune könnte per Satzung die Dichtheitsprüfung verlangen, wird es aber nicht wagen.

Und was können wir tun, wenn am 14.12. keine Entscheidung gegen die Dichtheitsprüfung fällt?

So weiter machen wie bisher, wie in der ARD-Plusminus-Sendung sachlich und klar argumentieren, mit langem Atem. Und wenn die drucklose Dichtheitsprüfung ermöglicht wird, die damit verbundenen Probleme thematisieren (z. B. Revisionsschacht nicht vorhanden, Messungenauigkeiten) und natürlich die alten Argumente wiederholen(Ungleichbehandlung, Unverhältnismäßigkeit). Bis die Parteipolitiker einsehen, dass ein Ende ihres Ränkespiels mit etwas Ärger besser ist als Ärger und Bürgerproteste ohne Ende. Und die NRW-FDP unterstützen. Die eigene Meinung zu Westerwelle und seinem Gefolge vergessen wir mal. Wenn unser Thema der FDP in NRW zu Popularität verhilft, spätestens dann werden die anderen Parteien aufgeschreckt. Oder auch die Linke mit gleichem Ziel unterstützen.

In Königswinter hat der Betriebsausschuss inzwischen seinen Auftrag an die Verwaltung, eine Satzung zur DP vorzubereiten, zurückgezogen.

Freundliche Grüße Jürgen Klute

Die Hinweise und Empfehlungen kann ich so unterschreiben. Die Mail von Jürgen Klute bietet interessante Einblicke. Dass so eine Diskussion hinter den Kulissen läuft, habe ich schon vermutet. Schafft es die CDU denn nun, die Kurve zu kriegen? Die Argumente der Stadtväter sind nachvollziehbar. Jede Entscheidung ist jetzt im Zweifel die falsche und weiterer Ärger unvermeidbar. Es scheint kaum vorstellbar für die CDU, ohne Gesichtsverlust aus der Nummer herauszukommen.

Johannes Remmel wiederholt am 10. Dezember ein Gesprächsangebot an Barbara, das sie zuvor ausgeschlagen hatte. Der Druck in Düsseldorf muss enorm sein. Zwei Tage später bestreiten Fritz Pucher mit Karl-Friedrich Deerberg und Thomas Korte ein eigenes Treffen mit Minister Remmel in Essen.

Bis zur Sitzung des Umweltausschusses muss der Druck unbedingt aufrechterhalten bleiben. Die Initiative dazu liegt vor allem bei Uwe. Er meldet am 11. Dezember beim Landtagspräsidenten Uhlenberg *„wir von den Bürgerinitiativen ‚Alles dicht in NRW' möchten gerne an der 24. Sitzung (öffentlich) des Ausschusses für Klimaschutz, Umwelt, Naturschutz, Landwirtschaft und Verbraucherschutz am Mittwoch, dem 14. Dezember 2011, nachmittags, 15.00 Uhr, E 1 – D 05 mit ca. 80–90 Personen teilnehmen."*

Danach überschlagen sich die Ereignisse. Am 13. Dezember, einen Tag vor der entscheidenden Abstimmung, ist es wieder einmal Kai Abruszat, der uns direkt von der bevorstehenden Entscheidung zugunsten des FDP-Antrags informiert. Wir können es kaum glauben und halten den Atem an. Die Nachrichten im WDR berichten schließlich darüber. Um die sich abzeichnende Niederlage zu vermeiden, ist Minister Remmel nun zum Einlenken gezwungen und stellt Änderungen in Aussicht. Bei aller Euphorie *„Von daher sollten wir uns heute alle mal gemeinsam zurücklehnen und im Geiste zusammen ein Gläschen Sekt trinken!"* gibt es auch kritische Stimmen *„mit Sicherheit, jetzt geht die Sache erst einmal richtig los, glaubt mir!"*.

Die geplante Abstimmung am nächsten Tag führt zu dem angekündigten Ergebnis und die Presse steht kopf, berichtet auf allen Kanälen noch kurz vor der Sitzung des Umweltausschusses:

Landtag   Ausschussprotokoll
Nordrhein-Westfalen   APr 15/364
15. Wahlperiode   14.12.2011
[…]
Der Ausschuss für Klimaschutz, Umwelt, Naturschutz, Landwirtschaft und Verbraucherschutz stimmt dem geänderten Antrag der FDP-Fraktion Drucksache 15/1548 mit
den Stimmen der Fraktionen von CDU, FDP und Linken gegen die Stimmen der
Fraktionen von SPD und Bündnis 90/Die Grünen zu.
[…]

Dutzende Artikel in regionalen und überregionalen Zeitungen befassen sich
mit dieser faustdicken Überraschung. Auch die Schleswig-Holsteiner verfolgen die Entwicklung mit größtem Interesse und berichten auf ihrer Seite:

                                                              14.12.2011 12:57
Newsletter INTERESSENGEMEINSCHAFT / Neues aus Schleswig-Holstein &
NRW

Interessengemeinschaft: +++ AKTUELL +++ Riesen-Erfolg für die Bürger: Das
AUS für die NRW-Dichtheitsprüfung +++ AKTUELL à Riesenerfolg in Nordrhein-
Westfalen für die mittlerweile an die 100 Bürger-Initiativen gegen die Dichtheitsprüfung. Die höchst umstrittene NRW-Regelung zum Rohrtest wird vermutlich bereits
im Januar 2012 gestrichen. Das teilte der schwer unter Druck geratene Umweltminister Johannes Remmel (Die Grünen) mit. Zuvor war durchgesickert, dass Remmel
ansonsten heute eine empfindliche Abstimmungsschlappe im Umweltausschuss des
Landtags gedroht hätte. Ob er sich dann noch als Minister haltbar gewesen wäre,
erscheint fraglich. Alles über die aktuelle Entwicklung […]

Hans-Peter schreibt dazu:

Fwd: Fw: Dichtheitsprüfung ist OUT   14.12.2011 15:50

Hallo in die Runde,
wer hätte solche Überschriften vor Wochen wirklich erwartet?
Ich denke all die bunten „Mosaikbausteine" unserer Protestbewegung in jedweder Art
(Gründung von ca. 60BI´s, Petitionen, unzähligen Anschreiben, Pressemitteilungen,
TV- Berichte, etliche Gespräche, Unterschriftenaktionen, individuelle Arbeit vor Ort
usw.), hat der Landesregierung nun „endlich" ein Gesamtbild von einem (nicht klas-
sischem) „Bürgerbegehren" vermittelt, welches sie schließlich vor die Wand getrieben hat.
Darauf können wir alle sehr stolz sein!
Die eigentliche Arbeit wird allerdings bleiben. Wir müssen in den nächsten Wochen
verdammt aufpassen, dass wir wirklich alles richtig rüberbringen und auf unsere Forderungen bestehen – ohne Wenn und Aber!
Der eigentliche Kampf wird sich noch weiter in die Kommunen verlagern! Vor allem
da, wo es schon heute „gültige" Satzungen gibt und speziell in den sogenannten
Fremdwassersanierungsgebieten!
[…]

Am selben Tag informiere ich wieder einmal die Bürgermeister der umliegenden Gemeinden *„Für Diejenigen unter Ihnen, die die Nachrichtenlage*

noch nicht kennen: Über 60 Bürgerinitiativen und die landesweite Initiative ‚Alles dicht in NRW' haben einen Riesenerfolg errungen: Die Dichtheitsprüfung in ihrer jetzigen Form ist gescheitert!". Ganz so optimistisch sind aus gutem Grund nicht alle. Niemand traut Remmel wirklich über den Weg. Sein Rückzug ist allzu offensichtlich taktischer Natur und der Minister mag auf Rache sinnen. Ich selbst halte diese Sichtweise durchaus für realistisch. Schon einen Tag nach der denkwürdigen Entscheidung kündigt der Minister einen Gesetzentwurf für Januar an, dem die Opposition aber mit einem eigenen zuvorkommt und ankündigt, den möglichst bald zur Abstimmung im Landtag zu stellen. Dazu gibt Hartmut Hepcke eine erste Bewertung ab, nach der wir mit diesem Ergebnis hochzufrieden sein können:

Sunday, December 18, 2011 7:41 PM

Hier kommt der Gesetzentwurf der CDU-FDP

Hallo liebe Mitstreiter, in der Anlage findet Ihr den Gesetzentwurf der CDU-FDP. Nach erstem Durchlesen kann ich feststellen, dass der Gesetzentwurf die wesentlichen Dinge enthält, die für ein endgültiges Aus der Dichtheitsprüfung für Altleitungen und Wiederholungsprüfungen notwendig sind. Die verpflichtende Dichtheitsprüfung für Neuanlagen ist richtig und sinnvoll. Insoweit trifft der Gesetzentwurf den Kern unseres Anliegens. Wenn dieser Gesetz in Kraft tritt, haben wir unser Ziel erreicht.

Er ist allerdings nur die zweitbeste Lösung. Eine Rückverweisung in das Baurecht wäre besser gewesen. Auch hätte ich mir eine Lösung gewünscht, in der der Teil einer Hausanschlussleitung vom Straßenkanal bis zur Grundstücksgrenze zur öffentlichen Kanalisation zugeordnet wird.

Viele Grüße und ein frohes Weihnachtsfest wünscht
Hartmut

Prof. Dr.-Ing. Hartmut Hepcke

Uwe informiert darüber, dass SAT 1 berichten wird – Geplanter Sendetermin 19.12.2011, 22:15 Uhr „SAT.1-Wissensmagazin Planetopia" und Robert komponiert einen weiteren Song als „Eine Hommage an Euch". Die Kanalbranche erwacht erst jetzt aus ihrem Dornröschenschlaf. Offenbar haben deren Vertreter den Widerstand bislang nicht ernst genommen. Jetzt ist das Kind in den Brunnen gefallen und die Verbände fallen aus allen Wolken. Die Gegenmaßnahmen laufen an und eiligst werden die Drohkulissen aufgebaut. So titelt die Rheinische Post am 17.12.2011 *„Kanal-TÜV: Land droht Klage".* Ich kann nur vermuten, was sich hinter den Kulissen all die Monate abgespielt hat. Die haben wohl mit den falschen Leuten gesprochen, mit Befürwortern der Prüfungspflicht, die keinen Zweifel daran gelassen haben, dass letztlich die Zwangsmaßnahmen gegen alle Proteste erhalten und das Geschäftsmodell der Sanierer intakt bleibt.

Nachdem die Branche sich vom ersten Schrecken erholt hat, veröffentlicht der Verband der Rohr- und Kanal-Technik-Unternehmen e. V. (VDRK) am 20. Dezember auf seiner Internetseite einen Brandbrief:

Sehr geehrte Damen und Herren,
es ist sonst nicht Sache des VDRK, den Landtagsabgeordneten im Zwei-Tages-Turnus Nachrichten per Mail zukommen zu lassen. Aber der uns zur Kenntnis gelangte Gesetzentwurf von CDU und FDP zur Änderung des Landeswassergesetzes hat unsere schlimmsten Befürchtungen weit übertroffen.
[...]
Der VDRK wird im Interesse seiner Mitglieder, sicherlich zusammen mit vielen weiteren Organisationen, alles versuchen, um dieses unsägliche Machwerk zu verhindern.
[...]
Aufgrund der aktuellen politischen Aktivitäten (und der darauf folgenden aufreißerischen Presseveröffentlichungen) wurden bereits Aufträge in Millionenhöhe in unserer Branche für 2011 und 2012 storniert. Erste Betriebe wurden geschlossen und eine erhebliche Zahl an Mitarbeitern bereits entlassen. Viele Ausbildungsplätze der Branche stehen ebenfalls auf dem Spiel. Das kann nicht Sinn einer politischen Tätigkeit sein.

Mit freundlichen Grüßen

Das kann nun wieder spannend werden. Nicht überraschend, spielen Umweltaspekte bestenfalls ein untergeordnete Rolle. Es geht selbstverständlich vor allem ums Geld. Welche Pfeile die Verbände im Köcher haben, kann ich nicht einmal vermuten. Klagen werden angedroht[17]. Aber der Optimismus überwiegt. Nach einem Artikel in der Rheinischen Post (Düsseldorf) schreibt Klaus euphorisch:

20.12.2011 10:23
RP von heute_20-12-2011|| Kanal-TÜV || Gesetz wird geändert Drucksache 15/xxx vom 16.12.2011 Gesetzentwurf CDU/FDP und Frohe Weihnachten

Das war es !!!!! (lt. Orakel der RP vom 20.12.2011)
ca. 7 cm Aufkleber www.alles-dicht-in-NRW (auf der Rolle) zu verschenken
Frohe Weihnachten – siehe Anhang –
Das Neue Jahr 2012 fängt für Oma Schmitz & Co gut an.

Freundlichen Gruß an alle Mitstreiter
– ein großer Teil davon ist mir ans Herz gewachsen –
Danke für die kommunikative Zusammenarbeit
Klaus Lau

Klaus führt erstmals einen erfahrenen Verwaltungsfachmann im Ruhestand in unsere Runde ein. Robert Horras aus Wegberg kennt sich insbesondere in rechtlichen Fragen bestens aus und spricht aus eigener Erfahrung mit diversen juristischen Auseinandersetzungen, die er siegreich bestritten hat:

[...] Ich war viele Jahre in einer Kommunalverwaltung für den Ausbau der öffentlichen Abwasseranlagen verantwortlich. Als zuständiger Amtsleiter habe ich regelmäßig an den Rats- und Ausschusssitzungen teilgenommen. Das politische Handeln auf kommunaler Ebene ist mir daher nicht fremd. Nicht selten sind die Parteien beratungsresistent und sachlichen Argumenten unzugänglich. Zum Schluss geht es oft nur noch darum klarzustellen, wer letztendlich das Sagen hat. [...]

Er wird in den noch folgenden Monaten ein weiterer wichtiger Berater sein, der auch in Einzelfällen wirksame Hilfestellung leistet, etwa einer Auseinandersetzung Betroffener mit den Behörden.

Kurz vor Silvester gibt ein Mitstreiter aus Bocholt seiner Hoffnung Ausdruck:

29.12.2011 20:45

[...] Hoffentlich können wir im neuen Jahr dem Spuk mit vereinten Kräften endgültig ein Ende bereiten. Durch den tollen Einsatz vieler Mitstreiter ist die Ausgangsposition inzwischen ja nicht mehr so schlecht. Wer hätte das vor 12 Monaten für möglich gehalten? Ein ausdrücklicher Dank an alle, die dazu beigetragen haben. Wir wünschen allen Gegnern der Dichtheitsprüfung einen guten Rutsch und ein erfolgreiches neues Jahr BI Alles-dicht-in-Bocholt i. V. Christoph Larisch

Zum Jahresausklang ist die Stimmung in unserer Runde fast euphorisch. Nach ereignisreichen Monaten scheint der abschließende Erfolg all unserer Bemühungen nicht mehr aufzuhalten. Das kommende Jahr sollte damit endlich wieder Ruhe bringen und das Ende der Strapazen für alle Beteiligten.

Aber schon nach wenigen Tagen stellt sich diese Hoffnung als schwerwiegender Irrtum heraus.

Die Verbände laufen Sturm.

Entspannung Nein Danke!

Der Jahresauftakt sollte eigentlich wieder ein erholsamer sein, so wie früher einmal. Es herrschen noch milde Temperaturen, Regen und Schneeregen – echtes Schmuddelwetter, bei dem niemand gerne vor die Türe geht. Das Silvesterfeuerwerk in der Nachbarschaft habe ich mir mit meiner Frau und meinem Sohn nur vom Fenster aus angesehen, die Neujahrsgrüße sind schon per Telefon an die Freunde gegangen, weitere per E-Mail an unsere Abwasserrunde. Einige Tage Urlaub habe ich noch, dann muss ich wieder auf die Autobahn.

Viele können den schnellen Erfolg noch nicht fassen. Aber noch ist nichts in trockenen Tüchern und Unruhe macht sich breit – auch bei mir. Ich hege da keine Illusionen. Es ist hier so, wie auch im Geschäftsleben: Ein Vertrag ist erst dann geschlossen, wenn die notwendigen Unterschriften darunter geleistet wurden. Bis dahin sind alle Schwüre, Zusagen, Absichtserklärungen nicht viel wert und können schnell zu Makulatur werden.

Der Brandbrief des VDRK zeigt, dass die Verbände jetzt hellwach sind und entschlossen, allen möglichen Einfluss geltend zu machen. Klagen werden angedroht, von Sanierern, die im Vertrauen auf die Politik investiert haben in Ausbildung und Gerät, von Hauseigentümern, die schon saniert haben.

Noch wird unter uns über den Gesetzentwurf von CDU/FDP diskutiert. Erfüllt der nun tatsächlich all unsere Forderungen? Sicher nicht zu hundert Prozent. Aber das war auch nicht zu erwarten. Barbara schließt sich der vorangegangenen positiven Stellungnahme zum Gesetzentwurf mit kurzen Worten an:

> Hallo Siegfried, 02.01.2012 12:32
> hallo Klaus,
> ich wünsche Euch auch ein frohes neues Jahr.
>
> Aus dem Aufschrei des VDRK (Siehe Gellrichs Mail) schließe ich, dass der Gesetzesentwurf in der vorliegenden Fassung vollkommen ausreichend ist. Die Beweislastumkehr reicht vollkommen aus. Ich würde da nichts mehr dran ändern. Das Papier sollte so schnell wie möglich durch den Landtag.
>
> Das ist allerdings nur meine Meinung.
> Viele Grüße Barbara

Dem ist wohl nichts mehr hinzuzufügen. Genauso sehe ich das auch. Trotzdem dürfen wir den Einfluss der Verbände nicht unterschätzen. Schließlich besteht das Gesetz noch unverändert fort, solange den Ankündigungen nicht die entsprechenden Taten des Gesetzgebers folgen. Bis dahin kann noch viel passieren. Den Brief des VDRK können wir daher nicht unbeantwortet im Raum stehen lassen. Die trügerische Ruhe zum Jahreswechsel ist damit schon dahin. Am selben Abend noch nehme ich mir die Zeit zu einer Stellungnahme, die ich an den Kreis der Adressaten des VDRK-Schreibens schicke und in Kopie an unsere Runde:

Betreff: offener Brief des VDRK vom 20.12.2012   02.01.2012 19:57

Sehr geehrte Frau Akbayir,
sehr geehrter Herr Abruszat,
sehr geehrter Herr Markert,
sehr geehrter Herr Ortgies,
sehr geehrter Herr Stinka,

bitte leiten Sie diese Stellungnahme auch an Mitglieder Ihrer Fraktionen im Landtag weiter.

Wie nicht anders zu erwarten war, laufen die Interessenverbände Sturm gegen die drohende Gesetzesnovellierung. Die jüngste offene Anfrage des VDRK vom 20.12.2011 (Verband der Rohr- und Kanal-Technik-Unternehmen e. V.) an die politisch Verantwortlichen im Landtag von NRW spricht – neben juristischen Drohgebärden – von Vertrauensbruch, davon, dass Bürger und Kommunen für dumm verkauft wurden. Es wird angeführt, dass Mitgliedsfirmen jetzt schon vor dem Ruin stünden und hunderte Arbeitsplätze gefährdet seien. Weiter wird gefragt, ob die Politik nun zulassen wolle, dass bis zu 80% undichte Hausanschlüsse das Grundwasser gefährden.

Zunächst einmal ist anzumerken, dass die Branche jahrelang die Politik in gröbster Weise falsch beraten hat. Die Gefahren durch privates Abwasser wurden von den Funktionären in inakzeptabler Weise konstruiert und aufgebauscht. Dabei haben Fachleute schon vor Jahren gewarnt, dass die geplanten Maßnahmen vollkommen überzogen seien und faktisch nichts bringen würden. Gehört wurden sie nicht und man ließ sie nicht öffentlich zu Wort kommen. Die Suppe, die die Branche jetzt auszulöffeln hat, haben die Interessenvertreter durch ihr rücksichtslos eigennütziges Vorgehen sich und ihren Kollegen selbst eingebrockt. Man hätte schließlich vorher schon mäßigend und mit neutralem Sachverstand warnend in die politischen Entscheidungsprozesse eingreifen können, die zu dem unsäglichen LWG 61A geführt haben.

Es bleibt festzustellen, dass defekte private Abwasserleitungen in der Tat keine nennenswerte Gefahr für unser Grundwasser darstellen. Das gilt um so mehr, wenn man die vielleicht im Einzelfall mögliche Belastung im Relation zu vielen anderen Schadstoffquellen bewertet.

Ein Kanal muss nicht dicht sein! „Dichtheit" ist ein weiter Begriff, der hier nicht angemessen ist und der zu viele Interpretationen zulässt. Flächendeckend wirklich dichte Kanäle in NRW sind nicht erreichbar und eine Illusion. Ein privater Abwasserkanal darf das Grundwasser nicht gefährden und sollte betriebssicher sein, also im normalen Betrieb keine bedeutenden Abwasseraustäge verursachen. Nur eine solche Forderung ist angemessen. Eine Druckprüfung, die keinerlei Rückschlüsse auf die

Dichtheit unter normalen Betriebsbedingungen erlaubt, kommt vermutlich zu den hohen Schadquoten, die in dem Schreiben des VDRK genannt werden. Eine Betriebszustandsprüfung, die nur den normalen Durchfluss betrachtet, wird weit überwiegend private Kanäle als „dicht" bestätigen.

Viel zu wenig berücksichtigt wird zudem, dass vermutlich das Gesetz schon aus formalen Gründen verfassungswidrig ist.

Und dass Bürger und Kommunen für dumm verkauft wurden, darf man unwidersprochen so im Raum stehen lassen.

Bitte setzen Sie sich gegen den Druck der Interessenverbände für eine der Sache angemessene, bürgerfreundliche Novellierung des LWG 61A ein. Fehler sind oft nicht zu vermeiden und verzeihlich. Erkannte und begangene Fehler dürfen aber keinesfalls als Rechtfertigung dafür herangezogen werden, sie auch weiterhin begehen zu wollen. Unrecht darf Unrecht nicht rechtfertigen.

Mit freundlichen Grüßen Werner S. Genreith

Der Brief passt leider nicht auf eine Seite. Dafür denke ich, alle wichtigen Aspekte drin zu haben. Den Text stelle ich im wesentlichen gleichlautend auf meinen Alles-Dicht-Blog zu öffentlichen Kommentierung. Auch Karl-Udo traut dem vermeintlich schnellen Erfolg nicht. Er hatte wohl einen ähnlichen Gedanken und antwortet noch am selben Abend:

02.01.2012 22:30
Re: Stellungnahme auf die offene Anfrage des VDRK vom 20.12.2011

Super Reaktion!
war Gedankenübertragung: habe fast zeitgleich eine ähnliche pers. Stellungnahme an das Portal des VDRK zur Veröffentlichung gesendet – mal schau'n, ob sie's bringen?

Datei zur Info anbei.
Mit besten Grüßen & weiter kämpfen!!
Karl-Udo Priesmeier

Zur gleichen Zeit eskalieren wieder einmal Querelen unter uns Prüfungsgegnern. Ich habe weder die Zeit dazu, noch verspüre ich Lust darauf, da einzugreifen. Mails wie diese lese ich nur oberflächlich und versuche nicht einmal, den Hintergrund zu verstehen:

02.01.2012 21:59
[…] sehen wir uns hier in Löhne dazu gezwungen, diese Herren hochkant aus jeder Art von Bürgerinitiative heraus zu kegeln. Die Reihenfolge der "Unterbelichtung" ist eigentlich umgekehrt zu der Adressaten-Reihenfolge...
Mit freundlichen Grüßen […]

Als mich diese Passage erreicht, muss ich erst einmal lachen. Ist das jetzt Satire? Trotzdem frage ich mich kopfschüttelnd, weshalb das denn jetzt wieder sein muss. So etwas würde ich nicht einmal mündlich äußern, geschweige denn in schriftlicher Form. Die angesprochenen Mitstreiter – ich stehe glücklicherweise nur auf Kopie – finden das deutlich weniger lustig als ich. Leider bleibt es in der Folge nicht bei diesem einen entgleisten Schriftwechsel, so, als hätten wir keine anderen Gegner mehr. Später kommt es sogar zu einer Beleidigungsklage. Da ist man sich offensichtlich in den Zielen nicht einig. Dass das so ist, wird wohl bei den unterschiedlichen Interessenlagen vor Ort nicht zu vermeiden sein. Wenn die unter dem Vorwand des Grundwasserschutzes auferlegte Prüfungspflicht aufgehoben würde, hätten wohl diejenigen Mitstreiter nicht viel gewonnen, die aufgrund einer (oft nur vorgeschobenen) Fremdwasserproblematik dann doch prüfen müssen. Dass die dann eher auf Erleichterungen in den Prüfverfahren hin arbeiten, anstatt auf die Maximalforderung zur Abschaffung des §61A, ist aus meiner Sicht nachvollziehbar.

Am nächsten Tag schon reagiert der VDRK auf den Blog-Eintrag von Karl-Udo mit einer Mail an mich und schreibt, man sei an den ursprünglichen Entscheidungen bei der Verabschiedung des Gesetzes in keiner Weise beteiligt gewesen:

WG: [Feedback] Entwicklung in NRW   03.01.2012 20:30

Sehr geehrte Damen und Herren,
haben Sie eventuell Verbindung zu Herrn Priesmeier?
Leider kann ich ihn unter der genannten Mailadresse nicht erreichen. Würden Sie meine Nachricht bitte an ihn weiterleiten?

Vielen Dank schon vorab.

Mit freundlichen Grüßen
[…]
Geschäftsführer
Verband der Rohr- und Kanal- Technik Unternehmen e. V.
[…]
Wir haben unsere Mitwirkung angeboten, die aber nicht angenommen wurde. § 61 a wurde rein politisch verabschiedet, meines Wissens ohne jegliche Beteiligung des Fachverbandes VDRK. Auch später wurde seitens der Politik und des Ministeriums eine gewisse Beratungsresistenz an den Tag gelegt. Wir wurden bis heute nicht an der Entwicklung beteiligt, trotz mehrfacher Nachfrage im Ministerium.
[…]
Unsere Unternehmen haben die Investitionen in Personal, Geräte, Maschinen und Fahrzeuge getätigt, um den betroffenen Grundstückseigentümern die Erfüllung der gesetzlichen Fristen zu ermöglichen. Sie konnten auf die Gesetzeslage vertrauen. Nur Nichtinformierte können von blinden Investitionen sprechen. Das ist schlicht und ergreifend falsch. Wie wäre es denn gewesen, wenn die Unternehmen nicht aufgerüstet hätten und es bei dem alten Stand geblieben wäre? Die Preise wären explodiert – siehe Wirkung von Angebot und Nachfrage – und es wäre auch falsch gewesen. Ihre Argumente greifen hier nicht.
[…]

Erst einmal bin ich überrascht. Kann ich der Behauptung trauen, der Verband sei nicht beteiligt gewesen? Ich neige zu einem „Kann sein". Und überhaupt: Wie hätten die wohl gegebenenfalls beraten? Ich kann mir kaum vorstellen, dass der Verband zur Mäßigung aufgerufen hätte. Wie dem auch sei – aber wie laufen dann die meines Erachtens einwandfrei zu beobachtenden Einflussnahmen? Meiner Meinung nach gilt die Nichtbeteiligung dann vielleicht für den Verband in Person seiner Geschäftsführung, keinesfalls aber für einzelne Mitglieder. Und möglicherweise läuft die Einflussnahme dann eher über die kommunale Schiene, auf der Betriebe und branchennahe „Experten" ihre Interessen gegenüber Stadt- und Gemeinderäten durchsetzen, etwa mit der schon bekannten Drohung, dass die bei Umweltschäden für ihre vermeintlichen Versäumnisse persönlich haften müssten. Daneben glänzen nicht nur Kanalfirmen mit großzügigem Sponsoring von Vereinen, in denen Politiker entweder selbst engagiert sind, oder die den Stadtvätern regelmäßig eine öffentliche Bühne bieten. So etwas ist oft mehr wert als Geld, weil es das politische Überleben sichert.

Dass so eine Einflussnahme von unten nach oben extrem effektiv sein kann, weiß ich aus eigener Vertriebserfahrung. Bei großen Kunden ist es bewährter Brauch jeder Vertriebsorganisation, die Fachabteilungen zu überzeugen, also die Fachleute im Unternehmen zu beeinflussen, wenn man an die Geschäftsführung direkt nicht herankommt. Solche Mitarbeiter zeigen sich durchaus dankbar, wenn man inkognito als externer Experte aufwendige Entscheidungsvorlagen und Präsentationen perfekt ausarbeitet, mit denen sie selbst dann vor ihrem Management glänzen können. Es fördert die eigene Karriere und gibt gleichzeitig Raum für Hobbys und Familie – eine echte Win-win-Situation. Oft hat die Führungsetage keine Ahnung von solchen Abläufen oder will sie nicht zur Kenntnis nehmen. In Verwaltungen läuft das sicher nicht anders.

Als eine treibende Kraft haben wir in der Tat schon seit längerem den Städte- und Gemeindebund identifiziert, der sich seit Jahren vehement für die Prüfungspflicht einsetzt und sich dabei einschlägig von den immer gleichen „Experten" beraten lässt. Vielleicht sah der Verband deswegen auch gar keine Veranlassung, auf höherer Ebene einzugreifen. Die politische Entwicklung spielte denen ja so hervorragend in die Hände, dass wohl jede weitere Intervention unnötig war und sogar kontraproduktiv gewesen wäre.

Jetzt aber erscheinen wiederholt Artikel auf deren Forum, die sich direkt an die Politik wenden. Karl-Udo weist darauf hin, dass dort laufend Appelle veröffentlicht werden, die der VDRK unter anderem an hochrangige Politiker wie Bundesumweltminister Röttgen und Ministerpräsidentin Kraft verschickt. Die haben nur eines zum Ziel, den Antrag von FDP/CDU doch noch zu kippen bzw. nun sogar auf eine möglichst stringente, mit NRW vergleichbare Regelung auf Bundesebene hinzuarbeiten. Sollte der Verband bisher die Entwicklung verschlafen haben, so gilt das ab jetzt keineswegs mehr:

02.01.2012

Beabsichtige Änderung des Landeswassergesetzes

Sehr geehrte Frau Ministerpräsidentin Kraft,

[…] Die Durchsicht dieses Entwurfs lässt einen totalen Paradigmenwechsel erkennen. Aus Sicht des Umweltschutzes ist das Schlimmste zu befürchten. Auch wenn die Landesregierung, wie offenbar beabsichtigt, in Kürze einen Gegenentwurf vorlegt, wird sie diesen (angesichts der Mehrheitsverhältnisse im Landtag) nicht gegen den Willen der Oppositionsparteien durchsetzen können.
[…]
Viele Mitgliedsunternehmen des VDRK haben im Vertrauen auf bestehende Gesetze und Erlasse massiv in neue Technik und Personal investiert, Anlass dieser Investitionen war, den Hauseigentümern die Einhaltung der gesetzlichen Fristen zur Überprüfung ihrer Hausanschlüsse zu ermöglichen. Man spricht aktuell von über 2.500 zertifizierten Dichtheitsprüfern, die alle teure Kurse und Seminare zum Erhalt dieser Zertifikate besucht haben. Die Investitionen der Branche in Geräte, Maschinen und Fahrzeuge zu diesem Zweck liegt bei über 100 Mio Euro. Viele der Hersteller stammen aus NRW.

Viele dieser ausführenden Unternehmen, aber auch Ingenieurbüros und selbständige Sanierungsplaner stehen nun vor dem wirtschaftlichen Ruin, weil Neuaufträge dramatisch wegbrechen und schon abgeschlossene Beauftragungen massenhaft storniert werden. Täglich erreichen mich Meldungen von Entlassungen und geplanten Betriebsschließungen.

Auch die Haus- und Grundstückseigentümer, die schon Dichtheitsprüfungen und Sanierungen haben vornehmen lassen, müssen sich für „dumm verkauft" vorkommen. Das Vertrauen der Bürger und der einschlägigen Wirtschaft gilt es wiederherzustellen. Unternehmensschließungen, Entlassungen und gefährdete Ausbildungsplätze dürfen nicht das Ergebnis der Landespolitik sein.
[…]
Sinnvoll wäre es unserer Ansicht nach auch, wenn der Bundesumweltminister von seinem Recht Gebrauch machen würde, eine Bundesverordnung zu § 60 WHG, insbesondere zur einheitlichen Regelung von Dichtheitsprüfung und Sanierung von Abwasserleitungen, zu erlassen.
[…]

Inzwischen hat auch Hartmut Hepcke mit einem Brief an den VDRK auf deren Schreiben an Frau Kraft und Herrn Röttgen reagiert. Darin schreibt er „[…] *Es muss allerdings angemerkt werden, dass es hierzu weder eine europäische Richtlinie noch eine bundeseinheitliche Regelung im Wasserhaushaltsgesetz gibt, mit der Folge, dass kein anderes europäisches Land und viele Bundesländer den nordrhein-westfälischen Weg aus gutem Grund nicht mitgegangen sind. Alle Normen- und Gesetzesinitiativen beruhen einzig auf der fehlerhaften Annahme, dass durch undichte private Grund- und Hausanschlussleitungen und durch das dort ggf. austretende häusliche Schmutzwasser der Boden und das Grundwasser bedeutend und nachhaltig im Sinne des Bodenschutz- und Wasserhaushaltsgesetzes verschmutzt werden […] Zorn gegen die Landespolitiker zu hegen, trifft aber auch nicht den Kern des Pro-*

*blems. Ich gehe davon aus, dass bei den Beratungen zu den Gesetzesände-
rungen die Landespolitiker schlichtweg falsch und tendenziös von den Fach-
beamten des Ministeriums und den Lobbyverbänden beraten und informiert
wurden. Wenn dann gewichtige Argumente zu einer anderen Einschätzung
der Gesetzeslage führen, ist es nicht nur die Aufgabe, sondern die Pflicht der
Politiker, entsprechende Korrekturen im Sinne und zum Wohl der Allgemeinheit vorzunehmen. [...]".*

Das ist gut so und hat Gewicht. Der Schlagabtausch ist damit in vollem Gange. Ich entscheide mich nun auch noch zu einer eigenen Stellungnahme an
Hannelore Kraft und Norbert Röttgen. Die beiden werden die Briefe wohl
kaum selbst lesen. Aber irgendwo schlagen solche Texte immer auf, werden
verteilt und nehmen manchmal ungeahnte Wege. Das stellt sich auch in diesem Fall später heraus:

Beabsichtige Änderung des Landeswassergesetzes   4. Jan. 2012

Sehr geehrte Frau Ministerpräsidentin Kraft,
[...]
Der VDRK kündigt jetzt weitere Gutachten renommierter Professoren an, die die
Feststellungen von Professor Hepcke widerlegen. Erstaunlich ist, dass diese erst jetzt
öffentlich gemacht werden sollen. Wenig erstaunlich ist, dass bei einem sicher
geglaubten Auftragsvolumen in zweistelliger Milliardenhöhe schon ein kleiner
Bruchteil davon jedes gewünschte Gutachten zu finanzieren erlaubt. Insofern bitte
ich Sie, die angekündigten Stellungnahmen der Verbände mit der notwendigen Skepsis zu betrachten. In der Kürze der Zeit kann es sich nicht um neue Erkenntnisse handeln, sondern allenfalls um einen Aufguss bekannter und wenig praxisrelevanter
Ergebnisse. Ich hatte vor Monaten bereits in Schreiben an Landtagsabgeordnete
angeregt, in Verbindung mit einem Moratorium umfassende Untersuchungen in den
Umsiedlungsgebieten des Braunkohletagebaus durchzuführen. Im Übrigen würde ich
folgende Frage stellen wollen: **Wenn die Experten wirklich an die massive Grundwassergefährdung glaubten, dann müssten sie konsequenterweise fordern, nicht
nur ein Rohr abzudichten, sondern auch das Erdreich um und unter der vermeintlichen Schadstoffquelle großräumig auszutauschen.** Denn im Allgemeinen
besteht eine entdeckte Undichtigkeit schon über Jahrzehnte und hätte, wenn die Katastrophenszenarien auch nur ansatzweise der Realität entsprächen, längst das umliegende Erdreich verseucht und würde weiter ungehindert den Weg ins Grundwasser
fortsetzen. Von einer solchen Forderung ist mir nichts bekannt geworden. Selbst
überzeugte Prüfungsbefürworter müssen sich die Frage stellen, ob entweder die
Gefährdungsszenarien nicht stimmen, oder man tatsächlich nun hunderttausende Bürger auf eine Umsiedlung vorbereiten sollte.
[...]
Mit freundlichen Grüßen Siegfried Genreith

Da ich meinen Text vom 2. Januar im Wesentlichen recyclen konnte, hält
sich der Aufwand in Grenzen. Später erzählt Klaus mir aus einer Landtagssitzung, dass mein Argument des ggf. notwendigen Auskofferns, also der
Erdaushub um und unterhalb eines Schadens, Eingang in die Diskussion im
Landtag gefunden hat – eine der seltenen sichtbaren Bestätigungen, dass

solch ein sorgfältig formuliertes Schreiben bei dem einen oder anderen Adressaten Eindruck hinterlässt.

Für mein privates Forschungsprojekt hatte ich mir für dieses Jahr eigentlich wieder viel vorgenommen, komme aber nicht so recht voran. Wenn mir Beruf und Familie einmal Zeit lassen, fehlt mir oft die Muße, meine Gedanken dorthin zu lenken. Ich führe da ein Tagebuch, in dem ich Ideen festhalte, Berechnungen anstelle, Vermutungen nachgehe, Hypothesen bestätige oder widerlege. Manchmal schreibe ich fast täglich dort etwas nieder, manchmal auch wochenlang nicht eine Zeile. Wochen- und monatelange Lücken darin sind meist auf immer den gleichen Grund zurückzuführen: das ungelöste Problem des Prüf- und Sanierungszwangs, der immer noch Gesetz ist.

Es gibt durchaus Zeiten, wo ich wirklich Lust zu so etwas habe. Dann betrachte ich das Produkt meiner Mühe als eine Art Kunstwerk, etwas Schönes, das ich geschaffen habe. Das gilt etwa für meinen Internetauftritt insgesamt, so manchen Artikel, der ohne Not entstanden ist, die elegant programmierte Software für die Durchführung meiner Umfragen. Es macht mir dann einfach Freude, das Ergebnis meines kreativen Schaffens vorzuführen. Den nicht geringen Zeitaufwand verbuche ich durchaus unter Freizeit. Ein nicht unerheblicher Teil meines Engagements in „Alles dicht in NRW" fällt in der Tat unter diese Rubrik und wäre auf andere Art nur schwer erklärbar. Ich selbst könnte wohl mit den inzwischen erstrittenen Erleichterungen leben. Wäre die Situation schon Anfang 2010 so gewesen, hätte ich wohl kaum diese aufwendige Initiative ergriffen.

Jetzt aber treibt mich eher eine innere Unruhe an, aus der Furcht heraus, dass das bisher Erreichte in Gefahr gerät. Das Schreiben ist dann ein Ventil, um einen empfundenen Druck zu mindern und Frust abzubauen. Danach fühle ich mich einfach erleichtert. Viele andere in unserer Runde sehen das offenbar genauso. Fast schon hektische Aktivitäten sprechen da eine deutliche Sprache.

Die Ergebnisse meiner Dauerumfrage, die mit dem abgelaufenen Jahr endete, gebe ich jetzt in die Runde und veröffentliche die auch auf der Internetseite:

Ergebnisse der abgeschlossenen Umfrage   05.01.2012 15:34

Die Daten sind im Netz abrufbar und können jederzeit auch nach eigenen Kriterien ausgewertet werden.
http://alles-dicht-in-nrw.de/Umfrage/Auswertung.php
und über den Link ganz unten die individuelle Auswahl
http://alles-dicht-in-nrw.de/Umfrage/.auswertenSelektion.php
Grüße
Werner S. Genreith
-------------PDF-Anhang ---
Auswertung zur Umfrage

Seit dem Start der Umfrage Mitte August 2011 hat sich in Sachen Dichtheitsprüfung privater Abwassergrundleitungen sehr viel auf der Ebene der Landespolitik verändert. Die anhaltenden und nach den beiden Erlassen des Umweltministeriums sogar noch zunehmenden Proteste haben viele der Verantwortlichen nachdenklich gemacht. Der Durchbruch im Sinne der Bürger wurde durch das Einlenken der CDU im Oktober möglich, die im Wirtschaftsausschuss zusammen mit FDP und DIE LINKE gegen die Regierungsparteien stimmten. Auch bei der Abstimmung im Umweltausschuss am 14.12.2011 blieben die drei Parteien bei ihrem Antrag auf Aussetzung des Gesetzes und zwangen so die Regierung zu einer Novellierung bis Mitte 2012. Seitdem ist die Welt für alle Betroffenen eine andere und bessere. Jetzt hängt alles davon ab, wie die neuen Regeln aussehen werden. Formal sind die alten Vorgaben allerdings noch in Kraft, wenn auch die weitaus meisten Kommunen den Vollzug ihrer entsprechenden Satzungen ausgesetzt haben. Zur Auswertung der vom 15.08. – 31.12.2011 eingegangenen Umfrageergebnisse:

Die Angst geht um vor allem bei bisherigen Wählern der SPD. Mit 31,3 % fühlen sich in dieser Gruppe besonders viele Menschen und Familien existentiell bedroht. Und die Angst ist begründet. Eine Zwangssanierung mit hohen vier- und fünfstelligen Beträgen, die unter Umweltgesichtspunkten fast immer sinnlos ist, gefährdet Existenzen. Und die Angst nimmt zu, je intensiver sich die Bürger mit den Zwangsmaßnahmen auseinandersetzen müssen. Hatten bis Ende August nur 18,9 % der Teilnehmer Angst, so waren es in den vergangenen 4 Wochen bereits 26,4 % und in der letzten Woche sogar 33,3 % . Und dabei glaubt fast niemand (nur 3,5 %) an einen nennenswerten Nutzen der horrend teuren Maßnahmen. Selbst von Denjenigen, die beruflich oder politisch mit den Prüfungen befasst sind, glaubt eine breite Mehrheit von 71,4 % nicht an deren Sinnhaftigkeit.

Die am 31.12.2011 abgeschlossene Umfrage berücksichtigt Teilnehmer aus allen PLZ-Bereichen in NRW, unter allen Alters- und Berufsgruppen, allen Einkommensklassen und jeder politischen Färbung. In einer Bürgerinitiative sind 31,2 % der Teilnehmer bereits aktiv. Beruflich oder politisch damit zu tun haben 5,2 %, die restlichen Abstimmenden sind privat betroffen. 55 % erklären, sich schon intensiv mit der Thematik der Dichtheitsprüfung in NRW auseinandergesetzt zu haben. Nach ihren Gefühlen im Zusammenhang mit der Dichtheitsprüfung und Zwangssanierung gefragt, nennen 76,9 % der Umfrageteilnehmer Wut, gefolgt von Ärger (67,5 %), Ohnmacht (37,1 %) und Angst (24 %).

Waren in einer ersten Umfrage im Sommer 2011 noch fast 43 % Anhänger von SPD und GRÜNEN auf Landesebene bereit, ihrer Partei die Stange zu halten, so sind jetzt gerade einmal 18,1 % dieser Ansicht. Eine Mehrheit von 83,9 % sagen, dass ihre Wahlentscheidung von der Position der Parteien in Sachen Dichtheitsprüfung abhängt. Konsequenterweise halten mehr als 58,4 % der Anhänger dieser Parteien ihre Wahlentscheidung definitiv für einen Fehler, weitere 28,8 % sind verunsichert und verhalten sich abwartend. DIE LINKE kann ihre Anhängerschaft mehr als verdoppeln. Unter „andere" wird inzwischen überwiegend die Piratenpartei genannt. Leider wächst auch die Gruppe der erklärten Nichtwähler enorm an.
[...]
Interessant sind auch Aspekte aus Sicht der lokalen Verwaltungen:

Am 01.09.2011 um 21:10:53 schrieb ein Angestellter einer Verwaltung: „Da ich selbst in der Verwaltung einer Stadt beschäftigt bin, bekomme ich die Stimmung im für die DHP verantwortlichen Amt gut mit: Man wäre einfach froh, wenn das Thema sobald möglich in der Schublade verschwindet. Denn es gibt einfach nicht genug Personal, Zeit und Geld, um neben dem Tagesgeschäft auch noch sachkundige Kontrolle von zigtausenden Dichtheitsprüfungen durchzuführen. Von der notwendigen Beratung der Bürger ganz zu schweigen, die dauert nach ersten Erfahrungen 3–5 Stunden pro Kanalanschluß. Fragen Sie in den Ämtern nach, z. B. wo sie bereits recht schnell Resolutionen gegen die DHP verfasst haben. Die Münsteraner und Herr Kai Abruszat von der FDP haben das Problem der Kommunen endlich laut ausgesprochen und thematisiert.",

am 07.09.11: „Ich bin Beamter und muss das Thema über mich ergehen lassen.",

und ebenfalls am 07.09.2011 um 19:34:15 ein weiterer: „ich arbeite in der Stadtverwaltung und befasse mich mit der Dichtigkeitsprüfung in allen Aspekten. Leider ist mit den uns zur Verfügung stehenden Mitteln eine fundierte Beratung der Bürger und eine umfassende Kontrolle der Maßnahmen nicht durchführbar. Ich hoffe, dass die Landesregierung das Problem erkennt und entsprechende Maßnahmen ergreift. Neueinstellungen von qualifiziertem Personal sind dringendst erforderlich." .

Die Beiträge zeigen, dass man vielerorts mit den Maßnahmen überfordert ist und froh wäre, das Thema so oder so vom Tisch zu bekommen.
[…]

Die Ergebnisse meiner Situationsanalyse gehen erst einmal an unseren großen Verteiler zur Information und gegebenenfalls Verwendung. Susannes Antwort am gleichen Abend ist ein erster Lohn für die Mühe:

Re: Ergebnisse der abgeschlossenen Umfrage   05.01.2012 23:03

Hallo Siegfried,
vielen, vielen Dank für Deine mühselige Arbeit mit dieser Abstimmung und dieser ausführlichen Auswertung – die Kommentare/Bemerkungen enthalten z. T. recht treffende Hinweise oder Anregungen uns betreffend, mal sehen, ob wir da was aufgreifen können. Habe noch längst nicht alles durch, da mich passend zu Neujahr eine blöde Grippe niedergestreckt hat und noch weitgehend außer Gefecht setzt.

Daher auch erst jetzt das Danke für Deine knackig klärenden Worte an Tante Hanne und Onkel Nobbi, auf eine ?adäquate? Reaktion bin ich schon jetzt gespannt (können die das überhaupt?). Den Prof. Hepcke möchte ich auch umarmen für seine Arbeit, unglaublich, was für eine klasse Truppe wir da zusammen haben (bei allen Widrigkeiten der Vergangenheit).

Auf beste Erfolge für uns, LG Susanne

Das neue Jahr ist gerade einmal fünf Tage alt und fühlt sich schon an, als seien Wochen ins Land gegangen. Es passiert einfach derzeit sehr viel. Die Ruhe zum Jahreswechsel hatte ich mir anders vorgestellt. „Alles dicht in Euskirchen" stößt zu uns, eine Antwort von Hartmut Hepcke auf die „kritische Analyse" von Johannes Weinig und Rainer Joswig erreicht mich. Und immer wieder steht die Entscheidung im Raum, reagieren zu müssen oder die Dinge laufen zu lassen.

Am selben Tag schaltet sich ein Sanierer mit einer E-Mail Kampagne in die Diskussion ein, der uns in den nächsten Monaten noch beschäftigen wird. In einem regelrechten Brandbrief an den CDU-Abgeordneten aus Lipperode beklagt sich der Geschäftsführer einer Kanalfirma über die politische Entwicklung. Der Tenor ist pure Verzweiflung und zum ersten Mal wird mir wirklich klar, dass es hier nicht nur für die Eigenheimbesitzer um Existenzen geht:

Anfang der weitergeleiteten E-Mail:
Von: Dichtheitspruefung <dichtheitspruefung@gmx.de>
Betreff: PRESSE INFO und Infoschreiben an die gesamte Kanalbranche und die Politiker zum Thema Dichtheitsprüfungen gemäß § 61a LWG NRW
                                             Datum: 5. Januar 2012 09:09:36 MEZ
An: [...]@cdu-lipperode.de
ACHTUNG – EXISTENZ BEDROHUNG der gesamten Kanalbranche!

Nach unserer Überzeugung nimmt die CDU / FDP Fraktion mit ihrem neuen Gesetzentwurf zur Abschaffung bzw. der Aufweichung der Dichtheitsprüfungspflicht gemäß § 61a LWG NRW an privaten Hauskanälen (vermutlich aus rein egoistischen, strategischen und politischen Gründen) billigend in Kauf, einen ganzen Wirtschaftszweig zu ruinieren. Dagegen müssen wir uns (ungeachtet jedes Wettbewerbsgedanken) als Kanalfachbetriebe in NRW *GEMEINSAM* zur Wehr setzen.
(Siehe Anhänge – pdf Dateien)...
Presse Info (Maximale Brisanz – Thema – Dichtheitsprüfungen an privaten Hauskanälen)
Der Geschäftsführer der [...]er Firma Kanalservice[11]-[...], will nicht tatenlos zusehen, wie seine Kanalfirma von der CDU und der FDP in die Insolvenz getrieben wird und will in ganz NRW eine flächendeckende Gegeninitiative zum neuen Gesetzesentwurf der CDU/FDP gründen und heftige Gegenwehr organisieren – T[...] sagt: Es kann und darf nicht möglich sein, dass die Existenz einer gesamten Branche bedroht wird, nur weil sich die CDU und die FDP eventuell mit diesem Thema profilieren wollen und vielleicht versuchen sich auf diese Weise, die ca. 3-4 Millionen betroffenen Hauseigentümer in NRW, als Wähler für die nächste Landtagswahl 2015 zu sichern.

In diesen Zusammenhang würden wir uns sehr freuen, wenn die NRW Zeitungen und die lokalen Printmedien auch einmal unsere Sicht als Kanalfirmen aufgreifen und veröffentlichen würden, weil in letzter Zeit der Eindruck entstanden ist, dass die Redaktionen ihre Informationen, ausschließlich nur noch von den Gegnern der Dichtheitsprüfungspflicht und/oder der CDU / FDP Fraktion erhalten.

Unsere Meinungen bzw. Gegendarstellungen werden ganz sicher viele Bürgerinnen

---

11 Das zitierte Unternehmen existiert so nicht mehr. Etwaige Namensähnlichkeiten mit heute tätigen Kanalfirmen oder Personen sind rein zufälliger Natur.

und Bürger und Ihre Leser interessieren, wenn Sie – die Vertreter der Printmedien –
unsere Argumente in Bezug auf unsere Initiative – PRO DICHTHEITSPRÜFUNG –
einmal veröffentlichen bzw. drucken.
Für Rückfragen stehe ich gerne jederzeit zur Verfügung
[…]

Der Wunsch, dass die *„Printmedien auch einmal unsere Sicht als Kanalfir-*
men aufgreifen und veröffentlichen" wirkt schon bizarr. Ich denke noch an
die *„sture Blockade und Ignoranz durch die Presse"* uns gegenüber, von der
Klaus vor einigen Monaten noch gesprochen hatte. Davon kann allerdings
gegenüber den Kanalfirmen keine Rede sein. Einige Artikel aus der Zeit-
schrift des IKT hängen der Mail an und ein vierseitiger „INFOBRIEF –
Dichtheitsprüfungen":

INFOBRIEF – Dichtheitsprüfungen – 21.12.2011

Ist der Gesetzesentwurf der CDU, FDP Fraktion / Drucksache 15 / 3563 der Versuch
mit Heuchelei und einer unverantwortlichen Medienpolitik auf Wählerstimmen-Fang
zu gehen? Ca. 3,5 Millionen betroffene Hausbesitzer in NRW könnten bei der Landtagswahl 2015 für die CDU / FDP wichtig werden. Durch die Abschaffung der
gesetzlichen Dichtheitsprüfungspflicht wird die CDU / FDP zukünftig für alle Unternehmer in der Kanalbranche, deren Mitarbeitern und Familien ***U N W Ä H L B A
R***, weil diese Parteien die Existenzvernichtung einer ganze Branche in Kauf nehmen.
[…]

„Viel hilft viel" denkt sich wohl der Urheber und setzt am gleichen Tag mit
einem weiteren Schreiben an den CDU-Abgeordneten nach, mit noch einer
„Presse-Info" im Anhang. Auch dieser Text trägt schon panikartige Züge.
Das scheint sich jemand zu sehr auf die versprochene Goldader verlassen zu
haben:

KANALSERVICE […]
PRESSE INFO – Politisches „Hin und Her" geht weiter
Dichtheitsprüfungspflicht gemäß § 61 a LWG NRW soll Gesetz bleiben Der
Geschäftsführer der Firma Kanalservice-[…], wirft der CDU in NRW beim („noch
auf die Schnelle vor Weihnachten") neu vorgelegten Gesetzesentwurf zum § 61 a des
Landeswassergesetzes in NRW (Dichtheitsprüfungen an Hauskanälen), opportunisti-
sche Heuchelei vor und fordert ein sofortiges Ende der unverantwortlichen Partei-
und Medienpolitik auf Kosten der Kanalbranche – und die Beibehaltung der gesetzlichen Prüfungspflicht.

Sollte die CDU auch weiterhin die nachgewiesenen und technisch objektiven Fakten
aus der Praxis ignorieren und nach Meinung von T[…], nur aus politischem Selbster-
haltungstrieb, bzw. um neue Wählerstimmen für eine zukünftige Schwarz / Gelbe
Regierungskoalition zu gewinnen, auf die Aufweichung bzw. die Aussetzung des §
61 a des Landeswassergesetzes in NRW bestehen, will T[…] es sich zur persönlichen
Hauptaufgabe machen, bis zu den nächsten Landtagswahlen im Jahr 2015, eine
Kanalfirmen- und Bürgerinitiative, gegen die CDU in Nordrhein-Westfalen ins Leben
zu rufen. Die einzige Zielsetzung dieser Initiative soll es dann sein, die CDU / FDP

bei der nächsten Wahl so empfindlich zu treffen, dass die SPD und die GRÜNEN
eine klare Mehrheit bekommen und die Dichtheitsprüfungspflicht von der Rot Grünen Regierungskoalition wieder beschlossen wird.

Darüber hinaus plant [...] zusammen mit Vertretern aus der Kanalbranche ein Fahr-
zeug DEMO- Konvoi zum Düsseldorfer Landtag mit allen Kanalfahrzeugen und
LKWs der betroffen Firmen, um gegen die Abschaffung der Prüfungspflicht und speziell gegen die CDU als verantwortliche Partei zu demonstrieren. Die FDP ist in diesem Zusammenhang als Partner der CDU kaum noch erwähnenswert, weil sich diese
Partei ohnehin gerade (flächendeckend) in ganz Deutschland disqualifiziert und bei
den nächsten Wahlen vermutlich kaum noch die 5 % Hürde schaffen wird.

Des weiteren lässt T[...] zur Zeit rechtlich prüfen, ob Regressansprüche gegen die
CDU (ggfs in Form einer Sammelklage von allen ca. 2000 zertifizierten Sachkundigen) geltend gemacht werden könnten. T[...] ist sich zwar im klaren darüber, dass es
grundsätzlich sehr schwer ist einen tatsächlichen Schaden nachzuweisen, da z.b. die
Anschaffung von Sanierungstechnik als unternehmerisches Risiko eingestuft werden
könnte. Anders verhält es sich jedoch vermutlich bei einigen hundert angeschafften
abbiegefähigen Schwenkkopfkameras (Stückpreis ca. 25.000 €), die sich viele
Kanalfirmen bzw. Zertifizierte Sachkundige nur deshalb kaufen mussten, weil genau
solche Kameras für die Dichtheitsprüfungen in einem früheren Runderlass des Ministeriums aufgelistet waren und Gesetzlich vorgeschrieben wurden. Keine dieser zahlreichen HightTech Kameras konnte sich in der kurzen Zeit bis jetzt amortisieren oder
steuerlich abgeschrieben werden.

Für diesen noch zu beziffernden Schaden (in vermutlich großer siebenstelliger
Höhe), ist die CDU möglicherweise auch deshalb haftbar zu machen, weil sie dem
damaligen Runderlass mit zugestimmt hat und aktuell aber ganz alleine (als einzige
Partei) dafür verantwortlich ist, dass das von (fast) allen Parteien beschlossene
Gesetz nun schon nach so kurzer Zeit wieder gekippt werden soll.
[...]

Das ist schon hart für die Handwerker. Ob die in dem Text enthaltenen Drohungen juristisch Bestand haben können, kann ich nicht beurteilen. Ein gewisses Verständnis allerdings habe ich durchaus für die schwierige Lage, in
die Handwerksbetriebe mit der neuen politischen Situation kommen können.
Wenn die Firmen jahrelang massiv zu Investitionen gedrängt wurden, greift
auch das Argument des allgemeinen unternehmerischen Risikos nur zum
Teil. Allerdings scheint dieser konkrete Fall eher untypisch zu sein. Mitstreiter haben im Netz sofort recherchiert und sind auf einen Artikel in der West-
deutschen Allgemeinen Zeitung von 2010 aufmerksam geworden[18]. Danach wurde die betreffende Firma von einem Branchenaußenseiter gegründet, der wohl glaubte, bei der bestehenden Gesetzeslage auf eine sichere
Goldader gestoßen zu sein. Das bestätigt auch ein Eintrag in einem Bran-
chenregister von 2009 „*KANALSERVICE [...] ist nun der neue Firmenname
der Firma Sales & Sport [...]*“. Das ist doch mal eine mutige Umfirmierung.
In diesem Fall hält mein Mitleid sich deshalb in Grenzen.

Uwe leitet eine Antwort vom 2. Januar auf die Kleine Anfrage der Fraktion DIE LINKE an die Bundesregierung weiter. Darin wird unter anderem gefragt *„9. Liegen der Bundesregierung Gutachten vor, in denen Beeinträchtigungen des Grundwassers durch häusliche Schmutzwasseranschlussleitungen quantifiziert und bewertet wurden? Wenn ja, bitte die Datenquellen angeben.“*

Die Antwort lautet: *„Gutachten, die eine genaue quantitative Beurteilung der Beeinträchtigung von Grundwasser durch häusliche Schmutzwasseranschlussleitungen erlauben, liegen der Bundesregierung nicht vor.“* Damit bricht jede Argumentationskette für die bestehende Gesetzgebung in sich zusammen. Die verantwortlichen Politiker interessiert das jedoch in keiner Weise. Es handelt sich hier offenbar um ein reines Machtspiel.

Dem Trommelfeuer der Branche gegen Landtag und Regierung sollten wir weiter entgegentreten. Welche Wirkung deren Schreiben dort entfalten, ob die überwiegend auf offene Ohren stoßen oder direkt in den Papierkorb wandern, kann keiner von uns abschätzen. Damit halte ich eine weitere Kampagne unsererseits für unausweichlich und ergreife wieder einmal die Initiative:

Wichtig: Wir brauchen Ihre Hilfe   06.01.2012 11:51

Liebe Mitstreiter in Sachen Dichtheitsprüfung, zunächst einmal wünsche ich Ihnen allen ein Frohes Neues Jahr und viel Erfolg in 2012.

Noch in diesem Monat soll die erste Lesung für das neue LWG 61A in Landtag stattfinden. Der vorliegende Gesetzentwurf von CDU und FDP steht unter Beschuss. Interessenverbände und Kommunen bombardieren seit der Abstimmung im Umweltausschuss die Landtagsabgeordneten und Regierungsmitglieder mit Briefen, Drohungen, "Expertenrat" und "Hilfe". Jeder einzelne Abgeordnete wurde bereits mehrfach kontaktiert mit dem Ziel, die Interessen der Branche zu wahren und an der generellen Dichtheitsprüfung festzuhalten. Es ist äußerst wichtig, dass wir schnell dagegenhalten.
[...]

Aus den wenigen Antworten – die meisten derer, die aktiv werden, melden sich erfahrungsgemäß nicht bei mir – entnehme ich, dass die Aktion wieder recht viele Kontaktaufnahmen generiert: Sicher sind darunter sachliche, emotionale, wütende und möglicherweise auch beleidigende Schreiben, die sich nicht an meine Vorlage halten. So genau will ich das gar nicht wissen. Insgesamt ist wichtig, dass den Empfängern klar wird, hier sind sehr viele Bürger am Werk.

Re: Wichtig: Wir brauchen Ihre Hilfe   06.01.2012 17:18

Danke für Ihre Informationen. Habe Schreiben an Ministerpräsidentin Kraft und unseren MdL Deppe (Rhein.Berg.Kreis) angefertigt und diese werden morgen abgeschickt. Ebenso werden einige Nachbarn entsprechend informiert. Alles Gute und die besten Grüße [...]

Re: Wichtig: Wir brauchen Ihre Hilfe   06.01.2012 21:10

Hallo, Herr Genreith,
Ich habe soeben 5 Briefe mit Ihrem Text an die für mich zuständigen Abgeordneten für den Versand fertiggemacht und werde sie morgen zur Post bringen.

Auf diesem Weg möchte ich mich recht herzlich für Ihr Engagement für diese für uns Hausbesitzer ungute und unnütze Sache bedanken.

Viele Grüsse aus Rösrath
[...]

Genauso starten die Kölner einen „Politikerbrief" als Rundmail – in wesentlichen Teilen wortwörtlich aus Texten meiner Seite übernommen.

Am 4. Januar kontaktiert mich ein Redakteur der „Welt am Sonntag". In einem langen Telefoninterview erkläre ich ihm ausführlich die Gründe gegen die Prüfungspflicht, die Rolle der Initiative „Alles dicht in NRW", und schicke ihm am gleichen Tag diverse Informationen zum aktuellen Stand unserer Proteste. Am 8. Januar schon erscheint in der Welt am Sonntag ein Artikel [19]:

WELT AM SONNTAG   08.01.2012
CHAOS IM KANAL

Die Regierung wollte Hauseigentümer zwingen, ihre Kanäle zu überprüfen. CDU, FDP und Linke haben vor, das Gesetz zu kippen. Denn eine Gefahr für das Grundwasser ist nicht nachweisbar.
[...]
Es ist die Stunde des FDP-Abgeordneten Kai Abruszat aus Minden. Er macht keinen Hehl daraus, wie stolz er ist. [...] Und Abruszat kann sich rühmen, im Landtag den Anfang von diesem Ende eingeläutet zu haben.
[...]
Ärger und Wut regt sich allerorten, Bürgerinitiativen wurden gegründet, sie agierten erst auf lokaler Ebene, dann entstand auf Landesebene die Internet-Plattform Alles-dicht-in-NRW.de.

Bald war der Unmut der Bürger auch im Düsseldorfer Landtag nicht mehr zu überhören.
[...]
Genreith verweist auf ein erst kürzlich veröffentlichtes Gutachten, das alle Schreckensszenarien von angeblichen Grundwasserverschmutzungen durch undichte Kanäle als reine Spekulation vom Tisch wischt.
[...]
Hepckes Gutachten wiederum brachte die Linke auf die Idee, eine Kleine Anfrage an die Bundesregierung zu stellen, ob ihr denn überhaupt Hinweise auf Verschmutzungen durch undichte private Abwasserkanäle vorlägen.
Die Antwort kam vor wenigen Tagen. Sie lautet: nein.

Bingo – Volltreffer, die sind diesmal eindeutig auf unserer Seite. Irgendwie gilt das derzeit sogar überwiegend für die veröffentlichte Meinung sowohl in der Presse, als auch im TV. Wer hätte so etwas noch vor Jahresfrist erwartet?

Ziel in greifbarer Nähe

Das alleine hilft zwar, bestimmt aber nicht zwingend die anstehenden politischen Entscheidungen. Ob wir unserem Ziel näher kommen, ist schwer einzuschätzen. Andererseits ist die veröffentlichte Meinung ein scharfes Schwert gegen wortgewaltige Einflussnahmen gegnerischer „Experten" und geneigter „Wissenschaftler". DWA[12], IKT[13], VDRK[14], KomNetGEW[15] – Vertreter all dieser Verbände und Netzwerke bringen sich gegen uns in Stellung, bauen die Vorneverteidigung aus mit „wissenschaftlichen Erkenntnissen" und „Erfahrungstatsachen". Klar ist, dass die in den Hinterzimmern der Macht sehr präsent sind. Die Mehrheitsverhältnisse im Landtag sind derzeit unser wichtigster Trumpf. Die Meinungsbildung der Oppositionsparteien dürfte allerdings zu einem Teil parteitaktischen Reflexen zu verdanken sein und könnte schnell auch wieder kippen. Wir dürfen deshalb jetzt keine Zeit verlieren. Die Vorlagen müssen schnellstmöglich in den Gesetzgebungsprozess einfließen. Das sollte nur noch eine Formsache sein und eine Frage allenfalls von wenigen Wochen.

Neben solch positiven Meldungen reißen die beunruhigenden Nachrichten genauso wenig ab. Karl-Udo weist mit einem in unserer Runde verteilten Eckpunktepapier der Kommunen auf die Problematik hin. Einiges spricht dafür, dass die Kanalbranche genau auf dieser Ebene ihren Einfluss geltend macht. Woher sonst sollen die beratenden „Experten" auch kommen? Ob die nun aus einzelnen Handwerksbetrieben stammen oder von Verbänden benannt und finanziert werden, sei dahingestellt. Wir können darüber nur spekulieren.

Gefahr durch Eckpunkte-Papier des KomNetGEW!?   08.01.2012 23:02

Liebe Mitstreiter,
durch Siegfried Genreith's Appell und Mail vom Freitag bin ich erst so richtig auf den o.g. Verband und dessen Aktivitäten aufmerksam geworden.

Nach Studium des vorliegenden Entwurfes (als Anlage noch mal dabei) von deren zumindest auf den ersten Blick 'konstruktiv klingendem Argumentationskatalog' halte

---

12 Deutsche Vereinigung für Wasserwirtschaft, Abwasser und Abfall e. V. (DWA)
13 IKT - Institut für Unterirdische Infrastruktur gGmbH
14 VDRK Verband der Rohr- und Kanal-Technik-Unternehmen e. V.
15 Kommunales Netzwerk Grundstücksentwässerung KomNetGEW

ich diesen im Hinblick auf unsere Interessenlage und den lfd. Novellierungsprozess für deutlich problematischer um nicht zu sagen "gefährlicher" als die Interventionen der verschiedenen Lobbyisten!

Einige Gründe für meine Bewertung:

1. die Interessenten hinter diesem Ansatz und im Netzwerk sind eine stattliche Anzahl von NRW-Kommunen (unter ihnen die bekannten Hardliner wie z. B. Voerde, Rheda-Wiedenbrück, etc.), was unmittelbar eine große Affinität zu Landespolitikern u. Ministerialbürokratie herstellt.

2. Methodisch ist das Papier taktisch sehr geschickt in kurzer, knapper Form, somit mundgerecht für hochbelastete Mandatsträger verfasst.

3. Die Vorschläge enthalten ganz vordergründig eine Reihe von Zugeständnissen/ Abmilderungen gegenüber der aktuellen Gesetzeslage (Beispiele: Herausnahme von Kanälen außerhalb WSG; Erwähnung "anderer möglicher Eintragspfade – Landwirtschaft; etc.") – m. E. alles Valium für Politiker und das Volk.

4. Am Ende läuft das Ganze nach meinem Dafürhalten aber nur auf eine Verlagerung der aktuell vorgesehenen Prüf-Prozesse, etc. auf die kommunale Ebene hinaus. Es ist somit in der Sache nichts gewonnen, wir finden uns nur auf einem unüberschaubaren, wahrscheinlich höchst ungerechten "kommunalpolitischen Dichtheits-Flickenteppich" wieder. Über die Motive dieser vielen Kommunen mag man nun heftig spekulieren: ist es das Streben nach Macht & Einfluss (mehr Personal + höhere Position = Vergütung für Amtsbereiche, die diese Aufgabe wahrnehmen)?

Allerdings lesen wir Insider bereits in der ersten Zeile die schwache, angreifbare Argumentation:

- "Die Schadensquoten in privaten Leitungen sind hoch" (ausnahmsweise mal nicht die berühmten 70–80 %!! Welcher Fortschritt!?) – eigentlich disqualifiziert sich das Papier angesichts der vorliegenden (Nicht-) Erkenntnisse damit bereits! schau'n wir trotzdem noch ein Stück weiter:

- das setzt sich fort mit starren Fristsetzungen, gleichbedeutend für mich mit Aufrechterhaltung des Generalverdachts

- der weiteren Verfolgung des unsäglichen Themas "Fremdwasser-Sanierungsgebiet", was nach meinem Verständnis in keinster Weise ein ökologisches, sondern lediglich ein ökonomisches Problem darstellt – und mit dem können wir alle angesichts der absehbar gewaltigen ökonomischen Dimension der geforderten Prüfungs- u. Sanierungsanstrengungen bestimmt gut leben (ganz abgesehen mal von den anderen negativen Konsequenzen dieser Maßnahmen).

- in letzterem Zusammenhang vermisse ich völlig den Vergleich dieser angeblichen Problematik mit dem immer noch auf weiten Flächen existenten Problem der Kanal-Mischsysteme (z. B. in meiner Heimatstadt Bielefeld nachweislich lt. Stadtportal noch 280 km = ca. 25 %!) – ist das kein Problem? Natürlich doch; aber niemand mag nur daran denken, das zu sanieren.

- etc. da gibt's sicher noch erheblich mehr Ansatzpunkte für Widerspruch.

Ich hielte es für angebracht, genau auf dieses Papier qualifiziert zu reagieren, habe bereits diesen Gedanken telefonisch mit Klaus Lau vertieft. Über Art & Weise müsste man sich wohl noch mal abstimmen – inhaltlich wär's bestimmt nicht allzu schwer!?

Soweit mein Denkanstoß, bei Interesse bitte kurze Rückmeldung und
Grüße von südlich des Teuto
Karl-Udo Priesmeier

Das sieht nach einem Zwei-Fronten-Krieg aus. Die Kommunen werden massiv unter Druck gesetzt, etwa durch solche Vorschläge des eng mit dem IKT verbandelten kommunalen Netzwerks KomNetGEW. Die werden von ihren „Experten" ununterbrochen mit angeblichen „Fakten" gefüttert, die nur eine Schlussfolgerung erlauben, dass nämlich der Untergang des Landes, wenn nicht Deutschlands, Europas und der ganzen Welt droht, falls in NRW nicht sofort mit der Prüfpflicht gegengesteuert wird. Hysterie und Panikmache kennen naturgemäß keine Grenzen, schon gar nicht in Deutschland, wenn Milliardeneinnahmen an Mehrwert-, Gewerbe- und Einkommenssteuer auf dem Spiel stehen.

Viel Geld steht allerdings auch beim Handwerk im Feuer. Pseudowissenschaftliche Auftragsgutachten bei Hochschulen in Ostwestfalen sind schon auf den Weg gebracht, um die Politik von ihrem neuerdings „verantwortungslosen" Handeln zu überzeugen. Ein Loyalitätstest in Form einer Umfrage soll wohl die Reihen der Betriebe schließen. Der Sanierer D. T. ist offenbar bemüht, uns mit einer eigenen Initiative der Kanalunternehmen Paroli zu bieten:

WENN DIE DICHTHEITSPRÜFUNGSPFLICHT AN DEN PRIVATEN HAUSKANÄLENBLEIBEN SOLL, MUSS JEDER EINZELNE VON UNS (*JETZT*) AKTIV WERDEN
Eine kurze Antwort (2-Zeiler) von Ihnen auf diese mail genügt zunächst erst einmal. Es genügt allerdings nicht, wenn Sie nur den Eingang dieser mail mit einem Klick auf Ihrer Tastatur bestätigen. 2 Minuten Ihrer Zeit sollten (müssten) Sie schon „opfern", wenn Sie für die Dichtheitsprüfungen gemäß § 61 a LWG NRW stimmen wollen.
Mailverteiler – Empfängerliste – Zur freundlichen Kenntnisnahme .

- ca. 2.800 Personen bzw. Firmen – Zertifizierte Sachkundige gemäß § 61a LWG NRW (Sadipa-Liste)
- Sämtliche NRW Landtagsmitglieder – Alle Parteien – CDU, FDP, SPD, GRÜNE, LINKE)
- Frau Hannelore Kraft – Ministerpräsidentin des Landes Nordrhein-Westfalen
- Frau Dr. Ottilie Scholz – Oberbürgermeisterin der Stadt Bochum
- Herr Dipl.-Ök. R. Waniek – Managing Director des IKT (Institut für unterirdische Infrastruktur)
- Weitere Empfänger, sowie diverse -TV- und Printmedien in NRW (z.b. ARD, ZDF, RTL, Sat1 …)
[…]
-----------PDF Anhang -----------------

> „Klartext"- müssen wir auch einmal sprechen dürfen ...
> Wir vom Kanalservice-[...] haben in Bezug auf den § 61a LWG, NRW, die Schnauze
> voll von den Pseudo-Argumenten der CDU / FDP und lassen uns nicht länger für
> Dumm verkaufen. Wir nehmen auch nicht länger hin, dass die betroffenen Hausei-
> gentümer (unsere Kunden) durch irreführende Medienpolitik getäuscht und verunsi-
> chert werden und uns dadurch (nachweislich) reihenweise bereits abgeschlossene
> Aufträge platzen ...
> [...]

Auf mich macht das Ganze eher wenig Eindruck. Solch offene Lobby-Arbeit
dürfte bei Politkern eher verpönt sein und Abwehrreaktionen hervorrufen.
Das sieht für mich eher nach einem weiteren Akt purer Verzweiflung aus.

Gleichzeitig werden in unseren Reihen bisher noch zaghafte Mitstreiter mu-
tiger, die sich nun mit einer Abmilderung der Vorgaben nicht mehr zufriedengeben wollen. Eine Meinungsumfrage innerhalb der Bürgerinitiativen zu
einem moderaten Vorgehen ergibt ein eindeutiges Bild. Beispielhaft dafür ist
die Rundmail aus Königswinter:

> Gesendet: Montag, 9. Januar 2012 09:37
> Betreff: RE: Meinungsfrage DRINGEND
>
> Liebe Leute,
> früher habe ich ja auch mal für Kompromiss-Lösungen plädiert, weil ich für die voll-
> ständige Aufhebung des § 61a nicht so gute Chancen gesehen habe. Nachdem aber
> ein vollständiger Meinungsumschwung in den Medien und in der Politik erreicht
> wurde, ist das vollständige Aus des § 61a LWG in greifbarer Nähe.
>
> Nur dafür sollten wir uns noch einsetzen. Es macht wenig Sinn, sich an den verzwei-
> felten Rettungsversuchen von IKT und Remmel zu beteiligen. Stattdessen weiter
> Druck machen auf die gallischen Dörfer, die an der Dichtheitsprüfung immer noch
> festhalten wollen. Dort müssen die Bürger doch jetzt sehr leicht zu mobilisieren sein.
>
> Fremdwasser kann nur da ein Grund für Dichtheitsprüfungen sein, wo die Kosten für
> Fremdwasserbehandlung in den Kläranlagen höher als die Prüf- und Sanierungskos-
> ten für die Rohre sind. Und das wird nirgendwo der Fall sein.
>
> Und auf keinen Fall, auf die neue Variante der IKT eingehen, nun die privaten
> Abwasserleitungen von den kommunalen Abwasserbetrieben untersuchen zu lassen.
> Dann werden die Bürger über die Abwassergebühren abgezockt.
>
> Mit freundlichen Grüßen aus Königswinter
> Jürgen Klute

Es scheint, dass fast alle nun die auch von mir propagierte Maximalforderung zur Abschaffung des Gesetzes konsequent verfolgen wollen. Das
schafft Klarheit in der Außensicht und räumt noch bestehende Zweifel an unserer Zielsetzung aus, die in der Vergangenheit immer wieder für erheblichen
internen Streit gesorgt haben bis hin zu Beschimpfungen und gar persönlichen Beleidigungen.

Nicht zu unterschätzen ist die Wirkung der Initiative „Alles dicht in NRW"
auch über die Landesgrenzen hinaus. Ein höchst interessanter Briefwechsel
mit ungeahnten Folgen für die hessische Eigenkontrollverordnung[16] bahnt
sich an. Klaus hat auf einen Leserbrief der Fuldaer Zeitung hin mit dem Bürgermeisterkandidaten dort Kontakt aufgenommen und Informationen angeboten:

14.01.2012 06:33

Dichtheitsprüfung Hessen ~ private Kanäle in Hessen hier: Tipps aus NRW – m.d.B.
zur Kenntnisnahme ~ bitte an Herrn BM Kandidat Markus Hofmann/ Flieden leiten

Sehr geehrter Herr Markus Hofmann,
es erreichte uns Ihre Meinung: http://www.fuldainfo.de/index.php?
area=1&p=news&newsid=19092
Für den Fall Ihres Interesses hier der Hinweis auf die Website der Anti-DP-Bewe-
gung in NRW www.alles-dicht-in-nrw.de mit allen dort registrierten Initiativen
u. v. m.
Es gibt in NRW noch einige BI mehr, die aber auf eigenen Wunsch hin nicht gelistet
sind.
Die Bewegung aus Schleswig-Holstein „firmiert" im Netz unter: http://buerokratie-
irrsinn.de/ .
Mit den dortigen Mitstreitern stehen wir in gutem und effektivem Infoaustausch.
Ein konsequenter Widerstand kann nach unserer Erfahrung nur in flächenübergreifen-
der Organisation – zunächst pro Bundesland -, unter partnerschaftlicher Kommunika-
tion der kompetentesten Mitstreiter untereinander zum Erfolg führen.
Allein auf einzelne Städte oder Regionen bezogenes Denken lähmt den effektiven
Fortschritt ungemein.
Die unterschiedlichen geografischen und aquaphysikalischen Gegebenheiten müssen
möglichst gebündelt diskutiert und am Ende einer einvernehmlichen Lösung zuge-
führt werden.
Es folgen ein paar Tipps:
[…]
Schönes Wochenende
mit freundlichen Grüßen aus MG
Klaus Lau

Ich selbst nehme den Vorgang interessiert zur Kenntnis, ohne mir viel dabei
zu denken. Es ist nicht die erste Korrespondenz mit Interessierten außerhalb
der Landesgrenzen. Das sich hieraus diesmal mehr entwickelt, als ein netter
aber folgenloser Dialog mit Klaus, kann ich zu diesem Zeitpunkt nicht ahnen. Der von der SPD Fulda favorisierte, parteilose Kandidat antwortet ihm
noch am selben Abend. „*Gut zu wissen, dass man Experten fragen kann*"
meint er. Er bedankt sich herzlich für die Informationen und räumt ein, „*in
der Thematik noch nicht ganz fit*" zu sein, sodass er für jede weitere Nachricht in der Sache dankbar sei. In der Folge überzeugt er schließlich den
Ortsverband der SPD in Fulda, angesichts der Sinnlosigkeit der Prüfungen
eine entsprechende Initiative zu starten.

---

16   Die EKVO entspricht der NRW Dichtheitsprüfung

Wenige Wochen später schon wird die Eigenkontrollverordnung auf Antrag der SPD Fulda durch die Umweltministerin der CDU, Lucia Puttrich, ausgesetzt. Hier zeigt sich wieder einmal, was ein Einzelner manchmal doch entgegen aller Wahrscheinlichkeit ausrichten kann. Klaus sollte dafür mit Dankesschreiben von hessischen Bürgern überschüttet werden. Soviel ich weiß, geschieht das jedoch nicht.

Was Hessen da demnächst schafft, liegt in NRW noch in weiter Ferne. So leicht könnte es eigentlich auch hier gehen. Aber in NRW läuft das ganz anders. Hier regiert Rot-Grün und für Ideologen ist Pragmatismus ein Fremdwort. Inzwischen liegt auch von denen ein neuer Gesetzentwurf vor. Der sorgt ersten Stellungnahmen aus unserer Runde nach zu urteilen eher noch für eine Verschlimmerung der Lage. Ich selbst habe ihn noch nicht gelesen. Irgendwann wird der sicher kommentiert in meiner Post landen und ich verschaffe mir dann einen eigenen Eindruck.

Der nun schon mehrfach in Erscheinung getretene Kanalsanierer legt wieder nach mit einem Vorschlag, bei dem es vermeintlich keine Verlierer gibt. Im Kern sollen die Kosten auf die Gebührenzahler insgesamt abgewälzt werden. Sicher hätte so etwas früher funktioniert und die Proteste im Zaum gehalten. Jetzt ist es dazu zu spät. Fast schon verzweifelt versucht er sein Geschäftsmodell zu retten. Welche Wirkung seine wiederholten Vorstöße auf der politischen Bühne haben, kann ich nicht beurteilen. Bei vielen Politikern, die die damalige Entscheidung für das Gesetz mitgetragen haben, dürften die Argumente aber auf offene Ohren stoßen. Wir diskutieren kurz in der Runde und entscheiden, den Herrn in Zukunft zu ignorieren.

Eigentlich glaubten wir uns seit Dezember letzten Jahres schon auf der Zielgeraden. Es fehlt jetzt nur noch die Einbringung des Entwurfs von CDU/FDP in das Gesetzgebungsverfahren und dann sollte das in allen Ausschüssen und final im Parlament mit der Oppositionsmehrheit verabschiedet werden. Das kann eigentlich ja nur noch eine Frage von ein paar Wochen sein. Weshalb aber geschieht noch nichts in dieser Richtung? Sehnsüchtig warten wir auf Signale, dass der Prozess jetzt läuft.

Ein Gerücht dringt durch, das den Stillstand offenbar erklärt und nach dem keiner der beiden Gesetzesvorlagen eine Mehrheit im Parlament hat. Für uns ist das eine faustdicke Überraschung. Eine Abgeordnete der CDU ist langfristig erkrankt, sodass im Parlament und in den Ausschüssen Stimmengleichheit zwischen den Lagern herrscht. Ein informelles Einvernehmen darüber, in solchen Fällen auch ein Mitglied des jeweils anderen Blocks nicht abstimmen zu lassen, – „Pairing" genannt – kündigt Rot-Grün einseitig auf. Klaus fragt ausdrücklich im Landtag nach und Josef Rickfelder bestätigt die Situation, die nun wieder eine unabsehbare Hängepartie verspricht. Wir alle hoffen auf eine baldige Genesung der Abgeordneten, endlich verbunden mit weiteren Erfolgsmeldungen.

Die Regierung hat damit wieder Oberwasser und Remmel lässt diverse Szenarien diskutieren, die in schneller Folge an die Öffentlichkeit dringen. Die Rheinische Post schreibt *„NRW kippt Kanal-TÜV für Eigenheimbesitzer"* [20]. Ähnlich irreführend titeln andere Blätter und vermitteln damit den Eindruck, alle Probleme seien nun gelöst. Was denken die sich dabei? Rot-Grün hat immer recht, denn das sind ja die Guten. Danach soll die Prüfung außerhalb von Wasserschutzgebieten erst für Abwassermengen ab 200 m³ verpflichtend werden. Wird das Zeug dann also erst ab 201 m³ giftig? – eine polemische Frage, die verschiedentlich gestellt wird. Reicht dann eine Wasserabrechnung, wenn ich in einem Jahr die Grenze unterschreite? Eine Familie mit drei Kindern muss vermutlich dann prüfen, ein kinderloses Ehepaar, selbst mit luxuriösem Eigenheim, wohl eher nicht. Das klingt doch wirklich gerecht!

Und in Wasserschutzgebieten bleibt alles beim Alten: bedingungsloser Prüfungszwang bis Ende 2015. Dass immer noch keinerlei Erkenntnisse darüber vorliegen, ob defekte Abwasserleitungen eine Gefahr für das Grundwasser darstellen könnten, weder innerhalb noch außerhalb der Schutzgebiete, interessiert offenbar niemanden. Dass andere EU- und Bundesländer diese Bedrohung auch nicht sehen, ebenso wenig. Derweil fragen wieder einmal Betroffene nach Schadenersatz bei schon erfolgter Prüfung.

Am 19. Januar stehe ich einer Journalistin der Ruhrnachrichten für die WDR-Sendung Westpol telefonisch Rede und Antwort. Ich leite ihr im Anschluss die Bewertung des rot-grünen Gesetzentwurfs durch Jürgen Klute aus Königswinter zu. Mit den einleitenden Worten *„Wie von vielen befürchtet, kommt hier eine ganz hinterhältige Verschlimmerung des bisherigen § 61a LWG, und zwar wegen der Neufassung des § 53 LWG [...]"* nimmt er darin den Entwurf auseinander.

Begleitet wird die Berichterstattung einmal mehr durch interne Querelen. Es gibt Schuldzuweisungen, nach der einer unserer herausragenden Mitstreiter für diese Gesetzesvorlage des Ministers mitverantwortlich sei. Der Disput gipfelt in sehr persönlichen Beleidigungen, auch öffentlich per Facebook verbreitet. Gravierende gesundheitliche Probleme bei dem Betroffenen bleiben nicht aus, die ihn wochenlang aus dem Verkehr ziehen werden. Es gibt Schlichtungsversuche, Parteinahmen, Schlagabtausche, Missverständnisse. Erklärungen werden abgegeben, dass eine solche Nabelschau kontraproduktiv wirkt und wir wirklich jeden brauchen und niemanden ausgrenzen dürfen.

Dennoch bleibt das Misstrauen untereinander. Wieder einmal registriere ich diese Vorgänge nur am Rande. Erst viel später werde ich mir der Tragweite und der unglaublichen persönlichen Belastungen bewusst, die dabei entstanden sind. Aber ernste Sorgen bereitet mir das Gerangel nach wie vor nicht. Ich halte das alles nur für vollkommen unnötig.

Ein weiteres Mal meldet sich der schon bekannte Unternehmer D. T. zu Wort, der neuerdings einen Blog mit dem Namen „ProUmwelt" betreibt. Der wird in der Branche auch schon rege genutzt:

Veröffentlicht am 20/01/2012 von proumwelt:

Liebe Leser, wie bereits bekannt, ist am 26.01.12 im düsseldorfer Landtag die Anhörung der Gesetzentwürfe zur Dichtheitsprüfung privater Abwasseranlagen. Um dort unsere Präsens zu zeigen und vielleicht noch etwas bewegen zu können, planen wir dort eine Demonstration mit allen interessierten Firmen. Bei Interesse bitte im Kommentarfeld eintragen, welche Firma mit wievielen Fahrzeugen und Mitarbeitern teilnehmen möchte. Danke. Wie schon von dem ein oder anderen erwähnt worden ist, sind auch die Verbände unserer Branche politisch aktiv, diese Bemühungen sollten nicht durch irgendwelche Ausbrüche in Gefahr gebracht werden.

Die Presse zeigt jetzt wieder viel Verständnis für die Gegenseite. Die Kampagnen der Sanierer erzielen stellenweise Wirkung. Gleichzeitig geht die Diskussion im Hause Remmel über eine konsensfähige Lösung weiter. Immerhin braucht auch der Minister immer noch Unterstützung aus dem Oppositionslager, um die Patt-Situation aufzulösen. Ein neuer Entwurf sieht nun vor, dass nur noch Mehrfamilienhäuser betroffen sind. Vieles daran ist unklar. *„Dichtheitsprüfung: Rechtsverordnung mit zwei Varianten schafft keine Rechtssicherheit – Das Chaos im Hause Remmel geht weiter"* schreibt die CDU-Landtagsfraktion auf ihrer Seite. Auch Haus und Grund distanziert sich *„In der Sache darf der SPD/Grünen-Antrag nicht durchkommen, da dann Remmel alles per Erlass regelt und den Kommunen eine Macht zugestanden wird, mit der die Räte und Verwaltungen in der Regel nicht umgehen können."*

Tatsächlich finden sich Ende Januar etwa 150 Sanierer in der Nähe des Landtags ein [21], manche mit ihren Fahrzeugen. Ansprachen werden gehalten, die Gruppe marschiert über die nahegelegene Rheinbrücke. Viele tragen Warnwesten mit der Aufschrift *„Euer Hü und Hott macht uns alle noch bankrott"*.

Die ganze Geschichte ist sicher nicht nur für die Bürger ein Albtraum. Aber für die Umwelt durfte ja nichts zu aufwendig und zu teuer sein. Dumm nur, dass die Zahlmeister wieder einmal nicht gefragt wurden und die heraufbeschworenen Katastrophenszenarien jeder Grundlage entbehren.

Klaus berichtet mir von der Sitzung, in der die beiden Gesetzentwürfe beraten werden: *„[...] Die Plenarsitzung war nicht langweilig aber ohne unerwartete Effekte. Grüne (Markert und Remmel) total bekloppt, SPD knapp besetzt aber stur (soll ja nach meinem SPD-Flüsterer intern zu 50 % auf unserer Seite sein), CDU (Peter Biesenbach) TOP! Der hätte von uns sein können. Er hat u. a. dein Beispiel von der Notwendigkeit des Auskofferns gebracht, wenn da wirklich was dran wäre. FDP wie gehabt. Am Ende Zurück-*

verweisung in die Ausschüsse. Aus Köln waren 2 Leute da, die einen guten Eindruck machten. Ohne deine Seite sähe das anders aus Gruß Klaus"

Die Demo der Sanierer in Düsseldorf kommt nicht überall gut an. Die Rheinische Post etwa titelt am folgenden 27. Januar wieder ganz in unserem Sinne *„Nicht ganz dicht: Dass Lobbyisten bisweilen zur Dreistigkeit neigen, um ihre Ziele zu erreichen, ist weder neu noch überraschend. Und dass sie ihre Mitarbeiter (Arbeitsplätze!) sowie selbstlose Argumente (Umweltschutz!) dafür ins Feld führen, auch nicht. Seltenheitswert an der gestrigen Demonstration einiger Kanal- und Abwasser-Unternehmer vor dem Düsseldorfer Landtag hat lediglich die Plumpheit, mit der eine kleine Gruppe von Profiteuren nach dem Bestand eines Gesetzes verlangt, das bis zu 40 Milliarden Euro wortwörtlich in ihre Kassen gespült hätte. […]"*[22]

Nun, wer gibt schon freiwillig eine sicher geglaubte Goldader auf. Der Westdeutsche Handwerkskammertag schaltet sich ein und beklagt die entstandene Unsicherheit in einem Schreiben an das Umweltministerium vom 10. Januar *„[…] Wir haben Verständnis dafür, wenn inzwischen Härtefälle festgestellt wurden, die außerhalb von Wasserschutzgebieten zu Übergangsregelungen führen müssen. Eine komplette Umkehr der Rechtslage können wir als Handwerksorganisation gegenüber unseren Mitgliedsbetrieben, die erhebliche Investitionen betrieben haben, nicht vertreten. Wir bitten Sie deshalb dringend, sich dafür einzusetzen, dass bei einer Novelle des Gesetzes die Interessen der betroffenen Handwerksunternehmen Berücksichtigung finden und die Handwerksorganisation bei dem Gesetzesvorhaben frühzeitig einbezogen wird. […]"*

Die Interessenlage ist ziemlich klar. Nicht etwa die Sorgen um eine intakte Umwelt stehen im Vordergrund. Die liefert nur willkommene Scheinargumente. „Für die Umwelt darf uns nichts zu teuer sein.", hört man allenthalben. Aber irgendwann kann ein Durchschnittsverdiener sich sein Leben nicht mehr leisten. Rot-Grün vertritt offenbar nur noch die Interessen der Besserverdiener – verkehrte Welt. Früher hatte ich die Freidemokraten dort verortet. Die Sorgen der Handwerker kann ich allerdings auch nachvollziehen. Politiker aller Ebenen haben erheblichen Druck ausgeübt um die Betriebe zu hohen Investitionen in Ausbildung und Technik zu veranlassen. Viele haben dann im Vertrauen auf die versprochenen Einnahmen auch gehandelt, große Kredite aufgenommen und stehen jetzt schon im Regen – eine absolut verfahrene Situation.

Verständnis hin oder her – wir können da natürlich nicht untätig bleiben. Die Interessen sind halt so gegensätzlich wie sie nur sein können und es geht jetzt vorrangig darum, vor wessen Zorn sich die Politiker mehr fürchten. Einen Textvorschlag für unsere nächste Kampagne an den Landtag leite ich an einen kleinen Kreis zur Kommentierung weiter. Wir müssen einfach genauso penetrant gegenhalten, dürfen auf keinen Fall den Eindruck erwecken, dass

unser Widerstand schwächelt. Die Kampagne startet wieder als Kettenbriefaktion am 9. Februar.

Währenddessen stuft DIE LINKE das Gesetz nach einem Gutachten des juristischen Dienstes wegen fehlender Gesetzgebungskompetenz als verfassungswidrig ein, was danach vermutlich auch für die beiden neuen Gesetzentwürfe gilt. Da werden sich wohl beide Lager noch Gedanken machen
müssen. Mir kann es allerdings egal sein, ob die neuen Regelungen per Gesetz oder per Rechtsverordnung oder sonstwie festgeschrieben werden. Nur
der Inhalt zählt letztendlich und die Frage, wie man dagegen juristisch vorgehen kann.

Beruflich wird es bei mir jetzt eng. Mein Job in Frankfurt neigt sich nach elf
Jahren dem Ende zu und ich muss mir Gedanken machen, wie es weiter
geht. Ein Betriebsrat spricht von einer prall gefüllten Schatulle nach dem
kürzlichen Verkauf eines Unternehmensteils, aus der er großzügige Aus-
stiegsangebote erwartet. Deshalb bekunde ich ausdrücklich mein Interesse.
Ein Angebot der Personalabteilung allerdings bleibt aus. Das ist untypisch,
wie mir mein Betriebsrat versichert. Auch im nächsten und übernächsten
Quartal wird sich nichts tun. Offenbar will die Firma mich durchaus noch
nicht loswerden.

Prof. Hepckes Auftritt in einem Streitgespräch mit Prof. Weinig beim IKT
vom Januar 2012 gerät in die Kritik.[23] *Der muss einen Blackout gehabt
haben …(was jedem passieren kann) oder hat bei so viel Gegenwind Schiss
bekommen (was nicht gilt) oder den Überblick verloren (was auch ent-
schuldbar wäre)"* beschreibt Klaus seine Wahrnehmung. Hepckes Ausführungen haben den Eindruck hinterlassen, er habe die Eigenheimbesitzer in
Wasserschutzgebieten zum Abschuss freigegeben. Der Bericht im „infodienst Grundstück und Wasser 01/2012" ist überschrieben mit *„Sie bestreiten die Gefahr von austretendem Abwasser? – Ja!"* und legt nahe, dass Hartmut Hepcke sich da wohl in Feindesland behaupten musste. Ich selbst wollte
da auch nicht in seiner Haut stecken. Eine derartige Situation – „Alle gegen
Einen" – ist nie wirklich beherrschbar.

So etwas berührt mich aber dann schon, wenn ein herausragender Fachmann
auf unserer Seite den Anschein erweckt, einzuknicken und Zugeständnisse
zu machen. In diesem Fall kann ich die entstehende Aufregung durchaus
nachvollziehen. Trotzdem halte ich mich auch hier aus der aufflammenden
Diskussion heraus und beziehe keine Position. Für mich gehört so etwas zum
unvermeidlichen Chaos, von dem ich einfach noch nicht sagen kann, wie es
letztlich wirkt.

Hepckes Vortrag in Rheine vom 1. März allerdings prägt wieder die von ihm
gewohnte deutliche Sprache und liegt ganz auf unserer Linie [24] „[…] *Die
jetzt immer noch diskutierte nachträgliche Dichtheitsprüfung ist nach Auffassung des Wissenschaftlers weder rechtlich noch umwelttechnisch haltbar.*

‚Geht von einer undichten Leitung eine Gefahr für die Umwelt aus? Eindeutig Nein! Aber darüber redet leider keiner mehr‘, sagte der Professor in seinem einstündigen Vortrag im Hotel Johanning. Keine Untersuchung belege, dass durch eine undichte Hausanschlussleitung Gefahr für das Grundwasser ausgehe. ‚Es ist eine Ungehörigkeit, so etwas zu behaupten und nicht zu beweisen‘, sagte Hepcke.[...]“. Sachargumente, seien sie noch so gut, spielen bei politischen Entscheidungen offenbar keine Rolle, vor allem nicht bei solchen, die schon gefallen sind. Die will dann einfach keiner mehr hören. Aber sie helfen dabei, die Proteste wach zu halten, sie weiter zu befeuern und Unentschlossene auf unsere Seite zu ziehen. Ob und inwieweit sich Machtverhältnisse dadurch verschieben, ist unmittelbar nicht festzustellen. Wie sollten wir so etwas auch messen? Geld für teure Umfrageinstitute hat keiner von uns übrig.

Kritiken gibt es naturgemäß auch aus der anderen Richtung. So postet ein anonymer Prüfungsbefürworter etwa:

„Tron3001@aol.com 05.03.2012 18:14:Oh Gott, was ist hier für ein Verein am Werk, so eine Analyse wie die von Herrn Hepcke ist ja so Praxisfremd wie nur irgend möglich, dann kann man auch behaupten man könne mit Hamstern reden, das ist dann Inhaltlich genauso an der Realität vorbei. Was glaubt Ihr eigentlich wo die Probleme mit den Medikamentenrückständen aus den 60er her kommen? Aber so weit denkt hier wohl keiner von den ach so schlauen Leuten. Leute, Leute, wie kann man nur, ich hoffe nur Ihr habt keine Kinder oder Enkelkinder den ihr das irgendwann mal alles erklären müsst. Wenn irgendwann die Katastrophe da ist, könnt ihr ja ganz stolz euern Kindern oder vielleicht auch Enkelkindern erzählen, dass ihr das verursacht und für eure Generation 200 – 300 € gespart habt.“

Na ja, ziemlich einfach gestrickte Polemik: Da muss man nicht gegenhalten. Der gleiche Nutzer meldet sich in der Folge noch diverse Male, beklagt üble Nachrede und Hetze gegen seinen Berufsstand *„[...] ich halte meinen Namen genau aus dem Grund, wie es mit Herrn S[...] geschehen ist zurück, weil ich es nicht einsehe mich genauso durch den Dreck ziehen zu lassen wie es Herrn S[...] passiert ist. Ich kann Ihnen nur sagen, wie Sie sich wahrscheinlich schon denken können, dass ich auch aus der Kanalsanierungsbranche komme und wenn ich das Gefühl habe, dass man sich Sach.- und Fachlich und vor allem auf einer Seriösen Ebene Unterhalten bzw. Diskutieren kann, ich mich auch sehr gerne zu erkennen gebe. [...]“*

Klaus reagiert noch einmal auf einen Eintrag im ProUmwelt Blog mit Hinweis auf das von der Linken in Auftrag gegebene Rechtsgutachten. Der meldet sich auch prompt am 1. März *„Sehr geehrter Herr Lau, Sie haben recht, aber nur in einem Punkt. Nämlich, dass „Herr T[...] sich mal wieder meldet“! Sie können Ihren Mitstreitern ausrichten, dass sich Herr T[...] (oder seine Anwälte) auch zukünftig wieder melden werden. In diesem Zusammen-*

hang bin ich übrigens mittlerweile sehr entspannt und zuversichtlich, dass es für Sie schon (in ganz naher Zukunft), eine große Überraschung geben wird. Warum ich so guter Dinge bin, werden Sie und Ihre Leute schon bald erfahren. Manche Dinge werden eben nicht von Bürgerinitiativen entschieden, sondern hinter verschlossenen Türen verhandelt bzw. bestimmt. Nur soviel vorab, ich verfüge über (noch interne) juristische und politische Informationen, die Sie ganz bestimmt auch (schon) gerne hätten und die Sie vermutlich nicht erfreuen werden.“

Was meint der nur mit seinen Andeutungen? Eigentlich wollten wir den ja ignorieren, aber der macht jetzt ganz schön auf „Dicke Hose“. Dass die wichtigsten Entscheidungen nicht öffentlich verhandelt werden, ist sicher kein Geheimnis. Interessant wäre schon zu wissen, wer denn seine Gesprächspartner sind, die ihn in seiner Zuversicht bestärken. Wer von uns hätte zum Jahresende wohl gedacht, dass der weitere Weg so schwierig werden könnte. Was läuft da hinter den Kulissen? Hat da überhaupt noch jemand den Überblick?

Relativ neu in unserem Kreis ist die Bürgerinitiative in Übach-Palenberg um Heinz Klinkertz. Ein Brief der Bundestagsabgeordneten Petra Müller vom 6. März landet bei meiner Privatadresse, richtet sich aber wohl primär an ihn *„[...] Sehr geehrter Herr Klinkertz, für Ihr Engagement in der Initiative „Alles dicht in NRW" möchte ich Ihnen gerne meine Wertschätzung aussprechen. Als Bürgerin der Stadt Herzogenrath und Abgeordnete Nordrhein-Westfalens empfinde auch ich die geplante Dichtheitsprüfung in Nordrhein-Westfalen als unnötigen Zwang, der für die Bürger, ohne plausible Begründung, schwer einschätzbare und potenziell hohe Kosten verursachen kann. Die Landtagsfraktion der FDP und ihr Mitglied Kai Abruszat sind hierzu ja bereits mit ihrer erfolgreichen Initiative zur Aussetzung der umstrittenen Dichtheitsprüfung aktiv. Der Initiative „Alles dicht in NRW" möchte auch ich meine Unterstützung anbieten.“* Den Hintergrund kenne ich nicht, aber offenbar hat sich Heinz mit seinen Anliegen und Sorgen unter Bezug zur landesweiten Initiative an den Bundestag gewandt. Damit wächst auch die Liste der Bürgerinitiativen in unserem Kreis weiter.

Auch Heinz sieht sich in seiner Stadt einer Einheitsfront gegenüber und schreibt mir am 4, März: *„Sehr geehrter Herr Genreith, wir sehen noch keine Notwendigkeit von unserem Protest gegen den Kanal-TÜV abzulassen. Mithilfe der Presse ist bei uns in der Stadt Übach-Palenberg die Protestwelle gerade sehr gut angelaufen. CDU, UWG, Grüne und FDP halten an der von ihnen einmal beschlossenen Satzung fest. Bitte teilen Sie uns neue Informationen mit. Mit freundlichem Gruß Die Bürgerinitiative der Stadt Übach-Palenberg Heinz Klinkertz“*

Aber auch er ist entsetzt über das Hickhack in unserer Runde, das sich unvermindert im E-Mail Verkehr niederschlägt. Ich biete ihm an, sich aus dem zentralen Verteiler auszutragen, sodass er nur noch relevante Nachrichten über mein eigenes Adressverzeichnis erhält.

Auch andernorts sorgen die Vorgänge für Unverständnis. *„Mein Gott, hört denn das nie auf? Dieses Hickhack ist ja furchtbar und unerträglich!!! Und wir alle werden tagtäglich mit dieser unsäglichen Flut von mails bombardiert. Wie wäre es, wenn alle mal wieder zur Tagesordnung zurückkehren und ihre Energien da einsetzen, wo es sinnvoll ist, nämlich weiterhin gegen die Dichtheitsprüfung zu kämpfen. Die ist doch schließlich ganz und gar noch nicht vom Tisch und dieser Grabenkrieg hilft nur den Kanalhaien und ihrer Lobby. Mit genervten Grüßen von der BI Gabi2011 in Gadderbaum Hartmut Wiechert"* schreibt ein Mitstreiter am 7. März. Und Klaus ist oft mitten drin in den Auseinandersetzungen. *„[...] Meine Geduld ist erschöpft. Seht zu, wie ihr alleine klar kommt. Letzter Service: Herr Remmel bat um Aufschiebung der Stellungnahme seines Ministerium zu dem Gutachten, weil er nur einen Juristen hat, der das bearbeiten kann. Es sieht so aus, als würde die Expertenanhörung verschoben. [...]"* schreibt er noch am selben Tag. Ich selbst bleibe weiter im Kontakt mit ihm.

Bei Minister Remmel hat sich inzwischen auch schon die Erkenntnis durchgesetzt, dass die bestehenden Regelungen nicht verfassungskonform sind. Auf beiden Seiten besteht nun Handlungsbedarf. Noch hoffen viele in unserer Runde, dass die Patt-Situation im Landtag ein Ende hat, und CDU/FDP/LINKE endlich einen eigenen Entwurf, wie auch immer der dann formell gestaltet ist, mit dem schon bekannten Inhalt durchsetzen können. Erst einmal sind die Parteien aber mit Haushaltsberatungen beschäftigt, begleitet von der üblichen Polemik bei Regierung und Opposition und mit den immer gleichen taktischen Spielchen. Doch die Letzteren gehen diesmal gründlich daneben.

Dumm gelaufen

Am 14. März zerstören FDP und DIE LINKE all unsere Hoffnungen auf ein schnelles Ende. Eher versehentlich lösen sie mit ihrem Abstimmungsverhalten eine Neuwahl in NRW aus. Zwar hatten alle Oppositionsfraktionen angekündigt, die Einzelpläne in der zweiten Lesung des Haushaltsentwurfs abzulehnen. FDP und LINKE hatten aber geglaubt, dass bis zur dritten Lesung Zeit für eine endgültige Entscheidung wäre – war aber nicht so. Der Landtag löst sich nun auf und alles ist wieder offen. *„[...] Jetzt hat der Wähler das Wort. Sein Votum entscheidet auch über die Änderung des § 61 a Landeswassergesetz, also über die künftige Regelung zur Dichtheitsprüfung."* schreibt etwa die Wirtschaftsgemeinschaft Hünxe wertungsfrei.

Waren jetzt alle Anstrengungen umsonst? Manch einer sieht das so. Ich schreibe am nächsten Tag an den großen Verteiler – jetzt nur nicht aufgeben. Es ist wie beim Bergwandern: Manches Mal sieht man den Gipfel schon direkt vor sich und dann tut sich unvermittelt eine Klamm auf. Der Wanderer

verliert dann erst einmal wieder jeden mit viel Schweiß erkämpften Höhenmeter, muss wieder ganz hinunter, bevor es auf der anderen Seite wieder an
den Aufstieg geht. Trotzdem wirft einen so etwas nicht wieder an den Anfang der Tour zurück. Es wird halt nur deutlich anstrengender als erwartet. In
diesem Sinne kommentiere ich jetzt den Status quo:

15.03.2012, 11:47

Neuwahl in NRW : Alles zurück auf LOS ? Nicht ganz!

Die rechtliche Bewertung des Gesetzes hat sich dramatisch verändert, nachdem auch
der Landtagsausschuss die Verfassungsmäßigkeit des Landeswassergesetzes anzweifelt. Daran kommt keine Regierung vorbei.

Die inzwischen vorliegenden kritischen Gutachten und der anhaltende Widerstand
haben auch in der SPD die Zweifler gestärkt. Was bisher leider fehlt, ist offener
Widerstand aus der Landes-SPD gegen die Regierungslinie. Helfen Sie mit all Ihren
Möglichkeiten, die Abgeordneten zu überzeugen und auf unsere Seite zu ziehen. Die
SPD und jeder Abgeordnete muss sich klar darüber werden, wen diese Partei in
Zukunft eigentlich vertreten möchte.

Wir können uns nur wünschen, dass nach der Wahl eine Koalition der Vernunft die
Regelungen abschließend kippt und nicht durch Hintertüren wieder einführt. Dafür
werden wir, jeder Einzelne und alle Bürgerinitiativen im Land weiter kämpfen.

Schwarz-Gelb oder auch Schwarz-Rot wäre für uns wohl ein günstiges Ergebnis und
DIE LINKE im Landtag wäre sicher hilfreich für die Sache. Von den Piraten gibt es
in der Frage noch keine klare Position. Aber eine Wahl ist kein Wunschkonzert und
noch immer wissen die meisten Bürger in NRW nicht – oder wollen es auch gar nicht
wissen – was auf sie zukommen kann. Auch hier sollte jeder Einzelne bei Freunden,
Bekannten und Nachbarn weiter trommeln, informieren und aufklären.

Umweltpolitik ist dort sinnvoll, wo sie die Lebensgrundlagen der Menschen tatsächlich erhält und verhältnismäßig ist. Sie ist abzulehnen überall dort, wo sie vor allem
Industrieinteressen dient, die Bürger ohne Not belastet und ihnen im Gegenteil die
Existenzgrundlage zu entziehen droht. Letzteres gilt leider nicht nur für die Dichtheitsprüfung.

Grüße Werner S. Genreith

Naturgemäß erhalte ich kaum direkte Rückmeldungen. Aus den wenigen
kann ich aber entnehmen, dass meine Positionen Gehör finden. Vorschläge
für die nächsten Aktionen werden vorgetragen und diskutiert. Bei so manchem hängt darunter noch meine Mail an. Karl-Udo schreibt „[…] *Im Übrigen finde ich die ganz unten stehende Bewertung von Siegfried Genreith als
die strategisch zutreffendste Aussage der vielen Stellungnahmen des heutigen Tages und ibs. der Rot-markierte Passus spornt mich noch mehr an! Ihr
werdet von mir entsprechend hören, aus Gründen von Effizienz & zukünftig
(hoffentlich) 'verbesserter Einschaltquote' vermehrt per Twitter, mit dem ich*

*aus der aktuellen Veranlassung nun schneller in ‚Vollstreuung' gehen werde
– 'Beta-Version' hin oder her, die Zeit ist knapp genug bemessen! [...]"*

Meinen Text stelle ich gleich ins Netz für das noch größere Publikum und
schicke ihm den Link zur eigenen Verbreitung über seinen Twitter-Account.
Zwei Tage später schon richtet Karl-Udo einen eindringlichen Appell an seine SPD-Genossen. Die LINKE kündigt an, unser Anliegen zu einem zentralen Wahlkampfthema zu machen und ich starte eine weitere Kampagne an
die zur Wahl stehenden Landtagsabgeordneten. Die ersten Hochrechnungen
sehen ROT-GRÜN klar vorne und sorgen für Entsetzen. Da scheint erneut
eine Herkulesaufgabe auf unser Netzwerk zu warten.

Irgendwie macht sich das Gefühl breit, wieder am Anfang zu stehen. Dafür
sorgen auch die Kommentare aus der Kanalbranche. Die wittern Morgenluft
und trommeln jetzt natürlich vehement für die Beibehaltung der Regeln. So
erscheint am 19. März ein Beitrag im Sanierer-Blog ProUmwelt:

> Veröffentlicht am 19/03/2012 von proumwelt
> Abbruch der Novellierung des § 61a Landeswassergesetz: Sowohl Gesetzentwurf der
> Opposition als auch der Regierung nun obsolet. Der NRW-Landtag geht – die Dicht-
> heitsprüfung bleibt [...]
>
> Kommentar zum Bericht proumwelt, am 20/03/2012 um 11:23 sagte:
> Es muss eine großangelegte Medienaktion mit Informationen bezüglich Umgang und
> Pflichten zum Thema defekter Grundleitungen und aktuelle Situation „nämlich keine
> Novellierung des 61a" gestartet werden, die aber auf keinen Fall unter der Flagge von
> irgendwelchen Firmen betrieben wird. Wir müssen einen Finanzpool aus Spenden
> aller beteiligten Firmen eröffnen um dies zu Finanzieren und ein Verband muss dies
> an alle wichtigen Zeitungen weiter geben, am besten mit der Überschrift „keine
> Änderung, 61a bleibt bestehen".

Natürlich brennt denen der Kittel. Angesichts der Unsicherheiten haben tausende Kunden bereits ihre Aufträge storniert. Man hofft wohl, dass mit konsequenter Pressearbeit dieser Trend umkehrbar ist. Mit einem Schnellbrief
springt der Städte- und Gemeindebundes den Betrieben tatsächlich zur Seite
und stellt fest *„[...] Der Gesetzentwurf der Fraktion der CDU und der Fraktion der FDP (Drs. 15/3563) vom 19.12.2011 und der Gesetzentwurf der
Fraktion der SPD und der Fraktion Bündnis 90/Die Grünen (Drucksache
15/3769) vom 17.01.2012 sind ebenfalls gegenstandslos geworden. Beide
Gesetzesentwürfe sahen eine Änderung des § 61 a LWG NRW mit dem Ziel
vor, die Dichtheitsprüfung von privaten Abwasseranlagen neu zu regeln. Für
die Kommunen bedeutet dies, dass die alte Gesetzeslage weiter fortbesteht,
nach der die Dichtheitsprüfungen grundsätzlich bis zum 31.12.2015 durchgeführt werden müssen, sofern die Gemeinden durch Satzung keine abwei-
chenden Zeiträume bestimmt haben."* Unglaublich, die ziehen das jetzt
durch, als wäre nichts geschehen.

Bis zur Neuwahl im Mai ist nicht viel Zeit. Aus dem Stand ist der Wahlkampf voll entbrannt. Am 21. März ist Karl-Josef Laumann in Riesenbeck
zu Gast bei der Markenversammlung Birgte/Lage und steht dort Rede und
Antwort zu unterschiedlichen Themen. Mit „[...] *Weniger die Schule als die
verordnete Dichtheitsprüfung war jedoch der Aufreger der letzten Monate.
Prompt wurde Laumann auf dieses Thema in der Versammlung angesprochen.* **,Ich habe in meinem politischen Leben noch nie so eine politische
Bewegung gesehen wie bei der Dichtheitsprüfung',** *bekannte Laumann.
[...]*" wird er dort zitiert[25]. Von einem wirklich altgedienten Politiker mit
jahrzehntelanger Erfahrung auf allen politischen Ebenen ist das schon eine
bemerkenswerte Äußerung. Mir selbst fehlt jede Vergleichsmöglichkeit. Bürgerinitiativen gibt es doch eigentlich wie Sand am Meer, mit vernünftigen
bis hin zu völlig irrsinnigen Zielen. Was zeichnet denn dann unsere derartig
in der Masse aus?

Auch die FDP hebt offensiv die Dichtheitsprüfung auf den Schild der Wahl-
kampfthemen. „*Die FDP in Ostwestfalen-Lippe zieht mit Kai Abruszat an
der Spitze in die NRW-Neuwahlen.* »*Ich schlage Ihnen den Robin Hood der
Kanäle als unseren Spitzenkandidaten bei der Aufstellung der FDP-Landes-
liste vor*«, *sagte Bezirkschef Frank Schäffler am Samstag in Paderborn*"[26]
berichtet das WESTFALEN-BLATT und Robert Longerich meldet sich mit
einem „FDP-Rettungssong" als kleine Wahlkampfhilfe.

Karl-Udo hat seine „Wahlprüfsteine" inzwischen fertiggestellt. In den folgenden Wochen und Tagen werden die zur Wahl stehenden Parteien und Bewerber um Stellungnahmen gebeten. So schreibt Heinz:

Konzeptentwurf	28.03.2012, 19:06

hallo, liebe Mitstreiter,
der Konzeptentwurf von Karl-Udo Priesmeier ist nach unserer Auffassung sehr gut
und ich denke im Moment völlig richtig.

Wichtig ist auch: Die Unterschriftenaktionen müssen ständig weiterlaufen und dürfen
nicht vernachlässigt werden.

Die BI der Stadt Übach-Palenberg schließt sich diesem Konzeptentwurf und Diskus-
sionspapier zur Aufstellung von Wahlprüfsteinen für die politischen Parteien und ihre
Kandidaten für den nächsten NRW-Landtag an.

Wir haben bereits am 22.03.2012 die möglichen sechs Parteien für die NRW-Wahl
kurz und knapp angeschrieben, mit der Bitte um Stellungnahme zu unserem jedem
bekannten Thema.

Derzeit basteln wir nun an einem netten Erinnerungsschreiben.
Und so verbleibe ich,

Wir sind keine Partei !!! Wir lösen Probleme !!!

Mit freundlichem Gruß
BI- Übach-Palenberg
I.V. Heinz Klinkertz

Am selben Tag noch berichtet Karl-Udo von einem unglaublichen Vorgang. Die Osthessen News titeln *„Umweltministerin PUTTRICH (CDU) erfüllt die Erwartungen der Fuldaer SPD"*[27] – verkehrte Welt, wie er meint und ich erinnere mich schwach: Da war doch was, mit Klaus und einem Austausch mit einem Bürgermeisterkandidaten in Hessen?! [28]. Leider ignoriert die NRW-SPD das Vorbild der Schwesterpartei in Hessen und auch Thorsten Schäfer-Gümbels Position hat hierzulande keinerlei Gewicht.

Karl-Udos Initiative zeigt erstaunliche Wirkungen. So schreibt Roland Schmidt aus Havixbeck *„Hallo liebe Mitstreiter, am letzten Wochenende haben wir einfach den Brief von Karl-Udo Priesmeier unter die Leute gebracht. Der Inhalt hat gesessen, ein ausgewiesenes SPD-Mitglied hat mir daraufhin den Stinkefinger gezeigt. Viele Grüße aus Havixbeck Roland Schmidt Sprecher der BI"*. Klasse – alles richtig gemacht: Die Botschaft kommt also an und wenn die Argumente fehlen, helfen klare Gesten weiter. Karl-Udo selbst erhält nur genau eine direkte Rückmeldung aus dem Kreis seiner angeschriebenen Genossen.

Nach LINKE und FDP wollen jetzt auch die noch nicht im Landtag vertretenen Piraten die Anti-Dichtheitsprüfung in ihr Wahlprogramm aufnehmen. Hans-Peter Bergmann aus Möllen und Peter Küppers von Alles-dicht-in-Bocholt stehen im Kontakt mit der neuen Partei im Kreis Borken. Dieter Kassenbeck hatte schon vorher die Emspiraten über seine Initiative „Alles dicht in Rheine" informiert.

Um weiteren Druck aufzubauen beginnt Karl-Udo eine Zählung unter den Gegnern, um damit wahlkampftaktisch zu punkten. Ich bin da skeptisch. Die Bürgerinitiativen alleine werden sich schwertun, selbst mit niedrigen vierstelligen Zahlen. Ich mache eine Rechnung auf, die auch Besucher meiner Seite dazunimmt, mit ernüchterndem Ergebnis. Eine konkret belastbare Zahl, die Eindruck hinterlässt, kann so nicht zusammenkommen. Über Multiplikatoren aufgrund der vielen Veröffentlichungen in den Printmedien kann ich nur spekulieren.

Alle echten Zählungen führen zu eher enttäuschenden Ergebnissen, verglichen mit den Millionen Betroffenen in NRW. Wahrscheinlich reden wir da von Promille-Werten, die keine Wahl entscheiden werden. So schlage ich vor, eine Zahl von moderaten bis zu 200.000 Gegnern in den Raum zu stellen, ohne konkreten Beleg. Das kann dann jeder Beobachter für sich selbst bewerten und dürfte nur die schon bestehenden Erwartungen erfüllen. Der Wahrheit dürfte diese Zahl ohnehin nahekommen, vielleicht eher noch zu niedrig geschätzt sein. In der Tat erwarte ich in diesem Fall, dass der eine oder andere Empfänger der Nachricht hier noch einmal mit einem Faktor hoch multipliziert für zusätzliche Freunde und Familie. Dann sieht die Sache anders aus. Karl-Udo nimmt den Vorschlag dankbar auf. In der Tat wird die Zahl von politischer und medialer Seite in der Folge nicht angezweifelt, eher noch nach oben hin korrigiert.

Anfang April starte ich wieder eine Kampagne *„Bitte um Ihre Hilfe: Öffentlichkeit herstellen […] Für so Manchen wird das die furchtbarste Wahl, die NRW je hatte: Neben Dichtheitsprüfung drohen Dämmungszwang und andere höchst unsoziale Maßnahmen, deren Nutzen in keinem vernünftigen Verhältnis zu den Kosten steht. […]"*

Barbara schreibt am 8. April *„Hallo Siegfried, Du hast mich wieder mal erwischt. Ich sollte mindestens ein mal die Woche auf Deine Homepage gehen und gucken, was Du so schönes hast. Ich habe gerade Deinen Brief "Öffentlichkeit herstellen" kopiert und an sämtliche private E-Mail-Adressen (nicht die Bürgerinitiativen und Einzelkämpfer) rausgeschickt."*

Kurz darauf hängt die Telekom mich fast zwei Wochen lang von Telefon und Internet ab. Da ich zudem im Funkloch wohne – in der Eifel gibt es so was tatsächlich noch –, kann ich nur noch von unterwegs vernünftig mobil telefonieren, um den einen oder anderen über meine missliche Lage zu informieren und mein „Schweigen" zu erklären.

„Hallo Klaus, die Mail schreibe ich jetzt […], um ein Lebenszeichen zu geben. Die Telekom hat mich und andere Nachbarn hier seit jetzt mehr als einer Woche komplett abgehängt – Totalausfall Telefon und Internet. Zum Glück wird die Internetseite extern gehostet, aber ich kann derzeit keinerlei Änderungen vornehmen und Mails kaum beantworten. Grüße Siegfried"

Der vermutet schon Sabotage und antwortet *„Hallo Siegfried, ob da ‚Rot-Grün' oder die Kanal-Lobby dahinter steckt? Einen solchen Mist können wir z. Z. ja nun überhaupt nicht gebrauchen. Hoffentlich kommen die bald in die Gänge! LG auch an Deine Frau Klaus"*

Die Stellungnahme mit Datum vom 12. April von Karl-Josef Laumann kann ich deshalb erst am 20. des Monats beantworten und weiterleiten *„Sehr geehrter Herr Genreith, uns erreichen zahlreiche Anfragen zur Dichtheitsprüfung. Ich bitte Sie freundlich, die klare Position der CDU an die einzelnen Initiativen vor Ort weiterzugeben: Für die CDU bleibt es selbstverständlich bei der Position, die wir mit dem Gesetzentwurf (Drucksache 15/3563) bezogen haben. Für uns kommt eine Dichtheitsprüfung nur bei begründetem Verdacht infrage. Unser Gesetzentwurf ist nach der Auflösung des Landtags der Diskontinuität zum Opfer gefallen. Wir werden ihn nach der Konstitution des neuen Landtags sofort wieder einbringen. Mit freundlichem Gruß und Dank Ihr Karl-Josef Laumann".*

Wenn die Wahlprognosen stimmen, haben wir damit die gesamte zu erwartende Opposition hochoffiziell im Boot. Eigene Plakate werden entworfen, alle die Parteien darauf lobend erwähnt, die unser Anliegen unterstützen. Sobald ich online sein kann – was noch selten genug ist –, beantworte ich die wichtigsten Mails, versuche nachzuvollziehen, was sich da draußen so gerade tut, gebe Lebenszeichen, verschicke Aufkleber nach Bestellung. Ich werde nach Wahlempfehlungen gefragt – ein gefährliches Pflaster, das ich meide *„Hallo Herr […], meine persönliche Sicht ist, dass die CDU sich damit festgelegt hat. Sorgen bereitet mir persönlich eher Herr Röttgen und wie er sich in möglichen Koalitionsverhandlungen zu dem Thema stellt. Ich gebe aber ausdrücklich keine direkten Wahlempfehlungen ab. Fakt ist, dass DIE LINKE, FDP und CDU (in dieser zeitlichen Reihenfolge) uns unterstützt haben und die Piraten das Thema in unserem Sinne in ihr Parteiprogramm aufgenommen haben. Rot-Grün ist damit isoliert und wir müssen eine eigenständige Mehrheit SPD/GRÜNE verhindern. Aus meiner Sicht spricht inzwischen einiges dafür, dass es auf eine Rot-Schwarze Koalition hinauslaufen könnte, wenn der Trend der FDP sich fortsetzt (erste Umfragen sehen die wieder bei 5%) und die Piraten ein Ergebnis nahe bei den GRÜNEN erreichen. Grüße“*

In der großen Runde tritt Klaus derzeit kaum noch in Erscheinung. Im Hintergrund bleibt er allerdings alles andere als untätig. Für eine eigene Wahlkampagne nimmt er Kontakt mit einem Zeichner auf. Die Aktion erweist sich als Flop: *„Hallo der Karikaturist, mit dem ich heute bei mir zu Hause einen Termin ausgemacht hatte, war ein HARDCORE-Grüner, der sich nach einer viertel Stunde empört verabschiedet hat. ‚Ich soll also gegen ROT-GRÜN zeichnen? Niemals!‘ Dabei hatte ich ihm am Telefon sehr genau erklärt, worum es ging. Ich hatte schon ein ungutes Gefühl, als der mit seinem Fahrrad vor dem Haus herumirrte, um sein Rad anketten zu können … Na ja, man kann nicht immer gewinnen ;-)“*. Auch seine SPD-Kontakte im Landtag sind *„neuerdings vollständig auf Tauchstation gegangen“* und Uwe berichtet seinerseits, die Genossin *„Sonja Jürgens bekommt im Moment leider von oben (SPD NRW) ganz schön Druck und wird zurückgepfiffen.“* Aus dieser Richtung ist demnach nichts mehr zu erwarten.

Der WDR berichtet am 14. April kurz über ein Delegiertentreffen „Alles dicht in NRW“ in Lindlar/Hamm-Pelkum mit Hartmut Hepcke als Gastreferent, Uwe beschwert sich beim Wahl-O-Mat Team darüber, dass dort keine Frage nach der Dichtheitsprüfung vorkommt und Karl-Udo glaubt sich rechtfertigen zu müssen wegen seiner taktisch motivierten Schlussformel unter einer eigenen Kampagne an seine Genossen *„Mit bestem Dank für Ihre Aufmerksamkeit und freundlichen Grüßen Aktionsbündnis 'Alles-Dicht-in-NRW' – Pressebeauftragter – Karl-Udo Priesmeier“*. Ok, die Funktion kannte ich noch nicht – was es so alles gibt! Die Presse hatte allerdings immer wieder einmal einen Gesprächspartner aus unserer Runde als Sprecher der

Initiative bezeichnet, so etwa Bernd im letzten Jahr, und auch Uwe findet sich gelegentlich in dieser Funktion. Ich habe dagegen nicht das Geringste einzuwenden – ganz im Gegenteil.

Die Welt titelt am 27. April: „*Sensationelles Comeback – FDP bei fünf Prozent*". Ob da der FDP-Rettungssong von Robert schon geholfen hat? Egal, das ist prima, genauso wie der erwartete Einzug der Piraten mit einem Ergebnis nahe bei den GRÜNEN, die danach einige Prozente verloren haben. Die LINKE dagegen scheint den Sprung in den Landtag zu verpassen. Ich denke, wir können damit auf drei Parteien im neuen Landesparlament zählen. Nicht ganz sicher bin ich mir da allerdings bei der CDU, je nachdem ob und wie sich mögliche Koalitionsverhandlungen entwickeln. Das liegt nicht zuletzt an der Meinung eines Kreistagsabgeordneten der CDU „*Guten Abend in die Kanal-Runde, Herr Laumann sollte sich die Protokolle des Siegener CDU-Parteitages nochmals durchlesen, dann geht ihm hoffentlich ein Licht auf, dass eine Einsicht der CDU damals hilfreicher gewesen wäre. Unser Antrag (CDU-Hünxe) ist damals mit viel Polemik abgestraft und dann leider abgelehnt worden. Ob er es jetzt ernst meint, bleibt abzuwarten. Ich bin nicht überzeugt! [...] CDU-Hünxe*". Andere Mitstreiter bestätigen die uneinheitliche Haltung von CDU-Ortsverbänden, die etwa wie in Köln strikt an den Prüfungen festhalten. So wird die Dichtheitsprüfung von der CDU landesweit eher nicht thematisiert.

Am 28. April endlich kann ich Entwarnung in eigener Sache geben. Ich bin wieder dauerhaft online. Nach den Netzproblemen hatte auch noch meine eigene Technik im Haus versagt. Das herauszufinden war gar nicht so leicht. Die Telekom war unmittelbar wohl nur für die Hälfte der Offline-Zeit verantwortlich.

Trotz weitgehendem Boykott durch SPD, GRÜNE und leider überwiegend auch der CDU wird das Thema Dichtheitsprüfung im Wahlkampf sichtbar. Alleine für den Kreis Warendorf hat die FDP dreihundert Großplakate „Ist NRW noch ganz dicht" bestellt, berichtet Barbara, und richtet „*Viele Grüße von Herrn Abruszat*" aus.

Die Freien Wähler beklagen sich, weshalb sie nicht auf einem unserer Plakate aufgeführt sind. Ich hake nach:

Re: Aufruf für den 8.Mai in Dülmen	30.04.2012 02:24

Hallo Herr Nelsbach, gibt es dazu eine offizielle Wahlaussage/Wahlprogramm? Dann würde ich das an die BI weiterleiten, die das Plakat entworfen hat, mit der Bitte um Berücksichtigung.

Grüße W.S.G.

Die Stellungnahme kommt kurz danach von einem Rüdiger Krentz von der Landesvereinigung Freie Wähler NRW. Die Position enthält viele Konjunktive und Relativierungen. Eine echte Gegnerschaft zu den Prüfvorschriften kann ich daraus nicht erkennen. Die bleiben damit draußen.

Beim Fußvolk von SPD und GRÜNEN scheint das Thema gar nicht erst angekommen zu sein. So beschreibt Susanne ihre Erfahrungen aus ihrer Flyer-Aktion:

> 01.05.2012 17:38
>
> Re: Erwiderung auf Wahlaussage der SPD zur DHP
>
> Als wir am Sa unsere neuen Flyer mit inliegenden Einladungen zu unserer BV am Freitag verteilt haben, hatten die Grünen (mit Ali BAs, der hatte mir nicht geantwortet) einen Stand und das Jungvolk der SPD schlug auch irgendwann auf, ihre Flyerchen mit Konterfei von Watermann-Krass in der Hand.
>
> Die hatten so was von überhaupt keinen Plan, was die DHP ist, das tut schon wirklich weh. "Sollen wir mal tauschen?" – "Jo, lass mal tauschen, aber freuen werdet Ihr Euch nicht, hatte bereits das Vergnügen mit Eurer Kandidatin". – Weiterer Kommentar nicht möglich (Speicher leer oder so)
>
> Die Grünen: Kollege berichtete, von denen hat sich einer einen Flyer von uns geangelt. Zurück am Stand: "Guck ma hier, da sollten wir auch mal was machen".
>
> Waren schwach besucht. Mal sehen, was am Freitag läuft.
> Vermute bisher nicht, dass irgendwelches Volk der Gegenseite erscheint. Hoffe auf Dülmen am 8.5., da dürfte es richtig knallen ; –)))
>
> Schönen Abend, VG Su

Davon kann man nur träumen: Eine GRÜNEN-Ortsgruppe agitiert gegen den Prüfwahn – wow, zu schön um wahr zu werden. Wenn schon nicht das Fußvolk, so reagieren besser informierte SPD-Funktionäre vor Ort sehr empfindlich. Hans-Peter Bergmann etwa schreibt:

> Hallo Karl-Udo, hallo Leute   01.05.2012 18:22
> diese Mail habe ich gerade an meinen Freund Willi Bendig (SPD-Stadtrat, Vorsitzender unserer Vereinsgemeinschaft, ich bin schon seit Jahren sein Stellvertreter) geschickt, nachdem er gestern Abend (hatte zuvor unsere Wurfsendung bekommen) auf dem Maifest (haben wir beide zusammen organisiert) ziemlich beleidigt war. Er sprach schon fast von rechtlichen Schritten usw..
>
> Die Karikaturen und Plakate haben hier im Ort (manchmal bis zu 60 % SPD-Wähler) zu offensiven Kontroversen und Diskussionen auch innerhalb unserer Mitgliederschaft geführt. Das war mir allerdings schon vorher klar!
>
> Noch eine Story: Ein Vertrauensmann unserer BI (früher Jahrzehnte lang selbst SPD-

Stadtrat) ist von diesem Job am Sonntag offiziell zurückgetreten, hat aber gefragt, ob er noch weiterhin Mitglied in der BI bleiben darf! Es ging hauptsächlich darum, dass er keine Karikaturen verteilen wolle!

Wünsche noch einen schönen Abend! Viele Grüße Hans-Peter

Mit den Parteien sind unsere Leute landauf landab in Kontakt, fragen nach, fordern Festlegungen ein. Christian Lindner bekräftigt auf Nachfrage eines Mitstreiters als Bundestagsabgeordneter noch einmal für die FDP seine volle Unterstützung:

4. Mai 2012 11:28:39 MESZ

Betreff: AW: Nachricht über CL-Website

Sehr geehrter Herr Schröder,
vielen Dank für Ihre Nachricht. Ihren Eindruck von Ampelsignalen in der Wahlarena kann ich nicht teilen: Schließlich hätte die FDP eine Ampel haben können, wenn wir im März dem rot-grünen Schuldenhaushalt zugestimmt hätten. Stattdessen haben wir Neuwahlen ermöglicht, weil wir eine andere Politik wollen.

Was die Dichtheitsprüfung betrifft:
Die FDP hat bereits im Juni letzten Jahres auf mögliche rechtliche Bedenken im Hinblick auf die Zuständigkeit der Länder hingewiesen und im Landtag die Initiative ergriffen, die verpflichtende Dichtheitsprüfung für private Abwasserkanäle in Nordrhein-Westfalen zu stoppen. Dank der großen Unterstützung der vielen Bürgerinitiativen ist es uns gelungen, dieses wichtige Thema ganz nach oben auf die politische Tagesordnung zu setzen.

Wenn es keine bundeseinheitlichen Regelungen zur Dichtheitsprüfung gibt, sollten die Länder keine eigenen Sonderwege beschreiten. Dass Rot-Grün den Bürgern in Nordrhein-Westfalen, anders als es zum Beispiel unsere Nachbarn in Niedersachsen machen, anlasslose Dichtheitsprüfungen aufbürdet, schafft in den grenznahen Ortschaften nur zusätzlichen Unmut. Die FDP ist daher dafür, den Vollzug der von Rot-Grün gewollten Dichtheitsprüfung in der bisherigen Form auszusetzen.

Die FDP hatte bereits einen Gesetzentwurf in den nordrhein-westfälischen Landtag eingebracht, worin wir von der grundsätzlichen Dichtheit der in Nordrhein-Westfalen vorhandenen Rohrleitungen ausgehen und Prüfungspflichten nur für konkret begründete Gefahrenlagen regeln wollten. Mit der Landtagsauflösung wurde diese Initiative unterbrochen. Es ist das erklärte Ziel der FDP, sie in der nächsten Legislaturperiode wieder aufzugreifen.

Nach unserer Vorstellung soll der Eigentümer eines Grundstücks künftig nach der Errichtung einer Abwasserleitung eine Dichtheitsprüfung durchführen sowie bei bestehenden Abwasserleitungen im Falle einer bedeutenden Änderung oder bei begründetem Verdacht insbesondere auf Vorliegen einer bedeutenden Boden- und / oder Grundwasserverschmutzung.

Mit den starren Fristen der bisherigen Regelung wird Niemandem, vor allem nicht dem Grundwasser geholfen. Sie führt nur zu regelmäßigen und unnötigen Ausgaben, die sich gerade ältere Menschen oder junge Familien nicht oder nur schwer leisten können. Prüfungen sollen nur notwendig sein, wenn es einen begründeten Anlass dazu gibt.

Mit freundlichen Grüßen
Christian Lindner, MdB
Deutscher Bundestag
Platz der Republik 1
11011 Berlin

Zu der Podiumsdiskussion am 8. Mai kann ich wieder einmal nicht anreisen. *„Hallo Barbara, bin leider wieder beruflich am anderen Ende der Welt in Frankfurt unterwegs. André Stinka hätte ich gerne einmal live gesehen, wenn er hoffentlich ordentlich Gegenwind bekommt. Er hatte mich ja Ende letzten Jahres mehrfach angerufen, weil er seine Privatsphäre verletzt sah und drohte sogar mit juristischen Schritten (das fand ich damals allerdings eher amüsant als bedrohlich). Grüße Siegfried“.* Das ist diesmal besonders schade. Es verspricht interessant zu werden, zumal Karl-Udo seinen Genossen vorab gefragt hat *„[...] Ohne noch mal die seinerzeitige für beide Seiten unangenehme Diskussion hier wieder aufzunehmen, würde mich nur interessieren, ob Du Dich im zukünftigen Landtag erneut um das Amt des umweltpolitischen Sprechers der SPD-Fraktion bewerben wirst oder als Erkenntnis aus besagtem Vorgang lieber darauf, vielleicht sogar auf einen Sitz im Umweltausschuß gänzlich verzichten wirst?! Soweit mein Beitrag als Parteimitglied zu einer für die SPD hoffentlich erfolgreichen Podiumsdiskussion, der ich mit Interesse entgegensehe und freundlichen Grüßen aus OWL/Bielefeld Karl-Udo Priesmeier Mitglied im OV Kupferhammer/UB Bielefeld“.*

Danach starte ich wieder einmal eine Kampagne, die ich mit „Denkzettel“ überschreibe. Mit Wahlempfehlungen bin ich sehr zurückhaltend. Trotzdem habe ich mich zu Aussagen klar gegen Rot-Grün hinreißen lassen und einen Artikel in meinen Wordpress-Blog eingestellt, in dem sich schnell eine lebhafte, oft auch aggressive Diskussion zwischen Gegnern und Befürwortern der Zwangsmaßnahmen entwickelt:

Alles dicht in NRW
Eine weitere WordPress-Website
Veröffentlicht am 4. Mai 2012 von wsg

Wählen macht Macht

Liebe Mitbürger,
das Ergebnis der kommenden Wahl kann für jeden von uns höchst unerfreuliche Auswirkungen haben. Alleine die Förderung der erneuerbaren Energien macht Strom zu einem für Viele schon jetzt unbezahlbaren Luxusgut. Neben Dichtheitsprüfung und Zwangsdämmung drohen weitere höchst unsoziale Maßnahmen mit fragwürdigem ökologischen Nutzen.

Setzen Sie ein deutliches STOPP-Zeichen mit Ihrer Wahl!

Alle erklärten Nichtwähler: Machen Sie diesmal eine Ausnahme: Sie haben etwa
40 % Wählerstimmen zu verteilen, die wahlentscheidend sind. Wählen Sie taktisch
und sorgen Sie dafür, dass alle drei „kleinen" Parteien in den Landtag einziehen.
Schön wäre es, wenn dabei die PIRATEN die GRÜNEN überflügeln. Für die etablierten Parteien wirkt das wie eine rote Karte.

Für alle Wechselwähler gilt Gleiches: Wenn Sie sich nicht gebunden fühlen, wählen
Sie taktisch. Wenn alle drei kleinen Parteien in den Landtag einziehen, wird es für
eine ROT-GRÜNe Alleinregierung nicht reichen. Frau Kraft braucht dringend Kor-
rektive.

Bitte leiten Sie diesen Text als Mail an möglichst viele Ihrer Freunde, Nachbarn,
Bekannten, Verwandte, Berufskollegen weiter.

Würde Hannelore Kraft und ihre SPD nicht immer wieder ureigene sozialdemokrati-
sche Politik den zutiefst unsozialen Oköphantasien ihres Wunschpartners opfern,
wären sie und ihre Partei unschlagbar in NRW. Die SPD und jeder Abgeordnete muss
sich klar darüber werden, wen diese Partei in Zukunft eigentlich vertreten möchte.
Eine grüne SPD ist nur eine Kopie und irgendwann für jeden potenziellen Wähler nur
noch zweite Wahl. Die Grünen-Anhänger zählen inzwischen zu den Besserverdienen-
den. Der SPD muss klar werden, dass vor allem ihr eigenes Klientel in unzumutbarer
Weise von ökologischer Umverteilung ohne erkennbaren Nutzen betroffen ist.
Obwohl einzelne Kandidaten inzwischen ausscheren, ist die Parteilinie klar: DHP hat
oberste Priorität.

Die CDU in NRW hat mit ihrer Einsicht zur Dichtheitsprüfung im Herbst letzten Jahres gezeigt, dass Verhältnismäßigkeit auch in der Umweltpolitik ein Maßstab ist.
Damit grenzt sie sich gegen Fundamentalökologen ab. Zu bedenken ist, dass einige
einflussreiche Lokalfürsten, die bis vor einigen Monaten noch vehement für die DHP
eingetreten sind, noch immer ihre Wunden lecken. Die Partei ist auf einem gefährlichen Weg und fischt in fremden Gewässern. Eine grüne CDU à la Röttgen ist für alle
Umweltromantiker vermutlich nur 3. Wahl und sie verprellt gleichzeitig eigene
Stammwähler. Auf dem eingeschlagenen Weg gefährden beide großen Parteien mittelfristig ihre Mehrheitsfähigkeit.

Für die GRÜNEN spielt Geld keine Rolle, wenn es um Projekte mit dem Aufdruck
„Umwelt" geht. Vor allem dann nicht, wenn es das Geld der Bürger ist. Die eigene
betuchte Kern-Klientel glaubt allerdings, sich diesen Luxus leisten zu können.

Die FDP ist auf einem guten Weg, klare Kante zu zeigen gegen ausufernde Gängelung und staatliche Überwachung unter dem Vorwand ökologischer Vorsorge. Ihr klares „Nein" zur Dichtheitsprüfung wegen erwiesener Sinnlosigkeit ist überzeugend
und steht so im Wahlprogramm. Sie wird hoffentlich auch anderen Maßnahmen mit
zweifelhaftem Nutzen einen Riegel vorschieben. Das ist umso positiver zu bewerten,
als die Sanierungsunternehmer sicher zum Teil Wähler dieser Partei sind (oder
waren).

DIE LINKE war von Anfang an gegen die Dichtheitsprüfung und Zwangssanierung, allerdings lange Zeit nur aus sozialen Gründen. Die grundsätzliche Sinnlosigkeit wurde auf Landesebene erkennbar in den letzten Wochen eingeräumt und findet sich im Wahlprogramm. Leider neigt die Partei gelegentlich zu grüner Anbiederung und erliegt damit der gleichen Versuchung wie SPD und CDU. Bezeichnenderweise lehnen nicht alle Ortsverbände die Dichtheitsprüfung ab. Die Bielefelder Partei befürwortet sogar klar die Prüfungs- und Sanierungspflicht.

Erfreulich verlief die schnelle Positionierung der PIRATEN NRW nach sorgfältiger Sichtung der Fakten. Deren Aussage im Wahlprogramm ist eindeutig: Prüfung und Zwangssanierung sind nicht vertretbar und gehören auf den Prüfstand. Das lässt auf gesunde Skepsis hoffen auch in Bezug auf andere Umweltthemen mit horrenden Kosten und vernachlässigbarem Nutzen, die immer einhergehen mit staatlicher Gängelung, Überwachung, Kontrolle, Bürokratie. Genau das sind die roten Tücher für die PIRATEN. Starke PIRATEN im Landtag sind die Horrorvorstellung aller etablierten Parteien.

Den Text nutze ich teilweise einige Tage später für einen Aufruf *„Bitte um Mithilfe: STOPP-Zeichen setzen am 13. Mai"* in die große Runde und über meinen Mail-Verteiler. Ob der hilft, steht in den Sternen. Wie bereits erwähnt, steter Tropfen höhlt den Stein. Aber ich mache mir da wenig Illusionen. Wie viele Menschen in NRW wir wirklich erreichen, ist fraglich. Mein Webauftritt dürfte einige zehntausend Menschen ansprechen, vermutlich weniger als hunderttausend, wenn ich die Besucherzahlen einmal hochrechne und unterstelle, dass die meisten davon neu auf der Seite sind. Weit mehr Bürger werden sicherlich immer noch durch klassische Printmedien erreicht. Ob die aber aus diesen Artikeln, die nicht unbedingt unsere Sichtweise vertreten, oder aus Leserbriefen zu einem wahlentscheidenden Gefühl der Betroffenheit kommen, ist mehr als fraglich. Solange die Sanierer nicht vor der eigenen Türe stehen und eine erste Rechnung aufmachen, ist die Gefahrenlage halt sehr abstrakt. Schließlich suggerieren Politik und unzählige Inserate der Kanalbranche, mit drei- bis fünfhundert Euro sei die ganze Sache schon ausgestanden.

Schließlich kommt auch vonseiten der SPD noch eine Stellungnahme, die sich an Bernd richtet. Frau Gundula Gromme beklagt sich darin über Stimmungsmache. *„[...] Ich kann Ihnen versichern, dass die SPD sich der Argumentationen der Bürgerinnen und Bürger bewusst ist und diese auch in Zukunft großes Gewicht in den Diskussionen haben werden. Auf unsere Initiative konnte im Sommer 2011 ein Konsens von Koalition und Opposition im Landtag erzielt werden, um das Gesetz der schwarz-gelben Koalition von 2007 bürgerfreundlicher zu gestalten. Die Stimmungsmache der letzten Tage ist deshalb nicht nur unsachlich, sondern auch unberechtigt. Der politische Diskussionsprozess um ein neues Landeswassergesetz hat gerade erst begonnen. Ich bin sicher, dass im neuen Landtag eine Lösung erarbeitet wird, die den Interessen der Bürgerinnen und Bürger gerecht wird. [...]".*

Damit meint sie den Entwurf, der völlig an den Problemen vorbeiging, von dem die CDU dann gegen Jahresende glücklicherweise Abstand genommen und sich dem der FDP angeschlossen hatte. Wenn sie mit dem letzten Satz Hoffnung verbreiten wollte, ist diese Absicht durch den Hinweis auf diesen „Kompromiss" ziemlich daneben gegangen. Sollte das Ganze wieder darauf hinauslaufen, würde der Status quo festgeschrieben und eher verschlimmert. Also inwiefern ist sich *„die SPD sich der Argumentationen der Bürgerinnen und Bürger bewusst"*? Offenbar ziehen die daraus keinerlei Schlussfolgerungen.

Der VDRK hat sich inzwischen auch mit der neuen Regelung in Hessen befasst. Schließlich war es nur eine Frage der Zeit, bis der Verband auf die Lage dort aufmerksam wurde und versucht, gegenzusteuern:

May 09, 2012 9:40 AM

Auch ein VDRK Funktionär hat es nicht immer leicht mit der SPD

Hallo zusammen,
unser Freund Treutlein vom VDRK hat sich bei der hessischen Umweltministerin Puttrich über die Aussetzung der Eigenkontrollverordnung beschwert und malt jetzt auch für die Liebhaber von Handkäs und Äppelwoi die unmittelbar bevorstehende ökologische Apokalypse an die Wand. Interessant ist vielleicht seine Meinung über die Situation in Nordrhein-Westfalen.

"Nach allen Prognosen wird in NRW die bestehende Koalition bestätigt werden. Wie wir aus Düsseldorf hören, würde, gesetzt den Fall es käme so, der unter dem Druck der Oppositionsparteien vorgelegte Gesetzentwurf, der eine Aufweichung der Überprüfung privater Abwasserleitungen vorsieht, nicht weiterverfolgt."

Wenn er sich da mal nicht irrt.

Die Antwort von Thorsten Schäfer-Gümbel, dem Vorsitzenden der SPD Landtagsfraktion, dürfte im übrigen wohl auch nicht zur Verbesserung von Herrn Treutleins Stimmung beigetragen haben. Die Genossen in Hessen sind ihren Kollegen in Nordrhein-Westfalen da offensichtlich schon einige Schritte voraus.

Viele Grüße aus Bocholt
BI Alles-dicht-in-Bocholt
i. V. Christoph Larisch

Die Kanalbranche glaubt fest an den bevorstehenden Erfolg ihrer Gegenproteste. Die Goldader scheint wieder gesichert und der grenzenlosen Selbstbedienung bei den Eigenheimbesitzern nichts mehr im Wege stehen zu können. Dementsprechend hält die Feierlaune bei deren Vertretern an.

Alles zurück auf LOS

Die Wahl am 13. Mai bestätigt im Wesentlichen die Prognosen und führt zu dem befürchteten Worst-Case-Szenario. Die GRÜNEN bei leichten Verlusten mit den erstarkten Roten am Nasenring im Schlepptau. Schlimmer hätte es für unsere Interessen nicht kommen können. Remmel kann vor Kraft kaum laufen und wird jetzt wohl sogar seinen eigenen Gesetzentwurf wieder kassieren. Kompromisse mit der Opposition sind jetzt schließlich nicht mehr erforderlich.

Über die Folgen bin ich mir nicht klar, schwanke zwischen Resignation und der Zuversicht, dass einige Erleichterungen Bestand haben werden. Aber wie denken die übrigen Mitstreiter? Viele sind sicher müde nach den Belastungen des Wahlkampfs. Bricht jetzt der Widerstand zusammen? Entmutigt der Ausgang der Wahl nun auch den letzten Optimisten? Enttäuschung und Wut sind mit den düsteren Aussichten sicher noch gewachsen und so etwas hat immer Konsequenzen. Die Frage ist nur, ob die sich weiterhin öffentlich entladen, oder sich zusammen mit all dem anderen Frust im Privaten aufstauen und irgendwann an ganz anderer Stelle hervorbrechen. Ich schreibe noch am selben Abend in die große Runde:

> Die Wahl ist gelaufen!   13.05.2012 20:07
>
> Die Wahl ist gelaufen! DIE LINKE hat es nicht geschafft, die FDP und Piraten sind drin. Rot-Grün stellt die Regierung.
> Wir werden unter veränderten Bedingungen weiterkämpfen. Obwohl wir leider das belastende Thema der Dichtheitsprüfung und Zwangssanierung doch nicht schon jetzt ad acta legen können, war unser Widerstand schon sehr erfolgreich. Noch vor einem Jahr standen wir alleine gegen eine Einheitsfront aller Parteien im Lande und deren Vertreter in den Kommunen. Im kommenden Landtag können wir nun auf die vielfältige politische Unterstützung aller Oppositionsparteien hoffen.
>
> Die Ausgangslage ist trotz der bei vielen nun entstandenen Enttäuschung ungleich besser als vor Jahresfrist. Im Übrigen besteht eine gewisse Hoffnung, dass die auch in der SPD vorhandenen Stimmen der Vernunft in der kommenden Diskussion weiter Auftrieb bekommen.
>
> Wir bleiben dran! Die Feierlaune in der Kanalbranche wird nur kurz währen.
> Grüße Werner S. Genreith

Auf meinem Alles-Dicht Blog hat schon im Vorfeld der Wahl ein reger Schlagabtausch zwischen Gegnern und Befürwortern stattgefunden. Mit dabei ist „ProUmwelt" mit recht ausführlichen und auch sachlichen eigenen Kommentaren, daneben externe Kommentatoren aus der Sanierungsbranche und unsere Leute. Die meisten schreiben unter Klarnamen. Vieles dreht sich um Worst-Case Szenarien, Preise, überzogene Maßnahmen. Jetzt nach der Wahl fehlt dabei nicht einmal eine Drohung von Seiten eines Sanierers. Das ist schon kurios, zeigt aber, dass bei einigen aus der Branche die Nerven inzwischen blank liegen:

Burkhard B[...]
13. Mai 2012 um 18:21 Uhr

So, jetzt heißt es genau die Personen, die mit ihrer Hetze so viel Stimmung gegen den Umweltschutz und die Interessen der normalen Bürger betrieben haben, herauszufiltern! Die Fachbranche darf diesen Personen nicht zum marktüblichen Preis die Dichtheitsprüfung anbieten sondern zu den Preisen, die sie in der Hetzekampagne proklamiert haben, die sollen mal sehen was die für einen Müll verzapft haben. Die Differenz muß dann aber für soziale Zwecke gestiftet werden.

Merkt euch die Gesichter! Gemeint ist wohl auch: Meldet uns, wer sich in Eurer Nachbarschaft gegen die Prüfungen engagiert hat – der deutsche Blockwart lässt grüßen. Ob so etwas ernst zu nehmen ist? Müssen die Vorreiter der Proteste jetzt zittern? Wohl eher nicht. Ich finde den Kommentar eher lustig. Solch ein Angriff zeigt wieder einmal, dass wohl niemand mehr über unseren Protest lacht – auch jetzt nicht. Die haben wohl immer noch Schiss davor, dass wir das Blatt noch einmal wenden könnten.

Die Piratenpartei bedankt sich per Kommentar in meinem Blog für die Unterstützung im Wahlkampf:

14. Mai 2012 um 13:44 Uhr
Rainer Wiese, Direktkandidat im WK 81 Steinfurt 1
Ein riesen Dank an die Wähler für euer Votum für die PIRATEN ! – Bürgerinitiativen haben über das Instrument der transparenten Demokratie jetzt einen direkten Draht in den Landtag von NRW.
Die PIRATEN sorgen dafür, daß die Anliegen der Haus- u. Grundbesitzer gehört werden.
MIT UNS WIRD ES KEIN NEUES DICHTHEITSPRÜFUNGS-GESETZ GEBEN welches über die Prüfungspflichten für Gefahrenbetriebe hinausgeht. Klick hier:
http://www.piratenpartei-nrw.de/

Wo die ansonsten politisch stehen, ist mir nicht klar. Vom Auftreten ihrer Politiker her stelle ich mir durchaus vor, dass die auf persönlicher Basis einen recht guten Draht zu Rot-Grün entwickeln und unbelastet von den vorangegangenen Kämpfen und Fronten Einfluss nehmen können. Die sind in der Folge regelmäßig mit Hans-Jörg Rohwedder auf unseren Versammlungen vertreten.

Drei Tage später starte ich eine neue Umfrage auf meiner Seite „Wie geht es weiter?" Die wird schnell auch bei unseren Gegnern in der Sanierungsbranche bekannt und dort über diverse Blogs verbreitet. Uwe weist mich darauf hin und ich habe damit eine Erklärung für das ungewöhnliche Meinungsspektrum, das sich in den Antworten und Kommentaren widerspiegelt. Die dürfen natürlich genauso abstimmen. Unsere Gegner nehmen Aktionen dieser Art also durchaus ernst und sehen eine Gefahr darin. Gut so! Vor einigen

Monaten war auch das noch ganz anders. Da hätten die so etwas ignoriert oder bestenfalls darüber gelacht. Das ist jetzt vorbei.

Allerdings prüfe ich noch Auffälligkeiten. Meine Software sperrt zwar die Umfrage für einen Teilnehmer, sobald dieser einmal abgestimmt hat. Die Sperre ist aber für jemanden, der sich mit der technischen Arbeitsweise eines Webbrowsers auskennt, leicht zu umgehen. Eine Datenbankabfrage fördert tatsächlich zwei Adressen hervor, von denen in kurzer Zeit jeweils einige Dutzend Abstimmungen erfolgt sind. Die lösche ich von Hand bis auf die jeweils erste. Weitere Manipulationen summieren sich in der Folge auf über hundert, die ich wieder jeweils manuell korrigiere.

Unsere Unterstützer aus der SPD können sich weiterhin nicht durchsetzen und erfahren im Gegenteil Repressalien. So schreibt Holger Schulze von der Bürgerinitiative in Lage am 25. Mai *„BI Lage / SPD strebt ein Parteiord-nungsverfahren gegen einen unserer Mitstreiter an"* und weiter *„Man wirft J.B. wohl vor, daß er beim Plakatieren und dem letzten sehr scharfen Presse-artikel gegen die SPD mitgeholfen hat."* Tja, irgendwie überrascht mich so etwas nicht – wie Fritz früher schon feststellte, ist der Korpsgeist bei den Roten ehernes Gesetz. Angesichts solcher Meldungen wundere ich mich, dass Karl-Udo keinerlei Probleme mit seiner SPD hat. Aber auch innerhalb der SPD tobt offenbar der Streit um das Thema mit ungewissem Ausgang. So schreibt Fritz aus gut informierten Quellen:

Tuesday, May 29, 2012 12:30 PM

Subject: Erinnert sich Frau Kraft an ihre Aussagen??

Der Städte- und Gemeindebund läuft Sturm gegen die SPD-Überlegungen von Frau Kraft im Wahlkampf ein und zwei-Familienhäuser von der DHP auszunehmen. Ihr Zitat in Lübbecke."ich gehe davon aus , dass ein und zwei-Familienhäuser nicht geprüft werden." In der letzten Fraktionssitzung lautete die Formulierung schon "bei der Dichtheitsüberprüfung sollen Ein- und Zweifamilienhäuser geschont werden."

Dr. Queitsch zeigt Wirkung – Er sagte schon am letzten Mittwoch auf einer Veran-staltung der DWA in Herford: "Das ist mit uns nicht zu machen." Mit Herrn Stinka, der nun von Frau Kraft wieder in de Landtag gehebelt wurde, wird wohl doch die Linie der Hardliner weiterverfolgt. Mit Prof. Weinig(SPD-Mitglied) läßt man sich nun noch den (bestellten, pseudowissenschaftlichen) Beweis für die Gefährdung durch häusliches Abwassers liefern.

Die SPD schert sich einen Dreck um die Belastungen der Bürger- wie immer nur Wahlkampfsprechblasen.

mit freundlichem Gruß aus Minden
IGH Interessengemeinschaft Haddenhausen
Fritz Pucher

Ob die Zusagen einer Ministerpräsidentin gegen die Front der Prüfungsbe-fürworter bestehen werden, ist alles andere als sicher. Einzelne Ortsverbände stellen sich allerdings gegen die Parteilinie, wie etwa der SPD-Unterbezirk in Bielefeld, zu dem auch Karl-Udo gehört. Die Information von Fritz geht umgehend an meinen Verteiler und zeitigt einige entsetzte und wütende Reaktionen in Richtung SPD. *„Sehr geehrte Frau Ministerpräsidentin, ich weiß ja nicht, was Ihnen das Gehirn vergiftet hat, jedenfalls waren es nicht Schadstoffe aus undichten privaten Abwasserleitungen. Es ist schon bemerkenswert, wenn nicht gar beängstigend, wenn Faktenlagen nicht zählen, wenn Zusammenhänge konstruiert werden, wo andere weitaus logischer sind. Wenn Sie jemand aus meinem Bekanntenkreis wären, würde ich noch ganz andere Worte gebrauchen. So aber beschränke ich mich in Respekt vor dem Amt und sende Ihnen nur einen Text von Bonhoeffer mit. Ich würde mich freuen, wenn Ihr Gehirn davon etwas aufnehmen würde.[…]“* schreibt eine wütende Mitstreiterin und fügt ein Zitat des Theologen Dietrich Bonhoeffer (1906 – 1945) an:

Auszug aus „Von der Dummheit“

Dummheit ist ein gefährlicherer Feind des Guten als Bosheit. Gegen das Böse lässt sich protestieren, es lässt sich bloßstellen, es lässt sich notfalls mit Gewalt verhindern, das Böse trägt immer den Keim der Selbstzersetzung in sich, indem es mindestens ein Unbehagen im Menschen zurücklässt. Gegen die Dummheit sind wir wehrlos. […]

Schade, dass eine solch emotionale E-Mail mit an Sicherheit grenzender Wahrscheinlichkeit niemals die Ministerpräsidentin erreichen wird. Die wird wohl dem Spam-Filter des Landtags zum Opfer fallen. Was kann ich aber daraus schließen? Ist Widerstand also zwecklos, weil Dummheit die Welt regiert? Es ist sinnlos, darüber nachzudenken. Außerdem sieht wohl jeder aus seiner Position heraus die Dummheit immer bei den jeweils anderen am Werke.

In der Folge entspinnt sich noch eine lebhafte Diskussion zwischen mir und einem Sanierer, der meine Angaben zu Preisen infrage stellt:

Zitat aus Ihrer Homepage   29.05.2012, 08:30

Sehr geehrte Damen und Herren,
das habe ich aus Ihrer Homepage herauskopiert und muss sagen, das schreit nach einer unfairen Hetze gegen unsere Branche.

ZITAT:
"… 22. Wie groß ist das Umsatzpotenzial pro Dichtheitsprüfung?
Beispielhaft hier ein Objekt mit ca. 20 m Leitungen:
Spülen und Reinigen der Leitung mit ca. 400–700 Euro. Dazu addiert sich die Sichtprüfung mit Kamerabefahrung mit ebenfalls ca. 400–700 Euro. Die Dichtheitsprüfung schlägt mit ca. 350–500 Euro zu Buche. Macht also im Durchschnitt pro Dichtheitsprüfung zwischen 1150 und 1900 Euro. …"

Wo haben Sie eigentlich diese Preise her, wie kommen Sie darauf, dass es Firmen

gibt die so abrechnen. Warum sind Sie mir diesen Preisen nicht einmal beim VDRK aufgetaucht und haben diese Firma namentlich genannt. Die Mitarbeiter des Verbandes hätten dort agieren können. Wenn es aber frei erfundene Preise sind, dann sind Sie schlimmer als unsere Branche von Ihnen betitelt wird.
[…]
Wenn aber die Aufrechnung von Prof. Hepcke daneben gehalten wird, dann kann es doch nicht sein das er für eine neu verlegte Leitung den lfdm mit 150–200 € berücksichtigt. Er hat in seinen Vorträgen eine Rohrlänge von 10 m angegeben und kommt auf diesen Preis! Das sollte man einmal erklären wie man zu so einer Milchmädchen Rechnung kommt.

Aber Sie vertrauen diesen Mann ja mehr als einen Fachmann aus der Branche. Sie glauben, dass ein akademischer Titel mehr Wert ist als Jahrelange Erfahrung. Es ist ein Witz was auf Ihrer Homepage geschrieben wurde.

Mit freundlichen Grüßen Markus S[…]

Ich liebe solche Angriffe. Auch diese Behauptung kann ich natürlich belegen. Den Link auf die Seite der betreffenden Firma schicke ich ihm gerne. Seine Antwort klingt danach schon viel sachlicher:

AW: Zitat aus Ihrer Homepage   29.05.2012, 12:21

Sehr geehrte Damen und Herren,
diese Verlinkung wurde dem VDRK zugeführt und in meinem Arbeitskreis wird dieses Thema besprochen!

Dass es tatsächlich Firmen gibt die so abrechnen und Ihre Methode öffentlich so anpreisen und auf der Homepage schon unsachgemäß anbieten ist mir und drei weiteren Kollegen bis jetzt nicht bekannt! Diese Firma sagt uns persönlich aber auch nichts und werden weiterhin dieser Sache nachgehen!

Danke für diese Information!

Mit freundlichen Grüßen Markus S[…]

Von der Frustration in unserer Runde nach dem Ausgang der Wahl ist nichts mehr zu spüren. Der Rückschlag hat glücklicherweise keineswegs zu Resignation geführt. Der Kampfgeist ist ungebrochen. Zur Vorbereitung weiterer Aktionen lädt Uwe mit einem dramatischen Appell für den 16. Juni nach Dülmen ein:

ABSOLUT wichtiges TREFFEN
BI-Treffen-NRW 16. Juni 2012 Treffen 10 Uhr, Beginn 10:30 Uhr im „Kolpinghaus" in Dülmen Münsterstr. 61

Hiermit bitte ich alle BI`s an diesem Treffen teilzunehmen. Sollte dieses Treffen ein Fehlschlag werden, wird demnächst jede BI für sich alleine kämpfen müssen!

Das ist meine Einschätzung. Und was dies bedeutet wisst Ihr ja hoffentlich alle! Wir

alle haben viel Zeit und Geld investiert, darum mein Aufruf: Kommt nach Dülmen!
Wir kämpfen weiter für unsere Sache und ca. 18 Millionen Bürger in NRW!
[...]
(Frau Kraft holt sich hardliner in den Landtag, Remmel läuft mit breiter Brust durch
den Landtag und die Kanalbranche, Städte und Gemeindebund machen mobil!)
Vorbereitungstreffen
BI-Treffen-Münsterland 12. Juni 2012 Beginn 19.30 Uhr im "Hotel Nuyken" in
Nordwalde Bahnhofstr. 121

Danke Uwe Gellrich

Nach Nordwalde kann ich nicht kommen. Dafür bin ich diesmal in Dülmen
dabei – zusammen mit meiner Frau. Den Ausflug planen wir noch anderweitig zu nutzen, etwa für eine Radtour zu den Wildpferden. Dafür ist die Stadt
schließlich bekannt und Dülmen liegt nicht gerade bei mir um die Ecke.
Zwei Stunden Fahrt für eine Richtung muss ich da schon einrechnen. Meine
Frau bucht auch gleich ein Hotel in der Innenstadt. Hoffentlich spielt das
Wetter mit.

Einen ersten Trend aus meiner gerade laufenden Umfrage schicke ich in die
Runde. Solide Statistiken bieten immer wieder eine gerne genommene
Grundlage für die Argumentation. Zahlen vermitteln halt immer etwas ob-
jektiv Zwingendes:

Auswertung zur Umfrage
Wie geht es weiter?
Auswertung: Erste Trends bis zum 05. Juni 2012
Die Umfrage wurde sowohl von engagierten Prüfungsbefürwortern (35,4 %), als
auch engagierten Prüfungsgegnern (44,9 %) zur Meinungsäußerung genutzt. Die
Teilnehmer verteilen sich auf alle Landesteile und bezeichnen sich als überwiegend
privat betroffen.

Befragt nach ihrem zukünftigen Engagement sagen nur noch 32,3 % der Befragten,
sich weiter für die Beibehaltung der Prüfungspflicht zu engagieren. Dagegen steigt
der Anteil der Gegner auf 54,3 % der Umfrageteilnehmer. Von Resignation bei den
engagierten Prüfungsgegnern kann trotz des ernüchternden Wahlausgangs keine Rede
sein.

Engagierte Gegner der flächendeckenden Zwangsprüfungen

Die Lager scheinen relativ festgefügt. So waren von den zukünftig engagierten Gegnern 76,8 % bereits in der Vergangenheit aktiv. Der Zuwachs aus bisher nicht engagierten Bürgern ist mit 18,8 % überraschend hoch, zumal die Maßnahmen in den
meisten Kommunen derzeit ruhen. Sogar einige wenige Prüfungsbefürworter (4,3 %)
haben ihre Meinung inzwischen geändert und wechseln in das Lager der Gegner. In
umgekehrter Richtung gibt es bisher keinen solchen Fall. Lediglich 5,3 % der bisher
engagierten Bürger äußern, dass das alles ja doch keinen Sinn hat und sie ihre Aktivitäten nun einstellen werden.

Mehr als die Hälfte der Befragten (50,7 %) ist der Meinung, die Initiativen sollten bei ihrem Hauptthema bleiben und sich nicht verzetteln. Jeweils mehr als 40 % äußern, dass jetzt erst recht aktive Opposition gemacht werden muss (43,5 %), dass jedes Umweltprojekt in Zukunft einer strengen Kosten-/Nutzenanalyse unterzogen wird (42 %) und dass ein Stopp der Dichtheitsprüfung Signalwirkung auf andere überzogene Umweltvorhaben zeigen wird (40,6 %). Kaum jemand glaubt, dass die Oppositionsparteien die Arbeit der Bürgerinitiativen überflüssig machen oder Rot-Grün es von alleine richten könnten (jeweils nur 1,4 %).

Engagierte Befürworter der Zwangsprüfungen

Die Befürworter leiden unter einem sichtbaren Schwund. Fast 18 % der ehemalig engagierten Teilnehmer der Umfrage bekunden, ihr Engagement nicht fortsetzen zu wollen. Fast 27 % sind beruflich oder politisch betroffen. Wenig überraschend ist, dass eine deutliche Mehrheit (61 %) den Bürgerinitiativen Abstinenz empfiehlt, weil SPD und GRÜNE sicher den besten Ausgleich zwischen Bürgerinteressen und Umweltbelangen finden würden. Genauso deutlich fällt die abgedroschene Meinung ins Gewicht (58,5 %), dass Kosten bei Umweltbelangen keine Rolle spielen dürfen, weil es schließlich um die Zukunft unserer Kinder geht. Alle anderen Antwortmöglichkeiten fallen nicht ins Gewicht.

Das Lager derer, die sich in Zukunft für die Beibehaltung der Dichtheitsprüfung engagieren wollen, rekrutiert sich zu über 90 % aus Leuten, die auch bisher schon engagiert waren. Der Rest hatte sich bislang nicht aktiv eingeschaltet.

Ein Schmankerl am Rande: Die Umfrage wurde auch auf einem Infoticker der Kanalbranche verlinkt. Das zeigt, dass man die Aktivitäten der Bürgerinitiativen mit Sorge verfolgt und ernst nimmt. Vermutlich in diesem Zusammenhang waren weit über hundert Manipulationsversuche zu verzeichnen, bei denen Prüfungsbefürworter kurz hintereinander jeweils dutzende Mehrfachantworten einbrachten. Diese wurden von der Auswertung ausgeschlossen, um die Ergebnisse nicht zu verfälschen.

Die weitere Verwendung der Auswertung überlasse ich diesmal den Empfängern.

Inzwischen sind die Koalitionsverhandlungen zwischen Grünen und Roten erwartungsgemäß erfolgreich abgeschlossen. Genauso vorauszusehen war, dass die SPD sich wieder einmal vor allem in Umweltfragen vom Koalitionspartner am Nasenring durch die Manege ziehen und alle möglichen teuren Ökofantasien widerstandslos passieren lässt. Ich finde es noch immer unfassbar, was die ehemalige Arbeiterpartei, der mein Vater vierzig Jahre lang angehörte, da treibt. Die GRÜNEN repräsentieren halt eine wohlhabende Mittelschicht, die sich den ganzen Mist leisten wollen und können. *„Grüne Ideen gedeihen nicht in den Quartieren der Arbeiter. Sie gedeihen in den Luxusvillen der Schickeria."* stellte schon Franz-Josef Strauß beim politischen Aschermittwoch 1987 sehr zutreffend fest. Dass die SPD die kleinen Leute vertreten will, ist darin beim besten Willen nicht erkennbar. Wen repräsentieren die eigentlich wirklich? Ist der vornehmste Wunsch des Arbeiters bei RWE etwa, das Klima zu retten, dabei seinen Arbeitsplatz zu verlieren und gleichzeitig die Umweltauflagen und Stromkosten für sein kleines Reihenhaus nicht mehr bezahlen zu können? Ich glaube, der hat ganz andere Sorgen. Aber davon ist die Partei jetzt meilenweit entfernt.

Wie dem auch sei – jedenfalls steht die Koalition nun und der Vertrag verspricht nichts Gutes. Darin heißt es zum Thema Abwasser:

[...]
Funktionsprüfung von Abwasserkanälen:

Bei der Regelung der Funktionsprüfung von Abwasserkanälen werden wir eine dem Gewässerschutz verpflichtete Vorsorgepolitik gemäß dem Wasserhaushaltsgesetz des Bundes fortsetzen. Neben dem Gewässerschutz geht es um landespolitische Verlässlichkeit gegenüber Kommunen, Hauseigentümerinnen und Hauseigentümern und Handwerkerinnen und Handwerkern. Die Prüfung von privaten und öffentlichen Kanälen soll möglichst gleichzeitig vollzogen werden. Hierbei muss es zu einem fairen Ausgleich zwischen den Interessen aller Hauseigentümerinnen und Hauseigentümern und dem Gewässerschutz kommen. Die Fristen werden entsprechend angepasst. Dabei werden wir beispielsweise kürzere Fristen für Wasserschutzgebiete vorsehen und prüfen, ob längere Fristen (20-30 Jahre) in Siedlungsgebieten mit überwiegend Ein- und Zweifamilienhäusern festgelegt werden können. Wir werden bei der Funktionsprüfung zeitnah eine bürgerfreundliche und soziale Lösung erarbeiten, die insbesondere soziale Härten und Ungerechtigkeiten bei der Umsetzung von evtl. Sanierungen vermeiden wird. Für diesen Fall werden wir die Fördermöglichkeiten des Landes klarer regeln. Parallel werden wir gegenüber der Bundesregierung auch darauf drängen, dass diese eine bundeseinheitliche Regelung – eine Verordnung zum Wasserhaushaltsgesetz (WHG) – schnellstmöglich auf den Weg bringt
[...]

Neben einer Menge nichtssagendem, gendergerechtem Geschwurbel scheint die erklärte Absicht zu sein, es im Wesentlichen bei den derzeit bestehenden Regelungen zu belassen. Gibt es eigentlich auch eine weibliche Form von „der Kanal"? Vielleicht „die Kanaille"? Ach nein, so doch nicht!

Meine Umfrage hat sich auch in der Kanalbranche wieder herumgesprochen. Der bekannte Aktivist aus Alpen etwa kommentiert am 18.06.2012 „[...] *Schau ich mir die hier im Lokalkompass immer so angepriesene Seite von „alles dicht in NRW" an, dann sagt mir das vom Inhalt her alles und auch wer da am Werk ist. Alleine die manipulierte Umfrage dort grenzt ja schon fast an Unverschämtheit und ist in ihrer unprofessionalität kaum noch zu überbieten. [...]"*.

Ok, interessant, jede solch polemische Kritik bestätigt mich darin, offenbar alles richtigzumachen. Der gleiche Kommentator legt dann noch mit einem eigenen Artikel nach, ohne wirkliche Argumente – Polemik pur eben mit einer Prise Beleidigungen:

Dichtheitsprüfung – Ein muss für ganz NRW und Deutschland

Kleve: Alpen | Sehr geehrte Damen und Herren,
es ist langsam an der Zeit einmal einen Bericht für die Dichtheitsprüfung nach § 61a
LWG NRW zu schreiben. Immer wieder wird darauf hingewiesen, dass eine Prüfung
nur Geldmacherei sei, der Goldrausch der Kanalfirmen und was nicht alles geschrieben wurde.

Ich bin mir sicher, wenn das persönliche EGO der Bürgerinitiativen nicht so angegriffen wäre, weil Sie es sich anders vorgestellt haben mit der Aushebelung und Aufhebung des § 61a LWG, dann würden Sie auch einmal auf die Firmen zu kommen um sich einmal fachlich vernünftig beraten zu lassen.

Mehrfach wurde darauf hingewiesen, dass sich die Firmen die Zeit nehmen um einmal den Hausbesitzer zu zeigen, was Ihre häuslichen Abwässer anrichten. Aber wie es so ist, die Mehrheit sagt zum einzelnen: "Du lässt Dich da bloß nicht blicken, mach unsere Arbeit nicht kaputt, wir brauchen jede Stimme"!

Es sind Menschen, die folgen einem Professor, der bestimmt viele tolle Ideen hat, aber bitte auf seinem Fachgebiet. Wenn man irgendwann einmal Professor a.D. ist, dann sollte man sich ein Hobby wie das Angeln oder Segeln zu legen, denn in beiden fällen kann er nicht so viel Dummheiten verbreiten, dass ehrliche Menschen durch so viel Blödsinn Ihren Job verlieren.
[...]

Natürlich geht es dabei einmal mehr im Kern ums Geld. Dafür kann ich schon ein gewisses Verständnis aufbringen. Es ist sicher nicht lustig, eine sechsstellige Investition in Prüfungsequipment abschreiben zu müssen, sollte das Pendel nun doch wieder in unsere Richtung ausschlagen. Damit das geschehen kann, fangen wir fast wieder von vorne an. Eine erneute Kettenbrief-Kampagne an die SPD-Abgeordneten kann nur ein erster Schritt und Baustein unter vielen noch folgenden sein.

Nachdem der juristische Dienst den § 61A des Landeswassergesetzes als formal verfassungswidrig eingestuft hatte, kommt ein danach vom Minister beauftragtes Gutachten zu einem gegenteiligen Ergebnis. Auf die Anfrage eines Mitstreiters schreibt die Behörde am 29. Juni „[...] Um für die zukünftige Landeswassergesetzgebung unter dem Aspekt der Regelungskompetenz Rechtsklarheit zu erhalten, hat das Ministerium für Klimaschutz, Umwelt, Landwirtschaft, Natur- und Verbraucherschutz eine externe rechtliche Bewertung in Auftrag gegeben. Das Gutachten kommt zu dem Ergebnis, dass § 61a LWG verfassungskonform ist. Die Vorschrift findet als Konkretisierung der bundesgesetzlichen Grundsatznorm § 61 WHG in vollem Umfang Anwendung.“ Also jetzt doch? Das sieht nach einem juristischen Freibrief aus. Es spielt aber im Kern eher keine Rolle, auf welche formale Weise die Absichten umgesetzt werden.

Derweil wächst der Protest weiter. Uwe bittet mich um die Gestaltung des Alles-dicht-Logos für „Alles dicht in Raesfeld", auch „Alles dicht in Zülpich" folgt, genauso wie „Alles dicht in Heek-Nienborg", und auch Heinz Klinkertz schließt sich mit „Alles dicht in Übach-Palenberg" an. *„Hallo Heinz, bei so einem langen Ortsnamen wird's ein bisschen eng. Passt das so? Grüße Siegfried"* antworte ich, zusammen mit der Grafik im Mail-Anhang.

Mein Job in Frankfurt ist derweil nach elf Jahren zu einem Ende gekommen. Gerade bin ich zurück von einer Dienstreise nach Nizza, als mein Chef mir am Mittwochvormittag eröffnet, dass das Team auf Weisung der Geschäftsführung verkleinert werden müsse und legt nahe, mir in den folgenden Monaten einen neuen Job im Unternehmen zu suchen. Im Prinzip könnte ich die Aufforderung aussitzen, muss ich aber nicht.

Danach fahre ich erst einmal nach Hause, weil am nächsten Tag die Abiturfeier meines jüngsten Sohnes ansteht, an der ich unbedingt teilnehmen will. Es ist sein erfolgreicher Schlusspunkt unter ein hartes Stück Arbeit während der letzten drei Jahre – Mathematik und Elektrotechnik als Leistungskurse zählen eben nicht gerade zu den leichten Fächern. Vielleicht hätte er auf Politik und Deutsch setzen sollen. Sarkastisch formuliert, dürfte ihm wohl mit seinem zwischenzeitlich erworbenen Sachverstand eine große politische Karriere verbaut sein.

Am Abend noch führe ich ein Gespräch mit dem Manager eines neu geschaffenen Bereichs, freitags schon sage ich zu. Montags geht es zum Kick-off nach Stuttgart und auf der Rückfahrt räume ich am späten Nachmittag noch meinen Schrank in Frankfurt aus. Chef und Kollegen reagieren verblüfft, für einen geregelten Ausstand bleibt keine Zeit, nur zu Keksen und Kaffee lade ich die zufällig Anwesenden noch ein, und dann ruft die Heimat. Ab sofort entfallen die regelmäßigen Dienstreisen nach Frankfurt und eigentlich überwiegt meine Erleichterung über diese nicht ganz unerwartete Entwicklung.

Die schlechten Nachrichten aus dem Landtag reißen derweil nicht ab. Uwe schickt eine Info des grünen Überzeugungstäters Markert in die Runde:

Kommunalinfo
Geplante Funktionsprüfung von Abwasserkanälen

05.07.2012

Hans-Christian Markert

Liebe Freundinnen und Freunde,
ein Thema, das Euch kommunal unter den Nägeln brennt und immer wieder zu Rückfragen an die Landtagsfraktion führt, ist die geplante Funktionsprüfung von privaten Abwasserkanälen. Hier gab es – u.a. bedingt durch die Minderheitssituation und vor allem die 180-Grad-Pirouette von CDU und FDP – in den vergangenen zwei Jahren viel Verwirrung und Verunsicherung. Dies wollen wir nun mit einer stabilen rot-grünen Mehrheit im Landtag ändern.

Aus diesem Grund erarbeiten wir zurzeit einerseits einen Gesetzentwurf zur Änderung des Landeswassergesetzes, andererseits einen Entschließungsantrag, in dem wir
die Eckpunkte einer neuen Verordnung, die die konkrete Ausgestaltung der Prüfzeit-
räume, -intervalle und Anforderungen an eine Dichtheitsprüfung umfasst, festlegen
wollen. Die von uns gewollten Einzelheiten haben wir im Folgenden aufgelistet.

Nach der Sommerpause werden wir diese in den parlamentarischen Beratungsablauf
einbringen und wollen noch vor Jahresende die Gesetzesänderung beschlossen haben.
[…]

Das sitzt! Die strotzen vor Selbstbewusstsein. Für die Ziele der Bürgerinitiativen sieht es in der Tat düster aus. Auf meine Anfrage zur Stimmungslage
antwortet Karl-Udo:

Re: Briefaktion   06.07.2012, 14:23

'n Abend Siegfried,
leider geht auch mir jegliches Gefühl ab, wie durchschlagskräftig die letzte (wie auch
die früheren) Aktionen dieser Art waren.

Ich fürchte, abgeleitet aus der vielfach beobachteten Lethargie unserer Mitbürger –
trifft gelegentlich sogar auf Mitstreiter zu – dass sich konkrete Aktivitäten in sehr
engen Grenzen halten.

Höre zwar aus meinem breit gestreuten Netzwerk immer wieder das 'schulterklop-
fende' "Toll, was ihr da macht – bloss nicht nachlassen!" – aber im gleichen Atem-
zug: "ich kann sowas nicht, macht ihr man / verstehe davon zu wenig / habe sowieso
keinen Einfluss ("aber Du als Parteimitglied hast da doch viel mehr Möglichkeiten")/
usw., usw.

Irgendwie merkwürdig, nachvollziehbar vielleicht, aber trotzdem etwas frustrierend
und wahrscheinlich nicht zu ändern (allenfalls dann, wenn irgendwann der 'blaue
Brief' der Gemeinde im Kasten liegt: 'nun macht mal schön' – bloss dann dürfte es
sehr spät, vielleicht zu spät sein!?)

Also lass uns Zugochsen erst mal weitermachen – innerparteilich habe ich noch
einige 'Munition' im Depot.

Als Beispiel schicke ich Dir mal vorab einen Entwurf mit, der gerade im kleinen
Kreise meiner SPD-Mitstreiter kursiert zwecks redaktioneller & inhaltlicher Ergän-
zung/Überarbeitung. Bitte noch vertraulich behandeln u. noch nicht zur Veröffentlichung!!!

Vielleicht fällt Dir dazu noch was ein, dann bitte bis Anfang kommender Woche
retour zu mir, damit ich das im Verlauf der parlamentarischen Sommerpause unseren

MdL's unter die Weste jubeln kann. Andere Aktionen (Hannelore Kraft; neuer SPD-GF Stinka!!; SPD-Foren) sind nicht ausgeschlossen.

Soweit der Stand der Dinge bei mir hier in OWL,
ein schönes Wochenende u. beste Grüße Karl-Udo

Ich bestätige ihn unmissverständlich in seinen Initiativen in Richtung SPD-Genossen. Die sind unverzichtbar und derzeit halte ich das noch für das erfolgversprechendste Mittel:

Re: Briefaktion 08.07.2012, 09:59

Hallo Karl-Udo, Deine anhaltende Initiative ist von unschätzbarem Wert. Wir haben wirklich nur noch die Chance, dass die SPD jetzt von den harten Vorgaben abrückt und die Abgeordneten die Phantasien der Grünen nicht einfach durchwinken. Bei der CDU (Kommentar Rolf Seel) herrscht der Eindruck vor, dass die Regierung mit ihrer satten Mehrheit keinerlei Rücksicht auf Proteste mehr nehmen will.
[...]

Von Hans-Peter kommt die nächste schlechte Nachricht:

Thursday, July 12, 2012 1:38 PM
Norbert Meesters ist umweltpolitischer Sprecher der SPD

Hallo Leute, Norbert Meesters ist nun der umweltpolitische Sprecher der SPD-Fraktion. Da er direkt in unserem Wahlkreis gewählt wurde, weiß ich auch, dass er sich immer schon für die DHP ausgesprochen hat. Er hat mir z. B. vor der Wahl auf Abgeordnetenwatch entgegen seiner Kollegen/innen von SPD und Grünen (hatte 8 Kandidaten aus unserer Region angeschrieben) auch nicht geantwortet. Von befreundeten SPD-Ratsherren weiß ich außerdem, dass er stinke sauer auf unsere Wahlkampf-Kampagne reagiert hatte. Es wird also auch hier nicht einfacher! Leider!

Viele Grüße Hans-Peter Bergmann

Eine sachliche Diskussion lässt dieser Umstand nicht erwarten. Das läuft jetzt wohl alles auf eine persönliche Auseinandersetzung hinaus, die von unserer Seite aus kaum zu gewinnen ist. Von der SPD ist im Umweltausschuss kein Einlenken mehr zu erwarten. Eher im Gegenteil, dürften einige führende Politiker dort ob persönlicher Kränkungen auf Rache sinnen, auch wenn die das niemals zugeben würden. Ob Strömungen aus der Basis da gegenhalten können, ist mehr als zweifelhaft.

In Alsdorf regt sich weiterer Widerstand, von dem ich zunächst wieder per E-Mail erfahre. „[...] *Im Kreis Aachen formiert sich derzeit eine Bürgerinitiative. Wir stecken noch in den Kinderschuhen. Gerne würden wir auch eine Website erstellen. Bezügl. Quellenverweisen und Anbieten von Dokumenten kennen wir uns nicht so recht mit der Rechtsmaterie aus. Dürften wir zum Beispiel Texte und Links von Eurer Seite benutzen. Und habt ihr Tipps für uns, wie wir am effektivsten die Bürger wachrütteln? Würde mich sehr über eine informative Antwort freuen. Es grüßt aus Alsdorf bei Aachen. ... Mela-*

nie Schwan". Nach kurzer Beratung per E-Mail kann ich der neuen Bürgerinitiative „Alles dicht in Alsdorf" das entsprechende Logo zukommen lassen.
In den Wochen danach machen die sehr erfolgreich über die Presse auf sich
aufmerksam.

Manchmal würde ich mich gerne zurücklehnen und für viele Wochen nur die
Anderen machen lassen. Meine übrigen Hobbies kommen neben Job und Familie einfach zu kurz. Wandern, wissenschaftliche Recherche, Fotografieren
würde ich gerne intensiver pflegen. Ich komme einfach nicht dazu, Ideen
konsequent umzusetzen. Dazu brauche ich entspannte Ruhe und Zeit.

Aber was soll's. Ich denke, dass auch ich dran bleiben muss. Bestimmte Dinge macht einfach kaum jemand anderes, wie etwa ausgedehnte E-Mail- und
Briefkampagnen. Vielleicht liegt es auch nur daran, dass ich bisher dabei oft
die Initiative ergriffen habe und nun alle auf mich warten. So starte ich eine
weitere Kampagne. Diesmal sind die GRÜNEN die Adressaten:

16.07.2012, 19:18

Bitte um Mithilfe – Schreiben Sie den Abgeordneten der GRÜNEN

Liebe Mitstreiter, wir brauchen wieder einmal Ihre Hilfe. Die flächendeckende
Durchsetzung der Dichtheitsprüfung wird vor allem von den GRÜNEN – allen voran
Minister Remmel – vehement vorangetrieben. Im November finden wichtige Beratungen statt. Ein neues Gesetz soll kurz danach verabschiedet werden. Aus den Reihen der Opposition ist zu vernehmen, dass die Koalition sich wohl ohne Rücksicht-
nahme mit ihrem harten Kurs durchsetzen will.

Im Koalitionsvertrag haben sich die GRÜNEN auf ganzer Linie durchgesetzt! Allerdings gibt es in dieser Partei viele Gutmeinende, die ehrlich das Beste für die Umwelt
wollen, die einfach nicht verstanden haben, dass sie dem Umweltgedanken in der
Bevölkerung letztlich durch das, was sie tun, irreparablen Schaden zufügen.
[…]

Wie meistens, beteilige ich selbst mich nicht direkt an der Aktion, auch nicht
als Privatperson. Ich halte es für besser, gegenüber den Abgeordneten im
Hintergrund zu bleiben.

Während ich die breite Runde anspreche, richtet Karl-Udo sich wieder mit
einem eigenen Aufruf an seine SPD:

17.07.2012, 13:12

Fwd: Koalitionsvertrag SPD/Grüne: "Funktionsprüfung Kanäle" (ehem. Dichtheitsprüfung)
Bitte nur zu Eurer persönlichen Info bzw. Weitergabe an Euch bekannte SPD-Mitstreiter & -Meinungsbildner/-Funktionäre, etc.

Liebe Mitstreiter in Sachen Dichtheits-/Funktionsprüfung:
obwohl uns aktuell der Wind in dieser Sache ziemlich von vorne bläst – ich halte in
bewährter Manier innerhalb meiner Partei unermüdlich weiter dagegen (wäre auch
noch schöner – bin als passionierter Radfahrer gerade in diesem Sommer und bei die-

sen Wetterlagen schließlich gut dran gewöhnt und würde fast schon was vermissen, wenn's nicht so wäre ;-)

Näheres entnehmt bitte meinem Rundschreiben vom letzten Freitag an eine Reihe von OWL-MdL u. Funktionären sowie parteiinterne Mitstreiter in unserer Sache. [...]
In diesem Sinne schon mal Danke für Eure Mithilfe und herzliche Grüße aus Bielefeld Karl-Udo Priesmeier

Derweil werden im ganzen Land immer wieder lokale Versammlungen abgehalten, um Aktionen vor Ort zu beschließen. Uwe ist oft als Organisator mit dabei, lädt Presse und Politiker ein, erstellt Pressemitteilungen. Inzwischen wenden sich immer mehr Mitstreiter direkt an die Ministerpräsidentin, erinnern sie an ihre Zusagen im Wahlkampf, zunächst ohne für mich erkennbare Reaktion. Aber die Idee erscheint mir nicht schlecht, die Dame bei ihrer persönlichen Integrität zu packen. Mir selbst ist das derzeit noch zu heikel. Eine entsprechende breite Kampagne mit Musterschreiben meinerseits könnte leicht zum Rohrkrepierer werden, wenn hunderte ähnlich lautende Schreiben eine neue persönliche Front aufbauen, wie schon bei Andrè Stinka und Norbert Meesters zu beobachten ist. Außerdem wäre mir die Stoßrichtung nicht klar. Die Aussagen im Wahlkampf zum Thema waren doch eher unscharf, ließen nach meinem Eindruck viele Interpretationen zu. Wo genau könnte man Frau Kraft denn da packen? Dass die viel konkreter waren, als ich die wahrgenommen habe, stelle ich erst später fest. Auch die Wahlkampfreden sind mir im Wortlaut nicht bekannt. Ich bin einfach nicht dazu gekommen, die zugehörigen Presseartikel zu lesen. Deshalb kenne ich die meisten Aussagen nur aus zweiter und dritter Hand.

Karl-Udo hat seinerseits an die Ministerpräsidentin geschrieben, als Antwort auf den Sommergruß seiner Genossin. Bei dem eingebetteten Gendersprech sträuben sich mir jedes Mal die Nackenhaare. Ich denke aber, das ist einfach notwendig und dem Zeitgeist geschuldet, um überhaupt Gehör in so einer Partei zu finden:

19. Juli 2012 00:17:41 MESZ

Re: Sommergruß von Hannelore Kraft

Liebe Genossin Hannelore,
in der Hoffnung, auch du verbringst einen erholsamen Urlaub, erlaube ich mir, auch im Namen weiterer GenossenInnen an der besagten Basis, für die Zeit danach, wenn es "mit voller Kraft wieder an die Arbeit geht", Dir ein leider altbekanntes, die Bürger und viele GenossenInnen weiterhin besorgendes Thema ans Herz zu legen. Auch dem von Dir als Generalsekretär vorgeschlagenen André Stinka habe ich das schon mit auf seinen neuen Weg gegeben: das Problem der Dichtheitsprüfung/ neu: Funktionsprüfung!

Angesichts der völlig unbefriedigenden Aussagen dazu im jüngsten Koalitionsvertrag, welche auch mehrere Gremienbeschlüsse (z.B. UB Bielefeld, KV Herford) missachten, habe ich unter Mithilfe u. a. weiterer gleichgesinnter Genossen die Aussagen des KV einer kritischen Analyse unterzogen.

Das Papier findest Du z.Kts. als Anlage anbei, es wurde bereits einem größeren Verteiler innerhalb unserer Partei zugeleitet.

Spezielle Aufmerksamkeit empfehle ich, dem zentralen, ersten Absatz zu widmen, der u.E. vor allen anderen Detailregelungen zu erledigen wäre.

Die lange schon geforderte wissenschaftliche Beweisführung unter Heranziehung empirischer Erkenntnisse (incl. Nachweis von gefährlichen Bodenbelastungen in Schadensfällen durch Bodenproben aus Kernbohrungen) sollte allein schon aus politischer Klugheit geschehen.

Denn nach Ansicht mir bekannter im Staatsrecht bewanderter Juristen birgt eine Gesetzgebung, die bewusst darauf verzichtet, im Falle einer ziemlich sicher zu erwartenden Normenkontrollklage das hohe Risiko, dass das Gesetz gekippt wird.

In diesem Sinne noch weiterhin gute Erholung und einen erfolgreichen Start in die neue Legislaturperiode,
mit herzlichen Grüßen aus OWL
Karl-Udo Priesmeier

Selbst als Parteigenosse kann Karl-Udo nicht auf ausdrückliche Reaktionen hoffen. Kontroverse Meinungen werden gerne ignoriert. Selbst Angriffe sind da noch ein Highlight und können als Erfolg gefeiert werden.

Opposition solidarisch

Ohne die Unterstützung der Oppositionsparteien würden unsere Argumente wohl keinen Eingang mehr in irgendeine Debatte finden. Ich bin sicher, dass die Regierungsfraktionen alles daran setzen, die Störenfriede auszugrenzen und totzuschweigen. Es ist ja auch so viel angenehmer, mit etablierten Verbänden zu sprechen. Schließlich sind die unabhängig von ihrer Ausrichtung über die Jahre handzahm eingehegt worden. Die argumentieren vorhersehbar, leise, sachlich, unaufgeregt. Devotes Verhalten wird regelmäßig durch kleine Zugeständnisse belohnt. Vertreter der Bürgerinitiativen stören da nur in der Kuschelecke. Die sind durchaus einmal laut, manchmal emotional unsachlich, wollen nicht verstehen, dass die Politik schließlich zum Wohle der Menschen gemacht wird und lassen sich nicht einmal erklären, dass die teuren Maßnahmen schließlich ihre und die Zukunft ihrer Kinder und Enkel sichern werden. Wie soll man auch einem Betroffenen vermitteln, dass seine wirtschaftliche Existenzvernichtung als Kollateralschaden hinzunehmen ist? Ich verstehe das. Es ist einfach unangenehm. Wenn man einen Tümpel trocken legen will, darf man schließlich nicht die Frösche fragen. Und sowieso gehören Amphibien nicht in eine elitäre politische Runde. Die verstehen das einfach nicht.

Am 1. August erreicht mich die Einladung der CDU-Fraktion nach Düsseldorf zum Dialog. Immerhin ist die Opposition uns Amphibien noch wohlgesonnen. Ich mache mir über die Motive keine Illusionen. Natürlich haben die ihre eigene Agenda im Hinterkopf, für die wir derzeit durchaus nützlich zu sein scheinen. Vorläufig aber kann deren Vorgehen unseren Interessen nur dienlich sein. Ohne diese Unterstützung würde auf der landespolitischen Bühne für uns nicht viel vorangehen – Presse hin oder her.

Termin mit CDU-Generalsekretär	01.08.2012, 12:34

Sehr geehrter Herr Genreith,
nochmals vielen Dank für das angenehme Telefonat heute Morgen.

Wie besprochen, möchte der Generalsekretär der NRW-CDU, Bodo Löttgen, Sie und Vertreter der Alles-Dicht-Bürgerinitiativen gern nach Düsseldorf zu einem Gespräch über den Stand und die Perspektiven für die sog. Dichtheitsprüfung einladen.

Unser Terminvorschlag wäre Dienstag, der 11. September 2012, 18.30 Uhr in der CDU-Landesgeschäftsstelle, Wasserstraße 6 in Düsseldorf.

Würde das bei Ihnen passen?
Alternativ könnten wir noch den 13. September zur gleichen Uhrzeit anbieten.
Nach der Terminabstimmung senden wir eine entsprechende Einladung von Herrn Löttgen mit der Bitte um Weiterleitung an die Initiativen im ganzen Land.

Vielen Dank und beste Grüße,
[...]

Die Abstimmung eines Termins bleibt diesmal an mir hängen und stellt sich als nicht ganz einfach heraus. Am liebsten würde ich die Koordination delegieren. Das klappt aber erst einmal nicht so recht. Schließlich verfüge ich nicht über weisungsgebundene Angestellte.

Fwd: Termin mit CDU-Generalsekretär	01.08.2012, 17:01

Kollegen, heute Morgen hatte ich mit Herrn Dr. Fischer-Bollin telefoniert. Aus meiner Sicht würde ich selbst durchaus gerne mit dabei sein, noch wichtiger aber sind fachlich sattelfeste Prüfungsgegner wie Klaus Lau, Fritz Pucher, Bernd Ahlers, Barbara Werner, evtl. auch Heinz Klinkertz (Übach-Palenberg) oder Melanie Schwan (Alsdorf) u. a. m. (das sind nur die, die mir spontan eingefallen sind)

Macht Euch doch bitte Gedanken, wer da aus Eurer Sicht hingehen sollte und mit welchem Ziel. Gebt mir bitte Rückmeldung, damit wir den Termin kurzfristig bestätigen können. Ich bin noch einige Tage im Urlaub und bis Montag schlecht erreichbar.

Grüße Siegfried

Obwohl wir eigentlich Wichtigeres zu tun hätten, bleiben die Querelen nicht aus, die wieder einmal viele Postfächer fluten. Über die persönlichen Angriffe eines Mitstreiters gegen andere ärgert sich nicht nur Melanie Schwan aus

Alsdorf. Ich versuche wieder einmal, zu beschwichtigen. *„Hallo Frau Schwan, Ihren Ärger kann ich gut verstehen. Am besten ignorieren Sie derartige Mails. Persönliche Fehden sind bei der Vielzahl von Mitstreitern offenbar nicht zu vermeiden. In den letzten Wochen sind die glücklicherweise selten geworden. Auch Fritz Pucher weiß genau, wo die Lösch-Taste zu finden ist.“*

Inzwischen hat Heinz Klinkertz für ein großes Treffen am 10. November in die Stadthalle Übach-Palenberg eingeladen. Das ist noch ziemlich lange hin. Eine schon avisierte Versammlung im September in Dülmen wird dafür jetzt abgesagt. Für mich selbst ist das prima, für die meisten anderen bedeutet das natürlich lange Anfahrtswege, da die Stadt in der Nähe von Aachen nicht gerade im Zentrum von NRW liegt und die weitaus meisten Bürgerinitiativen immer noch in Ostwestfalen und im Münsterland beheimatet sind.

Ein Artikel *„400 Unterschriften gesammelt: Bürgerantrag gegen Dichtheitsprüfungen“* in den Aachener Nachrichten zeigt, dass die junge Alsdorfer Initiative schon von sich reden macht [29]. So etwas hilft, den Druck aufrechtzuerhalten. Jeder Beitrag zählt. Dass der Protest weiter anwächst und niemand meines Wissens, angesichts der beinahe aussichtslosen Lage, ans Aufgeben denkt, ist schon erstaunlich. Aber kümmert das irgendeinen der Entscheidungsträger und Stimmungsmacher in Landtag und Regierung? Ich weiß es nicht.

Mit Datum vom 18. August erreicht mich ein zweiseitiges Schreiben des FDP-Abgeordneten Henning Höne, der die Führung für unser Thema von Kai Abruszat übernimmt:

An die Bürgerinitiativen zum Thema: „Dichtheitsprüfung in NRW“
Dichtheitsprüfung weiter auf der Agenda der FDP im Landtag NRW

Sehr geehrte Damen und Herren,
die verpflichtende Dichtheitsprüfung aller privaten Abwasseranlagen beschäftigt die Bürgerinnen und Bürger in Nordrhein-Westfalen und den Landtag nach wie vor.

Mit der Auflösung des Landtags am 13. März diesen Jahres endete die Gesetzesinitiative, die die Aussetzung der verpflichtenden Dichtheitsprüfung zum Ziele hatte. Die FDP-Landtagsfraktion hatte unter der Federführung meines Kollegen Kai Abruszat die Initiative ergriffen. Zunächst war es die FDP alleine, die dieses Thema auf die Tagesordnung des Landtags brachte. Nachdem die CDU zu Beginn der Debatte Absprachen mit SPD und Bündnis 90/Die Grünen getroffen hatte, schwenkte die CDU-Landtagsfraktion auf den Kurs der Liberalen ein. Dieser Kurs hält am Ziel einer effizienten und bürgerfreundlichen Lösung und damit verbunden an einer effektiven Verbesserung des Umweltschutzes fest. So haben FDP und CDU gemeinsam im Dezember 2011 schlussendlich einen entsprechenden Gesetzesentwurf in das Parlament eingebracht.

Die Auflösung des Landtags und der plötzlich einsetzende Landtagswahlkampf haben dabei insbesondere die SPD in Bedrängnis gebracht. Das Thema der Dichtheitsprüfung beschäftigt jeden Hausbesitzer und auch Mieterinnen und Mieter in NRW. Die Ministerpräsidentin Hannelore Kraft äußerte sich während des Wahlkampfes schwammig und bezog nicht klar Stellung. Die WAZ zitierte Hannelore Kraft am 08. Mai 2012 mit dem Satz: „Wir werden in der kommenden Legislaturperiode eine bürgerfreundliche Lösung erarbeiten. Der Handlungsdruck bei den Ein- und Zweifamilienhäusern ist dabei geringer als beispielsweise in Wasserschutzgebieten." Sie suggerierte dort noch kurz vor dem Wahltag den Wählerinnen und Wählern, dass sie eine echte bürgerfreundliche Lösung anstrebe.

Nach der Wahl hat die neue, stark vergrößerte, FDP-Landtagsfraktion ihre Mitglieder in die Fachausschüsse entsandt und die Sprecherfunktionen festgelegt. Ich darf meine Fraktion im Ausschuss für Klimaschutz, Umwelt, Naturschutz, Landwirtschaft und Verbraucherschutz vertreten. Dort bin ich FDP-Sprecher für die Bereiche Klimaschutz, Umwelt, Naturschutz und Verbraucherschutz. Deshalb habe ich den Zuständigkeitsbereich von Kai Abruszat übernommen, der seit der Neuwahl des Landtags als unser kommunalpolitischer Sprecher tätig ist. Auf seine Arbeit in der vergangenen Wahlperiode baue ich auf und an dem Ziel eine bürgerfreundliche Lösung zu finden, halten wir gemeinsam fest.

Deshalb hat die FDP-Landtagsfraktion Wort gehalten und direkt nach der Aufnahme der Arbeit des neuen Parlaments den Gesetzesentwurf von FDP und CDU erneut in das parlamentarische Verfahren eingebracht. Am 21. Juni 2012 habe ich dazu im Plenum Stellung genommen. Meine Rede können Sie sich gerne hier noch einmal ansehen: http://www.youtube.com/watch?v=dDzsAIuip1Y

In der Debatte teilten die Vertreter von SPD und Grünen mit, dass sie im Herbst einen eigenen Gesetzesentwurf einbringen wollen. Sie ließen erkennen, dass an der verbindlichen Prüfpflicht für private Abwasseranlagen festgehalten wird. Es ist für mich ein unehrliches Verhalten der SPD und Hannelore Kraft. Die (nach der Landtagswahl geschwächten) Grünen geben weiterhin den Takt und die Richtung in der Landesregierung vor. Eine bürgerfreundliche Lösung kann aus meiner Überzeugung heraus nicht zustande kommen, wenn jeder Hausbesitzer unter Generalverdacht gestellt wird. Hier müssen flexible Möglichkeiten geschaffen werden, die unser Gesetzesentwurf bereits beinhaltet.

Ich bin Ihnen dankbar, dass auch Sie weiter vor Ort Druck aufbauen und bitte Sie herzlich auch das Gespräch mit Ihren regionalen Landtagsabgeordneten von SPD und Grünen zu suchen. Die zahlreichen Anrufe und Emails zeigen deutlich, dass Sie endlich auch Klarheit haben wollen, wie es nun weiter geht in dieser Angelegenheit. Vielleicht schaffen wir es gemeinsam, dass doch noch im parlamentarischen Verfahren Verbesserungen errungen werden können. Wir sind an einer an der Sache orientierten Lösung interessiert.

Sobald uns der in Aussicht gestellte Gesetzesentwurf der Landesregierung vorliegt, werde ich mich wieder bei Ihnen melden und Sie zu einem Gedankenaustausch in den Landtag einladen. Dann können wir gemeinsam das weitere Vorgehen abstimmen. Selbst nach dem Abschluss des parlamentarischen Verfahrens ist diese Angelegenheit noch nicht „vom Tisch". Es liegen verschiedene Rechtsauffassungen vor, ob das Land überhaupt die Kompetenz dazu hat, diese Prüfpflicht durchzusetzen. Deshalb werden sich im Anschluss Möglichkeiten ergeben, um das Landesgesetz durch gerichtliche Instanzen überprüfen zu lassen.

Jederzeit können Sie sich auch schon vor unserem Gedankenaustausch an mich wenden, wenn Sie Fragen zum Stand des Verfahrens haben oder Ideen und Anregungen einbringen möchten, wie wir weiter vorgehen können.

Mit freundlichen Grüßen
Henning Höne MdL

Wunschgemäß leite ich den Text an alle Bürgerinitiativen weiter.

Der Termin mit dem CDU-Generalsekretär verzögert sich noch urlaubsbedingt. Nach meinem Telefonat mit der Sprecherin der CDU-Nordrhein-Westfalen kommt jetzt noch der 4. Oktober infrage. Bodo Löttgen hätte nun gerne möglichst viele Vertreter der Bürgerinitiativen beim Dialog. Das ändert natürlich die Sachlage. Ich bitte die Mitstreiter, Zusagen doch nicht über mich, sondern direkt an die CDU zu geben, die ich auf die unmittelbare Kontaktaufnahme vorbereite. So bin ich erst einmal aus der vordergründigen Verantwortung für die Koordination heraus. Inzwischen trudeln nach meiner dringlichen Erinnerung nach und nach die Zusagen zum Treffen mit der CDU für den 13. September um 18:30 ein. Damit steht der Termin nun endlich und ich rechne mit reger Beteiligung.

Heinz schickt aktuelle Informationen zu der Versammlung im November in Übach-Palenberg in die Runde. Die Liste der Redner klingt extrem vielversprechend. Ich hoffe, dass sich das dann auch in der Teilnehmerzahl widerspiegelt. Ich finde es schon jetzt beeindruckend, was Heinz da auf die Beine stellt:

Klinkertz, Heinz   2012-08-24 02:09:38
Informationsveranstaltung
An alle Bürgerinitiativen in Nordrhein-Westfalen.

Liebe Mitstreiterinnen und Mitstreiter,
wie versprochen, heute die Information über die Informationsveranstaltung §61a
LWG NRW am 10.Nov.2012 um 10:30 Uhr in der Stadthalle in Üb.-Palenberg

Zwischenbilanz:

10:30 Uhr Begrüßung der eingeladenen Gäste.
11:00 Uhr Es spricht Prof. Dr.-Ing. Hartmut Hepcke.
  - über Sinn und Unsinn der Dichtheitsprüfung und warum die Umsetzung scheitern muss. -

Als Gastredner haben sich angemeldet:

Bundestagsabgeordneter Andrej Hunko (Die Linke)
Landtagsabgeordneter Bernd Krückel (CDU)
Landtagsabgeordneter Henning Höne (FDP)

Landtagsabgeordneter Hanns Jörg Rohwedder (Piraten)
Geschäftsführer-Rechtsberatung vom Verband Wohneigentum e.V. NRW Detlef Erm

Die Beschallung der Stadthalle übernimmt die Firma Ruhmland.
Für Reisende mit der Bahn: Ein Shuttle-Bus fährt Sie kostenlos vom Bahnhof in
Übach-Palenberg zur Stadthalle.

Fritz Pucher hat sich lobenswerterweise bereit erklärt durch das Programm zu führen.
Presse, Funk und Fernsehen sind informiert.

Vom 02.09. bis 18.09.2012 bin ich in Urlaub. Danach kümmere ich mich um die Einladungen der Bürgerinnen und Bürger. Die Bundestagsabgeordnete Petra Müller
(FDP) ist voraussichtlich terminlich gebunden. Sie meldet sich aber im September
nochmals bei mir. Ich erwarte auch noch eine Zusage vom Verband „Haus und
Grund" e. V. NRW.

Mit freundlichen Grüßen
Heinz Klinkertz
Vorsitz „Alles dicht in Übach-Palenberg" Wir haben die Wahl zwischen einem TÜV-
Überwachungsstaat – oder einer Dichtheitsprüfung ohne Generalverdacht.
Wir wählen die Demokratie und die Freiheit !

Das hat schon Klasse! Heinz hat offenbar Erfahrung mit solchen Aufgaben
und gute Kontakte zur Presse. Derweil kommt mit Hürth und Ele Uerlings
die 70. Bürgerinitiative an Bord. Die Bedrohungslage ist dort leider schon
akut und die Initiative deshalb ziemlich spät am Start.

Am 1. September leite ich die Anregung zu einem „Pranger" an die große
Runde, wobei mir durchaus klar ist, dass das Ärger geben kann. Auslöser dafür ist eine Liste von Unternehmen, die sich ausdrücklich für die Prüfungspflicht aussprechen. Unverschämter kann man seine Gewinnerzielungsab-
sichten nicht zum Ausdruck bringen. Die Formulierung eines Artikels habe
ich mehrfach überarbeitet, um möglichst wenig juristisch angreifbare Fläche
zu bieten:

Prüfungsbefürworter nennen   01.09.2012, 11:10

Anregung: Ein solcher Text kann auf jeder BI-Hauptseite erscheinen:
"Liebe Mitbürger, überlegen Sie genau, ob Sie denjenigen Unternehmen lukrative
Prüfungs- und Sanierungsaufträge erteilen wollen, die Ihnen die Suppe eingebrockt
haben.

Ausdrückliche Befürworter der Prüf- und Sanierungspflicht finden Sie zum Beispiel
unter http://proumwelt.wordpress.com/ "

Vielleicht gibt es darüber hinaus noch andere Quellen, wo sich Unternehmen finden,
die ihre Lobby-Macht ausdrücklich ausüben. Einzelne Unternehmen und Verbände

sind derzeit politisch äußerst erfolgreich aktiv zu unser aller Schaden. Dem sollten wir im Rahmen der rechtlichen Möglichkeiten unsere Macht als potenzielle Kunden entgegenhalten.

Grüße Werner S. Genreith

Text und Links erscheinen zeitgleich auf meinem Auftritt. Der Ton von allen Seiten wird mittlerweile noch rauer. Immer unverschämter wirbt die Branche für den Erhalt ihrer Pfründe. Hans-Peter weist auf eine Veröffentlichung des VDRK hin, die nichts Gutes ahnen lässt:

VDRK hat ca. 3000 Redaktionen angeschrieben!!!
VDRK Pressetexte zur Dichtheitsprüfung

Der VDRK Arbeitskreis 'Presseinformation' hat verschiedene Varianten von Pressetexten für Tages- und Wochenzeitungen sowie für lokale Anzeigenblätter entworfen. Ausgehend von der Situation in NRW und den daraus resultierenden Reaktionen in anderen Bundesländern entschied man sich diese Veröffentlichungen nicht nur auf NRW zu beschränken. Über den deutschen Journalistendienst (djd) erfolgt die Weitergabe an ca. 3000 Redaktionen. Geplant ist eine Mindestauflage von acht Millionen. Mit diesen Artikeln soll der Grundstücksbesitzer angesprochen werden und das Thema Kanal in das Bewusstsein gerückt werden. Nicht zuletzt wird in jedem Artikel auch darauf hingewiesen, wo er schnell und einfach VDRK Mitgliedsunternehmen in seinem Umkreis, zur Lösung seiner Probleme, finden kann.

Gern können Sie diese Texte verwenden, um Ihre lokalen Redaktionen anzusprechen.
2012-25-06 | Alles dicht im Kanal?
2012-06-25 | Beim Abwasser auf Nummer sicher gehen!
2012-08-31 | Unerkannte Gefahr für Umwelt und Gesundheit
2012-09-06 | Ausgebildete Fachkräfte sind gefragt

Viele Grüße Hans- Peter Bergmann

Solche Kampagnen übersteigen unsere Möglichkeiten bei weitem. Was wir dagegenhalten können, wirkt angesichts der Größenverhältnisse vollkommen lächerlich. Wenn das auch die erzielbare Wirkung auf politischer Bühne ins Verhältnis setzt, dann können wir tatsächlich einpacken und zu Hause still unser Schicksal erwarten. Unser Aufstand wirkt dann schon wie ein Kampf mit Mistgabeln gegen Kanonen. Am besten ist es, ich denke darüber gar nicht erst nach.

Ansonsten ähnelt das Vorgehen exakt dem, was ich mit meinen Kampagnen auch anstrebe: möglichst breite Streuung eines Aktionsaufrufs mit mundgerechten Mustertexten, um es dem Einzelnen so leicht wie möglich zu machen, aktiv zu werden. Die Aktion zeigt allerdings auch, dass die Verbände sich ihrer Sache trotz der augenscheinlich günstigen politischen Konstellation immer noch nicht sicher sind. Die Branchenvertreter sind offenbar nicht gewillt, irgendetwas anbrennen zu lassen. Der Schreck sitzt denen noch gewaltig in den Knochen.

Am 13. September findet der Austausch mit dem CDU-Generalsekretär und anderen Repräsentanten der Fraktion in Düsseldorf statt. Die Bürgerinitiativen sind mit mehreren Dutzend Vertretern vor Ort, der Raum ist übervoll, Stühle müssen noch hereingeholt werden. Meine Frau und ich kommen trotz großzügiger Zeitplanung über eine halbe Stunde zu spät, nach drei Zugausfällen in Folge zwischen Düren und Köln. Danach habe ich vom öffentlichen Nahverkehr erst einmal für lange Zeit genug. Von den Anwesenden kenne ich kaum jemanden persönlich. Nach der Sitzung und einigen direkten Gesprächen kann ich zumindest ein paar mehr der mir geläufigen Namen auch Gesichtern zuordnen.

Und wieder schreibe ich in die Runde, um den Druck auf die SPD aufrechtzuerhalten. Dass die Basis teilweise aufbegehrt, wissen wir ja. Nur dringt dieser innerparteiliche Protest nicht erkennbar bis auf Landesebene vor. Es ist zum Verzweifeln. Lässt sich da überhaupt noch etwas bewegen? Offenbar steht für die Roten und Grünen längst nicht mehr die Sache im Vordergrund. Es geht um Macht, Recht zu haben und Recht zu behalten, um die Durchsetzung hehrer ideologischer Ziele im Kampf gegen abstrakte (eingebildete) Gefahrenlagen. Bürgerproteste werden von beiden Parteien inzwischen als feindliche Handlungen eingestuft. Dem Feind muss man nicht zuhören, der ist zu bekämpfen und zu besiegen. Die Aussetzung der Eigenkontrollverordnung in Hessen nehme ich diesmal zum Anlass für einen Aktionsaufruf an die Adresse der SPD:

Verkehrte Welt in Hessen	16.09.2012, 13:33

Nach Einschätzung der Oppositionsparteien im Landtag wird die Koalition spätestens im Dezember die Dichtheitsprüfung per Gesetz und Rechtsverordnung wieder durchsetzen ohne Rücksicht auf Proteste der Betroffenen.

Machen Sie Ihre Vertreter der SPD vor Ort und Ihre/n Landtagsabgeordnete/n einmal auf die Stellungnahme des Fraktionsvorsitzenden der SPD im hessischen Landtag aufmerksam. Dort hat die CDU-Umweltministerin Frau Puttrich im Frühjahr die Eigenkontrollverordnung nach Kritik aus der SPD-Opposition gestoppt. Und selbstverständlich laufen die Verbände auch hier Sturm gegen die Entscheidung.

Die verkehrte Welt in Hessen zeigt die Antwort des SPD-Fraktionsvorsitzenden Thorsten Schäfer-Gümbel auf ein Schreiben des VDRK. Die Fraktion der SPD im NRW-Landtag sollte sich dringend einmal austauschen mit den Kollegen aus Hessen. Das, was die Landesregierung plant, isoliert NRW unter den Flächenländern.
[...]

Die CDU Pressestelle schickt wenige Tage nach dem Treffen mit den Bürgerinitiativen eine Presseinformation an mich mit der Bitte um Weiterleitung in unsere Runde:

Presse Information CDU Nordrhein-Westfalen
[…]
Wörtlich hatte die SPD-Ministerpräsidentin beispielsweise auf einer Wahlkampfveranstaltung in Lübbecke gesagt (23. April 2012): „Ein- und Zweifamilienhäuser würde
ich erst einmal davon ausnehmen." Auch hatte sie bereits im letzten Jahr versichert,
dass die Prüfkosten nur zwischen 300 und 500 Euro liegen dürften. Heute stellt sich
heraus: Die fachmännische Untersuchung der Abwasserrohre könnte je nach Grund-
stücksgröße weit mehr kosten. „Die bürgerfreundlichen Ankündigungen beim Kanal-
TÜV waren nichts als leere Wahlkampfparolen. Jetzt ist der Wahlkampf vorbei und
die rot-grüne Regierung zeigt ihr wahres Gesicht", kritisiert Löttgen.

Ausgehend von einem Brief, den die Bürgerinitiative „Alles dicht in Havixbeck und
Hohenholte" Ende Juli dieses Jahres an den Generalsekretär der CDU Nordrhein-
Westfalen, Bodo Löttgen, gerichtet hatte, kamen Ende vergangener Woche auf Einladung der NRW-CDU über 40 Mitglieder von Bürgerinitiativen aus dem ganzen Land
zu einem Gedankenaustausch in der CDU-Parteizentrale zusammen. An diesem
Gespräch nahmen auch Experten der CDU-Landtagsfraktion, der stellv. CDU-Fraktionsvorsitzende Josef Hovenjürgen MdL, Henning Rehbaum MdL und Rainer Deppe
MdL, teil und diskutierten mit den Teilnehmerinnen und Teilnehmern über den aktuellen Sachstand und mögliche Perspektiven zum Thema Dichtheitsprüfung.
[…]

Verbunden mit einer eigenen Zusammenfassung komme ich dem Wunsch
am nächsten Tag nach:

18.09.2012, 09:35
Löttgen und Hovenjürgen: Rot-Grüner „Kanal-TÜV" ist unzumutbare Belastung für
Eigenheimbewohner – CDU kämpft an der Seite der Bürgerinitiativen

Das mehr als zweistündige Treffen fand letzten Donnerstag, 13.09.2012 in Düsseldorf statt mit lebhaften Diskussionen. Es ist anzuerkennen, dass die CDU im Laufe
der letzten Monate dazugelernt hat und nach derzeitigem Wissensstand frühere Entscheidungen für falsch hält. Das Konrad Adenauer zugeschriebene Zitat "Sie können
mich nicht daran hindern, jeden Tag schlauer zu werden" wurde von Herrn Löttgen
herangezogen.

Ein Problem der politischen Entscheidungsfindung schilderte Herr Hovenjürgen:
Politiker sind in vielen Fachfragen Laien. "Experten" sind dann leicht in der Lage,
durch Konstruktion drastischer Gefahrenlagen schnell einen enormen Druck aufzubauen. Noch schlimmer ist die Lage bei lokalen "Feierabendpolitikern" in Gemeinde-
und Stadträten, die sich mit Drohungen, im Schadenfeld persönlich haftbar zu sein,
konfrontiert sehen.

Vonseiten der Bürgerinitiativen wurde die mangelnde Öffentlichkeit des Themas kritisiert, vor allem während des vergangenen Wahlkampfes. Inzwischen gehen die
meisten Bürger, wenn sie sich denn überhaupt schon mit dem Thema beschäftigt
haben, fälschlicherweise davon aus, die Dichtheitsprüfung sei bereits abgeschafft.

Zwei der Forderungen an die CDU nach Unterstützung möchte ich hier erwähnen:

- Thematisierung des Themas "Dichtheitsprüfung" in allen Ortsverbänden der CDU. Das sollte überall auf die Tagesordnung.

- Anstoßen eines Normenkontrollverfahrens, sobald das neue Gesetz erlassen wurde.

Insgesamt war's eine gelungene Veranstaltung bei sehr offenem und lebhaftem Austausch.

Grüße Werner S. Genreith

Auch die FDP bekräftigt ihre Unterstützung, die ich wieder in die Runde schicke. Von der anderen Seite allerdings bläst der Wind uns scharf ins Gesicht. Ein Artikel bestätigt die schlimmsten Befürchtungen. So schreibt DERWESTEN am 16. September „*NRW-Regierung plant nun doch „Kanal-TÜV" für alle*"[30]. Von 300.000 Aktivisten gegen den Prüfungswahn ist dort die Rede und dass die politischen Entscheidungen jetzt gefallen seien. Interessant ist, wie solche Zahlen zustande kommen. Die werden irgendwie von irgendjemandem in die Luft gespuckt, solange niemand widerspricht. Wahrscheinlich läuft das meistens so. Nun berichtet auch Bild über den Stand der Dinge „*Regierungsfraktionen beraten noch Dichtheitsprüfung für Kanäle*".[31]

Nach dieser Mitteilung schlagen die Wogen verständlicherweise hoch. Die Presse zeigt sich höchst interessiert und scheint in Vorgesprächen unserem Anliegen durchaus wohlgesonnen. So schreibt Hans-Peter kurz vor einer geplanten Sendung zum Thema:

2012-09-17 15:51:13

WDR berichtet in mehreren Sendungen ab 16:00 Uhr! WG: Pressebericht BI "Möllener Fair Play": Aktuelles zum Thema Dichtheitsprüfung

Hallo Leute, nach der Pressemitteilung http://www.derwesten.de/politik/nrw-regierung-plant-nun-doch-kanal-tuev-fuer-alle-id7100919.html kam heute Morgen ganz spontan das WDR-Fernsehen bei uns vorbei. Ich hatte ca. eine Stunde Zeit um ein paar Leuten Bescheid zu geben. Hat soweit ganz gut funktioniert!

Das WDR-Fernsehen wird ab 16:00 Uhr in WDR-Aktuell, Aktuelle Stunde und den Lokalsendern berichten! Auch Sat1 hatte angefragt und hat wie unsere Zeitungen meine Pressemitteilung bekommen.
[…]
Viele Grüße Hans-Peter Bergmann

Nach der Sendung dann die Ernüchterung: Das war nicht wirklich hilfreich! Hans-Peter lässt seinem Ärger freien Lauf:

Ist der WDR neutral?   2012-09-17 23:36:10

Hallo Leute, habe das Gefühl hier stimmt was nicht. Gerade die Aktuelle Stunde gesehen und tierisch geärgert!
Haben den Kommentar eines Mitglieds von uns (ja meine große Birke hat das Rohr

ganz schön zerstört oder ähnlich) drin gelassen, der (früher mal selbst Ratsherr) seinen Babbel noch nie halten konnte. Dann der Typ der Kanalfirma! Mein Statement nicht gebracht – nicht so wichtig!

Das Team heute Morgen vorort war sehr nett und sagten, dass sie die ganze Sache auch so sehen wie wir! Aber jetzt kommt das eigentlich schlimme! Lest mal den Kommentar des Moderators:

http://wdrblog.de/aks/archives/2012/09/kanal-tuv.html
Montag, 17.09.2012
Kanal-TÜV

Wahnsinn, in NRW gibt es 200.000 Kilometer privater Abwasser-Kanäle. 200.000 Kilometer – das reicht mal eben 5 Mal um die ganze Erde. – Ist doch logisch, dass es da ne Menge undichter Stellen gibt. Da fliesst dann Abwasser raus und verseucht das Grundwasser. Geht nicht, muß repariert werden. Und bevor man eine undichte Stelle reparieren kann, muß man sie erst mal finden. Das geht mit kleinen Spezialkameras, die man durch die Röhre schickt. Schon vor 17 Jahren schrieb das Landeswassergesetz in NRW allen Hausbesitzern so eine Prüfung vor. Bis spätestens 2015. Das war dann eine Frist von 20 Jahren!! In der Zeit hätte nun wirklich jeder Hausbesitzer das nötige Geld ansparen können. Aber nix da: Kaum rückte der Termin näher, gab es lauten Protest. Motto: Können wir kleinen Häuslebauer nicht bezahlen. Na ja, wenn ich so mit meinem Rad durch Einfamilienhaus-Siedlungen fahre und all die dicken Autos auf den Garagenauffahrten sehe – und ein paar Hundert Euro für die Umwelt sind nicht drin?

Am Ende waren die Protestierer erfolgreich, der Kanal-TÜV wurde auf Eis gelegt. Nun kommt er angeblich doch, mit einer nochmal verlängerten Frist (2026) und einer Härtefall-Regelung für wirklich Arme

Wer jetzt noch immer protestiert, der sollte vielleicht mal ins Grundgesetz gucken, Artikel 14, Abs. 2: Eigentum verpflichtet.

Fühle mich irgendwie verschaukelt, habe die Schnauzte voll, und fahre jetzt mit einem Tag Verspätung erst mal ein paar Tage weg!

Viele Grüße
Hans- Peter Bergmann

Damit gibt ein Moderator des WDR jede Neutralität auf und wiederholt die übliche Polemik mit längst widerlegten Argumenten und einer als falsch entlarvten Faktenlage, ohne sich der Mühe einer sachgerechten Recherche zu unterziehen – eigentlich aber kein Wunder für eine regierungsnahe Sendeanstalt. Laut einer Umfrage des Hamburger Instituts für Journalistik von 2005 stehen gerade einmal 15 % der Journalisten dem bürgerlichen Lager nahe. Bei den öffentlich-rechtlichen Anstalten dürften das Verhältnis noch extremer zugunsten Rot-Grün tendieren. Damit lassen sich solche Äußerungen schon richtig einordnen.

Proteste aus unserer Runde bei der Redaktion bleiben nicht aus. Man kann es wohl schon einen Shitstorm nennen, der in den Tagen danach über den Moderator hereinbricht. Der WDR entschuldigt sich lediglich dafür, einige geplante Teile weggelassen zu haben:

From: AKS Duesseldorf   Sent: Tuesday, September 18, 2012 1:17 PM
Subject: Antw: zum Beitrag Kanal-Tüv vom 17.9.2012 und Blog

Sehr geehrte Frau Uerlings,
Ihre Kritik ist durchaus berechtigt.

Als Vertreter der Contra-Seite hatte ich CDU-Generalsekretär Bodo Löttgen interviewt. In der 16-Uhr-Ausgabe von WDR-Aktuell war er auch mit einem O-Ton vertreten. Für die Aktuelle Stunde wollte ich ihm noch mehr Redezeit einräumen. Seine Kommentare wurden aber kurzfristig von den Programm-Verantwortlichen gestrichen, wegen politischer Unausgewogenheit. Weder SPD- noch Grünenfraktion wollten sich an diesem Tag äußern, da noch kein Beschluss zum Thema getroffen worden sei.

Es wäre besser gewesen von vornherein einen unabhängigen Experten der Contra-Seite zu interviewen. Darüber hinaus wäre ich mit mehr Sendezeit gern auf den Missstand eingegangen, dass Prüfung und Sanierung oft in einer Hand liegen. Dafür hätte ich vielleicht an anderer Stelle kürzen sollen.

Ich werde an diesem das Thema dranbleiben und dafür plädieren mit mehr Sendezeit und geeigneten Gesprächspartnern einen ausgewogenen Beitrag vorzubereiten, um auch kurzfristig auf einen tatsächlichen Beschluss reagieren zu können.

Ihre Kontakte sind da sicher hilfreich. Vielen Dank dafür.
Mit freundlichem Gruß
[...]

Artikel in der Rheinischen Post, in DERWESTEN und im Mindener Tageblatt unterstreichen wiederum unsere Position [32] [33] [34] [35]. Am 18. September kontaktiert mich eine Dame vom ZDF und fragt nach aktuell anstehenden Aktionen aus unserem Kreis. Sicherheitshalber erkundige ich mich in einer kleinen Runde, darunter Fritz und Uwe, die ich für umfassend informiert halte. Ich selbst müsste erst mühsam mein Mail-Archiv durchforsten, um sicher zu sein, nicht wieder einen wichtigen Termin übersehen zu haben:

Bericht im ZDF geplant   18.09.2012, 15:13

Gerade hat mich eine Frau Christina Vogt vom ZDF angerufen. Angesichts der aktuellen Entwicklungen plant man dort einen Beitrag über die Bürgerinitiativen in NRW. Berichten will man wohl nicht über lokale Initiativen (für ZDF wohl weniger interessant). Ich habe die Veranstaltung 13.09. erwähnt und die Termine 6.10. oder 10.11. (die seien wohl zu spät). Am liebsten hätten die natürlich irgendwas Spektakuläres (Demo, brennende Kanalfahrzeuge, Straßenschlachten, zertrümmerte Parteizentrale

der GRÜNEN, … die letzten drei Punkte sind von mir und natürlich scherzhaft
gemeint).
Habt Ihr noch irgendwelche Ideen oder Initiativen, von denen ich nichts weiß?

Grüße Siegfried Genreith

In der Tat hatte ich das Treffen am 20. September in Nordwalde schon vergessen und verweise auf Bernd Ahlers. Vielleicht ist das ja etwas für den
Sender.

Die Oppositionsparteien lassen nicht locker und helfen, wo sie können. So
springt uns die CDU-Mittelstandsvereinigung mit einer Presseinformation
zur Seite:

Presse Information
                                                    Düsseldorf, 18. September 2012
Schauerte: "Geldverschwendung zulasten der Bürger"

Nun soll er also doch kommen, der zwangsweise Kanal-TÜV in Nordrhein-Westfalen. Schon hoffe man, dass das jahrelange Hin und Her ein Ende hätte, legt nun die
Landesregierung noch ein weiteres unsinniges Vorhaben obendrauf.
Mit einer Sozialklausel sollen "bedürftige Hausbesitzer" Zugang zu Förderprogram-
men des Landes erhalten. Die grundlegende Problematik, dass viele offensichtlich
völlig intakte Kanalanschlüsse mit kontrolliert werden sollen, ohne Verdacht auf
Undichtheit, wird aber beiseite geschoben.
[…]

Die Wahllüge

Viele Mitstreiter erinnern sich an die Aussagen der Ministerpräsidentin im
Wahlkampf. So mancher hat sogar live einen ihrer Auftritte vor Ort erlebt.
Was jetzt im politischen Entscheidungsprozess abläuft, soweit wir das aus
der Presse und dem einen oder anderen Insider-Bericht entnehmen können,
hat mit den damals geschürten Erwartungen nichts mehr zu tun. Einige unserer Aktivisten greifen diese offensichtliche Diskrepanz auf und wenden sich
nun direkt an Hannelore Kraft, erinnern sie an ihr Versprechen, wie etwa in
folgender Mail:

DHP kommt nun doch flächendeckend   19.09.2012, 01:49
Sehr geehrte Frau Kraft …
Nun wird es also doch amtlich …

Sie haben die Wähler im Land einfach dreist belogen!

Ich erinnere mich ungern daran, dass ich mich von SPD-lern auf offener Straße für
die Aussage, wer die SPD wählt, wählt auch die Dichtheitsprüfung, habe sehr übel
beschimpfen lassen müssen!

Die Wahl haben Sie ja, u. a. auch mit Ihrer klaren Aussage im Wahlkampf, dass 1–2

Familienhäuser bei der DHP generell außenvorbleiben werden und unter 200qbm eh nicht geprüft werden soll, dann gewonnen …

Nun, NACH DER WAHL interessiert sie offenbar Ihr Versprechen von gestern nicht mehr und leider lag ich mit meiner Einschätzung VOR der Wahl richtig, dass die SPD und die Grünen, wenn sie die Mehrheit bekommen, das durchziehen werden, koste es den Bürger, was es wolle …

(Zur Info es geht um zig-Milliarden Privatvermögen, die die meisten Bürger nicht haben!!! Aber viele Schulden machen ist ja für sie nicht schlimm … NUR wir Bürger müssen Schulden leider SELBER zurückzahlen!!!!)

Sie, die „Landesmutter", die doch keinen zurücklassen wollte und alle mitnehmen wollte, hat den Bürgern nur leere Versprechen gemacht und ihr Wort stellt sich jetzt als krasse und dreiste Wahlkampflüge heraus!

Sie und die hiesigen SPD-Abgeordneten, die alle in dasselbe Horn gestoßen haben, werden jetzt mal ganz heftig Feuer bekommen, ob der Wahlkampflügerei und dem nun offenbar werdenden Betrug am Wähler!

So dreist im Wahlkampf zu lügen wie Sie, ist eine Unverschämtheit den Wählern gegenüber und wird garantiert noch reichlich Wellen schlagen!

Wenn Sie einen Funken Ehre haben und darauf Wert legen, dass man ihren Aussagen vertraut, dann stoppen Sie diesen Irrsinn Dichtheitsprüfung und besinnen sich auf ihr klares Wahlkampfversprechen!

Ihr neuer Namen kursiert jetzt schon unter den Bürgern … „Frau Kraft-ilanti" … Ich hoffe doch, dass Sie den sicher nicht noch häufiger hören und lesen wollen …

Mit freundlichen Grüßen […]

Ein weiterer Mitstreiter schlägt in die gleiche Kerbe und spricht ebenfalls vom Wortbruch der Ministerpräsidentin:

Dichtheitsprüfung/Funktionsprüfung   19.09.2012, 02:17

Sehr geehrte Frau Ministerpräsidentin Kraft,
gilt Ihr Wort noch (Wahlkampfveranstaltung in Minden/Lübbecke/WDR-Radio/ im April 2012) ???

Die Regelung solle schwerpunktmäßig für das Gewerbe und große Wohneinheiten gelten: "Ein- und Zweifamilienhäuser würde ich erst einmal davon ausnehmen."Ihre Worte nach der Wahl: – "Ich stehe zu meinem Wort"
Auch die Anfang des Jahres noch von Umweltminister Remmel in Aussicht gestellten Ausnahmen für normale Einfamilienhäuser mit einem Wasserverbrauch von weniger

als 200 Kubikmeter pro Jahr wird es nach dem Willen der Regierungskoalition nicht
mehr geben.
Können wir Bürger den Politikern jetzt GARNICHTS mehr glauben?

Mit freundlichen Grüßen

Weitere Briefe, wie der folgende, machen die Runde mit sehr präzisen Quellenangaben, die ich erst jetzt selbst einmal prüfe. Die relativ klaren Worte
der Ministerpräsidentin waren mir so gar nicht bewusst:

18.09.2012

Sehr geehrte Frau Kraft,
ich bin von Ihnen sehr enttäuscht.
Ich empfinde Ihr Verhalten als ein Verrat an Ihren Wähler durch die eigene Landesmutter.

Am 07.05 diesen Jahres haben Sie im Interview mit dem WDR2 noch daraufhinge-
weisen, daß die Dichtheitsprüfung nur die größeren Häuser (also mit mehr als 1–2
Familien) der Prüfung unterzogen werden sollten.

Vielleicht erinnern Sie sich nicht mehr daran; dann würde ich Ihnen gern den Mit-
schnitt vom WDR2 übersenden.

Auch in unserem Mailverkehr vom 18.04.- ca. 22.04.12 (s.a. Anhang – Auslöser war
das unsägliche Auftreten von Ihrem Genossen Kaup) wo ich Ihnen sogar noch die
Wahlvorbereitung für OWL mit auf den Weg gegeben habe, konnten Sie z. B. in
Lübbecke mit meinen Worten auf die Frage zur DP antworten. Ich vermute, daß Sie
andernfalls eine kraftlose Antwort gegeben hätten.

Das ähnelt sehr dem Mitbegründer der CDU, der auch sehr treffend formulierte:
"Es hindert mich keiner daran, jeden Tag schlauer zu werden."

Mir scheint aber, daß Sie auch im nächsten Punkt dem Herrn Adenauer nacheifern:
"Was interessiert mich mein Geschwätz von gestern."
Oder wie erklären Sie sich den Rückzug zur Dichtheitsprüfung hin?
[...]

Auf Anfrage rudert die SPD-Landtagsabgeordnete Inge Howe zurück und
dementiert vorangegangene Zeitungsberichte, nach denen die Entscheidungen schon gefallen seien:

2012-09-19 02:57:46

Antwort MDL SPD Inge Howe: Rot-Grün will Kanal-TÜV ohne Ausnahmen!!!!!!

Sehr geehrte Herren,
derzeit ist noch gar nichts entschieden oder auch nur zu Papier gebracht. Die Ministerpräsidentin wird mit H. Remmel und dem Kabinett heute nachmittag intern beraten. Danach geht das Thema in den Fraktionsvorstand und dann in die Beratung der
Fraktion. Die ersten Papiere werden erst nach den Herbstferien vorliegen, bis dahin
ist alles offen und in der Diskussion. Woher H. Abruszat seine Kenntnisse hat, ist mir

unbekannt!

Sie können sicher sein, dass ich mich im Sinne der Wahlaussagen weiter einsetze.

Mit freundlichem Gruß Inge Howe

Ich bin ehrlich gesagt verwundert. Was heißt das denn jetzt? Ist die Sache schon entschieden, wie viele andere Quellen behaupten, und das hier dann ein Ablenkungsmanöver? Oder ist noch mehr offen als nur kleine Details? In der Tat bestätigt Fritz, dass es in der SPD weiter brodelt, wie er sich ausdrückt. Der „Wortbruch der Ministerpräsidentin" steht als weißer Elefant im Raum, der den Wahlspruch „Wort halten" von Hannelore Kraft unter sich zu begraben droht:

19.09.2012, 09:34
SPD zeigt Wirkung BIs müssen jetzt Kampagnenfähigkeit beweisen!!!!!

Gute Morgen in die Runde,
das Pressegewitter zeigt bei der SPD Wirkung. Es brodelt in der SPD. Vor allem die Abgeordneten, die ich hinter die Aussage von H Kraft in Lübbecke gestellt haben –
"Ein und Zwei-Familien würde ich ausnehmen", machen Druck.
Wir müssen jetzt unsere Kampagnenfähigkeit beweisen und massiv den Druck auf Frau Kraft erhöhen!!!!!! Das ist unsere einzige Chance noch etwas zu bewegen!!!!
Nur wenn die Wahrnehmung bei H Kraft ankommt, dass ihr Image angekratzt wird, kommt noch Bewegung in das Gesetzgebungsverfahren.

Mit freundlichem Gruß aus Minden
IGH Interessengemeinschaft Haddenhausen
Fritz Pucher

Damit hat er vermutlich recht und ich leite das Schreiben mit eigenen Ergänzungen und einem Aufruf an meinen Verteiler weiter. Tatsächlich spricht er hier einen wunden Punkt an, den zu bearbeiten sich lohnen dürfte. Die spontanen Schreiben an die Ministerpräsidentin reichen dazu aber vermutlich nicht aus. Da muss noch deutlich systematischer dran gearbeitet werden.

Nach der massiven Öffentlichkeit der letzten Wochen sind die Informationsveranstaltungen der Bürgerinitiativen im ganzen Land gefragt. Überfüllte Säle, zu wenig Sitzplätze sind die Folge, weil die Veranstalter den Zulauf unterschätzen. Über eine Versammlung von „Alles dicht in Ahlen" schreiben die Westfälischen Nachrichten *„Massives Interesse an Infoveranstaltung Gegner wollen Protest weiter ausdehnen"*.[36]

Das „Pressegewitter" hält an. Sat.1 hat sich in Havixbeck angekündigt, dreht dort am 19. September und sendet am gleichen Abend. Und auch die entsetzten Reaktionen auf den WDR-Beitrag reißen noch nicht ab:

20.09.2012, 09:45

Re: Antwort der Aktuellen Stunde auf meine Kritik am Beitrag "Kanal-TÜV"

Hallo Herr Genreith,
mit Entsetzen habe ich den genannten Beitrag der AKS im WDR mitverfolgen müssen. Bisher war der WDR aus meiner Sicht noch der einzig sehenswerte aller Programme. Das hat sich damit nun erledigt. Am liebsten hätte ich das TV aus dem Fenster geschmissen.

Fair vom WDR wäre es, wenn eine Richtigstellung dieses Beitrages in einer der kommenden Sendungen erfolgt. Bitte veröffentlichen Sie doch einen Link auf das Machwerk des WDR mit dem Kommentar von Herrn Marius Schneider auf alles-dicht-in-nrw.de – soweit Ihnen das rechtlich keine Probleme bereitet.

Vielen Dank auch für Ihre unermüdliche Arbeit und die lesenswerten Infos!

Viele Grüße – und nur nicht unterkriegen lassen!
[...]

Meinen Internetpranger hatte ich derweil fast schon wieder vergessen. Am folgenden Tag erreicht mich die eigentlich schon viel früher erwartete Reaktion. Das hat länger gedauert, als ich vermutet hatte. Wieder ergreift „ProUmwelt" das Wort, der die Anbieterliste ja mit einer ganz anderen Absicht veröffentlicht hatte:

Text auf Ihrer Internetseite   20.09.2012, 08:40

Sehr geehrte Betreiber der Internet Präsenz „alles dicht in nrw"
Zitat Ihrer Internetseite:
[...]
Wir möchten Sie darauf hinweisen, dass der von Ihnen geschriebene Text inhaltlich in keiner Weise richtig ist und Sie somit zur Rufschädigung der auf ProUmwelt aufgelisteten Unternehmen, Ingenieurbüros, Lieferanten und Verbände beitragen.

Es ist falsch, dass diese Unternehmen Ihnen die Suppe eingebrockt haben, sondern, es waren genau die Parteien die Ihnen jetzt angeblich Unterstützung anbieten (ist sehr leicht zu recherchieren).

Diese Unternehmen haben sehr viel Arbeit und Geld investieren müssen, um den an sie gestellten Gesetzlichen Anforderungen nach zu kommen und sind somit von dem Politischen hin und her genauso betroffen wie Sie.

Es gibt mit Sicherheit auch Schwarze Schafe in der Branche, aber ich kann ihnen garantieren, dass es diese in jedem Berufszweig gibt, von daher ist es äußerst unfair alle über einen Kamm zu scheren.

Sie schreiben von lukrativen Prüfungs- und Sanierungsaufträgen, wenn Sie wüssten was ein Seriöses Unternehmen leisten muss, um den Gesetzen die diese nicht gemacht haben nachzukommen, würden Sie mit Sicherheit anders denken.
Die Seite www.Proumwelt.wordpress.com ist ins Leben gerufen worden um allen

Beteiligten eine Diskussionsplattform zu schaffen und auch Fakten dar zu stellen, sie ist frei zugänglich und jeder kann dort seine Meinung äußern ohne das sie ausgefiltert werden. Das heißt, dass auch Sie dort etwas schreiben können wenn Sie anderer Meinung sind, was bei der von Ihnen geführten Internetpräsenz leider nicht möglich ist.

Mit freundlichen Grüßen ProUmwelt

Aha, keine juristischen Konsequenzen angedroht – das war moderater als gedacht. Die Schuldzuweisungen an die Politik kann ich dabei ohne weiteres unterschreiben. Das mit der fehlenden Kommentarfunktion meines primären Auftritts kann ich leider noch nicht ändern, aber der Link auf meinen zugehörigen Blog ist eigentlich nicht zu übersehen. Ich antworte umgehend:

Re: Text auf Ihrer Internetseite   20.09.2012, 11:42

Sehr geehrte ProUmwelt,
jede Rufschädigung liegt mir fern. Schlussfolgerungen muss jeder Leser selbst ziehen. Jeder überzeugte Befürworter der Prüfungen wird im Gegenteil die Unternehmen gezielt zur Angebotsabgabe einladen. Das ist ja vermutlich auch der Sinn Ihrer Liste. Und wenn das die Mehrheit der Bürger ist, gibt es ja kein Problem.

Aber natürlich verstehe ich Ihren Standpunkt. Sportlich gesehen spielen wir in unterschiedlichen Mannschaften mit völlig gegensätzlichen Interessen: Sie wollen unser Geld und wir Ihnen das nicht grundlos geben. Und auf beiden Seiten kann es um Existenzen gehen. Allerdings würde ich noch unterscheiden wollen zwischen betrieblicher Existenz und der persönlichen Existenz z. B. älterer Mitbürger. Deshalb kommt ja gerade die Schärfe in die Diskussion und ich sehe auch nicht, wie derzeit ein Ausgleich zustande kommen könnte. Das ist erst dann vorstellbar, wenn Prüf- und Sanierungspflicht entfallen und durch Förderprogramme und Anreize ersetzt werden. Mit so etwas wäre sicher beiden gedient.

Sie können unter http://allesdicht.wordpress.com/ jederzeit schreiben (zu finden oben links auf der Seite, z. B. "Der Druck der Interessenverbände") und Sie haben das ja auch bereits genutzt. Kommentare werden unzensiert freigegeben, sofern sie keine anstößigen Inhalte verbreiten.

Grüße W.S.G.
Alles dicht in NRW

Die Westfälische titelt *„SPD sauer über den Kanal-TÜV"* und schreibt weiter *„Die Dichtheitsprüfung ist wieder auf der Tagesordnung. Enttäuscht darüber sind vor allem die Sozialdemokraten in Hilchenbach und Netphen, die vor der Landtagswahl gegen den ‚Kanal-TÜV' mobil gemacht hatten."* [37]. Die Dame bekommt tatsächlich nicht nur von der Opposition und von uns Druck. Ein „Wortbruch" wird ihr von ihren eigenen Leuten an der Basis immer offener vorgeworfen.

Schließlich wecken Artikel wie der in der Dülmener Zeitung neue Hoffnungen. Die titelt *„Kraft bremst beim Kanal-TÜV"* und weiter *„Bei der umstrittenen Dichtheitsprüfung für Abwasserrohre an Gebäuden hat sich Rot-Grün* *noch nicht festgelegt: ‚Es gibt keine Vorentscheidung‘, widersprach Minis-terpräsidentin Hannelore Kraft entsprechenden Berichten. ‚Wir prüfen, wie wir eine bürgerfreundliche Lösung hinbekommen.‘ An diesem Versprechen wolle sie sich messen lassen. Opposition und Interessenverbände hatten ihr zuvor Wortbruch vorgeworfen."*[38] und bestätigt damit die frühere Behaup-tung der SPD-Landtagsabgeordneten Inge Howe.

Aber was heißt das denn konkret? Dass sich die Ministerpräsidentin persön-lich einschaltet, ist schon recht ungewöhnlich. Wenn das tatsächlich so ist und keine erfundene Schlagzeile, dann hat sie das Thema Dichtheitsprüfung nun doch noch zur Chefsache gemacht. Aber kann sie sich politisch wirklich durchsetzen und dem ganzen noch eine andere Richtung geben? Die CDU merkt am 20. September an [39]:

Josef Hovenjürgen: Remmel hat bei der rot-grünen Dichtheitsprüfung den Überblick verloren

Verwirrung und Verunsicherung hat der stellvertretende CDU-Fraktionsvorsitzende Josef Hovenjürgen beim Umgang der Landesregierung mit der rot-grünen Dichtheits-prüfung ausgemacht: „Erst widerspricht Frau Kraft Zeitungsberichten, dass es bereits eine Vorentscheidung zu dem Thema gab, um von ihrem eigenen Wortbruch abzulen-ken. Und nun will Umweltminister Remmel laut BILD-Zeitung noch nicht einmal mehr wissen, was die Dichtheitsprüfung am eigenen Häuschen gekostet hat." Laut BILD habe der Minister bei einem Treffen mit Bürgerinitiativen die Sanierung am eigenen Haus auf 10.000 Euro beziffert. Laut Ministerium habe er „höchstens 5.000 Euro" bezahlt. Die Dichtheitsprüfung habe „300 bis 500 Euro" gekostet. Hovenjürgen: „Welche Zahl ist denn nun richtig?
[…]

Für den Minister spielt der Unterschied zwischen fünftausend und zehntau-send Euro vermutlich eh keine Rolle – solche Beträge laufen so oder so eh über die Portokasse. Und eine Rechnung, auf der unter „zu zahlen" steht „300 – 500 Euro" habe ich noch nicht gesehen. Passend dazu meldet sich am nächsten Tag RTL bei mir auf der Suche nach Betroffenen. Die Anfrage schi-cke ich als dringend in die Runde:

21.09.2012, 12:58
Dringend: Wer ist bereit zu Dreh mit RTL am Di 25.09.?

Liebe Mitstreiter, von RTL kommt gerade die dringende Anfrage nach Betroffenen, die bereit sind, am Dienstag 25.09.2012, mit RTL zu filmen.
Wer hat bereits teuer saniert oder hat die Aufforderung der Kommune und ein Angebot vorliegen, das richtig weh tut?
Bitte schnellstmöglich melden per E-Mail an info@alles-dicht-in-nrw.de .

P.S. Am Wochenende telefonisch unter 0171-[…], da ich meine E-Mail Sa/So nicht abrufen kann.

Grüße Werner S. Genreith

Die Vorschläge trudeln nach und nach ein. Darunter wird auch Johannes Remmel als Betroffener genannt. Der wird aber wohl kaum zur Verfügung stehen und ihm hat der Betrag für die Sanierung ja auch nicht wirklich weh getan. Dass zehntausend Euro für Otto Normalverbraucher durchaus existenzgefährdend sein können, ist ihm in der Folge dann wohl selbst klar geworden. Der Betrag wurde nie wieder öffentlich genannt.

Beim Treffen am 22. September in Nordwalde, bei dem ich wieder einmal nicht dabei sein kann, wird eine Aktion „Postkarte an Hannelore" beschlossen. Für den Anfang sollen 10.000 Stück gedruckt werden, finanziert von den Bürgerinitiativen bei Bestellung. Zum Text gebe ich noch Anregungen: *„Die Zwangsverpflichtung kann ersetzt werden durch Förderung und Anreize."* und stelle dann auch ein Muster zum Download auf meine Seite – zum Selberdrucken.

Obwohl in der Runde besprochen, stößt der Text wieder auf Kritik, weil einigen die Formulierungen zu weich erscheinen. Ich sehe das durchaus nicht so kritisch. Hauptsache, auch diese Welle rollt erst einmal.

Bernd regt an, seine Pressemitteilung zur Versammlung zu kopieren und jeweils an Lokalredaktionen zu senden. Damit gewinnt die Kampagne deutlich an Bekanntheit *„[…] Vertreter von Bürgerinitiativen gegen den ‚Kanal-TÜV' aus ganz NRW trafen sich kurzfristig am Samstag, den 22.09.2012 in Nordwalde. Hauptthema war der aktuelle Offenbarungseid der Landesregierung in Sachen Dichtheitsprüfung. Nach einer Situationsanalyse auf das landesweite Pressegewitter wurden weitere Protestmaßnahmen besprochen. So startet in der kommenden Woche eine NRW-weite Postkartenaktion „Rote Karte für Frau Kraft", mit der die Landesmutter auf ihre Wahlkampfversprechen, Ein- und Zwei-Familienhäuser nicht zu prüfen, hingewiesen werden soll. Krafts Seite auf www.abgeordnetenwach.de zu dem Thema hat sie leider schließen lassen. Die Presse sieht daher Frau Ministerpräsidentin Kraft jetzt schon an der Schwelle zur ersten Wahlkampflüge und beschreibt täglich auch die Verärgerung an der SPD-Basis. [...]"*

Derweil versucht Remmel mit immer neuen Auftragsgutachten seine harte Position zu festigen. Für Aufsehen sorgt der berüchtigte „LANUV Fachbericht 43". Er wird in der Presse jetzt rege zitiert, weil er angeblich die Grundwassergefährdung durch undichte private Abwasserleitungen belegt. Es handelt sich dabei um eine sogenannte Metastudie, die nicht auf eigene Untersuchungen baut, sondern bereits vorhandene Berichte auswählt und auswertet. Damit kann sie per se keine neuen Erkenntnisse bringen. Es handelt sich um reine Effekthascherei. Hartmut Hepcke bewertet die Studie dementsprechend als ungeeignet, die Behauptungen des Umweltministeriums zu belegen: *„Die Ergebnisse der Auswertung der Analyseergebnisse der landesweiten Grundwassermessstellen in NRW und der diesbezüglichen Literatur zur Grundwassergefährdung durch undichte Kanäle liefern keinen*

*schlüssigen Beweis für die Behauptung der Landesregierung, dass ‚von un-
dichten Grundstücks- und Hausanschlussleitungen eine bedeutende Gefahr
für Boden und Grundwasser ausgeht'. Der LANUV-Fachbericht 43 ist vielmehr ein weiterer Beweis dafür, dass kein direkter Zusammenhang zwischen
möglicherweise undichten Grundstücks- und Hausanschlussleitungen und
Boden- bzw. Grundwasserbelastungen besteht."*

Robert Longerich übermittelt mir unterdessen den YouTube-Link auf seinen
neuesten Song „Ihr wollt Volksvertreter sein", den ich wieder umgehend in
die Runde schicke. Die Postkartenaktion rollt inzwischen und RTL hat sich
bei Klaus angemeldet. Seinen Keller, der inzwischen schon regelmäßig als
Filmstudio herhält, räumt er nun schon zum wiederholten Male auf.

Re: RTL Interview 25.09.2012	24.09.2012, 18:32

Hallo Frau Schröder kann ich noch etwas tun für den Filmbeitrag? Ein Interview mit
Klaus Lau kommt ja am 26.09. zustande – er hatte mich informiert. Gestatten Sie mir
noch einen Hinweis auf die diversen Liedbeiträge von Robert Longerich und Hans-
Peter Bergmann,
[…]
Grüße Werner Siegfried Genreith
Nideggen

Direkt nach dem Dreh berichtet Klaus über dessen Ablauf. Er scheint fürs
Erste ganz zufrieden zu sein mit dem Termin, was durchaus in der Vergangenheit nicht immer so war:

26.09.2012, 15:04

RTL – West 26.9.12 ~ 9: 30. 12:00 Uhr in MG – Wickrathberg
zur Info über Drehtermin von heute

Hallo in die Runde:
Herr Werle […] von RTL-West war heute mit 2 Kameraleuten hier und wird die 2, 5
Stunden „Arbeit" mit mir auf 2, 5 Minuten eindampfen müssen. Für meinen
Geschmack erheblich zu viel Aufwand für die kurze Sendezeit. Die Leute waren
zumindest sehr nett, durchaus interessiert und schienen fair zu sein, was aber letztlich
abzuwarten ist …

Die haben nach einem ausführlichen Gespräch mit Robert Horras und mir im Wohnzimmer danach überwiegend im Keller gefilmt, mich befragt und erste Schnitte
gemacht, die ich mir dann auf winzigem Display vorab ansehen konnte.

Fazit: Ich zumindest bin halbwegs zufrieden mit dem Termin, kann mir dabei aber
das eingedampfte End-Konzentrat von 2, 5 Minuten Sendezeit nur sehr schwer als
wirklich effektiven Beitrag vorstellen. Ob da am Ende etwas Vernünftiges dabei her-
ausgekommen ist, muss man abwarten.

<table>
<tr><td>Absender

Straße und Hausnummer oder Postfach

Postleitzahl   Ort</td><td>Bitte
ausreichend
freimachen

Postkarte

Frau Ministerpräsidentin

Hannelore Kraft

Staatskanzlei
Straße und Hausnummer oder Postfach

40190   Düsseldorf
Postleitzahl   Bestimmungsort</td></tr>
</table>

DICHTHEITSPRÜFUNG privater Abwasserleitungen nach § 61a Landeswassergesetz NRW

So wie viele neutrale Fachleute halte ich die Dichtheitsprüfung/Funktionsprüfung für

- ökologisch unsinnig,
- wirtschaftlich katastrophal,
- rechtlich problematisch

und fordere daher die ersatzlose Streichung dieser Regelungen.

Ich bitte Sie, sich an Ihre vor der Landtagswahl gemachten Ankündigungen in Bezug auf Ein- und Zweifamilienhäuser zu erinnern. Ersetzen Sie Zwang durch Anreize und Förderung. Nur so können Sie die Bürger in NRW wieder ins Boot holen.

Liebe Frau Ministerpräsidentin, stehen Sie zu Ihrem Wort!

Abbildung 8: Rote Karte für Hannelore Kraft

Ablaufplan bei RTL: Heute Abend soll das um 18: 00 Uhr auf RTL – West (nicht Normal RTL) gesendet werden, das wir hier per Schüssel leider nicht empfangen können. Ab 20:00 soll das dann in „RTL – Now.de" für 7 Tage eingestellt werden.

Gruß Klaus Lau

Die SPD sieht derzeit keinen Zeitdruck, eine Regelung vor den Herbstferien zu verabschieden. Das gibt uns noch etwas Raum. Wir können nur hoffen, dass die Front pro DHP innerhalb der SPD merklich wackelt unter dem Dauerbeschuss von Presse, Opposition und parteiinternen Kritikern. Viele Orts-

verbände der SPD setzen sich vehement für eine Aufhebung der Zwangsmaßnahmen ein und sind zutiefst enttäuscht vom Kurs ihrer Landespartei.
Deren Widerstand zeigt sich etwa in einer Pressemitteilung der einflussrei-
chen Bielefelder SPD, die auf eine harte Konfrontation mit der eigenen Füh-
rungsriege hinausläuft:

An die Lokalredaktionen

Neue Westfälische
Westfalen-Blatt
Radio Bielefeld
WDR Landesstudio Bielefeld

                  27.09.2012

Pressemitteilung

Bei Dichtheitsprüfung mit Augenmaß handeln

Bestrebungen der NRW-Landesregierung den so genannten „Kanal-TÜV", auch
bekannt als „Dichtheitsprüfung", in seiner bisherigen Planung nicht zu streichen, sondern noch zu verschärfen, stößt bei der Bielefelder SPD auf entschiedene Ablehnung.
Der SPD-Unterbezirk Bielefeld hatte im Juli diesen Jahres einstimmig beschlossen,
das Gesetzgebungsverfahren in der Weise zu gestalten, dass eine Dichtheitsprüfung
nur noch bei eindeutig erkennbarer Gefahrenlage durchzuführen ist.

Nach bisherigen Erkenntnissen des Bundestages, des Petitionsausschusses des Landtages und anderer Sachverständigen existiert keine Gefahr für die Umwelt durch private Abwasserrohre. In den meisten Fällen wird die Umwelt auch von beschädigten
Abwasserrohren nicht belastet. „Das Gegenteil konnte auch die Landesregierung bisher nicht beweisen. Demnach gibt es keine Rechfertigung für eine Umwelt-Vorsorge-
politik, welche einen „Kanal-TÜV" erzwingen soll", so SPD-Vorsitzender Marcus
Lufen.

SPD-Ministerpräsidentin Hannelore Kraft hatte während des letzten Landtagswahl-
kampfes in Aussicht gestellt, alle Ein- und Zweifamilienhäuser in NRW von der
Dichtheitsprüfung zu befreien. Diesen Vorschlag unterstützen und fordern wir. Grü-
nen-Umweltminister Johannes Remmel hob beim Thema „Kanal-TÜV" immer wieder den Ausgleich für die nutznießenden Handwerker hervor. Einflussnahme und
Bedienung von Lobbyisten scheint nach bisherigen Erkenntnissen der Hauptgrund
für dieses monströse Konjunkturprogramm „Kanal-TÜV" zu sein. Daher erwartet die
Bielefelder SPD von Regina Kopp-Herr, Georg Fortmeier, Günter Garbrecht und der
überwiegenden Mehrheit der SPD-Landtagsabgeordneten eine unmissverständliche
Ablehnung dieses Gesetzesvorhabens.

Schon am 29. September platzt eine Bombe, die trotz diverser Anzeichen unerwartet einschlägt. Ein Video vom Landesparteitag der SPD in Münster dokumentiert die wichtigen Ziele der Ministerpräsidentin. In aller Kürze heißt
es da: „Striktes Rauchverbot bleibt, aber Kraft kassiert Kanal-TÜV ein". Zunächst ist dafür keine offizielle Bestätigung zu bekommen. Einige Tage später, am 3. Oktober, erreicht mich ein Beitrag des VDRK auf dem Blog der

Kanalinspekteure anonym über einen österreichischen Remailer. Da ich dem Absender nicht trauen kann, prüfe ich den angegebenen Link. Die Angaben scheinen den Tatsachen zu entsprechen:

VDRK macht Mobil   03.10.2012, 12:32

Sehr geehrte Kolleginnen und Kollegen,
aus gut informierten Quellen (also aus erster Hand) habe ich heute erfahren müssen, dass mit der Überarbeitung des § 61 a LWG NRW im Hinblick auf die Dichtheitsprüfung noch nichts klar ist.

Im Gegenteil, die Ministerpräsidentin Hannelore Kraft will künftig fast ausschließlich nur noch in Wasserschutzgebieten prüfen lassen. Sie will ihre Meinung angeblich knallhart durchsetzen, ohne Rücksicht auf Verluste. Es ist fraglich, ob die Prüfung bei Ein- und Zweifamilienhäusern künftig überhaupt noch in Betracht kommt.

Von den Vorlagen vor der Wahl (der SPD und der Grünen) ist kaum mehr die Rede, deren Befürworter stehen nun ziemlich im Regen.

Die Bürgerinitiativen müllen den Landtag mit Eingaben, Petitionen und Schreiben zu. Auch wenn die BIs nur einen verschwindend geringen Teil der betroffenen Haus- und Grundstückseigentümer ausmachen, verursachen sie doch erheblichen Wirbel und tun so, als wenn sie die Mehrheit der Bevölkerung darstellen.

Mir wurde geraten, folgende Strategie zu fahren:
Alle Branchenunternehmen, egal ob VDRK – Mitglied oder nicht, sollen an folgende Adressen schreiben bzw. mailen:
Die Präsidentin des Landtags NRW, Postfach 10 11 43, 40002 Düsseldorf, […] (als Präsidentin selbst).
An die Präsidentin des Landtags NRW, email@landtag.nrw.de, (zur Verteilung an alle Landtagsabgeordneten).
An die Ministerpräsidenten NRW, Hannelore Kraft; hannelore.kraft@landtag.nrw.de
An den Umweltminister Remmel in NRW,
[…]
Inhalte der Schreiben/Mails sollten sein:

* Argumente der Unternehmen / des VDRK für eine flächendeckende Dichtheitsprüfung

* Anzahl der bisher durchgeführten Dichtheitsprüfungen in NRW, je Unternehmen

* Anzahl der bisher durchgeführten Sanierungen von GEAs, je Unternehmen

* Anzahl der bisherigen Entlassungen von Mitarbeitern, Azubis

* Anzahl der bisherigen Insolvenzen, sofern bekannt

* Anzahl der bisher bekannten Rechtsstreite wegen Pfusch am Bau usw.

* Schilderung der aktuellen Situation des Unternehmens aufgrund der Rechtsunsicherheit, also entgangene und stornierte Aufträge, Investitionen in Personal und Geräte usw.

Gleichzeitig sollten die Branchenunternehmen auf ihre Kunden zugehen, die bisher schon Untersuchungen und eventuell auch Sanierungen durchführen ließen, nun aber als die Deppen dastehen, wenn es wirklich zur Aussetzung oder totalen Lockerung der Vorschriften kommt. Es sollte ganz klar auf den Gleichbehandlungsgrundsatz und drohende Benachteiligungen hingewiesen werden.

Diese Kunden sollten auch – sofern sie dazu bereit sind – Schreiben oder E-Mails an die oben genannten Adressen versenden und ihren Unmut laut äußern.

Jetzt ist offenbar der richtige Zeitpunkt gekommen, um einen großen Wirbel zu veranstalten und das Feld nicht den BI's zu überlassen. Es gibt also viel zu tun – packen wir's an – bitte werden Sie aktiv.

Bitte senden Sie mir eine Kopie Ihrer Schreiben bzw. E-Mails.
Mit freundlichen Grüßen
[…]

Da wird wieder einmal schweres Geschütz aufgefahren. Aber die machen das auch im Prinzip nicht anders als wir und über Wunderwaffen verfügen die wohl eher nicht. Damit dreht sich das Blatt möglicherweise erneut. Der gleiche Hinweis erreicht mich am nächsten Tag noch über die Bürgerinitiative „Alles dicht in Alsdorf". Trotzdem ist selbst nach einer Woche noch keine anderweitige Bestätigung der neuen Situation zu bekommen. Nicht einmal Karl-Udo bringt eindeutige Signale vom Landesparteitag zurück.

Am 5. Oktober schreibe ich in die Runde:

05.10.2012, 15:30

Fwd: [Alles dicht in Alsdorf] So arbeitet der VDRK: das sind schon interessante …

Bitte bleiben Sie am Ball – es ist wichtig, wie die Mailing Aktion des Branchenverbandes (unten) zeigt. Die schlagen inzwischen immer verzweifelter um sich und erzielen damit sicher auch Wirkung.

Motivieren Sie weiterhin Nachbarn, Freunde, Kollegen, Bekannte zu schreiben (Politiker, Presse). Leiten Sie diese Mail bitte weiter.

Anregungen, Adressen, Texte unter der bekannten Adresse http://alles-dicht-in-nrw.de/html/aktionen.html .

Grüße W.S.G.

Wieder meldet sich der WDR, diesmal bei „Alles dicht in Köln". Der Beitrag wird auch den Umweltminister und einige Sanierer berücksichtigen. Die Ausstrahlung in Westpol ist für Sonntag, 7.10.2012, 19:30 geplant.

Da offiziell noch nichts feststeht, läuft die Kartenaktion natürlich weiter. Fritz berichtet, dass Haus und Grund Minden die „rote Karte für Frau Kraft" der Vereinszeitung beilegen wird. Da sein Bestand dafür nicht mehr ausreicht, lässt er neue drucken und fragt nach weiterem Bedarf in unserer Runde. Letztlich kommen zu den schon fünfzehntausend gedruckten noch einmal zehntausend Karten in Umlauf. Wie oft das Muster von meiner Seite heruntergeladen und ebenfalls genutzt wurde, entzieht sich meiner Kenntnis.

In all dem Trubel sorgt ein Artikel im Westfalenblatt für eine kuriose Abgrenzung, die mich unwillkürlich an eine Szene aus dem Monty-Python Klassiker „Das Leben des Brian" erinnert [17]:

Rote Karte Aktion der IGmB-Löhne	11.10.2012, 20:34

Hallo ins Land, anbei ein Presseartikel des Westfalenblattes über die IGmB zu der Roten Karten Aktion. In diesem Zusammenhang möchte die IGmB-Löhne zu dem Face-book-Kommentar der Bürgerinitiative Löhne folgendes anmerken: "Die IGmB-Löhne/Westf. hat mit der Bürgerinitiative Löhne nichts gemein und distanziert sich von dieser Initiative in aller Deutlichkeit!" Der Bürgermeister, die politischen Gremien des Stadtrates Löhne, die örtliche Presse und weitestgehend die interessierten Bürger Löhnes sind über diesen Sachverhalt informiert!

Gruß aus Löhne IGmB-Löhne/Westf. D.P. Schattenberg

Spaß muss sein und ich kann mir ein breites Grinsen nicht verkneifen. Den durchaus ernsten Hintergrund der speziellen Situation dort kenne ich allerdings.

Viele vergessen unterdessen, dass die geltenden Regeln des § 61A noch immer in Kraft sind und die daraus entstehenden Härten je nach politischer Konstellation vor Ort keinesfalls abgemildert werden. Am 5. Oktober wendet sich ein Betroffener an die Bürgerinitiative „Möllener Fairplay" mit der Bitte um Hilfe in einer verzweifelten Situation:

5. Oktober 2012 23:33:24 MESZ

Bürgerinitiative gegen Dichtheitsprüfung
[…]
Ich schreibe Ihnen hiermit im Namen meiner Eltern, die sich aus gesundheitlichen Gründen im Moment um den folgenden, von mir geschilderten Vorfall, nicht kümmern können. Ich habe derzeit nur wenig Durchblick in dem Fall, aber ich bin bereit Ihnen alle nötigen Informationen zu beschaffen, wenn Sie uns helfen können.

Es geht um das Haus meiner Eltern in Ratingen-Homberg. Vor längerer Zeit wurde von der Stadt Ratingen eine Dichtheitsprüfung vorgenommen. Aufgrund dessen wurde eine Sanierung des Abwasserkanals angeordnet. Meine Mutter hat sich, weil Sie über die umstrittene Sachlage informiert war, von Anbeginn gegen diese Sanierung gewehrt. Es wurde sogar ein Gutachter seitens meiner Eltern bestellt, der Ihnen bestätigte, daß eine Sanierung noch nicht notwendig sei. Dies wurde aber vonseiten der Stadt Ratingen ignoriert und Bußgelder angeordnet. Aus Angst heraus haben meine Eltern ein erstauferlegtes Bußgeld gezahlt. Meine Mutter hat sich aber weiterhin gegen die bestehende Anordnung gewehrt. Ein erneut auferlegtes Bußgeld, hat Sie seitdem nicht mehr bezahlt und auch ignoriert, bis letztlich eine Pfändungsankün-

---

17 Eine Eingangsszene des Films zeigt den erbitterten Disput zwischen der „Volksfront von Judäa" und der „Judäischen Volksfront" im Bemühen, sich voneinander abzugrenzen.

digung eintraf. Heute nun ist ein Vollstreckungsbescheid eingetroffen mit der Ankündigung, daß man, wenn es notwendig sei, gewaltsam in das Haus meiner Eltern eindringen werde und entsprechende Sachwerte pfänden würde. Meine Mutter will aber weiterhin nicht zahlen. Ich denke, es ist nun wohl höchste Eisenbahn, daß etwas unternommen wird!

Klaus Büchler aus Düsseldorf nimmt sich des Falls an und bleibt längere Zeit selbst in Kontakt mit den Ratinger Behörden. Es ist nur ein weiteres Beispiel dafür, wie tragisch und menschenverachtend die Zwangsmaßnahmen im Einzelfall wirken können.

Kraft sagt Basta!

Hat Frau Kraft denn nun ein Umdenken erzwungen oder war alles nur ein Missverständnis, eine von der Presse aus dem Zusammenhang herausgerissene Aussage? Es wäre nicht das erste Mal. Schließlich ist unseren Leuten so etwas nicht nur einmal passiert. Noch am 12. Oktober erreicht mich eine weitere Presseinformation der CDU, die nur wenig von einem Kurswechsel der Regierung erahnen lässt. Es folgt eine Kampagne, die ebenso wie unsere Postkartenaktion auf den Wortbruch der Ministerpräsidentin abhebt:

12.10.2012, 16:10

CDU NRW macht mobil gegen die Rot/Grüne Dichtheitsprüfung

Sehr geehrte Damen und Herren,
ich möchte Ihnen folgendes Schreiben mit Anhang zum Thema "Rot-grüne Dichtheitsprüfung", welches heute an die CDU-Kreisvorsitzenden, CDU-Kreisgeschäftsführer, CDU-Ortsverbandsvorsitzenden und CDU-Stadt- und Gemeindeverbandsvorsitzenden verschickt wurde, zu Ihrer Kenntnis weiterleiten. Des Weiteren hat heute die CDU-Landtagsfraktion eine Musterresolution zur Dichtheitsprüfung an alle CDU-Ratsfraktionen im ganzen Land verschickt, mit dem vor Ort mobil gemacht werden kann gegen die rot-grüne Gängelung der Bürgerinnen und Bürger in NRW. Die örtlichen Landtagsabgeordneten werden aufgefordert, sich in diesem Sinn bei der Landesregierung für eine sachlich angemessene und bürgerfreundliche Lösung beim Thema Dichtheitsprüfung einzusetzen.

Mit herzlichen Grüßen [...]
Sprecherin der CDU Nordrhein-Westfalen

Der anhängende Flyer titelt „WAS IST IHR WORT NOCH WERT, FRAU KRAFT" über einem blauen Wassertropfen mit der Aufschrift „*DICHTHEITSPRÜFUNG STOPPEN*". Auf der Rückseite stehen Überschriften wie „*Wahlbetrug Dichtheitsprüfung*" und „*War das eine Wahllüge, Frau Kraft?*" und endet mit „*Die CDU Nordrhein-Westfalen steht gemeinsam mit der CDU-Landtagsfraktion an der Seite der vielen Bürgerinitiativen in Nordrhein-Westfalen zu diesem Thema. Schluss mit der rot-grünen Gängelung der Bürgerinnen und Bürger!*". Das sind harte Aussagen.

Wunschgemäß schicke ich das an die Bürgerinitiativen. Die Reaktionen sind nicht nur positiv:

16.10.2012, 07:00

WG: CDU NRW macht mobil gegen die Rot/Grüne Dichtheitsprüfung

Sehr geehrte Damen und Herren,
hoffentlich vergessen die Bürgerinitiativen „Alles Dicht in NRW" niemals, dass die NRW-CDU uns Hauseigentümern während der Rüttgers-Landesregierung die Problematik der Dichtheitsprüfung incl. der Versprechungen an die Wirtschaft „Da ist ein neues Geschäftsfeld für euch …" eingebrockt hat!

Hoffentlich vergessen die Bürgerinitiativen nie, wer von den Landespolitikern „wie das Fähnlein auf dem Turme" wann und zu welcher Zeit mal PRO und mal KONTRA Dichtheitsprüfung agiert.

Mit freundlichen Grüßen Erwin B[…]

Ich sehe das allerdings locker und bin dankbar für den Schwenk der CDU. Alles andere bringt doch nichts. Wie Adenauer schon sagte, *„Niemand kann mich daran hindern, jeden Tag klüger zu werden."* Deshalb würde ich einen solchen Schwenk jeder Partei zugutehalten. Selbst SPD und GRÜNEN würde ich in diesem unwahrscheinlichen Fall nichts nachtragen, genauso wenig wie es mich stört, dass auch die FDP früher einmal anders entschieden hat – Schnee von gestern.

Weitere Infoveranstaltungen für die Bürger im Land finden statt. Die Lokalzeitungen berichten regelmäßig. Klaus war auch bei Westpol wieder zu sehen. Aber auch dieser letzte WDR-Dreh hat die Erwartungen nicht erfüllt. Ich frage ihn noch wegen des Filmmaterials von RTL. Die strengen Auflagen für eine Veröffentlichung auf meiner Seite sprechen allerdings klar dagegen:

16.10.2012, 10:17

Materialüberlassung von RTL kostenlos möglich aber …(siehe Vereinbarung, die ich unterschreiben müsste (Anhang)

Hallo Siegfried, der WDR braucht mir nicht mehr zu kommen. Die waren zwar sehr nett, der Kameramann sogar erstaunt, dass das ja auch ihn beträfe …
Ein Kölner meinte sogar, wir hätten die vom WDR „gedreht" aber der Schnitt war im Vergleich zu den tatsächlichen Aussagen aller 4 Mitstreiter erbärmlich pepplos und damit parteiisch.
Monika Piel hat vermutlich die Schere selbst in die Hand genommen ;-)
Ich hatte die anderen 3 Mitstreiter „gewarnt" nur bloß nichts zu sagen, was uns per Schnitt gar zu Befürwortern machen könnte, wie es wohl den Mannen um Hans-Peter Bergmann herum geschehen war.
Das Allerwichtigste ist aber das Erwecken von Sensibilität bei den oft noch tranigen Mitbürgern – das wurde m. E. erreicht.

[…]
P. S. von mir aus kannst Du den RTL – Einstellung auf der Website vergessen. Es
wird sich immer ein Freak finden, der das knackt und dann stehen wir da. Wir haben
ja nicht nur Freunde.
Ich verwahre dann die Datei für das Familienalbum.

Die CDU lässt nicht locker und legt in der politischen Auseinandersetzung
weiter nach. Am 18. Oktober schickt mir die Sprecherin der Fraktion erneute
eine Presseinformation:

presseinformation
                                                    Düsseldorf, 18. Oktober 2012
Josef Hovenjürgen:
Rot-grüne Dichtheitsprüfung kommt die Bürger teuer zu stehen

Die CDU-Landtagsfraktion sieht sich in ihrer Kritik an der rot-grünen Dichtheitsprüfung erneut bestätigt. Die Westdeutsche Allgemeine Zeitung berichtet in ihrer heutigen Ausgabe über neue Zahlen, die von der Stadt Essen veröffentlicht wurden. „Die
Zahlen zeigen, dass Eigenheimbesitzer mit Kosten zwischen 2.000 und 5.000 Euro
rechnen müssen. Im Einzelfall sogar mit bis zu 20.000 Euro. Das verdeutlicht erneut:
Der ideologische Irrsinn von SPD und Grünen kommt die Bürger in unserem Land
teuer zu stehen. Die Landesregierung muss endlich wieder zur Verhältnismäßigkeit
im politischen Handeln zurückkehren. Sie muss die verpflichtende Dichtheitsprüfung
endgültig zu den Akten legen, da Gefährdungspotentiale aus undichten privaten
Abwasserkanälen bis heute nicht nachweisbar sind“, erklärt der stellvertretende
CDU-Fraktionsvorsitzende Josef Hovenjürgen.
[…]

Gleichzeitig startet Klaus noch vor der für den 24. Oktober anstehenden Sitzung des Umweltausschusses eine eigene Kampagne, die ich umgehend in
die große Runde zur Nachahmung empfehle.

Ein Beitrag im „infodienst des IKT" vom Oktober unter dem Titel „*Vorschlag für NRW: Industrie, Gewerbe und Wasserschutzgebiete bis 2020 prüfen Regierungskoalition will Dichtheitsprüfung – aber nicht mehr für alle.
Gesetzliche Prüfpflicht für Wohngebäude außerhalb von Wasserschutzgebieten soll entfallen.*" sorgt wieder für Stirnrunzeln. „*Opposition: Vorschlag gar
nicht schlecht*" steht da in einer Stellungnahme und „*Henning Höne, umweltpolitischer Sprecher der FDP-Fraktion, ist vom Grundsatz her mit dem
neuen Entwurf einverstanden. ‚Der Vorschlag ist gar nicht so weit von unserem Vorschlag entfernt.‘ Auch für Hanns-Jörg Rohwedder von den Piraten
geht der Lösungsansatz in die richtige Richtung. ‚Das ist eine deutliche Verbesserung gegenüber den bisherigen Vorschlägen.‘ Josef Hovenjürgen
(CDU) sieht einen Fortschritt in der Diskussion. Seine Stimme bekäme der
Lösungsvorschlag von SPD und Grünen aber wohl nicht, denn Hovenjürgen
findet den eigenen CDU-FDP Entwurf weiterhin sinnvoller.*"[40]

Was treibt die denn um? Die Richtung mag vielleicht stimmen, aber das Ziel
ist davon noch weit entfernt. Man kann doch nicht eine Weltraummission als

erfolgreich bejubeln, sobald jemand auf einen Baum steigt. Wackelt die Front da etwa schon wieder? Das wird noch zu klären sein und darf so nicht stehen bleiben.

Klaus Büchler aus Düsseldorf hatte sich im Fall der Familie I. eingeschaltet und steht in Kontakt mit der Stadt Ratingen. Eine Lösung der bedrückenden Situation konnte er aber nicht erreichen. Rechtlich ist da nichts zu machen, weil die alten Herrschaften Fristen haben verstreichen lassen und die Stadt lenkt in keiner Weise ein. Im Gegenteil verschärft sie noch ihr Vorgehen in ähnlich gelagerten Fällen. *„Erschreckend ist allerdings, dass in der Stadt Ratingen, möglicherweise wegen des Beispiels I[...], wo eine Sanierung trotz mehrfacher Aufforderung nicht stattfindet, nun dazu übergegangen wird, die Aufträge durch Drittfirmen abarbeiten zu lassen und damit den Bürgern die Möglichkeit zu nehmen eine eigene, möglicherweise kostengünstigere Sanierung vorzunehmen."* schreibt Haus und Grund in einer Stellungnahme.

Die Situation hat sich derartig dramatisch aufgeschaukelt, dass der wohl als Musterbeispiel für ähnlich gelagerte Fälle dienen kann. Die meisten dieser Dramen werden es wohl nie an die Öffentlichkeit schaffen, weil die Betroffenen im stillen leiden und keine Möglichkeit sehen, sich zu wehren. Ich konfrontiere als Privatmann einmal dreißig Abgeordnete der GRÜNEN mit diesem Fall. Mit einer Antwort rechne ich nicht ernstlich.

Dichtheitsprüfung "Fall" I[...] / Ratingen   19.10.2012, 21:12

Sehr geehrte Abgeordnete der Partei BÜNDNIS 90/DIE GRÜNEN im 16. Landtag von NRW,
ist es das, was sie mit überzogenen Umweltprojekten wirklich vieltausendfach in Kauf nehmen wollen? Der Fall I[...] (Schriftwechsel auszugsweise unten) zeigt, wie es tausenden älterer Mitbürger wegen der von Ihnen immer noch vorangetriebenen Zwangsmaßnahmen geht. Die allermeisten sind hilflos, verängstigt und nicht in der Lage, sich zu Wehr zu setzen. Nur durch einen Zufall können Sie – weit weg von den täglichen Problemen dieser Menschen in Düsseldorf – von solchen Fällen erfahren.

Nehmen Sie die Folgen Ihrer Politik bitte zur Kenntnis. Ich kenne ähnliche Beispiele, wie das von einer Bekannten, deren alte Mutter wochenlang angsterfüllt in ihrem Häuschen in der Nähe der Stadt Jülich ausharrte und sich schließlich entschied, in ein Altersheim umzuziehen. Weder die alte Dame noch die Tochter hatten derzeit den Mut, an die Öffentlichkeit zu gehen. Ein anderes Beispiel ist das Ehepaar Dell in Wegberg, mit denen ich gelegentlich telefoniere. Er ist schwerbehindert, sie versucht, die Dinge des täglichen Lebens irgendwie zu regeln. Die Minimalrente reicht nur gerade so, weil beide im eigenen Häuschen leben. Internet/E-Mail Fehlanzeige. Beide haben zurecht Angst vor dem, was da auf sie zukommen kann. Die sicher nach LWG 61 erzwungene Sanierung bedeutet eine menschliche und soziale Katastrophe. Vor Ort spielen sich im Verborgenen tausende dieser menschlichen Dramen ab. Verharmlosung hilft diesen Bürgern wirklich nicht weiter.

Ist Ihnen klar, dass Umweltpolitik so zu Recht in den Ruf reiner Industrieförderung kommt? Die Bedrohungsszenarien durch private Abwasserleitungen sind konstruiert, gnadenlos überzogen und so in keiner Weise haltbar. Mir ist weltweit kein anderes Land bekannt, das derartig drastische Maßnahmen seinen Bürgern abverlangt. Kein anderes Flächenland in Deutschland sieht eine Handlungsnotwendigkeit, nachdem Hessen auf Antrag der SPD ausgestiegen ist.

Auf der Seite http://alles-dicht-in-nrw.de/ finden Sie neutrale Gutachten zum Gefährdungspotential (neutral = nicht finanziert von Interessenvertretern der Kanalbranche oder politisch einschlägig interessierten Kreisen).

Haben Sie den Mut, sich innerhalb Ihrer Partei über Denkverbote hinwegzusetzen und stimmen Sie für die ersatzlose Streichung der Prüfpflicht privater Abwasserleitungen.

Mit freundlichen Grüßen Siegfried Genreith

Am nächsten Tag schicke ich den Text mit kurzer Einleitung auch an 97 SPD-Abgeordnete, den ich anschließend wieder zur Nachahmung in die Runde gebe. Darauf bekomme ich genau eine Rückmeldung von der mir schon bekannten SPD-Landtagsabgeordneten Watermann-Krass.:

21.10.2012, 20:31

AW: Dichtheitsprüfung "Fall" I[...] / Ratingen

Sehr geehrter Herr Genreith,
ich habe ihr Schreiben bekommen und hoffe mit Ihnen, dass es möglichst bald eine Lösung in der Sache gibt. Dabei hat Hannelore eine bürgerfreundliche Lösung bereits vorgegeben.
Spätestens im November werden wir in der Fraktion dazu abschließend beraten.

Mit freundlichen Grüßen
Annette Watermann-Krass MdL

Nichts Konkretes, aber immerhin eine Antwort. Bei den GRÜNEN herrscht eisernes Schweigen. Ideologie und Menschenwürde passen hier einfach nicht zusammen. Aber was läuft denn da hinter den Kulissen? Ist „Hannelore" jetzt da reingegrätscht oder nicht? Oder spielt die Abgeordnete mit ihrer Aussage sogar schon auf eine neue Lage an, die noch nicht so recht das Licht der Öffentlichkeit finden will?

21.10.2012, 20:54

Re: Dichtheitsprüfung "Fall" I[...]/ Ratingen

Sehr geehrte Frau Watermann-Krass,
vielen Dank für Ihre Antwort. Ich hoffe so wie Sie, dass Frau Kraft hier eine angemessene Lösung durchsetzt. Meine Sorge gilt vor allem dem Durchsetzungswillen von Herrn Remmel und der Macht der Ministerialbürokratie, die alles daransetzt, die Regelungen in alter Schärfe auf die eine oder andere Weise durchzupeitschen. Kein anderes Flächenland in Deutschland und kein anderes Land in Europa sieht flächen-

deckenden Handlungsbedarf in Sachen private Abwasserleitungen. Fragen Sie doch bitte einmal Herrn Torsten Schäfer-Gümbel nach seiner Einschätzung. Er hat im Frühjahr als Fraktionsvorsitzender der SPD im hessischen Landtag die Umweltministerin veranlasst, die Eigenkontrollverordnung auszusetzen. Die Argumente der dortigen SPD ähneln frappierend den hiesigen Worten von CDU/FDP, die ihre Entscheidung in 2007 offen als Fehler eingestehen.

Mit freundlichen Grüßen Siegfried Genreith

Bis zur Sitzung des Umweltausschusses werden alle Kommunikationskanäle weiter glühen. Hunderte von Mails fluten Woche für Woche auch meinen Postkorb und das schon seit September. Es ist kaum noch möglich, Wichtiges von Unwichtigem zu trennen. Ich tue mein Bestes, soweit meine Zeit das neben Beruf und Familie erlaubt. Vieles läuft aber schließlich auch ohne mein Zutun und unser großes Netzwerk ermöglicht es mir, die meisten Aufgaben schnell weiter zu reichen.

Kurz bevor Neuigkeiten aus dem Landtag eine wahre Nachrichtenlawine lostreten, erinnert Heinz noch einmal an den Termin für das NRW-Treffen im November:

Tuesday, October 23, 2012 4:06 PM
Subject: an alle Bürgerinitiativen im Land.

Die Gegner der Dichtheitsprüfung, die Bürgerinitiative „alles dicht in Üb.-Palenberg" haben der Rot-Grünen Landesregierung in Nordrhein-Westfalen einen stürmischen Herbst angekündigt, versprochen und auch gehalten.

Am Samstag den 10. Nov. um 10:30 beginnt in der Stadthalle in Üb.-Palenberg eine Informationsveranstaltung. Es spricht Prof. Dr.-Ing. Hartmut Hepcke über: ***Sinn oder Unsinn der Dichtheitsprüfung und warum die Umsetzung scheitern muss.***

Wir, die Bürgerinitiative „alles dicht in Übach-Palenberg" bleiben bei unserer Aussage: Kein Beweis, dann keine Dichtheitsprüfung, kein Kanal-TÜV, und auch keine Vorsorge. Seit nunmehr 17 Jahren murksen unsere Landespolitiker am Landeswassergesetz herum. Wir brauchen diesen Schwachsinn nicht.

Dieses Landesabwassergesetz § 61a und die kommunalen Satzungen in der jetzigen Verfassung gehören auf den Scheiterhaufen unserer Zeit. Oder dahin zurück wo es herkam, und zwar vom Wasserhaushaltsgesetz (Umweltrecht) in das Baurecht, aber ohne Fristen.

In Üb.-Palenberg sind nun unsere Vorbereitungen für die Veranstaltung soweit abgeschlossen. Die derzeitige Stimmungslage in der Stadt deutet auf eine volle Stadthalle und mehr. Daher könnte sich aus der Informationsveranstaltung plötzlich im Anschluss eine Demonstration entwickeln. Daher an euch die Bitte. Bringt alles, was ihr habt mit: Trillerpfeifen, Megaphon, Fahnen, Flyer und ähnliches.

Die Zeit ist reif und meine Geduld zu Ende.
Mit freundlichem Gruß

Sprecher: Heinz Klinkertz Bürgerinitiative „alles dicht in Üb.-Palenberg"

Die nächste Presseinformation der CDU bringt auch noch keine Klarheit. Im Gegenteil sorgt die Meldung für weitere Verwirrung, nachdem ich die wunschgemäß in unsere Runde geleitet habe:

23.10.2012, 17:55
CDU (Josef Hovenjürgen): Dichtheitsprüfung: Hartnäckigkeit der CDU zeigt offenbar Wirkung

presseinformation
Düsseldorf, 23. Oktober 2012
Josef Hovenjürgen:
Dichtheitsprüfung: Hartnäckigkeit der CDU zeigt offenbar Wirkung

Zur angeblichen Verständigung der Landtagsfraktionen von SPD und Bündnis 90/Die Grünen in Sachen Dichtheitsprüfung erklärt der stellvertretende CDU-Fraktionsvorsitzende Josef Hovenjürgen:

„Die Hartnäckigkeit der CDU in Sachen Dichtheitsprüfung zeigt offenbar Wirkung. Allerdings sorgt Rot-Grün weiterhin für Verwirrung: Während der umweltpolitische Sprecher der SPD-Landtagsfraktion von einem gemeinsamen Vorschlag der Koalitionsfraktionen spricht, lässt das Ministerium von Herrn Remmel gleichzeitig verlautbaren, dass es bislang noch kein fertig ausgearbeitetes Konzept gibt. Uns liegen jedenfalls bislang noch keine konkreten Vorschläge von SPD und Grünen vor. Sobald dies der Fall ist, werden wir sie uns natürlich sorgfältig anschauen und bewerten. Die Position der CDU ist jedenfalls klar: Abwasserrohre müssen dicht sein. Wir lehnen aber jede Regelung ab, die die Eigenheimbesitzer in unserem Land unter Generalverdacht stellt. Unser Gesetzentwurf sieht daher eine Prüfung nur bei begründetem Verdacht auf Undichtigkeit vor."

Ich würde gerne wissen, welche Grabenkämpfe da im Hintergrund ablaufen. Offenbar wird in der Regierung noch heftig gerungen. Hannelore gegen alle Anderen? Kann sie das überhaupt gewinnen?

Die Hilfestellung der CDU, genauso die der übrigen Oppositionsparteien mit immer neuen Pressemitteilungen ist nicht zu unterschätzen. Trotzdem gefällt mir die Argumentation der CDU durchaus nicht. Die Formulierung *„Abwasserrohre müssen dicht sein"* ist höchst angreifbar und trifft nicht den eigentlichen Punkt. *„Abwasserrohre müssen ihre Funktion erfüllen"* wäre in aller Kürze weitaus besser geeignet. Schließlich ist hinlänglich bekannt, dass die Feststellung dicht oder undicht vor allem von der Prüfmethode abhängt und dem entsprechend zwischen 0 % und 90 % Undichtigkeit variiert. Ich verstehe auch nicht ganz, weshalb die eigentlich im Zentrum stehende Frage der

Verhältnismäßigkeit nur unzureichend Eingang in die politische Diskussion findet.

So ist überhaupt nicht klar, ob die Ende September wieder entfachten Hoffnungen wieder enttäuscht werden. Was meint denn die SPD mit „bürgerfreundlich"? So wurde schließlich auch schon die alte Regelung mit leicht aufgeweichten Kriterien und Fristen verkauft.

Endlich am Abend des 23. Oktober ist halbwegs klar, wie die neue Regelung aussehen wird. Der WDR meldet *„Remmels Kanal-TÜV ist damit faktisch vom Tisch. Und damit auch der Zwist, den er mit Opposition, Interessengruppen, Bürgerinitiativen und letztlich auch mit dem eigenen Koalitionspartner ausfechten musste. Von Remmels ursprünglichem Konzept, das er mit Fristverlängerungen und Ausnahmeerweiterungen zu retten versucht hatte, ist wohl kaum noch etwas übrig. Noch im September hieß es, der generelle Kanal-TÜV solle kommen, wenn auch mit deutlich längeren Prüfzeiten."*[41]

Die Rheinische Post (RP) etwa titelt *„Kanal-TÜV: Kraft sagt basta"* und weiter im Text *„In NRW wird es keine allgemeine Prüfpflicht für private Abwasserkanäle geben. Hausbesitzer, die teure TÜV-Kontrollen befürchteten, können aufatmen. Ministerpräsidentin Hannelore Kraft hat die monatelange hitzige Debatte mit einem Machtwort beendet. [...]"*[42] und die Welt schreibt *„Remmel hat's die Petersilie verhagelt."*

Ehrlich gesagt, hatte ich die Dame wohl unterschätzt. Der zu überwindende Widerstand muss enorm gewesen sein, wie die RP weiter schreibt *„[...] In den eigenen Reihen hinterlässt es jedoch Schrammen. Die Fachpolitiker der SPD fühlen sich von der Ministerpräsidentin übergangen. Die Umweltexperten hatten sich stets für den Kanal-TÜV ausgesprochen. [...] Auch die Grünen stehen als Verlierer da. [...] Das werden sie sich sicher nicht zweimal bietenlassen. [...]".*

Ich bin erst einmal sprachlos. Was jetzt kommt, erfüllt zwar keineswegs unser Ziel, die Zwangsprüfungen generell auszusetzen. Wasserschutzgebiete sind weiterhin betroffen und damit immer noch bis zu 20 % der Landesbevölkerung.[18] Aber das ist immer noch viel mehr, als wir nach den zwischenzeitlich schlechten Nachrichten erhoffen konnten. Alles deutet darauf hin, dass wir ein wichtiges Etappenziel erreichen werden. Erst einmal müssen die Versprechen allerdings umgesetzt sein und das wird wohl noch dauern – genügend Zeit jedenfalls für unsere Gegner, sich neu zu formieren, die guten Absichten aufzuweichen und im Kleinen wieder zu verschärfen.

War das nun ein Erfolg unserer Kampagnen an die Adresse der Ministerpräsidentin? Sicher haben dabei viele Faktoren zusammengespielt und jeder Er-

---

18 Laut Angaben des Landesamts für Natur, Umwelt und Verbraucherschutz sind auf 16,7 % der Landesfläche Wasserschutzgebiete festgesetzt oder geplant.

folg hat bekanntlich viele Väter. Nur, wenn Frau Kraft von Anfang an so eine Lösung im Auge gehabt hätte, wären die vorangegangenen Entscheidungsprozesse doch wohl anders verlaufen und ein Einlenken wäre viel früher schon erkennbar gewesen. Was also hat die Ministerpräsidentin veranlasst, so augenscheinlich plötzlich und so brachial in die Entscheidungen ihrer Koalition einzugreifen? Ich denke, das Trommelfeuer aus allen Richtungen gegen ihre persönliche Integrität hat in der Tat die wichtigste Rolle dabei gespielt. Also – geht doch!

Dass Remmel und seine Ministerialbürokratie den Vorgang einfach so im Raum stehen lassen, scheint mir unvorstellbar. Der wird sich noch revanchieren für die Niederlage, um am Ende verkünden zu können, er habe seine Ziele nun doch noch überwiegend umgesetzt. Meine Stellungnahme zu den vorliegenden Informationen am späten Abend fällt dann auch durchaus nicht euphorisch aus:

> 23.10.2012, 22:59
>
> Fwd: Rheinische Post: Kanal-TÜV: Kraft sagt basta | Pressemitteilung Rheinische Post: zK MfG Miebach
>
> Alle Achtung, dass Frau Kraft sich tatsächlich mit ihrem offenbar noch vorhandenen gesunden Menschenverstand durchsetzt. Dieses mutige Verhalten verdient Anerkennung.
>
> Aber aufgepasst!
> Auch das ist bei allen positiven Signalen eine Mogelpackung: Den inoffiziellen Verlautbarungen nach zu urteilen, sollen Wasserschutzgebiete und Gewerbebetriebe in der Prüfpflicht bleiben. Das ist ein fauler Kompromiss, der nur die GRÜNEN nicht zu sehr vor den Kopf stoßen soll.
>
> Unsere Position zu den in der Presse genannten Rahmenbedingungen ist eindeutig: Wir lehnen jede Prüf- und Sanierungspflicht ab, da diese auch in Wasserschutzgebieten das verfassungsgemäße Übermaßverbot in den meisten Fällen verletzt. Eine allgemeine Grundwasserbeeinträchtigung durch schadhafte private Abwasserleitungen ist auch hier nicht belegbar. Gewerbebetriebe generell in die Pflicht zu nehmen bedeutet dann, dass auch jeder ökologisch engagierte Bürger mit einer Fotovoltaikanlage auf dem privaten Hausdach prüfen muss, der Nachbar ohne Solardach nicht.
>
> So bleiben hunderttausende Bürger wieder im Regen stehen – ein menschliches und soziales Desaster gerade für Rentner (=alte Häuser=Sanierungszwang), junge Familien u. a. nicht-Wohlhabende, die sich gerade so ihr Eigenheim noch leisten können.
>
> Viele Grüße aus der Eifel Werner S. Genreith

Auch Fritz bleibt skeptisch, zumal der Schwerpunkt in seiner Region auf der Fremdwasserproblematik liegt. Dabei geht es um eindringendes Regen- oder Grundwasser und nicht um Austräge. Dichtheit unterbindet halt beides und der § 61A wird deshalb von den Verwaltungen dort als Vorwand genutzt, um langwierige eigene Ursachenforschung für die Überlastung örtlicher Kläranlagen zu vermeiden. Die Bürger sollen eben erst einmal verdachtsunabhängig flächendeckend prüfen und sanieren, weil es ohnehin sein muss. Wenn danach die Anlagen immer noch überlaufen, sehen die erst genauer hin, wo das viele Wasser denn wirklich herkommt. Die Gesetzeslage war und ist einfach sehr bequem für die betroffenen Verwaltungen und so bleiben die überwiegend im Lager der vehementen Prüfungsbefürworter.

23.10.2012, 23:02

SPD-Vorschlag zum Kanaltüv für viele eine Mogelpackung

Guten Abend in die Runde,
ein taktisch brillantes Manöver von H Kraft als medialer Befreiungsschlag- für evtl. bis 50 % der Häuser in NRW eine Mogelpackung.

Zunächst : die Taktik auf H Kraft – ihren Ruf – Druck zu machen, hat Wirkung gezeigt.

Für WSGs wird nicht erwähnt , dass wenn Gemeinde nicht explizit eine abweichende Regelung per Satzung festlegt(und ob das wirklich geht weiß ich nicht) nach geltender DIN die Wiederholungsfrist für die Prüfung 10 und nicht 20 Jahre beträgt!!!!

Das Investitionsprogramm Abwasser ist fortgeschrieben und erweitert worden, sodass die Fremdwassersanierungsgebiete nicht weniger werden. In ca. 110 Gemeinden in NRW gibt es ein oder mehrere schon festgelegte bzw. geplante FSGs.

Der in der "Endabstimmung mit den RPs befindliche Leitfaden für die Kommunen zum Umgang mit Drainagen an Abwasserleitungen" läßt den Gemeinden Bzw den RPs nahezu alle Möglichkeiten ungezügelt Bürger zu drangsalieren, bzw mit vorgeschobenen Argumenten die DHP durch die Hintertür durchzudrücken.

Der Ärger wird in die Gemeinden verlagert und es wird schwerer vor Ort den Widerstand zu organisieren, da nicht alle Bürger betroffen sind und es ist schwer kurz und plakativ die Thematik rüberzubringen.

Vg Fritz Pucher

Noch zurückhaltender fällt Klaus' Stellungnahme aus. Er hat die gute Nachricht direkt von der Pressestelle der SPD im Landtag erhalten, überschrieben mit *„Norbert Meesters: Keine Prüffrist für Wohnhäuser außerhalb von Wasserschutzgebieten"* (man kann fast hören, wie der Abgeordnete Meesters bei dieser Mitteilung mit seinen Zähnen knirscht. Der ist von Genossin Hannelore damit förmlich abgewatscht worden) Er antwortet umgehend an Hannelore Kraft und einige SPD Abgeordnete:

Dienstag, 23. Oktober 2012 20:31

Betreff: SPD – PM frisch eingetroffen: Kanal-TÜV

Sehr geehrte Frau Kraft
sehr geehrte Frau Hagemann,

sehr geehrter Herr Körfges,
sehr geehrter Herr Kroll

zunächst danke für die kurzfristige Information.

Das Ganze ist und bliebe im Fall der Umsetzung in mehr als 98 % der Fälle ein glasklarer Verstoß gegen das grundgesetzlich normierte Verhältnismäßigkeitsprinzip (Übermaßverbot). Der nach wie vor vollkommen beweislose Generalverdacht würde lediglich flächenmäßig auf die Wasserschutzgebiete WSG I – III b reduziert, was die Sache in Bezug auf die Verfassungswidrigkeit nicht ändern würde.

Schauen Sie doch bitte in diesem Zusammenhang außer in die grundgesetzlich normierten Vorschriften auch in die EU-Leitlinien zum Vorsorgeprinzip.
[...]
Sollte Ihnen die auf dem SPD-Parteitag versprochene rechtssichere Gesetzgebung nicht gelingen, werden wir nach den ersten rechtsmittelfähigen Aufforderungsbescheiden die Gerichte bemühen müssen.
Wir hoffen nach wie vor mit Ihnen, dass es da nicht zu kommen wird.

Mit freundlichen Grüßen Klaus Lau

Am folgenden Tag schickt auch die FDP uns ihre jüngste Pressemitteilung zu der neuen Entwicklung *„Landtagsmehrheit für bürgerfreundliche Lösung bei der Dichtheitsprüfung erkennbar"*. Die bleibt aus Köln mit seinen vielen Wasserschutzgebieten aus verständlichen Gründen nicht unkommentiert:

Köln 2012-10-24 22:23:37
Re: Aktuelle PM: Landtagsmehrheit für bürgerfreundliche Lösung bei der Dichtheitsprüfung erkennbar

Sehr geehrter Herr Schumacher,
ich weiß nicht wie fit Sie oder der Rest der FDP im Thema sind. Das, was ich mit Erschrecken auf Ihrer FDP-Seite lesen muss, ist einfach nur enttäuschend. Ein Schlag ins Gesicht aller Bürgerinitiativen, die Anfangs sehr dankbar über die Initiative Ihrer Partei und Ihres geschätzten Kollegen Kai Abruszat waren.

Sie schreien Hurra über Nichts. Sie feiern einen Erfolg, der keiner ist. Sie schenken vorschnell Blumen an SPD und Grüne Haben Sie sich wenigstens einmal angeschaut, wie viele Wasserschutz- und Fremdwassergebiete es gibt? Vielleicht denken Sie dann über das Wort "bürgerfreundlich" noch einmal nach. In Köln sind das mehr als die Hälfte aller Immobilien, die jetzt so schön bürgerfreundlich zum Abzocken freigegeben werden, weil sie in einem WSG liegen. Wenn Sie jetzt vorschnell Sektkorken knallen lassen, können Sie sich gleich in den gleichen Whirlpool setzen, in dem die Kanalbranche heute schon kräftig feiert.

Also, wenn Ihre Partei endlich mal wieder stärker werden möchte, sollten Sie Ihre Homepage bitte dringend überarbeiten und nicht Ihre Wählerinnen und Wähler in den WSG opfern, vielleicht sind das die einzigen …

Mit freundlichen Grüßen
Sven Kausemann
stellvertretend für über 6.000 aktive Mitglieder unserer Bürgerinitiative.
www.alles-dicht-in-koeln.de

Die meisten Kölner profitieren von den Erleichterungen eben nicht. Andere Reaktionen auf die Nachrichtenlage fallen aus anderen Gründen wütend aus. Da fühlen Bürger sich getäuscht, die schon saniert haben:

24.10.2012, 07:50
Wir sind betroffene
2006 wurden wir gezwungen in Simmerath Lammersdorf Kämpchen eine Dichtheits-prüfung durchzuführen!!!!!!
Sanierungsverfügung!!!

Es sind enorme Kosten auf die Anwohner zugekommen, jeder Haarriss mußte saniert werden. Pilotprojekt nannte man das, verdient hat nur die Firma [...] und die durch-führenden Firmen. Den Zuschuß den man bekam wurde am Ende durch die Projekt-steuerungs- und Ingenieur Kosten wieder aufgefressen.

Alles Betrug hier ist kaum einer ohne Zahlen raus gekommen.
Für einen Haarriss haben wir mehrere tausend Euro bezahlt also vorsicht vorsicht weg damit.

Natürlich meldet sich auch ProUmwelt wieder, diesmal mit bitteren Worten, die vollkommene Hilflosigkeit ausdrücken, angesichts der neuen Lage. Die verstehen also die Nachrichten als eigene Niederlage. Man kann das aber auch positiv sehen: Unsere Forderungen werden möglicherweise zu 80 % er-reicht – wenn's denn gut läuft. Die Sanierungsbranche behält noch 20 % der versprochenen Goldader und geht damit alles andere als leer aus. Immer noch stehen Milliardenumsätze im Raum, nur eben nicht mehr unbedingt zweistellig. Dieser Sanierer sieht das offenbar anders mit einem bitteren Kommentar:

Wie aktuell in den Medien berichtet wird, hat es nun eine Einigung zum Thema Dichtheitsprüfung gegeben.
[...]
Welche Gesetze sind noch wichtig, man bedenke vor allem diese Dinge, bei dem der Umweltgedanke in den Vordergrund geschoben wird, um allen Bürgern das Geld aus der Tasche zu ziehen.

Kann man die Entscheidungen der Politik noch ernst nehmen?

Dieses Thema ist der beste Beweis, dass es Fatal ist sich auf irgendwelche Entschei-dungen der Politik zu stützen oder Gesetze ernst zu nehmen, denn bei diesem Thema hat sich gezeigt, dass nichts tun und Gesetze zu missachten sich auszahlt.
[...]

Andererseits kann ich auch seine Position nachvollziehen. Trotz aller Einschränkungen bricht da der weitaus größte Teil der sicher geglaubten Umsätze für die Kanalbranche weg. Und hier kämpft ein Betrieb ums Überleben. Jeder Unternehmer sollte sich aber klar darüber sein, dass hohe Renditeversprechen meist auch mit einem ebenso hohen Risiko versehen sind. Jeder Kapitalanleger weiß das: Ein Sparkonto ist sicher, ein Aktiendepot schon eher nicht und Optionsscheine versprechen gewaltige Gewinne oder eben den Totalverlust. Wer dann alles auf eine Karte setzt, kann schnell auch alles verlieren.

Ganz anders sieht das ein Kommentator auf dem ProUmwelt-Blog *„R. Schneider, on 24/10/2012 at 10:21 said: Hier hat keiner der Schreiberlinge den bewundernswerten Schachzug von Ministerpräsidentin Hannelore Kraft so richtig verstanden! Alle unsere Unternehmen können sich die nächsten Jahren in Ruhe in Wasserschutzgebieten und Fremdwassersanierungsgebieten an den Hausanschlüssen betätigen. Und dabei werden die lokalen Unternehmen in den Rathäusern für eine pro-Dichtheitsprüfung-Stimmung sorgen. Die Sanierungsgebiete werden langsam verlegt und ausgeweitet und so haben wir langfristig ein sicheres Einkommen. Es wird zwar noch etwas Geld für das Sponsoring in die Rathäuser fließen dürfen, aber es ist gut angelegtes Kapital, das unser Einkommen sichern wird. Und die Inflation wird schon dafür sorgen, dass wir unsere Preise entsprechend anpassen und den Hausbesitzern gegenüber rechtfertigen können. Denkt mal alle über unsere Chancen nach, anstelle mit Schockstarre ins dunkle Kanalloch zu starren.“* Ob es sich dabei tatsächlich um einen Sanierer handelt oder einen Maulwurf, bleibt allerdings unklar. Trotzdem sorgen solche Beiträge für Verunsicherung. Sollen wir das Ganze nun als Erfolg werten, als Teilerfolg oder keines von beiden?

Erfolg oder Misserfolg?

Die Details sind nach wie vor offen und Gegenstand reger Diskussionen. Vieles ist eine Frage der Auslegung. Entscheidend wird sein, welche Wirkung die Formulierungen in der Ausführungspraxis zeitigen werden. *„Prognosen sind äußerst schwierig, vor allem wenn sie die Zukunft betreffen.“* Von wem das Zitat stammt, ist unbekannt. Mal wird Mark Twain, mal Winston Churchill oder Kurt Tucholsky als Urheber genannt.

Das Treffen der Bürgerinitiativen in Übach-Palenberg steht nun ganz im Zeichen der neuen aufregenden Entwicklung. Heinz gibt eine Pressemitteilung an Antenne-AC, in der er den Stand der Dinge aus seiner Sicht wiedergibt:

Wednesday, October 24, 2012 10:38 PM
Reaktion auf Pressemitteilungen aus Düsseldorf

Sehr geehrte Damen und Herren der Redaktion,
Dichtheitsprüfung noch immer nicht vom Tisch.

Seit nunmehr 17 Jahren murksen unsere Landespolitiker am Landesabwassergesetz
§ 61a herum. Dieses Landesabwassergesetz und die kommunale Satzung in der jetzigen Verfassung gehören auf den Scheiterhaufen unserer Zeit, oder dahin zurück wo
es herkam, und zwar vom Wasserhaushaltsgesetz (Umweltrecht) in das Baurecht,
aber ohne Fristen. Nach inoffiziellen Verlautbarungen von Dienstag, den 23. Okt., ist
der neue Vorstoß der Rot-Grünen Landesregierung wieder eine gefährliche Mogelpackung. Ein fauler Kompromiss zwischen der Roten und Grünen Landesregierung
spaltet das Land und seine Bürger in einer Zweiklassengesellschaft. Ein Befreiungs-
schlag von Ministerpräsidentin Hannelore Kraft, aber keine Lösung. Pech und Leid
für Eigenheimbesitzer, die in einem Wasserschutzgebiet wohnen. Scheinbar Glück
und Freud für die anderen.

Aber auch hier können die Kommunen ihrerseits durch Satzung festlegen, innerhalb
welcher Frist, je nach Anforderung der örtlichen Abwasserkonzeption, eine Bescheinigung über das Ergebnis einer Prüfung vorzulegen ist. Schlimmer geht es wirklich
nicht mehr. Der Bund schiebt die Verantwortung zum Land und jetzt schiebt das
Land die Regierungsfreiheit an die Kommunen weiter. Und es gibt noch mehr Hinter-
türchen. Zum Beispiel die Ausweitung der Wasserschutzgebiete, Fremdwasser und
Drainage. Also auch das kann nicht funktionieren. Die CDU-Opposition hat ihre Fehler öffentlich und schriftlich bei der Dichtheitsprüfung eingestanden. Warum kann
das die Landesregierung nicht? Wir, die Bürgerinitiative „alles dicht in Üb.-Palen-
berg" bleiben bei unserer Aussage:

Es gibt keinen Beweis für eine Trinkwassergefährdung durch private Abwasserrohre.

Deswegen keine Dichtheitsprüfung, kein Kanal-TÜV, und auch keine Kanal-TÜV-
Vorsorge für alle Eigenheimbesitzer. Quer durch unser Land, vom Nato-Flugplatz
Teveren bis nach Köln/Wesseling verläuft eine Pipeline, durch die reines Kerosin
zum Flugplatz gepumpt wird. Diese Leitung wurde nach dem Krieg im Auftrag der
Engländer angelegt und ist über 60 Jahre alt. Hier braucht man keinen Vorsorge-TÜV,
aber die privaten Abwasserrohre in Wasserschutzgebieten sollen es sein. Was für ein
Schwachsinn.

Dies ist eine erste Stellungnahme der Bürgerinitiativen im Raum Aachen auf die
Pressemitteilungen aus Düsseldorf. Bitte teilen sie dies, wenn möglich den Bürgerinnen und Bürgern mit.

Mit freundlichem Gruß
Heinz Klinkertz
Sprecher: BI „alles dicht in Übach-Palenberg"

Heinz betrachtet offenbar noch keines unserer Ziele als erreicht. Ist die Sache tatsächlich noch völlig offen? Ich selbst sehe das sehr viel positiver.
Vielleicht ist er einfach nur besorgt, dass eine Entspannung die Teilnehmer-

zahl des sorgfältig vorbereiteten Treffens in Übach-Palenberg beeinträchtigen könnte. Das wäre in der Tat schade.

Der Kanalbranche ist allerdings überhaupt nicht zum Lachen zumute. Die Verbände feuern auch jetzt wieder aus allen Rohren, wie schon zu Beginn des Jahres. Der VDRK schreibt offene Briefe, an Frau Löhrmann und Frau Kraft. Der schon mehrfach in Erscheinung getretene Sanierer schreibt einen weiteren Brandbrief an einen großen Verteiler aus SPD Abgeordnete in Bund und Land:

Gesendet: Freitag, 26. Oktober 2012 11:20

Betreff: SPD Kanzlerkandidat Steinbrück kann sich im Falle einer Wahlniederlage bei Hannelore Kraft bedanken – Die Kanalbranche formiert sich …

Wichtigkeit: Hoch

Interne E-Mail an die Kanalbranche und anderen Mitstreitern für die gesetzliche Dichtheitsprüfungspflicht …

Die gute Arbeit der Bundespolitiker von Rot-Grün in Vorbereitung auf die Wahl 2013 könnte von Hannelore Kraft durch ihren „Alleingang" sowie der politischen Schwäche des grünen NRW Umweltministers Johannes Remmel, beim § 61 a LWG NRW, zunichte gemacht werden …

Sollte der SPD Kanzlerkandidat Peer Steinbrück und Rot-Grün bei der Bundestagswahl 2013 nicht genügend Stimmen aus dem größten Bundesland Nordrhein-Westfalen bekommen und der geplante Regierungswechsel dadurch nicht gelingen, kann sich Herr Steinbrück und die Bundespolitiker von SPD und Bündnis 90 / Die Grünen – und all die fleißigen Wahlhelfer an der Basis, die für eine Ablösung von Angela Merkel und Schwarz-Gelb bis dahin hart gearbeitet haben, ganz persönlich bei der NRW-Ministerpräsidentin Hannelore Kraft bedanken, weil sie es alleine zu verantworten hat, dass sich nun in den kommenden Monaten bis zur Wahl eine große Initiative mit möglicherweise 7-stelligen Mitglieder/Wähler Stimmen, nicht „nur" gegen die NRW Rot-Grünen, sondern auch (bundesweit) gegen die gesamte SPD und die gesamten Grünen formiert, – dies weil Frau Kraft in unverantwortlicher Weise und unter Nichtbeachtung von objektiven Fakten (und mit nachweisbaren Wahllügen von Rot-Grün) ihre politische Macht (auch gegen eigene Parteimitglieder und gegen den grünen Koalitionspartner) rücksichtslos unter Beweis stellen will, indem sie (schon in den nächsten Tagen) bekannt geben will, dass die gesetzliche Dichtheitsprüfungspflicht gemäß § 61a LWG NRW (als aktuell noch gültiges, rechtskräftiges Gesetz), für alle Häuser außerhalb von Wasserschutzgebieten „mal eben" vollständig abgeschafft wird. Ganz offensichtlich schätzt Frau Kraft die Fakten und die tatsächlichen Mehrheitsverhältnisse bzw. Interessenlage in NRW bei diesem Thema vollkommen falsch ein. Dieser Fehler der Ministerpräsidentin könnte der Bundes SPD und den Bundes Grünen schon sehr bald großen Schaden zufügen.

Mit dieser Entscheidung nimmt Frau Kraft billigend in Kauf, dass die Umwelt- und das Grundwasser in NRW durch defekte Kanäle verschmutzt und kontaminiert werden. Darüber hinaus zerstört die SPD Ministerpräsidentin mit ihrem Verhalten „ganz neben bei" auch die Existenzen und die Arbeitsplätze von hunderten kleiner Rohr-

und Kanalfirmen bzw. Rohrreinigern und Kanalarbeitern und vielen Firmen im
Umfeld der Kanalbranche, – z.b. Zulieferer, Hersteller etc..

Es ist zu befürchten, dass Frau Kraft ihr politisches Gespür für die wahren Sorgen
ihrer Bürgerinnen und Bürger verloren hat und es ihr offensichtlich viel wichtiger ist
auf ihrer Website im neuen Brautkleid eine gute Figur zu machen –

Wir sollten Frau Kraft gratulieren, – tolles timing – während hunderte von Kanalarbeitern ihren Arbeitsplatz verlieren, präsentieren Sie ihr persönliches, sorgenfreies
Glück. Das ist unsensibel und unanständig. Frau Kraft hat offensichtlich keinen
Bezug mehr zum Alltag der Menschen, sie spielt die verantwortungsbewusste Landesmutter und hat tausende Menschen (mit Rot-Grün) bei der letzten NRW-Landtags-
wahl betrogen – und die Kanalbranche hatte Rot-Grün vertraut und gewählt, weil
SPD und Grüne Politiker vor der Landtagswahl (nachweislich) versprochen haben,
dass unter einer Rot-Grünen Mehrheitsregierung in NRW die Dichtheitsprüfungspflicht (ausnahmslos) bestehen bleiben würde.

Weiter – Siehe Anhang
Mit kollegialem Gruß aus […], Ihr – Euer
D[…] T[…]
Geschäftsführer
KANALSERVICE […]

Wow – ob das bei den Adressaten noch Eindruck hinterlässt, wage ich zu be-
zweifeln. Ein ganz anderes Gewicht hat allerdings der VDRK, sodass ich
mich zu einem weiteren Anschreiben an Hannelore Kraft durchringe und im
kleinen Kreis abstimme. Einige Anregungen arbeite ich noch in den Text ein.
Fritz schreibt *„Guten Abend Siegfried, zunächst meine Hochachtung vor
Deinem Schreiben. Folgenden Satz würde ich ändern: […]“* – schöner kann
eine Rückmeldung nicht sein. Danach geht der dreiseitige Brief in die Post.
Eigentlich ist der Text für meinen Geschmack zu lang. Aber ich musste mir
das einfach einmal in aller Ausführlichkeit von der Seele schreiben:

27. Okt. 2012

Frau Ministerpräsidentin
Hannelore Kraft
Staatskanzlei
40190 Düsseldorf

Neuregelung der Dichtheitsprüfung – jetzt Funktionsprüfung

Sehr geehrte Frau Ministerpräsidentin,
ihrem persönlichen Einsatz zur Erreichung einer bürgerfreundlichen Lösung in der
Sache zolle ich großen Respekt und Anerkennung. Als ich Sie beim Live-Talk im
April 2011 in der Staatskanzlei persönlich kennenlernen durfte, hatte ich den Eindruck gewonnen, dass Sie für Ihre Überzeugungen eintreten. Ohne Sie hätte es hier
wohl keine Bewegung mehr im Sinne der Bürger in NRW gegeben.

An einem Beispiel aus der Stadt Wassenberg möchte ich Ihnen die jetzt entstehende

Problematik deutlich machen. Einige der Betroffenen finden Sie mit Kontaktdaten in der Anlage.

Bitte erklären Sie diesen Bürgern, die ihren Lebensabend mit Kleinrente im eigenen Häuschen jetzt schon am Rande des Existenzminimums bestreiten, weshalb sie hohe vier- und fünfstellige Summen in eine sicher anfallende Sanierung stecken müssen, obwohl keinerlei dringliche Gefahrenlage nachweisbar ist. Mit den Eheleuten Dell im Birkenweg stehe ich seit langem immer wieder in telefonischem Kontakt. Sie pflegt seit Jahren ihren schwerkranken Mann und bringt beide eher schlecht als recht durchs Leben. Das Rentnerehepaar wohnt in einem WSG III A. Die Stadt Wassenberg hat die Überprüfung für 2014 angeordnet. In unmittelbarer Nachbarschaft befindet sich im WSG der Wassenberger Waldfriedhof, außerdem landwirtschaftlich genutzte Flächen, Gewerbegebiete, Straßen. Der Schadstoffeintrag dieser und anderer Quellen liegt um ein Vielfaches über den von privaten Abwasserleitungen möglicherweise in Summe ausgehenden Gefahren. Wenige Straßen weiter muss nach der Vorlage des Ministeriums nicht mehr geprüft werden, weil das Schutzgebiet – recht willkürlich anmutend – mitten im Ort endet.

Die ganze Dramatik zeigt auch das aktuell vorliegende Beispiel der Eheleute I[…] aus Ratingen, nachzulesen unter http://anderle2000.dyndns.org:2530/Dichtheitsprüfung/ . Hier können Sie sich gerne für eine vernünftige Lösung der katastrophalen Situation einsetzen.

Bitte erklären Sie diesen Menschen persönlich von Angesicht zu Angesicht, weshalb die Landesregierung sie in diese Notlage bringt. Die Eheleute Dell, so wie einige ihrer Nachbarn, leben seit Monaten in Angst. Und das zu Recht, wie alleine die in der Presse bereits gezeigten Beispiele belegen. Schon die Prüfungskosten werfen Frau Dell aus der finanziellen Bahn. Die sicher angeordnete Sanierung an ihrem Haus von 1952 wird viele tausend Euro kosten, die ein menschliches und finanzielles Desaster für die Eheleute sind. Und weder die Eheleute Dell noch einer der Nachbarn bringt den Mut auf, sich selbst zur Wehr zu setzen. Es handelt sich hier um eine Kernklientel der SPD, für die Sie sich verantwortlich fühlen sollten, auch wenn die keinen „Rabbatz" in der Öffentlichkeit machen wollen und können. Das ist nur eines von zehn- oder hunderttausenden menschlicher Dramen, die sich im Verborgenen abspielen.

Im Kontext mit den weiteren Vorgaben des NRW-Umweltministeriums, sowie mit dem unmittelbar vor der Veröffentlichung stehenden „Leitfaden zum Umgang mit Drainagen" ergibt sich eine erheblich verschärfte Situation für alle Bürger und Kommunen:

• Das Umweltministerium Düsseldorf verfügt in seiner Pressemitteilung vom 24.10.2012 ausdrücklich, dass die Kommunen für alle Gebiete außerhalb von Wasserschutzgebieten eigene, verschärfende Satzungen erlassen können und sollen. Diese Vorgehensweise ist stets mit der jeweiligen Bezirksregierung abzustimmen, die ihrerseits direkt dem NRW-Umweltminister Remmel untersteht. Kaum ein Bürger, dessen Gemeinde oder Stadt jetzt schon rigide prüft und saniert, wird damit entlastet. So bleiben hunderttausende Bürger von sinnlosen Maßnahmen betroffen, die in vielen Fällen das Übermaßverbot unserer Verfassung grob verletzen.

- Der vorgeschlagene Drainageleitfaden des IKT soll alle Kommunen veranlassen, bisher geduldete, unproblematische Drainagefehlanschlüsse zwangsweise unter Bußgeldandrohung entfernen zu lassen. Das hebelt Ihre politischen Absichten aus.

- In NRW gibt es z. Zt. 418 Wasserschutzgebiete, 376 weitere sind geplant. Sie haben zusammen eine Fläche von 5852 km², das sind mehr als 17 % der Fläche dieses Landes. Der aktuelle Stand ist nachzulesen im Internet auf den Seiten der Landesregierung bzw. der jeweiligen Bezirksregierungen.

- Hinzu kommen 110 Kommunen mit angeblichen Fremdwassergebieten – somit vollkommen unberührt vom bisherigen § 61a LWG NRW –, in denen bereits eifrig und unter verschärften Bedingungen für die Betroffenen geprüft und saniert wird, seit Jahren. Häufig geschieht dies ohne jede Not.

- Hans Christian Markert, Die GRÜNEN, verlangt die Prüfbescheinigung bei jedem Hauskauf, ähnlich dem Energiepass.-

Die jetzt von Rot-Grün geplanten Maßnahmen haben daher aus unserer Sicht mit Bürgerfreundlichkeit und Erleichterungen nur wenig zu tun. Sie verschärfen im Gegenteil die Situation für die Bürger in NRW massiv und liefern sie ungeschützt der Behördenwillkür vor Ort aus. Das bisherige Gesetz erst hat es Kommunen leicht gemacht, strenge Prüf- und Sanierungsvorschriften in die jeweilige Abwassersatzung zu schreiben. Es ist jetzt die Pflicht des Gesetzgebers, für überzogene Maßnahmen klare Grenzen aufzuzeigen und kommunale Exzesse in die Schranken zu weisen. Ich kann mich allerdings des Eindrucks nicht erwehren, dass eine widerspenstige Ministerialbürokratie die meist nicht sachkundigen Politiker gnadenlos über den Tisch zieht.

Die verdachtsunabhängige Prüf- und vor allem Sanierungspflicht für private Abwasserleitungen muss vollständig entfallen. Als Notlösung – wenn etwas anderes politisch nicht durchsetzbar ist – wäre denkbar, eine Durchflussprüfung festzuschreiben. Sollte es dabei grobe (>10 %) Abweichungen geben, sollte jeder Eigentümer vermutlich im Eigeninteresse eine Sanierung ins Auge fassen. Allerdings würden dabei wohl sehr nahe an 100 % der Anschlussleitungen als dicht zertifiziert werden und eine allgemeine Prüfpflicht erst recht nicht rechtfertigen. Sie können es drehen und wenden wie Sie wollen: Diese Regelung gehört in den Mülleimer der Geschichte.

Mit freundlichen Grüßen
Siegfried Genreith

Anlage
Adressen einiger betroffener Bürger zur Kontaktaufnahme bei Bedarf

Karl-Udo kommentiert *„Danke, Siegfried, für diese bemerkenswerte Aktion, die eigentlich alle Adressaten betroffen machen sollte (deshalb denk mal über breiteren Verteiler, z. B. Fraktionsvorsitzenden Roemer und Sprecher SPD Umweltausschuss Meesters nach). [...]"* Sein Unterbezirk hat mit seiner Kritik zum Einlenken der eigenen Regierungschefin beigetragen. So schreibt die Neue Westfälische: *„Wie die sogenannte Teutonenriege in Bielefeld herausstellte, habe Ministerpräsidentin Hannelore Kraft (SPD) nicht zuletzt ob ihrer unmissverständlichen Ansprache die umstrittene Dichtheits-*

prüfung entschärft."[43] Auch diese Nachricht unterstreicht, wie weit sich die Führung der SPD schon von der eigenen Basis entfernt hat.

Mein Brief an Hannelore Kraft geht kurz danach online zur Kommentierung in meinem Blog und später an eine größere Anzahl Abgeordneter, jeweils per persönlichem Einzelanschreiben. Eines davon leite ich an unseren Verteiler zur Kenntnis. Susanne schreibt dazu *„Einfach klasse!! Trotz bzw. gerade wegen der Bauchpinselei ganz am Anfang. Ich hoffe dringend, dass sie und Weckmann (am besten weitere) ihn komplett lesen. VGSu"*. Eine Antwort aus dem Landtag habe ich danach nicht erhalten.

In Folge unserer Proteste gegen das anfängliche Lob der FDP an die Adresse der Regierung hat die nun ihre Argumentation nachgebessert. Im Antrag *„Dichtheitsprüfung bürgerfreundlich umsetzen"* der Fraktion der FDP, Drucksache 16/1270 vom 30.10.2012, ist nachzulesen *„[...] Auch dieser Schritt ist mit Blick auf eine bürgerfreundliche Neuregelung aber noch nicht ausreichend: So bleibt es der Landesregierung jederzeit unbenommen, starre Fristen für die Funktionsprüfung privater Abwasserkanäle per Rechtsverordnung nachträglich einzuführen. Gleiches gilt auch für die Beibehaltung starrer Fristen für die Prüfung häuslicher Kanäle innerhalb von Wasserschutzgebieten. Solange der wissenschaftliche Nachweis, dass bereits undichte Hausanschlussleitungen zu einer nennenswerten Grundwassergefährdung führen können, nicht geführt ist, bleibt die Verhältnismäßigkeit solcher Prüfungen auch unter Beachtung des Vorsorgeprinzips fraglich. [...]"*.

Gut so, die FDP hat die eigentliche Problematik verstanden. Das Schreiben stützt sich richtigerweise auf das Argument der fehlenden Verhältnismäßigkeit, verzichtet darauf, über „Dichtheit" und einen „Generalverdacht" zu fabulieren. Die Partei ist mit diesem Antrag wieder weitgehend auf unserer Linie und wird die im Landtag dann auch hoffentlich konsequent vertreten.

Wilfried Blumberg von der Bürgerinitiative „Alles dicht in Lindlar" sieht die Lage weiter kritisch. Die „Kölnische Rundschau" zitiert ihn mit der Aussage *„Bei mir riefen in den letzten Tagen die Leute an, um zu gratulieren und um uns zu danken. Ich sagte denen: Wir haben doch noch überhaupt nichts geschafft, das Gesetz ist doch noch nicht aufgehoben, es ist doch nichts neu geregelt."*[44] Nun, immerhin steht in dem Entwurf von Rot-Grün „§ 61a *wird aufgehoben."* Von Fristen ist da nirgendwo mehr die Rede. Damit ist also durchaus nichts klar. Klarheit wird eben nur die avisierte Rechtsverordnung liefern, die noch in den Sternen steht, genauso wie die Frage, ob die vermeintlich guten Absichten der Ministerpräsidentin sich dort dann wiederfinden werden.

Dass die Kuh noch lange nicht vom Eis ist, zeigen auch weitere dramatische persönliche Schicksale. *„Kanal-TÜV: Seniorin droht Hausverkauf"* titelt die Rheinische Post am 6. November.[45] Erfolg oder Misserfolg wird in jedem Lager unterschiedlich gesehen. Während wir die angekündigten Regelungen überwiegend skeptisch bis misstrauisch beäugen oder gar ablehnen, beurteilen einzelne Sanierer das durchaus anders. Das zeigen nicht nur die hektischen Aktivitäten des VDRK. So schreibt der schon bekannte Kanalunternehmer an unseren Mitstreiter Hubert Schulte aus Lippstadt:

Samstag, 3. November 2012 11:07
Betreff: WG: NRW-UMWELTMINISTER REMMEL UND DIE STELLVERTE-TENDE MINISTERPRÄSIDENTIN LÖHRMANN LEGEN IHRE MANDATE NIEDER …

Wichtigkeit: Hoch

Sehr geehrter Herr Schulte, die unten folgende Pressemitteilung wird Sie und alle Dichtheitsprüfungsgegner in den Bürgerinitiativen ganz bestimmt sehr freuen … Vielleicht überdenken aber (wenigstens) ein paar von Ihnen noch einmal grundsätzlich ihre populistischen Parolen und Unwahrheiten – speziell in Bezug auf die Märchen, dass die Betreiber von Kanalfirmen ja sowieso alle Millionäre wären die das verdiente Geld durch Dichtheitsprüfungen, auf ihren Yachten oder in ihren Luxushäusern auf Mallorca mit vollen Händen ausgeben.

Ich gratuliere Ihnen und Ihren Mitstreitern zum Erfolg. Sie haben es endgültig geschafft, Frau Kraft schafft die flächendeckenden Dichtheitsprüfungen ab und Sie können sich als Gewinner fühlen! Verlierer werden in erster Linie unsere Umwelt, der Grundwasserschutz und unsere Kinder sein … und ganz nebenbei auch zahlreiche Firmen und Mitarbeiter in der Kanalbranche – aber was solls, wir wissen ja, dass Sie alle das nicht interessiert, – Hauptsache Sie alle haben ca. 200 – 300 € für die Kanalprüfung gespart … und Ihren Willen durchgesetzt.

Mit freundlichen Grüßen
[…]

Angehängt findet sich ein Textauszug des „IKT infodienst – Ausgabe 04.2011", mit einem Foto von der Live-Diskussion mit Frau Kraft in der Staatskanzlei (auf dem Bild rechts bin ich selbst zu sehen) und ihrer Aussage „*Es bleibt bei der Dichtheitsprüfung*". Auch der Sanierer unterstellt der Ministerpräsidentin damit also Wortbruch. Allerdings ist der Vorwurf nicht belastbar, denn die Dichtheitsprüfung ist ja tatsächlich weiterhin vorgeschrieben. Frau Kraft hat schließlich nicht versprochen, dass die in vollem Umfang unangetastet bleibt. Darunter findet sich eine Pressemitteilung der Firma an dpa vom Vortag:

Von: KANALSERVICE […]
Gesendet: Freitag, 2. November 2012 15:29
An: presse@dpa.com
Betreff: NRW-UMWELTMINISTER REMMEL UND DIE STELLVERTETENDE MINISTERPRÄSIDENTIN LÖHRMANN LEGEN IHRE MANDATE NIEDER…

Wichtigkeit: Hoch
Presse Info vom 30.10.2012 – Quelle: Die Präsidentin des Landtags… Zerbricht nun

die Rot-Grüne Regierungskoalition in Nordrhein-Westfalen ?

Der grüne Umweltminister Johannes Remmel und die stellvertretende Ministerpräsidentin Sylvia Löhrmann legen ihre Mandate nieder (Ende/Auszug).
**Zeitgleich meldet der KANALSERVICE-[…] (nach über einem Jahr vergebli-
cher Überzeugungsarbeit bei den Politikern) Insolvenz an,** weil nach Angaben
des Geschäftsführers D[…] T[…], die NRW-Ministerpräsidentin Hannelore Kraft mit
ihrem politischen Alleingang bei der Änderung des § 61 a LWG NRW (gegen den
Willen großer Teile des grünen Koalitionspartners, sowie gegen den Willen von zahlreichen SPD Politikern aus den eigenen Reihen), die Dichtheitsprüfungspflicht an
privaten Hauskanälen ganz oder teilweise abschaffen will und damit die Existenzgrundlage zahlreicher Kanalunternehmen zerstört. Wird der NRW Grundwasserschutz für 18 Millionen Menschen von Frau Kraft ignoriert?

[…]/ NRW Ob diese Ereignisse in kausalem Zusammenhang stehen ist zu vermuten.
Jedenfalls werden die Gegner der gesetzlichen Dichtheitsprüfungspflicht nun vermutlich laut jubeln und Genugtuung empfinden. Einer der größten Befürworter für die
flächendeckenden Kanalprüfungen (…an Steinzeugrohren die schon länger als 30-
100 Jahre ungeprüft in NRW im Erdreich liegen) meldet Insolvenz an. Nach Angaben des Geschäftsführers der Kanalservice-[…] D[…] T[…], hatte das Unternehmen
(und die Kanalbranche) bereits seit Ende 2011 Auftragsrückgänge von bis zu 100 %,
nachdem die Politik dafür gesorgt hatte, dass zum damaligen Zeitpunkt in der Presse
veröffentlicht wurde, dass der sogenannte Kanal-TÜV vom Tisch sei und die gesetzliche Dichtheitsprüfungspflicht abgeschafft würde (… obwohl diese Pressemitteilung
seinerzeit keinerlei rechtliche Grundlagen hatte und deshalb falsch und unverantwortlich war).

Fakt ist, dass die gesetzliche Dichtheitsprüfungspflicht gemäß § 61 a LWG NRW
(rein formell) immer noch rechtsgültig ist. Erst mit der damals erschienenen Pressemitteilung von der Politik KANAL-TÜV VOM TISCH, begann die Verunsicherung
bei den Hausbesitzern. Ca. 4 – 500.000 Eigentümer (von ca. 3,5 Millionen) in NRW
hatten ihre Hauskanäle bereits 2010/11 prüfen und/oder sanieren lassen, aber viele
andere Hausbesitzer stornierten ihre Aufträge bzw. wollten verständlicherweise erst
einmal abwarten was die Politik festlegen würde. Leider gab es aber dann in den letzten Monaten keine Klarheit, sondern nur ein politisches Verwirrspiel. Die Politiker
konnten (oder wollten) bis heute keinen klugen und rechtstauglichen Gesetzesentwurf vorlegen. Stattdessen erschienen immer wieder anders lautende Pressemitteilungen. Nun sieht es aber tatsächlich so aus, als habe Frau Kraft sich durchgesetzt. Das
letzte Wort in dieser Angelegenheit werden aber vermutlich die Gerichte sprechen,
weil Frau Kraft nach Meinung von Juristen mit ihren Plänen gegen geltende Gesetze
und gegen die Verfassung verstößt. Man darf deshalb sehr gespannt darauf sein, was
nun von der SPD endgültig in den neu gestalteten Gesetzesentwurf hinein geschrieben wird.

Persönliche Anmerkung: Liebe Kollegen der Kanalbranche – wir wissen, dass schon
viele kleine Kanalfirmen pleite gegangen sind oder Insolvenz anmelden mussten und
zahlreiche Kanalarbeiter (mittlerweile auch sämtliche Kollegen beim Kanalservice-
[…]) durch das politische Hin und Her ihre Arbeitsplätze verloren haben. Der
Geschäftsführer des Kanalservice-[…] D[…] T[…] bittet aber alle Kollegen und
deren Familien darum, sich auf keinen Fall für diesen unverschuldeten Existenzver-

lust zu schämen. Er selbst verheimlicht die Insolvenz seiner Firma nicht, sondern geht (auch in seiner Nachbarschaft) offen damit um, obwohl er weiß, dass man in der Öffentlichkeit meistens schlecht beurteilt wird, wenn man seine Existenz oder seine Arbeit – und damit auch seine gesellschaftliche Anerkennung verliert. D[…] T[…] hat nach eigenen Angaben zwar seine Existenzgrundlage bzw. seine Arbeit verloren aber nicht seinen Stolz, deshalb wird er nun mit großer Kraft (pardon, Korrektur aus gegebenem Anlass), mit großem Engagement und mit erhobenem Haupt weiter gegen die wahren Schuldigen wie hauptsächlich Frau Kraft, vorgehen.

Mit freundlichen Grüßen
[…]
Dipl.-Ing. (…entlassener Mitarbeiter des Kanalservice-[…]
KANALSERVICE […]

Ob der Text tatsächlich irgendwo abgedruckt wurde, ist mir nicht bekannt. Wenn das so alles stimmt, ist es in der Branche wohl richtig hart zur Sache gegangen. Nicht wenige unter uns halten die Geschichte für einen schlechten Scherz oder einen Trick, um öffentliche Wahrnehmung zu erzeugen. Mit dem angekündigten Wegfall des § 61A ist allerdings tatsächlich ein Regel-Vakuum entstanden, das vorübergehend die Auftragsbücher der Kanalunternehmen geleert haben dürfte. Wenn dann eines davon ausschließlich von privaten Prüfungen und Sanierungen lebt und nichts davon kompensieren kann, dann wird es natürlich eng. Beim Stand der politischen Diskussionen kann dann auch einmal eine Bank leicht nervös werden und Kredite kündigen.

Bei der Veranstaltung am 6. November der Münsterländer Initiativen soll der nun vorliegende Entwurf von SPD/GRÜNE für eine Rechtsverordnung in der Runde besprochen werden. Das Ende des § 61A LWG scheint besiegelt. Ob eine Rechtsverordnung nun Besserung in der Sache bringt, wird der weitere Verlauf der Diskussion zeigen.

Begleitend für die noch immer anwachsenden Proteste hat Robert wieder einen Song kreiert „Wir stehen auf". Auf der anderen Seite deutet sich allerdings schon jetzt Entspannung an, worauf Heinz in seiner Einleitung für einen „stürmischen Herbst" dezent anspielt. Die Frage ist berechtigt, wie lange noch die Bürgerinitiativen zusammenhalten und solidarisch agieren. Wenn die Versprechen alle umgesetzt werden, könnte unsere Front deutlich einbrechen und die dann noch Betroffenen im Regen stehen.

Wednesday, November 07, 2012 10:53 PM
Subject: die Informationsveranstaltung „stürmischer Herbst hat begonnen".

An alle Bürgerinitiativen im Land NRW,
Eigentlich könnten wir uns in Üb.-Palenberg zurücklehnen und die Beine auf den Tisch legen, weil wir noch kein Wasserschutzgebiet haben. Eigentlich!

Aber dieses Gesetz ist und bleibt auch in der neuen Form Schwachsinn und die Politiker der Landesregierung doof und dämlich. Wie jetzt vielleicht alle Mitstreiter festgestellt haben und feststellen konnten, lässt die Rot-Grüne- Regierung erwartungsgemäß nicht mit sich reden.

Unbeeindruckt dessen setzen wir in Üb.-Palenberg unseren bisherigen Kurs auf Biegen und Brechen weiter fort. Kein Beweis für eine Grundwassergefährdung durch private Abwasserrohre. Dann keine Dichtheitsprüfung und auch keinen Vorsorge-TÜV für alle Bürger. Und noch mal. Dieses Gesetz bleibt Schwachsinn hoch drei. Gegen Machtpolitiker gibt es nur eine richtige Lösung.

„Demonstration"
Deswegen setzen wir „auf Teufel komm raus" am Samstag d. 10. Nov. in Übach-Palenberg alles auf diese Veranstaltung. Teilnehmer aus dem ganz Nordrhein-Westfalen haben sich bereits angemeldet. Aus Nideggen, Euskirchen, Aachen, Köln, Neuenkirchen, Münsterland, Wegberg, Castrop-Rauxel, Alsdorf, Ost-Westfalen- Lippe, Lindlar, Eschweiler, Geilenkirchen, usw..
Wir in Üb.-Palenberg zeigen uns mit den betroffenen Bürgern in Wasserschutzgebieten solidarisch. Ihr auch???

Dann scheut keine Kosten und Zeit und kommt alle nach Üb.-Palenberg. Hier können wir jetzt der Regierung unsere Stärke zeigen.

Ansonsten kann ich euch nur einen neuen Feiertag in NRW anbieten.

„Tag der Betrogenen" am 03. Okt. 2013
Mit freundlichen Grüßen aus Üb.-Palenberg
Heinz Klinkertz

Für Unverständnis und Kopfschütteln sorgt auch die Entscheidung des Ministeriums, nun ein Monitoring zu starten, das die Notwendigkeit der Prüfungen erst noch belegen soll. Offenbar liegen tatsächlich keine belastbaren Beweise für die Gefahrenlage vor, wie die Bundesregierung in ihrer Antwort auf die Anfrage der LINKE ja auch festgestellt hat. Auch die FDP hakt da ein mit einer Information an die Medien, in der sie die Position der Partei noch einmal klar herausstellt:

MedienINFO 212 –   Donnerstag, 08. November 2012
Dichtheitsprüfung
Höne: Keine Prüfpflicht durch die Hintertür einführen

Mit Skepsis bewertet Henning Höne, umweltpolitischer Sprecher der FDP-Landtagsfraktion, den rot-grünen Gesetzentwurf zur Dichtheitsprüfung. „Es ist entlarvend, dass die rot-grüne Landesregierung jetzt plötzlich ein Monitoring ankündigt. Offenbar haben sich SPD und Grüne bislang gar nicht an Fakten orientiert, sondern nur auf Hörensagen verlassen."

Entscheidend ist aus Sicht der FDP, dass zunächst in allen Gebieten die Fristen so gesetzt werden, dass vor der Auswertung dieses Monitorings kein Bürger zur Prüfung seines privaten Abwasserkanals verpflichtet wird.

Die FDP-Landtagsfraktion fordert zudem eine Differenzierung der Wasserschutzgebiete. Ansonsten droht in vielen Regionen eine nahezu flächendeckende Dichtheitsprüfung durch die Hintertür. „Mit Sorge beobachten wir zudem, dass SPD und Grüne versuchen, nicht nur die Verantwortung für den Kanal-TÜV an die Kommunen abzugeben, sondern ihnen vielmehr den Schwarzen Peter zuzuschieben."

DERWESTEN titelt richtigerweise „*Opposition lehnt überarbeiteten "Kanal-TÜV" weiterhin ab.*"[46] und tritt damit der ansonsten leider weit verbreiteten Meinung entgegen, die Kuh sei schon vom Eis.

Derweil hat die Sitzung des Umweltausschusses wie angekündigt am 8. November stattgefunden. Klaus berichtet kurz „*Hallo in diverse Runden, gestern, 8.11.2012, war bereits die 1. Lesung der beabsichtigten Gesetzesänderung. Anwesend war Werner Merkes, Gross-BI Köln. Er berichtete von einem kämpferischen Herrn Hovenjürgen (CDU) und engagiert argumentierenden Herren Höne (FDP) und Rohwedder (PIRATEN) Bereits m Januar 2013 soll eine Anhörung stattfinden. [...]*"

Schon am nächsten Tag geht die Einladung der FDP bei mir ein. Den Termin kann ich selbst wieder einmal nicht wahrnehmen und verteile die Mitteilung darüber am folgenden Tag in die Runde:

Einladung zum Fachdialog Dichtheitsprüfung	09.11.2012, 14:46

Sehr geehrte Damen und Herren,
in der zu Ende gehenden Sitzungswoche des Landtags haben sich die Abgeordneten auch mit dem Gesetzesentwurf der Fraktionen von SPD und Bündnis90/Die Grünen zur so genannten Dichtheitsprüfung kontrovers auseinandergesetzt. Wie angekündigt sende ich Ihnen die Einladung zum Fachdialog Dichtheitsprüfung der FDP-Landtagsfraktion NRW am 05. Dezember 2012 im Landtag NRW zu.

Wir würden uns freuen, wenn wir Sie dazu im Landtag begrüßen dürfen und freuen uns auf Ihre Anmeldung.

Für Rückfragen stehe ich Ihnen gerne zur Verfügung.
Mit freundlichen Grüßen
[...] Büro Henning Höne MdL [...]

Programmpunkte:
18.00 Uhr Begrüßung durch den Fraktionsvorsitzenden Christian Lindner MdL
18.15 Uhr Chronologie der Dichtheitsprüfung, Kai Abruszat MdL, kommunalpolitischer Sprecher der FDP-Landtagsfraktion
18.30 Uhr Analyse und Vergleich der Gesetzesentwürfe von FDP und CDU sowie von SPD und Grüne; Henning Höne MdL, umweltpolitischer Sprecher der FDP-Landtagsfraktion
18.45 Uhr Diskussion und weiterer Ausblick
19.30 Uhr Get-together und Imbiss in der Wandelhalle

Mit freundlichen Grüßen
Christian Lindner MdL
Henning Höne MdL
[...]

Derweil hat Heinz die Vorbereitungen für das Treffen in Übach-Palenberg abgeschlossen. Die Veranstaltung in der Stadthalle am nächsten Tag wird ein voller Erfolg. Hartmut Hepcke fordert, den Protest mit aller Härte fortzuführen[47]. Meine Frau und ich sind auch dabei. Der große Saal ist tatsächlich voll. Viele Mitstreiter sind über hunderte Kilometer angereist. Auch Klaus ist mit seiner Frau vor Ort. Ich bin tief beeindruckt, von den vielen Menschen, den hochrangigen Rednern auf der Bühne, der perfekten Technik – enorm, was Heinz Klinkertz hier auf die Beine gestellt hat. Der WDR berichtet noch am Abend in der Lokalzeit aus Aachen[48].

Heinz formuliert am nächsten Tag eine Pressemitteilung an den Aachener Zeitungsverlag mit einer schönen Zusammenfassung:

Sent: Sunday, November 11, 2012 11:19 AM
Subject: Pressemitteilung über die Informationsveranstaltung der
Bürgerinitiative „alles Dicht in Üb.-Palenberg
Heinz Klinkertz
Sprecher: BI „alles Dicht in Üb.-Palenberg"
Presseerklärung

Sehr geehrter Herr Udo Kals,
Sehr geehrte Damen und Herren der Redaktion,
Die Informationsveranstaltung „alles Dicht in NRW"in der Stadthalle Üb.-Palenberg (Fassungsverögen 500 Personen) war eigentlich gut gefüllt und für alle Anwesenden ein großer Erfolg mit sachlichen Auseinandersetzungen. Dies war zu hören von den Sprechern der Bürgerinitiativen aus dem ganzen Land-NRW und den Gastrednern:MdL Bernd Krückel „CDU"; MdL Henning Höne „FDP"; MdL Hanns-Jörg Rohwedder „Piratenpartei"; MdB Andrey Hunko „die Linke"; sowie Detlef Erm „Verband Wohneigentum e. V. NRW"; Prof. Dr. Peter Rasche „Landesverbandsvorsitzender von Haus&Grund Rheinland";

Nachdem Prof. Dr.-Ing. Hartmut Hepcke sein Referat: „über Sinn oder Unsinn der Dichtheitsprüfung" vorgetragen hatte, gingen alle Redner mit der Rot-Grünen Landesregierung hart ins Gericht. Auch hier wurde die „rote Karte Aktion" mit einigen Hundert Unterschriften weiter fortgeführt.

Der Sprecher der Bürgerinitiative Köln – Sven Kausemann – forderte die Grünen auf, wieder das zu tun was sie am besten können. „Auf Bäume klettern, sich an Schienen festketten und gegen Atom protestieren."

Meiner Ansicht nach verspielt die Landesregierung in NRW sich das Versprechen einer bürgerfreundlichen Politik mit der Dichtheitsprüfung und unterschätzt die Bürgerinitiativen und den Protest der Bevölkerung im Land gewaltig. Der von der SPD-Landesregierung geschickte Ministerialrat, Herr Dr.-Ing. Viktor Mertsch aus der

Fachabteilung im Ministerium hatte sich redlich abgemüht ohne den geringsten Erfolg und den Hauch einer Chance. Die Informationsveranstaltung verlief trotzdem sehr fair ab.

Hiermit möchte ich mich auch noch einmal ausdrücklich über die gute Berichterstattung des Aachener Zeitungsverlags bedanken.

Mit freudlichem Gruß Heinz Klinkertz

Die Aachener Zeitung/Aachener Nachrichten berichten am 15. November[49] und schreiben dazu „*Die Ordnungsbeamten der Stadt Übach-Palenberg und einige Polizisten hatten auf dem Parkplatz der Grundschule gegenüber der Stadthalle Stellung bezogen. Grund war eine Infoveranstaltung der Bürgerinitiative „Alles dicht in Übach-Palenberg". Diese lockte viele Bürgerinitiativen aus Bielefeld, Münster, Bocholt, dem Bergischen Land sowie dem Kölner Raum an. [...] Ministerialrat Dr.-Ing. Victor Mertsch hatte einen schweren Stand, er stand im kritischen Kreuzfeuer der Bürgerinitiativen. Mertsch versuchte, den Wind aus den Segeln zu nehmen, und verkündete in Übach-Palenberg, dass die Landesregierung im Januar 2013 Experten zu diesem brisanten Thema einlädt. [...]*"

Unter den begeisterten Zuschriften der folgenden Tage findet sich auch die des Bürgermeisters, der schreibt „*Vielen Dank Herr Klinkertz!, es war eine beeindruckende Veranstaltung, sehr gut besucht und ich habe viel lernen können.*" Ein Mitstreiter aus Erkelenz äußert sich ähnlich positiv:

Aw: Redemanuskript Vortrag Übach-Palenberg   15.11.2012, 11:13

Sehr geehrter Herr Genreith,
auch ich war am Samstag in Übach-Palenberg und war von der Veranstaltung begeistert, insbesondere von dem Vortrag von Prof. Hepcke. Die Ausführungen des Vertreters des Ministeriums mit seinen "gestrickten" Bildern waren für mich nicht akzeptabel. Leider konnte ich wegen eines Termins der anschließenden Diskussion, an der ich mich auch gerne beteiligt hätte, nicht bis zu Ende beiwohnen, aber soweit ich dies noch mitbekommen habe waren auch diese Beiträge sachlich und überzeugend. Leider ist es so, dass in meinem Bereich der Stadt Erkelenz zu wenig "Wutbürger" vorhanden sind. Wie Heiner Geißler in seinem Buch "Sapere aude" ausführt, fehlt hier der Mut bzw. es liegt an der Bequemlichkeit, dass wir Bürger zu wenig aktiv ins politische Geschehen einwirken und unsere politische Betätigung sich nur auf die Stimmabgabe beschränkt.

Sollte nochmals eine derartige Veranstaltung stattfinden, würde ich gerne auch daran teilnehmen.

Bis dahin viele Grüße und vielen Dank für Ihre Aktivitäten
[...]

Der Dank gebührt natürlich vor allen anderen Heinz, an den ich die E-Mail sofort weiterleite. Vor allem durch die Berichterstattung wirkt eine solche Veranstaltung weit über den eigentlichen Teilnehmerkreis hinaus.

Direkte Angriffe aus Verbänden und Handwerk auf einzelne unserer Mitstreiter bleiben die Ausnahme. Meine früheren Befürchtungen bewahrheiten sich damit nicht. Ich hatte anfangs schließlich eher an eine mögliche Flut von Klagen gedacht, sobald unser Protest nicht mehr zu ignorieren ist. Das liegt vielleicht an der extrem dezentralen Organisation des Widerstands. Gegen wen sollten die denn dann auch vorgehen? Eine zentrale Steuerung, bei der ein Angriff den Aufwand nachhaltig rechtfertigen könnte, gibt es schließlich nicht.

Eine der wenigen Ausnahmen – nach der Klage gegen Bernd vom letzten Jahr – trifft einen Mitstreiter aus Barntrup. Datiert vom 21. November geht ein anwaltliches Schreiben bei ihm ein, in dem durch den Geschäftsführer des VDRK eine strafbewehrte Unterlassungserklärung und entsprechende Gebührenerstattung verlangt werden. Weiter heißt es dort *„[…] Wir setzen Sie weiterhin darüber in Kenntnis, dass unsere Mandantschaft wegen der Inhalte Ihrer E-Mail vom 26.10.2012 zwischenzeitlich auch Strafantrag bei der Staatsanwaltschaft Kassel gegen Sie gestellt hat. […]"*

Ich leite den Hilferuf des Adressaten, der zurzeit im Urlaub weilt und kaum reagieren kann, unter anderem an Robert Horras weiter:

> 25.11.2012, 12:30
> Hallo Herr Horras, Herr Finkbeiner, die Verbände werden wohl nervös. Es geht schließlich um viel Geld. Lothar Dithmar […] ist sicher dankbar für jeden Hinweis. Einfach zurückzustecken halte ich für problematisch. Damit würde ein Exempel statuiert, dass der ganzen Bewegung schaden könnte.
>
> Grüße Siegfried Genreith

Wenige Tage später schon liefert Robert Horras ein unterschriftsreifes Antwortschreiben an die Rechtsanwälte *„[…] Bei dem gegebenen Sachverhalt sehe ich jedenfalls keine Veranlassung, die von Ihnen geforderte Unterlassungserklärung abzugeben. Dem Ausgang der Strafanzeige Ihrer Mandantschaft sehe ich mit Gelassenheit entgegen.[…]"*. Damit ist die Sache tatsächlich erledigt. Ohne fachkundige Hilfe hätte das teuer werden können. Wir haben da schon ein Klasse-Team beisammen.

Den Fachdialog mit der FDP hatte ich schon fast wieder vergessen. Glücklicherweise behält Uwe die Fäden in der Hand und schreibt *„DRINGEND-WICHTIG!!! Einladung zum Fachdialog Dichtheitsprüfung Am Mittwoch, 5. Dezember 2012, von 18 bis 20 Uhr im Plenarsaal des Landtags Nordrhein-Westfalen Platz des Landtags 1, 40221 Düsseldorf. Bitte meldet Euch verbindlich bis zum 30. November 2012 per E-Mai […]"*. Außerdem erinnert er an die Expertenanhörung im Januar, für die er wiederholt trommelt. Natürlich hat er recht damit. Eine mangelnde Präsenz könnte ein verheerendes Signal an den Landtag senden.

28.11.2012, 19:17
Fw: Wichtiger Termin 09.01.2013: Wer kommt zur öffentlichen Anhörung?
Wichtiger Termin 09.01.2013
Vor fast einem Jahr (14.12.2012) waren wir mit ca. 100 Mitstreitern an gleicher Stelle präsent. Das müssen diesmal noch mehr sein!

Die Besuchertribüne muss von uns komplett besetzt werden!

Also, auf nach Düsseldorf
Landtag Düsseldorf
Öffentliche-Experten-Anhörung
9.Januar 2013 11-13 Uhr

Voraussichtlich im Plenarsaal Personalausweis nicht vergessen! Ohne kommt Ihr nicht in den Landtag!
KEINE DEMO

Gruß
Uwe Gellrich

Ich selbst bin in den Tagen auf Tauchstation. Beruflich und privat beschäftigen mich andere Dinge. Zum einen habe ich einen Vertrag für Altersteilzeit bei meinem Arbeitgeber angefordert. Mein Management hat zugestimmt, die Personalabteilung ziert sich noch, fragt sinngemäß zurück, ob das denn tatsächlich mein Ernst sei.

Zum anderen geht mir ein neues Buchprojekt durch den Kopf. Nur der Titel steht schon und kurze Skizzen der wichtigsten Protagonisten. „Einsichten eines Schwarms" soll es heißen und wieder unter meinem Pseudonym laufen. So richtig zum Schreiben komme ich allerdings nicht und das wird noch ziemlich lange so bleiben. Schließlich landen die Skizzen in meiner elektronischen Ablage. Irgendwie schaffe ich es zwischendurch noch, ein anderes lang gehegtes Vorhaben in die Tat um zu setzen. Ende November stelle ich mein Portal um auf eine leistungsfähige Technik, ein echtes sogenanntes „Content Management System", wie es auch Verlage nutzen, und schalte die neue Plattform nach einigen Tests Anfang Dezember scharf:

Neue technische Plattform   03.12.2012, 17:13

Der Internetauftritt der Initiative läuft jetzt auf einer professionellen Technologie. Damit können mehrere Personen gleichzeitig an Beiträgen arbeiten. Daneben gibt es jetzt auch eine Suchfunktion (unten links).

Ich würde gerne einige wenige Mitstreiter als Autoren zulassen. Nach Anmeldung
können dann neue Beiträge geschrieben und jederzeit eigene Beiträge geändert oder
gelöscht werden.
Bei Interesse registriert Euch bitte im Portal
[…]

Wichtige grafische Element habe ich übernommen, sodass der Auftritt leicht
wiederzuerkennen ist. Auch die alten Beiträge habe ich einen nach dem anderen von Hand rüberkopiert in die neue Datenbank.

Für die wichtige Anhörung am 9. Januar 2013 werden Kandidaten aus unserer Runde genannt. Neben Klaus, Fritz, Robert, Hans-Peter stehe auch ich
auf der Liste. Leider muss ich beruflich bedingt wieder einmal absagen.
Mittwochs ist eben ganz schlecht einzurichten für mich. Aber die anderen
machen das schon und werden mich kaum vermisssen.

Im Nachgang zum Fachdialog der FDP vom 5. Dezember meldet sich ein
uns schon bekannter Sanierer wieder über meinen Blog zu Wort:

6. Dezember 2012 um 15:11 Uhr

FDP Fraktion hat zum Dialog geladen und ich war verwundert, was die „selbster-
nannten Fachleute" doch so wissen.
[…]
Gestern wurde mit auf dem Weg von Düsseldorf nach Schwalmtal klar, entweder bin
ich vor mehr als 25 Jahren schon in meiner Ausbildung verarscht worden und nur
Menschen mit Abi haben die Weisheit mit dem Löffel gefressen, oder diese Menschen wissen schon nicht mehr was die uns sagen!
Herr Hepcke präsentierte mal wieder, dass auch Dr. Thoma sagt: „eine Verschmut-
zung von Hausanschlussleitungen ist nicht zu erwarten"!
[…]

Ein sachkundiger Prüfer bietet an, als Vortragender in die eine oder andere
Versammlung zu kommen. Das Angebot leite ich weiter. Naturgemäß trifft
das erst einmal auf Skepsis, wird später vereinzelt und mit gutem Ergebnis
angenommen. Für alle, die trotz der neuen Lage jetzt prüfen und sanieren
müssen, scheint der keine schlechte Wahl zu sein. Er gibt sich nachweislich
alle Mühe, einer zu prüfenden Leitung Dichtheit bescheinigen zu können
und meist gelingt ihm dies nach eigenen Angaben auch.

Schon sechs Wochen nach seinem Brief an Remmel und Kraft freut sich
Karl-Udo über die Antwort des Ministers:

13.12.2012, 01:20

Hallo in die Runde der engeren Mitstreiter u. Aktivposten,
es ist kaum zu fassen und das in zweierlei Hinsicht:

- der Herr Umweltminister Remmel gibt sich die Ehre (respektive lässt sie geben!) und antwortet doch glatt/ lässt antworten nach langen, mehr als 1 1/2 Monaten auf meine Mail an die MP Kraft und ihn sowie eine Reihe von Spitzenfunktionären meiner Partei SPD. Ihr mögt Euch erinnern – die Mail beinhaltete im Wesentlichen meinen Fragenkatalog mit 10 "brennenden" Fragen zum neuen Gesetzentwurf (hänge ich der Vollständigkeit halber noch mal hier dran).

- Lest selbst das – despektierlich gesagt – 'allgemeine Blah-Blah & Wischi-Waschi' längst bekannter Tatsachen; aber praktisch keine Antwort auf die wichtigsten, drängendsten Fragen meines Kataloges. Zumindest meiner Frage 9 zu 'häufiger Sprachlosigkeit der Politik auf Fragen der Bürger' allerdings entzieht er (vordergründig/formell – nicht inhaltlich!) den Boden

Wie dem auch sei: ich werde mich natürlich auf meine Art beim Minister noch vor der Weihnachtspause "artig bedanken" – wenn jemand dafür noch spezielle Anregungen hat, immer man her damit.
[…]

Inzwischen steht wieder einmal Weihnachten vor der Türe. Alleine die letzten drei Monate schon waren gefühlt ein ganzes Jahr. *„Wir sollten, jeder für sich, einmal darüber nachdenken, wo wir mit unseren Protesten stehen."* schlägt Gerhard Minuth vor, bevor er sich in die Weihnachtsferien verabschiedet.

Nach etwas Besinnlichkeit sieht es dann auch aus. Den Jahresausklang begleiten überwiegend weihnachtliche Grüße aus unserer Runde. Sogar Klaus mahnt zur Ruhe:

„Nur mit Geduld kann aus Gras Milch werden …".

1. Nordrhein-Westfalen: Alles dicht in NRW
2. Lippstadt
3. Warstein
4. Bad Lippspringe: Bürgerinitiative Bad Lippspringe: Alles-dicht-in-Bad-Lippspringe
5. Barntrup: Interessengemeinschaft Fremdwasser Alverdissen (IGFA)
6. Bielefeld: Alles dicht in Bielefeld
7. Bielefeld-Gadderbaum: Aktion Klarheit bei der Dichtheitsprüfung in Gadderbaum
8. Bielefeld-Senne
9. Detmold: Gruppe Detmold
10. Enger
11. Extertal: Alles dicht in Extertal
12. Gütersloh: BfGT Bürger für Gütersloh
13. Harsewinkel: Alles dicht in Harsewinkel
14. Herford: Bürger für Herford
15. Hiddenhausen
16. Horn-Bad Meinberg: Fremdwasserinitiative Horn-Bad Meinberg
17. Lage: Bürgerinitiative "Nein zur Dichtheitsprüfung für ganz Lage"
18. Lemgo: Wählergemeinschaft Bürger für Lemgo
19. Leopoldshöhe: Bürgerinitiative Leopoldshöhe "Dichtheitsprüfung – Nein danke!"
20. Löhne I.: Bürgerinitiative Löhne 2011
21. Löhne II.: Interessengemeinschaft mündiger Bürger in Löhne
22. Lübbecke: Alles dicht - Lübbecke
23. Minden-Haddenhausen: Interessengemeinschaft Abwasser Haddenhausen
24. Minden-Häverstädt: Notgemeinschaft Kanalsystem Häverstädt
25. Oerlinghausen - Helpup: Alles dicht in Oerlinghausen
26. Petershagen-Frille: Interessengemeinschaft Frille
27. Schieder-Schwalenberg
28. Versmold
29. Vlotho-Exter: Bürger für Vlotho
30. Düsseldorf: Alles dicht in Düsseldorf
31. Haan: "Stoppt Preisanstieg! Kosten runter!"
32. Haminkeln: „Alles dicht in Haminkeln"
33. Kevelaer-Twisteden: Abwasserschlacht in Kevelaer
34. Krefeld: Alles dicht in Krefeld
35. Mönchengladbach: Alles-dicht-in-Moenchengladbach
36. Ratingen: Bürger Ratingens
37. Schermbeck: Alles dicht in Schermbeck
38. Voerde-Möllen: Bürgerinitiative "Möllener Fair Play"
39. Wesel-Blumenkamp
40. Willich: Bürgerverein Willich-Nord e.V.
41. Alsdorf-Ofden: Bürgerinitiative Alsdorf-Ofden
42. Alsdorf-Stadt: Alles dicht in Alsdorf-Stadt
43. Engelskirchen: Alles dicht in Engelskirchen
44. Erkelenz: Alles-dicht-in-Erkelenz
45. Euskirchen: Alles dicht in Euskirchen
46. Hürth: Bürgerinitiative Hürth
47. Köln: Kölner Bürgerinitiative gegen die Dichtheitsprüfung
48. Königswinter: Wählergemeinschaft KöWI
49. Lindlar: Alles dicht in Lindlar
50. Nideggen: Alles dicht in Nideggen
51. Nörvenich: Bürgerunion Nörvenich e.V.
52. Simmerath: Bürgerbündnis Kanal / Entsorgung Simmerath e.V.
53. Übach-Palenberg: Bürgerinitiative "Alles dicht in Übach-Palenberg"
54. Wegberg: Alles dicht in Wegberg
55. Wipperfürth: Wipp21
56. Zülpich: Alles-dicht-in-Zülpich
57. Ahaus: Alles dicht in Ahaus
58. Ahlen: Bügerinitiative "Alles dicht in Ahlen"
59. Bocholt: BI Alles-dicht-in-Bocholt
60. Borken: Bügerinitiative Kreis-Borken
61. Castrop-Rauxel: Bürgerinitiative zur Dichtheitsprüfung Castrop-Rauxel
62. Dorsten: Alles dicht in Dorsten
63. Dülmen: Alles dicht in Dülmen
64. Emsdetten: Alles dicht in Detten
65. Gladbeck: Wohneigentum Gladbeck-Pottum
66. Gronau: Alles dicht in Gronau
67. Havixbeck: Alles dicht in Havixbeck und Hohenholte
68. Heek-Nienborg: Alles-dicht-in-Heek-Nienborg
69. Münster
70. Köln: NRW sagt NEIN zum Kanal-TÜV
71. Neubeckum: Alles dicht in Beckum
72. Neuenkirchen: Alles-dicht-in-Neuenkirchen
73. Nordwalde: Alles dicht in Nordwalde
74. Nottuln: Alles dicht in Nottuln
75. Raesfeld: Alles dicht in Raesfeld
76. Reken: Alles dicht in Reken
77. Rhede: Alles-dicht-in-Rhede
78. Rheine: Alles-dicht-in-Rheine
79. Schöppingen: Alles dicht in Schöppingen
80. Steinfurt: Alles dicht in Steinfurt
81. Wadersloh I.: Alles dicht in Wadersloh
82. Wadersloh II.: DND e.V.
83. Warendorf: Initiative Warendorf
84. Wettringen: Alles-dicht-in-Wettringen

Tabelle 1: Bürgerinitiativen gegen die Dichtheitsprüfung

Der §61A ist Geschichte.

Kriegsmüde?

Schon der dritte Jahreswechsel in Folge verläuft eher unruhig. Für das Fassen guter Vorsätze bleibt kaum Zeit. Daran ändert auch Gerhards Aufruf zu Besinnlichkeit nicht viel. Was haben wir bis jetzt tatsächlich erreicht? Substantiell ist da noch nichts so recht greifbar. Der § 61A ist faktisch schon Geschichte – gut so. Dafür gibt es dann eine Ermächtigung, eine wie immer ausgestaltete Rechtsverordnung zu erlassen, die solch Ungemach in Zukunft regeln soll. Nur – was wird da drin stehen? Gilt dafür noch das Wort der Ministerpräsidentin? Noch gibt es nicht einmal einen Entwurf dazu und niemand unter uns traut Rot-Grün. Minister Remmel wird vermutlich alles daransetzen, die von Hannelore Kraft zugesagten Erleichterungen aufzuweichen und wieder zu verschärfen. Der hat mit ihr jetzt noch eine Rechnung offen. Um die zu begleichen wird ihm wohl jedes Mittel recht sein und kein Auftragsgutachten zu teuer. Bei dem schon begonnenen Monitoring wird es nicht bleiben, zumal dessen Ergebnisse um Jahre zu spät kommen werden.

Die Anhörung am 9. Januar steht an. Unsere Präsenz auf der Besuchertribüne bereitet noch Sorgen. *„Hallo zusammen, bisher haben sich knapp über 50 als Teilnehmer bei mir gemeldet. Das muss mehr werden! Vielen Dank, schon einmal an alle die zugesagt haben. Alle Bi´s sollten versuchen den 9.1.2013 in den Medien – Zeitung/TV/Radio -- durch Pressemitteilung usw. zu platzieren."* schreibt Uwe schon am Neujahrstag in die Runde.

In dem tragischen Fall aus Ratingen hat Klaus Büchler zusammen mit Klaus Lau, Robert Horras, sowie Haus und Grund inzwischen für Erleichterung gesorgt. Zumindest bei diesen alten Herrschaften dürfte dieser Jahresauftakt der entspannteste seit langem sein:

Gesendet: Samstag, 5. Januar 2013 00:58

Betreff: Neubewertung des Schadens

Sehr geehrter Herr Büchler,
sehr geehrter Herr Lau,
am 28.12.2012 hat Herr Fliescher ein neues Schreiben der Stadt Ratingen in unserem Fall erhalten, was ich Ihnen gerne hiermit zur Kenntnisnahme zur Verfügung stelle. Darin befindet sich eine Neubewertung des Schadens, sowie die Aufhebung des Zwangsgeldes. Ich denke, daß wir mit dem Erfolg zufrieden sein können.

Dank Ihrer und weiterer Kollegen Unterstützung, konnte das Unheil abgewendet werden. Einen weiteren herzlichen Dank von mir und dem Rest der Familie I[...].

Ich habe dieses Schreiben für alle, die es interessiert, auch auf der Internetseite platziert. Ich würde mich über eine Stellungnahme, der Neubewertung des Schadens, von Ihnen freuen.

Herzliche Grüße,
André I[…]

Auch die Bauernverbände sind naturgemäß an einer bürgerfreundlichen Regelung interessiert und unterstützen in einer Stellungnahme den Entwurf der Opposition. Dass die sich erst jetzt rühren, finde ich erstaunlich. Die sind doch berüchtigt für ihre besonders effiziente Lobbyarbeit. Bei Landwirten sind oft besonders lange Kanäle zu prüfen, zu teils aberwitzigen Kosten, während sie gleichzeitig nebenan tonnenweise Gülle legal auf die Felder ausbringen. Das verstehe, wer will. Für möglich halte ich aber, dass deren Verbände wegen der Gülle ohnehin schon unter Druck stehen und deshalb nur ungern noch ein Fass mit weiterem Konfliktstoff öffnen. Ob der Umweltminister dem Anliegen der beiden großen Landwirtschaftsverbände mehr Gehör schenkt, darf bezweifelt werden. Denen dürfte Remmel ähnlich feindlich gegenüber stehen, wie etwa dem Landesjagdverband, der ob seiner Proteste schon mit ministerialen Drohungen belegt wurde. Einen kräftigen Rückenwind erwarte ich deshalb auch aus dieser Richtung nicht. Die sitzen selbst im Glashaus und hängen sich eher vorsichtig an die Proteste an, ohne selbst wirklich vortreten zu wollen.

Auf kommunaler Ebene beginnt allerdings schon eine Welle zu rollen, die zu den Absichten des Ministers so gar nicht passen dürfte. Melanie Schwan von „Alles-dicht-in-Alsdorf" meldet am 7. Januar den Erfolg ihres Bürgerantrags *„Der Rat der Stadt Alsdorf hat in seiner Sitzung am 11.12.2012 die Aufhebung der Satzung zur Dichtheitsprüfung beschlossen."* und dies, obwohl das alte Gesetz formal noch gilt. Warum geht so etwas nicht in jeder Kommune? Vermutlich spielen die meisten Räte und Bürgermeister lieber den Musterschüler bei ihrer Bezirksregierung, als sich um die Nöte ihrer Wähler zu kümmern. Trotzdem drängt sich mir der Eindruck auf, dass hier ganz langsam etwas zum Positiven hin ins Rutschen gerät.

Die Reihen auf der Besuchertribüne für die Anhörung im Landtag füllen sich derweil. Von der Veranstaltung selbst hatte ich nicht viel erwartet. Erste Bewertungen aus unserer Runde bestätigen meine Einschätzung. In der Folge erscheint eine Vielzahl von Artikeln in den Zeitungen:

- Münsterland-Zeitung am 7. Januar *„Die Bürgerinitiative "Alles dicht in Heek-Nienborg" nimmt am Mittwoch, 9. Januar, um 11 Uhr, mit etwa 120 Delegierten aus insgesamt 70 Bürgerinitiativen (sechs aus dem Kreis Borken, und 23 aus dem Münsterland) auf der Besuchertribüne im Plenarsaal des Landtag-NRW Platz."* Die wirft im Beitrag begrifflich hier einiges durcheinander – macht aber nichts. Öffentlichkeit ist alles.

- Dülmener Zeitung am 12. Januar „[…] Auch WILLI *KAPPEN und HARTMUT TOLKSDORF von der Bürgerinitiative ‚Alles dicht in Dülmen‘ haben sich die Argumente der Fachleute drei Stunden im Landtag angehört. ‚Die Arroganz bei SPD und Grünen ist bedauerlich‘ fasst Tolksdorf das Ergebnis zusammen. Überrascht habe ihn, dass viele Städte und Gemeinden sich für eine verpflichtende Überprüfung privater Abwasserkanäle ausgesprochen hätten, und unter den Experten etwa zwei Drittel pro und nur etwa ein Drittel kontra Dichtheitsprüfung gewesen sei.“*

- Haus und Grund Oberberg bestätigt den tendenziösen Charakter der Veranstaltung „*Anhörung zur Dichtheitsprüfung – Haus & Grund hat deutliche Kritik geübt*“ [50].

- Die Neue Westfälische zitiert den Hauptzeugen der Anklage gegen uns „*Johannes Weinig spricht sich für Kanal-Tüv aus*“ [51].

- Die Rheinische Post titelt am 10. Januar „*Kanal-Tüv: Kritiker bereiten Klage vor*“ und schreibt „*Die Eigentümerschutz-Gemeinschaft Haus und Grund NRW bereitet eine Musterklage gegen die von der rot-grünen Landesregierung beabsichtigte Änderung des Landeswassergesetzes vor. Das erklärten Verbandsvertreter gestern bei der Experten-Anhörung im Landtag. […]*“[52].

- Der branchennahe „infodienst des IKT“ schreibt dazu „*NRW-Politik: Große Differenzen über Prüfung privater Abwasserkanäle Experten-Anhörung im Landtag: Austausch von Argumenten, keine Einigung in Sicht.*“

Schließlich meldet sich auch Fritz noch mit seiner pessimistischen Einschätzung der erwarteten Entwicklung:

> Sent: Sunday, January 13, 2013 9:55 PM
> Subject: ein privates Lebenszeichen
>
> Hallo in die Abwasserrunde,
> leider konnte ich wegen einer OP nicht in Düsseldorf teilnehmen, forste mich aber in behandlungsfreier Zeit durch die Emails.
>
> Ich habe den Show-Charakter dieses Events im Landtag befürchtet. Selektiv kann ich von hier aus einige Kommentare schreiben, so heute in der Mönchengladbacher Zeitung – Für den Cheflobbyisten der SPD, Johannes Weinig, werden wir wohl einen Pan B brauchen – also der ist wirklich schmerzbefreit. Als Nächstes kommt jetzt der Drainageleitfaden und die markertsche Zwangsprüfung bei Verkauf oder Übergabe einer Immobilie. Die Mogelpackung wird weiter immer größer. […]

Wieder einmal so ein Déjà-vu. Lief das jemals anders? Auch das war wieder einmal eine reine Show-Veranstaltung – Wortbruch inklusive. Die suchten nur eine Rechtfertigung für das, was ohnehin geplant und schon entschieden ist. Bekannte Argumente wurden ausgetauscht – darunter auch die üblichen, längst widerlegten. Eine echte Diskussion fand nicht statt. Die Verantwortlichen können nun sagen, „wir haben alle Seiten gehört", und haben ihr wichtigstes und vermutlich einziges Ziel damit erreicht. Es ist ermüdend, jedes Mal aufs Neue so etwas erleben zu müssen. Erreichen unsere Leute mit so was noch irgendetwas oder sollten wir uns alle solche Termine ersparen? Vielleicht geht es aber einfach darum, Präsenz zu demonstrieren und schon durch die bloße Beteiligung deutlich zu machen „Wir lassen uns nicht unterkriegen!".

Einige Tage später reicht Hans-Peter Bergmann per Briefpost seine ausführliche Zusammenfassung der Anhörung an Josef Hovenjürgen (CDU) nach:

An die Mitglieder des Ausschusses für Klimaschutz, Umwelt, Naturschutz, Landwirtschaft und Verbraucherschutz und des Ausschusses für Kommunalpolitik (Landtag NRW)

Zu Händen Herrn Josef Hovenjürgen   22.01.2013
[...]
Erster Eindruck: Die Besetzung, der von den Parteien eingeladenen Experten (siehe Ausschussprotokoll APr 16/121 Sachverständigenliste), war nach unserer Einschätzung in keiner Weise demokratisch ausgewogen bzw. politisch neutral, da etwa 2/3 zu den dogmatischen Befürwortern gehören, deren Verbände bzw. Unternehmen in vielen Fällen auch wirtschaftlich direkt oder indirekt mit der Abwasserwirtschaft verknüpft sind und daher eine unabhängige Expertise durch bestehende Interessenkonflikte kaum möglich ist (Beispiel siehe Pkt. 4).

Von den Koalitionsfraktionen SPD und Grünen wurden zudem nur Sachverständige eingeladen und befragt, die eine stringente Fortführung der Dichtheitsprüfung für priv. Abwasserleitungen befürworten.

Anmerkung: Herr Meesters hatte mir persönlich, in einem relativ langen Telefongespräch Ende letzten Jahres noch zugesagt (von ihm auch als bürgerfreundlich per eigener Pressemitteilung publiziert), dass auch örtlich betroffene Bürger oder Initiativen (z. B. aus bestehenden Fremdwassersanierungs- oder Wasserschutzgebieten) von der SPD eingeladen werden sollen, um über Ihre bisherigen Erfahrungen berichten zu können! Dies ist leider nicht geschehen! Es gab auch keine einzige Frage vonseiten der SPD und den Grünen an die Kritiker der DHP!

War dies also eine reine Pseudoveranstaltung, die nur dazu dienen sollte die Bürgerinnen und Bürger weiter zu verunsichern oder gar zu verdummen? Bürgerfreundlichkeit und Transparenz sieht nach unserer Ansicht etwas anders aus! [...]

Weitere Veranstaltungen aus unserer Runde zeigen, dass der Kampfgeist trotz solcher Frusterlebnisse durchaus noch nicht nachlässt. Meine Befürchtungen scheinen sich nicht zu bestätigen. Da brodelt es weiter in vielen Städten und Gemeinden in NRW, sicherlich abhängig vom Verhalten der jeweiligen Verwaltung vor Ort. Resignation sieht anders aus. So lädt „Alles dicht in Havixbeck und Hohenholte" zu einer Veranstaltung *„Über Sinn und Unsinn* *der Dichtheitsprüfung"* mit Hartmut Hepcke am 14. März in die Gesamtschule Havixbeck ein.

Dass die Protestwelle so nachhaltig bestehen bleibt, ist nicht selbstverständlich. Leider gibt es keine wirklich schlagkräftige Organisation, die sich unser Anliegen auf die Fahne schreibt. Gewerkschaften und Sozialverbände könnten leicht mit entsprechenden Kampagnen hunderttausende auf die Straße bringen. Nach wie vor verstehe ich deren Desinteresse nicht. Der teure Unsinn – und damit meine ich nicht nur die Dichtheitsprüfung – trifft doch gerade sozial Schwache besonders hart. Allerdings ist mir bei denen genauso unklar wie bei einer SPD, wen oder was die denn tatsächlich heutzutage vertreten.

Ich kann nur vermuten, dass es dort läuft wie in vielen Betrieben. Wenn ein erfolgreiches Unternehmen seine Visionen verliert, übernehmen die Controller. Nichts gegen diese Berufsgruppe – auch die haben ihren Platz und ihre Zeit und ohne sie ginge nichts. Wenn die Visionen aber nicht zurückkehren, übernehmen die Zahlenmenschen dauerhaft und das bedeutet fast immer den Niedergang. Einen möglichst hohen Aktienkurs zum wichtigsten Unternehmensziel zu erklären ist etwas anderes, als „gemeinsam den Mond erreichen" zu wollen. So ist der drohende Niedergang nicht an den Zahlen abzulesen. Die Bilanzen sind in Ordnung, die Gewinne höher als je zuvor und steigen weiter, genauso wie der Aktienkurs. Aber die Controller höhlen die Organisation von innen her aus, töten all das, was von den früheren Visionen noch übrig ist und irgendwann, für Außenstehende meist vollkommen überraschend, kollabiert die leere Hülle – manchmal leise, manchmal mit lautem Getöse – wenn nicht rechtzeitig ein neues Management neue Visionen bringt oder die alten Ideale zu neuem Leben erweckt. Bei Wirtschaftsunternehmen gelingt der Kraftakt manchmal. Vor die Alternative gestellt, unterzugehen oder komplett neu anzufangen, ziehen wirklich alle im Unternehmen an einem Strang. In der Politik und vielen Verbänden fehlen leider diese Untergangsszenarien und damit die Chance zu nachhaltiger Korrektur.

Auch in den meisten großen Sozialverbänden dürften inzwischen die Controller das Ruder übernommen haben. Den alten Idealismus gibt es dann allenfalls noch an der Basis. Das Management sieht ausschließlich auf die Zahlen und alle offiziellen Bekundungen zu hehren Zielen sind dann nur noch leere Worthülsen. So etwas nennt man eine versteckte Agenda. Da geht es dann in Wirklichkeit nicht mehr an aller erster Stelle um Hilfsbedürftige, sondern um die Maximierung der Einnahmen und des Spendenaufkommens. Dazu ist dann jedes Mittel Recht, jede Katastrophe höchst willkommen, weil sie frisches Geld in die Kasse spült.

Nicht einmal vor dem Einsatz teurer Drückerkolonnen schrecken viele dieser Organisationen zurück. Entscheidender als wirkliches Elend ist die Wirkung eines Ereignisses in der Öffentlichkeit. Sobald die Presse eine geeignete Sau durchs Land treibt, hängen die sich da mit einer Spendenkampagne dran. Das funktioniert immer. Da macht ein elendes Waisenhaus in Afrika einfach mehr her als verarmte Rentner und Obdachlose vor der eigenen Haustüre und das Bild eines vermeintlich sterbenden Eisbären auf seiner Scholle (der eigentlich nur satt seinen Mittagsschlaf hält, das Blut auf seinem Fell stammt von der gerade zerfleischten Robbe) wirkt allemal herzzerreißender als der zerfetzte Rotmilan am Windrad. Das Eine bringt breite Öffentlichkeit und damit reiche Spenden, das Andere eben beides nicht.

Selbst Grundbesitzervereine vertreten nicht unbedingt die Interessen ihrer Mitglieder. Auch die folgen regelmäßig einer versteckten Agenda, die mit der Vereinssatzung nicht viel zu tun hat. Jeder Unternehmensberater weiß das. Es ist der Normalfall, nicht die Ausnahme. Wenn er herausfinden will, warum der Laden nicht läuft, versucht er als Erstes, genau diese versteckte Agenda herauszufiltern, und die kann er eben nicht irgendwo einfach nachlesen.

Auch „Haus und Grund" war anfangs durchaus nicht auf unserer Seite. Schon 2007 hätten die heftig protestieren müssen, haben das Thema damals aber komplett verschlafen. Im Laufe der letzten Monate erst ist der Verein schlauer geworden und vor allem H&G Oberberg hat schon einiges für uns getan. Es ist noch abzuwarten, ob die da weiter dran bleiben oder dieses Interesse letztlich doch anderen politischen Zielen opfern. Fazit: Wirklich verlassen können wir uns nur auf uns selbst, wie die folgende Mail zeigt:

> 24.01.2013, 23:03
>
> Sehr geehrter Herr Genreith,
> nochmals Anerkennung für Ihr Engagement bei dem leidigen Thema DHP. Ich wundere mich für meine Kölner Region, dass unser Haus- und Grundbesitzerverein Köln in dieser Hinsicht keinerlei Aktivitäten erkennen lässt. Ich habe den Eindruck einer zu großen Nähe zu den Steb (Stadtentwässerungsbetrieben), den Handwerksunternehmen und auch der Rot-Grünen Politik – Kölscher Klüngel halt!!!
>
> Frage an den Kommunikationsprofi: Wie kann man diesen H&G-Verein daran erinnern, dass er von den Haus- und Grundbesitzern für die Wahrung derer Interessen bezahlt wird? [...]

In der Tat hat der „Kölner Haus- und Grundbesitzerverein" nichts zu tun mit „Haus und Grund", wird aber oft verwechselt. Er ist berüchtigt für seine Nähe zur Kölner Politik. Wirklich helfen kann ich nicht. Nur dessen Mitglieder könnten da etwas unternehmen, mit Anträgen, Eingaben, Austritten. Wenn im Verein aber eher Vermieter großer Immobilien organisiert sind und auch noch Handwerker, sehen die eher kein besonderes Problem. Die Kosten landen am Ende schließlich immer bei den Mietern – wenn nicht über die Nebenkosten, dann eben über eine steigende Nettomiete. Die sind dann vielleicht noch dankbar für den neuen Anlass für eine Erhöhung. Nur die privaten Eigenheimbesitzer haben keine Möglichkeit, den Aufwand weiterzureichen. Den können die nicht einmal von der Steuer absetzen.

Persönlich stelle ich meine beruflichen Weichen hin auf einen sanften Ausstieg. Meinen Arbeitsvertrag für eine sechsjährige Altersteilzeit habe ich selbst bei der Personalabteilung abgegeben – nur um sicherzugehen, dass der nicht auf dem Postwege noch verloren geht. Danach arbeite ich zu reduziertem Gehalt ab 2014 für drei Jahre wie bisher in Vollzeit. Für die darauf folgenden drei Jahre kann ich zu Hause bleiben. Ich bin heilfroh, dass mein Antrag ohne große Widerstände von Management und Personalleitung akzeptiert wurde. Andere Kollegen in meinem Alter sind damit durchaus weniger erfolgreich.

Die Abschlussberatungen zu den Gesetzentwürfen sind nun für den 20. Februar angesetzt. Eine Woche vor der Sitzung im Landtag zur Gesetzesänderung schreibe ich wieder in die Runde, vor allem weil ich glaube, dass so eine Aktion von mir erwartet wird und weniger in der vagen Hoffnung, doch noch einige unentschlossene Abgeordnete auf unsere Seite zu ziehen:

> 13.02.2013, 19:54
>
> Bitte um Ihre Hilfe: Letzter Aufruf vor der Schlussberatung
>
> Liebe Mitstreiter,
> am 20. Februar wird die abschließende Beratung zur Zukunft der Dichtheitsprüfung im Landtag stattfinden. Das Ergebnis ist vorgezeichnet: In Wasserschutzgebieten muss geprüft und saniert werden mit allen bekannten Folgen für die Mehrheit der nicht so wohlhabenden Eigenheimbesitzer dort. Hier sollten wir uns alle solidarisch zeigen. Auf Drängen der GRÜNEN wird wohl auch die generelle Prüfungspflicht kommen bei Verkauf oder Erbschaft einer Immobilie und jede Kommune darf frei entscheiden, auch außerhalb von Wasserschutzgebieten Prüfung und Sanierung vorzuschreiben.
>
> Schreiben Sie jetzt noch einmal Ihre Abgeordneten der SPD an. Die Argumente gegen die Dichtheitsprüfung sind bekannt und seit langem belegt. Schreiben Sie sofort per Brief oder E-Mail. Als Grundlage können Sie Texte der Seite alles-dicht-in-nrw.de frei verwenden, darunter vor allem den Musterbrief an die Ministerpräsidentin und das Anschreiben an die SPD vom November letzten Jahres und andere Entwürfe (Anschreiben_SPD_2012-06-28, Anschreiben_GRUNEN_2012-07-13 , buergin-harsewinkel.de/briefe)
> [...]

Die Kommentare aus der Runde nach der Ausschusssitzung sind in der Tat pessimistisch. So schreibt Klaus Büchler aus Düsseldorf *„Hallo in die Runde Gestern Nachmittag fand im Landtag die entscheidende Sitzung zur Änderung des Landeswasserhaushaltsgesetzes statt. Die Kuh ist nun vom Eis. Die DHP kommt, und zwar flächendeckend, mit gewisser zeitlicher Streckung. Die Lobbyisten haben ganze Arbeit geleistet und die Politik. SPD und Grünen, sind darauf reingefallen. [...] Allerdings möchte ich mir nicht verkneifen zu hinterfragen, wo waren gestern eigentlich all die Hauptstrategen der*

BI's, oder marschieren sie alle nächsten Mittwoch auf?". Hans-Peter liefert eine Erklärung *„Hallo Klaus, liebe Mitstreiter/innen, genauso wie es gestern gelaufen ist, war es schon im Vorfeld für alle informierten Aktivisten vorauszusehen, sodass sich viele nicht mehr auf den Weg gemacht haben! Eine große Resignation ist unverkennbar!!![…]"*.

In die gleiche Kerbe schlägt Haus und Grund mit einer Pressemeldung *„Der Umweltausschuss des Landtages hat heute mit den Stimmen von SPD und Grünen beschlossen, dass die Dichtheitsprüfung nicht nur in Wasserschutzgebieten Pflicht werden wird. Damit bleibt es bei dem eingebrachten Gesetzentwurf von SPD und Grünen, der nächste Woche auf der Sitzung des Landtages endgültig beschlossen werden wird. Eine Zustimmung ist zu erwarten. Rot-Grün hat den eigenen Gesetzentwurf allerdings noch verschärft. Kommunen erhalten nicht nur die Ermächtigung, auch außerhalb von Wasserschutzgebieten die Überprüfung privater Abwasserableitungen anzuordnen, […]"*.

Ein anderer Mitstreiter möchte die Aktivitäten ab sofort auf die juristische Schiene verlagern *„Ihr fleißigen Mitstreiter, ja, die politische Lage im Allgemeinen und in der DHP-Problematik im Speziellen ist zum Verzweifeln. Deshalb glaube ich nicht daran, dass Kratzfüßchen vor der indoktrinierten Frau Kraft noch etwas bewirken. Allerdings gibt es doch eine Vielzahl juristischer Argumente, mit denen ich gute Chancen sehe, die ganze Sache nicht nur in die Länge ziehen zu können, sondern auch grundsätzlich in unserem Sinne zu drehen. Ich denke, dass man den Schwerpunkt der Arbeit hierauf legen sollte. […]"*

Nur die Opposition steht geschlossen hinter uns. Karl-Josef Laumann unterstützt uns weiterhin bei unseren Forderungen. Die „Westfälischen Nachrichten" schreiben *„Beim Treffen mit der Bürgerinitiative ‚Alles dicht in Gronau' in der Gaststätte Concordia wurde schnell klar: Klaus Gube und seine Mitstreiter mussten im Saal niemanden mehr überzeugen. Inhaltlich auf einer Linie, bestärkte Laumann die Aktivisten darin, weiterhin gegen einen ausufernden Kanal-TÜV mobil zu machen und sagte zu, den kommenden Gesetzesentwurf im Landtag unter die Lupe zu nehmen."* [53]

Ich selbst bin durchaus nicht so pessimistisch wie andere in unserer Runde. Schließlich legt das Gesetz selbst nichts von den angeblich schon beschlossenen Details fest. Ich wundere mich ein wenig über die laufende Diskussion. Beabsichtigt ist immerhin erst einmal nur, das alte Gesetz zu streichen und eine Rechtsverordnung zu ermöglichen. Die steht aber immer noch in den Sternen. Die Gegenseite sieht die Situation im Gegenteil eher zu ihrem Nachteil. Ein Sanierer etwa unterstreicht meine Einschätzung mit seinem Kommentar in meinem Alles-dicht-Blog:

Burkhard B[…]												23.02.2013 um 12:45 Uhr

Irgendwann muß es auch mal Gut sein! Nach einigen Monaten, in denen sehr kontrovers und oft auch weit über das normale Maß hinweg Argumente ausgetauscht worden sind, wird es jetzt wohl zu einem neuen Gesetz kommen. Da das Gesetz, welches jetzt zur Verabschiedung ansteht, den Besorgnisgrundsatz nicht mehr erfüllt, damit erstmals eine seit viele Generationen gelebter Respekt zur qualitativ guten und bezahlbaren Trinkwasserversorgung für die Bevölkerung nicht mehr aufrecht gehalten wird, ist damit zu rechnen das es erhebliche Konsequenzen geben wird. 85 % aller Liegenschaften in NRW müssen nach der Gesetzesvorlage keine Dichtheitsprüfung mehr machen. Auch außerhalb von Wasserschutzzonen gibt es Grundwasser. Dieses Grundwasser kennt keine Grenzen, somit ist es eine Frage der Zeit (Experten die ihr Fach verstehen und nicht Zertifizierungsgrundlagen für Kloschüsseln entwerfen wie der von den BI's hochsterilisierte Prof.) wann eine weitere Grundwasserverunreinigung mit allen Konsequenzen für die Bevölkerung passiert. Grundwasser lässt sich immer zu Trinkwasser produzieren, es ist nur eine Frage der Kosten, aber das bezahlen dann ja alle Menschen und die Häuslebauer sparen Kleingeld (200 bis 300 Euro) für die Dichtheitsprüfung. Das ist unser Sozialstaat! Diejenigen die was haben können ihre Last auf die Allgemeinheit umlegen und nichts tun. Dies ist das Ergebnis der BI's. Respekt zur Menschheit und zum Mitmenschen? Es lebe der Egoismus, hauptsache ich muß nichts tun.

Worauf beruhen dann aber all die pessimistischen Stellungnahmen aus unseren Reihen? Wirklich entschieden, wie die Prüfungen und Sanierungen in Zukunft laufen, ist noch solange nicht, wie die Rechtsverordnung nicht vorliegt und das kann noch dauern. Der Streit über deren Inhalte wird bis dahin wohl unvermindert weitergehen.

Ich selbst beschäftige mich wieder einmal lieber mit der Technik. Mein natürlicher Spieltrieb ist erwacht und ich probiere verschiedene Möglichkeiten aus. Manchmal macht das einfach mehr Spaß, als das ewige Hin und Her in Diskussionen zu verfolgen. Die wichtigsten Argumente beider Seiten sind mir hinlänglich bekannt und ändern sich schließlich nicht mehr. Auf eine Anregung von Uwe und Hubert hin habe ich meine Umfrage-Plattform nun so erweitert, dass ich persönliche Angaben dort automatisch per E-Mail bestätigen lasse. Ich überlege, ob ich die Software veröffentlichen sollte. Etwas Vergleichbares existiert meines Wissens in der Open-Source-Gemeinschaft noch nicht. Aber dazu müsste ich noch einiges an Arbeit investieren, vor allem eine Dokumentation erstellen, und das bringt mich selbst nicht wirklich weiter. Die Idee an sich erscheint mir aber nicht schlecht – vielleicht setze ich die später einmal um. So bleibt es erst einmal beim Einsatz der Software in einem begrenzten Rahmen:

Online Petition												26.02.2013, 15:31

Ich habe einmal auf Anregung von Uwe Gellrich und Hubert Schulte eine Online-Unterschriftenliste entworfen. Ich denke, die sollte bundesweit gelten. Die bestätigten Unterschriften können wir dann regelmäßig als schriftliche Liste mit allen Kontaktdaten den Umweltministern zukommen lassen. Soweit die Idee dahinter. Ich habe allerdings kein Gefühl dafür, ob dabei derzeit eine nennenswerte Zahl zusammenkommt. Die Prüfungen scheinen allerdings weit über NRW hinaus inzwischen hochzukochen. Bitte gebt mir einmal Rückmeldung zu dem Entwurf und die eine oder andere Idee, wie wir die Listen schließlich nutzen können. http://petition.alles-dicht-in.de/

Eine erste Testversion geht online, noch versteckt für wenige Mitstreiter zur Kommentierung.

Re: Online Petition 26.02.2013, 19:14

Hallo Heinz, im Moment (Testphase) liegt ein Menüpunkt etwas versteckt links auf der Seite "Unterschriften". Ich warte noch auf Kommentare, dann kommt das herausgehoben auf die Seite.
Titel: Denke ich noch nach … danke für Deine Vorschläge http://Alles-dicht-in.De/ utschland/ habe ich schon vor 2 Jahren registrieren lassen und würde ich jetzt nutzen.
[…]

Ein weiterer Verein springt uns zur Seite. Der Bund der Steuerzahler NRW ist bisher kaum in der Sache in Erscheinung getreten. Besser spät als nie, schreibt er am 26. Februar auf seiner Internetseite *„[…] Der Bund der Steuerzahler Nordrhein-Westfalen (BdSt NRW) erwartet von den Abgeordneten, dass sie diesem Gesetz nicht zustimmen. […]“*. Beeindruckt das eigentlich irgendeinen der Entscheidungsträger? Auch das jährliche Schwarzbuch zu Steuerverschwendung hat ja eher wenig Effekt, bis auf eine kurzzeitige öffentliche Wahrnehmung. So richtig schlagkräftig ist der Verein wohl auch nicht. Da bewirkt H&G vermutlich mehr in unserem Sinne.

Auch erfreuliche Zeitungsartikel können so kurz vor der anstehenden Abstimmung nicht mehr wirklich etwas bewegen. Klare Positionierungen der Presse hätten sehr viel früher kommen müssen, um die Dinge noch zu verändern. Zu lange sind die lieber auf der Konformitätswelle gesegelt.

Ihr Bericht zur DHP 27.02.2013, 15:01
Mein Dankesschreiben an die Redakteure der RP

Gruß
Klaus Büchler

Sehr geehrter Herr Schwerdtfeger, sehr geehrter Herr Reisener,
leider gibt es ja nicht immer erfreuliches bei der Morgenlektüre meiner Tageszeitung der RP zu lesen. Aber heute war ein Tag wie Weihnachten und Neujahr zusammen! Deshalb muss ich Ihnen und der RP höchstes Lob zu Teil werden lassen . Viel besser und treffsicherer konnte Ihr Statement zu dem sinnfreien Kanal-TÜV nicht rüberkommen!

Auch der Zeitpunkt, nämlich vor der heutigen Abstimmung diesen Artikel zu platzieren, war taktisch einfach klasse!

Leider muss ich aber auch kritisieren, dass diese Art von Bürgeraufklärung erst jetzt geschieht, wo das Kind in den Brunnen zu fallen droht. Eine kritische Berichterstattung vor der letzten Wahl, hätte vielleicht mit helfen können, ein anderes Wahlergebnis zu erzielen. Dann wäre vielleicht den Bürgern in unserem Land einiges erspart geblieben. Ihr Artikel lässt erkennen, dass auch meine Informationen an Sie gute Arbeit geleistet haben. In diesem Sinne stehe ich Ihnen jederzeit als Informationsquelle weiter zur Verfügung.

Zu all dem Übel der Dichtheitsprüfung ist auch das Problem des Fremdwassers nicht zu vergessen. Viele Kommunen drangsalieren jetzt schon Ihre Bürger mit Aufforderungen, ihre Rohre aus diesem Grunde sanieren zu lassen. Ich habe Ihnen hierzu einen Hilfeaufruf eines Betroffenen unten angehängt.

Hiernach können Sie sicherlich besser nachvollziehen, dass Gesamtkosten von 5 bis 20 Milliarden für NRW untertrieben sind.

In diesem Sinne und mit freundlichem Gruß Klaus Büchler

Selbstverständlich bietet die sogenannte Abstimmung keine Überraschung. Die Entscheidungen sind im Vorfeld längst gefallen und die Abgeordneten der SPD und der GRÜNEN nicken weisungsgemäß ab. Im Anschluss schickt mir die FDP eine Stellungnahme zur Weiterleitung in unsere Runde:

28.02.2013, 09:53
Schreiben von Herrn Höne zur Verabschiedung des Landeswassergesetzes
[...]
Rot-Grün setzt unverhältnismäßige Dichtheitsprüfung um

Sehr geehrte Damen und Herren,
heute hat der Landtag mit den Stimmen von SPD und Grünen die Novelle des Landeswassergesetzes verabschiedet. Die verpflichtende Dichtheitsprüfung kommt nun in allen Wasserschutzgebieten. Dort müssen bis zum 31.12.2015 alle Abwasserleitungen überprüft und gegebenenfalls saniert werden. Die FDPLandtagsfraktion hat mit dem Antrag „Dichtheitsprüfung bürgerfreundlich umsetzen" (Drs. 16/1270) noch versucht, eine differenzierte Betrachtung der verschiedenen Wasserschutzgebiete zu bewirken und zunächst einmal die Erfahrungen aus dem nun stattfindenden Monitoringprogramm abzuwarten, um die Notwendigkeit in einem wissenschaftlichen Verfahren bewerten zu lassen. Aber der Antrag wurde von den Koalitionsfraktionen abgelehnt.
[...]

Dass es bei der Abstimmung nur um eine Machtdemonstration ging, ist offensichtlich. Da spielt die Qualität der Argumente keinerlei Rolle. Dass die trotzdem noch vorgebracht werden, entspringt wohl eher einer Art höfischem Protokoll, dem heutzutage ansonsten keinerlei Bedeutung mehr zukommt.

Die Presse titelt am 27./28. Februar:

- NRW führt Kanal-TÜV ein

- Dichtheitsprüfung für alle Häuser in Wasserschutzgebieten

- Das Ende der Dicht-Pflicht-Debatte

- Rot-Grüne Kanalzwangsprüfung trifft Stadt Hamminkeln hart

- Kanal-TÜV trifft Ratingen besonders hart

- Ratingen (RP). In den Wasserschutzzonen müssen 12 600 Häuser geprüft werden. Die Stadt hat auch die übrigen Gebiete im Auge. …

Wie kommen die eigentlich zu solchen Meldungen? *„Dichtheitsprüfung für alle Häuser in Wasserschutzgebieten"* kann doch erst die Verordnung festlegen. Also was soll das oder habe ich da etwas falsch verstanden? In der Tat kenne ich die Entscheidungsvorlage im Original noch nicht. Ich warte darauf, dass mir die irgendwer noch zuschickt, am besten schon kommentiert, bevor ich selbst auf dem Landesportal recherchieren muss. Auch die LINKE im Bundestag hängt sich in die öffentliche Debatte mit ausdrücklicher Rückendeckung für unsere Position:

Von: Ulrich Engelke – Mitarbeiter MdB Ralph Lenkert , Die Linke
Gesendet: 12:41 Donnerstag, 28.Februar 2013
Betreff: Mit der Bitte um Verbreitung
Dichtheitsprüfung in NRW – eine soziale Katastrophe und sinnlos

In Nordrhein-Westfalen sollen nach dem Willen der rot-grünen Landesregierung künftig hunderttausende von Hausbesitzern ihre Abwasseranschlussleitungen auf Dichtheit überprüfen lassen. Obwohl Umweltschäden aus defekten Hausanschlussleitungen bisher nicht nachgewiesen werden konnten, müssen Bürger mit kostenintensiven sinnlosen Überprüfungen rechnen.

Wer dagegen protestieren möchte, kann hier unterschreiben:
http://petition.alles-dicht-in.de/

Hier stimmt auch die Argumentation, die bei der CDU immer noch im Argen liegt. Ab jetzt geht es in der Tat um die Ausgestaltung der Rechtsverordnung und um die Eruierung anderer Wege des Widerstands. „Haus und Grund" prüft nun konkret eine Klage gegen die beabsichtigte Regelung [54]. Als Nicht-Jurist verstehe ich nicht ganz, wogegen man jetzt schon klagen könnte? Gegen die Aufhebung des § 61A, oder gegen die Ermächtigung der Kommunen, oder gegen eine noch nicht existierende Rechtsverordnung? Letztere werden wir wohl erst einmal abwarten müssen. Aber der Verein wird sich hoffentlich etwas gedacht haben bei seiner Ankündigung.

Die Absichtserklärungen der Kommunen fallen sehr unterschiedlich aus. Viele wollen auf die Prüfungen verzichten, andere halten an einmal beschlossenen Satzungen fest. Entsprechend atmen viele Bürgerinitiativen nun auf, andere haben mit der Entscheidungslage nichts erreicht. *„Willi Pohl ist stinksauer. ‚Lug und Betrug' sei der Gesetzes-Beschluss der Landesregierung zur Dichtheitsprüfung, sagt der Sprecher der Bürgerinitiative ‚Alles dicht in Raesfeld'"* titelt die Borkener Zeitung Ende Februar.

Klaus Gube bestätigt mit seiner Äußerung auch meine Wahrnehmung, dass öffentliche Diskussion und die tatsächliche Beschlusslage weit auseinanderklaffen. *„Ich habe die Plenardebatte im Landtag vom 27. Feb. per livestream verfolgt, bis zur letzten Minute. Das, was jetzt als Gesetz präsentiert wird (Anhang), wurde meiner Beurteilung nach, so gar nicht behandelt und auch nicht entschieden! Kann das jemand aus unseren Reihen auflösen, erklären? Gruß Klaus / BI-Gronau".* Zur Abstimmung stand schließlich „nur" die Aufhebung des § 61A, neben der Ermächtigung für die Kommunen. Mir selbst war vor der Sitzung auch nicht klar, was da im Kern wirklich entschieden wurde. Die weiteren Diskussionspunkte während dieser Versammlung können danach allenfalls Absichtserklärungen für die spätere Ausgestaltung hervorgebracht haben.

Die Entscheidungsvorlage im Anhang des Schreibens lese ich jetzt erstmals vollständig im Original:

Gesetz zur Änderung des Landeswassergesetzes
Artikel 1
Das Landeswassergesetz in der Fassung der Bekanntmachung vom 25. Juni 1995 (GV. NRW. S. 926), zuletzt geändert durch Artikel 3 des Gesetzes vom 16. März 2010 (GV. NRW. S. 185), wird wie folgt geändert:

1. In § 53 wird nach Absatz 1d) folgender Absatz 1e) angefügt:

Die Gemeinde kann zur Erfüllung ihrer Abwasserbeseitigungspflicht durch Satzung
1. Fristen für die Prüfung von Haus- und/oder Grundstücksanschlüssen festlegen, wenn die Verordnung nach § 61 Absatz 2 keine Fristen für die erstmalige Prüfung vorsieht oder wenn Sanierungsmaßnahmen an öffentlichen Abwasseranlagen zu planen oder durchzuführen sind oder wenn die Gemeinde für abgegrenzte Teile ihres Gebietes die Kanalisation im Rahmen der Selbstüberwachungsverpflichtung nach § 61 überprüft,
2. festlegen, dass ihr eine Bescheinigung über das Ergebnis der Prüfung vorzulegen ist,
3. die Errichtung und den Betrieb von Inspektionsöffnungen oder Einsteigeschächten mit Zugang für Personal auf privaten Grundstücken vorschreiben. **Die auf der Grundlage des vor dem Inkrafttreten dieses Gesetzes erlassenen Satzungen zur Regelungen von Fristen können fortbestehen.** Die Gemeinde ist verpflichtet, die Grundstückseigentümer über ihre Pflichten nach §§ 60 und 61 des Wasserhaushaltsgesetzes zu unterrichten und zu beraten.

2. § 53c Satz 2 wird wie folgt geändert:
[...]
„(2) Die oberste Wasserbehörde wird ermächtigt, durch Rechtsverordnung mit Zustimmung des Landtags insbesondere Regelungen zu treffen über:
1. die vom Betreiber zu beobachtenden Einrichtungen und Vorgänge, die Häufigkeit der Beobachtung, die Art und den Umfang der zu ermittelnden Betriebskenndaten und die Häufigkeit ihrer Ermittlung sowie Art und Umfang der Aufzeichnungen über die Beobachtungen und Ermittlungen,
2. die Methoden und Fristen zur Durchführung der Prüfung des Zustands und der

Funktionsfähigkeit, die Anerkennung durchgeführter Prüfungen, Notwendigkeit und Fristen der Sanierung, Unterrichtung und Beratung, die Anforderungen an die Sachkunde sowie die Voraussetzungen für die Anerkennung bzw. Aberkennung der Sachkunde durch die zuständige nordrhein-westfälische Handwerkskammer, Industrie- und Handelskammer oder Ingenieurkammer-Bau oder die zuständige Behörde, die Führung einer landesweiten Liste der anerkannten Sachkundigen und Schulungsinstitutionen,
3. den Inhalt, die Aufbewahrung und die Vorlage von Unterlagen, Nachweisen und Prüfbescheinigungen ."

4. § 61 a wird aufgehoben.

Weil die unspektakuläre Vorlage wohl zu langweilig war, wurde da anscheinend schon über die Absichten zur Ausgestaltung der kommenden Rechtsverordnung debattiert, die noch gar nicht Gegenstand der Entscheidung war. Substantiell fällt nur die Ermächtigung der Kommunen ins Gewicht, nach Belieben Prüfungen vorzuschreiben. Ich selbst bezweifele allerdings, dass die überwiegend von der Wahlfreiheit zulasten ihrer Bürger Gebrauch machen werden. Schließlich können sich die Stadtväter nicht mehr hinter der Gesetzeslage verschanzen und Proteste vor Ort können durchaus bestehende Satzungen zu Fall bringen. Aus eigener Erfahrung erwarte ich, dass die neue Situation die Einflussmöglichkeit der Bürger dramatisch verbessert.

Der Kölner Stadtanzeiger schreibt richtigerweise, dass die konkreten Regelungen immer noch ausstehen „*Nachdem vom Landtag am 27. Februar beschlossenen Gesetz warten jetzt alle darauf, wie letztendlich die Rechtsverordnung aussieht. Sie wird regeln, wann, wo und wie zu prüfen ist*". Danach verwundert weiterhin die immer wieder geführte Diskussion, die suggeriert, alles sei jetzt schon festgelegt. Allerdings treffen die Kommunen schon jetzt ihre Entscheidungen in Erwartung der angekündigten Vorschriften. Die erwartete Welle lokaler Entschärfungen kommt tatsächlich ganz langsam in Fahrt. Vielleicht werden dadurch jetzt schon Fakten geschaffen, die keine Verordnung später mehr einfangen kann.

Das Thema Dichtheitsprüfung ist für Tage und Wochen überall zu finden. Das Interesse ist nicht nur bei der Presse groß. Täglich zähle ich regelmäßig tausende Besucher auf meiner Seite, etwa dreimal soviel, wie zu normalen Zeiten. Meine Unterschriftensammlung ist erst wenige Tage aktiv. Mit dem Ergebnis in der kurzen Zeit bin ich durchaus zufrieden. So sollten wohl einige zehntausend Stimmen zusammenkommen, ist meine Erwartung:

Unterschriften Stand 2.3.2013   02.03.2013, 20:05

zu Eurer Information: Bis heute sind 455 Unterschriften eingegangen. Bitte werbt auch bei Parteien und Verbänden. Wir brauchen m. E. auch eine nennenswerte Zahl Unterschriften außerhalb von NRW, wenn wir mit unseren Forderungen Druck in Berlin aufbauen wollen. Bisher hat m. W. nur Uwe Gellrich mit der Bundespartei DIE LINKE einen Vorstoß unternommen.

Sobald wir im hohen vierstelligen Bereich ankommen, überlegt bitte einmal, wie wir die Liste nutzen können (Presse, Politik, …). Hubert und Uwe hatten die Sammlung angeregt. Ich stelle die technische Plattform und die Texte (Forderungen/Argumente) dazu zur Verfügung. Auswertungen kann ich täglich erstellen mit beliebiger Auswahl und Sortierung, auch als Excel-Tabelle.

Wichtig: Es handelt sich um qualitativ sehr hochwertige "Unterschriften". Hier wird niemand gedrängt, was man bei Straßensammlungen ja regelmäßig unterstellen kann (da unterschreibt so mancher nur, um dann in Ruhe gelassen zu werden.) Jeder konnte sich frei informieren und hat bewusst seine Entscheidung getroffen. Deshalb sind die absoluten Zahlen anders zu bewerten als die, die bei Haustür- oder Straßensammlungen zusammenkommen.

Grüße Werner S. Genreith

Tatsächlich mache ich mir wenig Gedanken darüber, wie hoch denn eine „nennenswerte Zahl" sein sollte. Für mich steht wieder einmal mein Interesse an der Technik im Vordergrund, die ich dazu aufgebaut habe. Fertige Plattformen für Petitionen liefern mir einfach zu wenige Daten und erscheinen mir nicht flexibel genug. Die grundlegenden Verfahren, wie ich Unterschriften elektronisch erfassen und rechtssicher validieren kann, habe ich allerdings aus solchen Vorlagen abgeguckt.

Weitere Bürgerinitiativen lassen sich derweil in unserem zentralen Verteiler registrieren. Mit „Alles-dicht-in-Krefeld" und „Alles-dicht-in-Düsseldorf" sind das jetzt schon imposante 72, verteilt über ganz NRW. Gemessen an diesen Zahlen wächst der Protest sogar jetzt noch.

Neues Ungemach droht aus unerwarteter Richtung. Bernd Rohleder aus Verl macht mich auf Pläne zur Dichtheitsprüfung in Baden-Württemberg aufmerksam. Eine Umsetzung würde auch unsere Position hier schwächen, weil dann NRW nicht mehr das einzige Bundesland mit rigiden gesetzlichen Vorgaben wäre:

Dichtheitsprüfung auch in BW ? (fwd)   13.03.2013, 14:10

Hallo Siegfried,
da Du einer der umtriebigsten "Netzverwalter" bist, das hier zur Kenntnis. Leider hab ich sonst keine Bekannten/Verwandten in Baden-Württemberg, die man für das Thema sensibilisieren könnte.

"In der Runde" gibt's da aber sicher einige!? Wenn das durch BIs in BW rechtzeitig vor der Bundestagswahl hochkocht, kann das SPD und GRÜNEN nicht völlig schnuppe sein, oder? Es kommt wohl die Zeit, …….. den Protest auch in anderen "DHP-gefährdeten" Bundesländern zu mobilisieren.

Wenn NRW und BW schon die "Leuchttürme" setzen, dann kommt die DHP mit "Rot/Grün" nach September 2013 bundesweit!

Gruß und Danke Bernd

In der Tat meldet der Infodienst Grundstück und Wasser des IKT in seiner Januar-/Februar-Ausgabe triumphierend „*Bald Dichtheitsprüfung in Baden-Württemberg? Landesumweltministerium arbeitet an Neuregelung des Wasserrechts. in Baden-Württemberg plant die grün-rote Landesregierung offenbar die Einführung einer verpflichtenden Dichtheitsprüfung privater Abwasseranlagen. Ein aktueller Gesetzentwurf des Ministeriums für Umwelt Klima und Energiewirtschaft nennt Fristen für eine gestaffelte Umsetzung der Prüfpflicht in Wasserschutzgebieten. In den Wasserschutzzonen I und II soll bis Ende 2015 geprüft werden. In den übrigen Zonen entscheidet das Baujahr der Entwässerungsanlage über die Frist*". Das sieht nicht gut aus. Offenbar ist das GRÜNEN-regierte Baden-Württemberg entschlossen, dem Beispiel NRWs zu folgen. Die Signalwirkung ist nicht zu unterschätzen. Ich kann nur hoffen, dass es dort noch zu Protesten kommt, vielleicht sogar mithilfe der Informationen auf meiner Seite.

Ideal wäre natürlich ein juristischer Hebel, um die Vorschriften zu ändern. Argumente alleine helfen ja offenbar nicht. Aber solange sich nicht jemand tatsächlich einem Prozessrisiko aussetzt, ändern daran auch wiederholte juristische Bewertungen von Robert Horras wenig, die ich hoch schätze, aber selbst nicht wirklich beurteilen kann:

15.03.2013, 15:42

AW: SPD beantragt neue Resolution zur Dichtheitsprüfung

Hallo Uwe, das ganze Gerede von der bürgerfreundlichen Lösung und der bundeseinheitlichen Regelung kann ich bald nicht mehr hören. Wir werden doch permanent von der Obrigkeit, einschließlich der Ministerpräsidentin, für dumm verkauft. Der Bundesgesetzgeber hat hinsichtlich des Trinkwasserschutzes mit § 51 und § 52 WHG klare und abschließende Regelungen getroffen. Danach können, soweit der Schutzzweck dies erfordert, in Wasserschutzgebieten die Eigentümer und Nutzungsberechtigten von Grundstücken verpflichtet werden, bestimmte auf das Grundstück bezogene Handlungen vorzunehmen (§ 52 (1) Nr. 2a WHG). Das Verwaltungsverfahren zur Festsetzung von Wasserschutzgebieten wird von den zuständigen Wasserbehörden durchgeführt. In der Rechtsverordnung werden alle aus Schutzzwecken erforderlichen Maßnahmen aufgenommen. Dazu gehören auch Dichtheitsprüfungen, falls sie zu Schutzzwecken erforderlich sind. Da das Wasserhaushaltsgesetz als „Vollregelung" des Rechts der Wasserwirtschaft gilt, bleibt für landesrechtliche Regelungen kein Raum. Dichtheitsprüfungen mit dem alleinigen Ziel, das Grundwasser vor Beeinträchtigungen zu bewahren, sind mit dem übergeordneten Bundesrecht unvereinbar und nicht zulässig. [...]

Für einen juristischen Laien wie mich hört sich die Argumentation überzeugend an. Leider kann niemand von uns die Sachlage wirklich bewerten oder daraus eine schlagkräftige Aktion machen. Obwohl Robert Horras seine Bewertungen auch immer wieder einmal direkt bei Regierung und Landtag vorträgt, bleibt das alles ohne sichtbare Wirkung. Dazu müsste wohl erst einmal ein Bürger oder eine Organisation entsprechend die Gerichte bemühen. Unseren Bürgerinitiativen fehlen die Mittel dazu, ein solches Prozessrisiko zu tragen und ob eine Spendensammlung in unseren Reihen die zu erwartenden hohen Kosten decken könnte, ist ungewiss.

Deshalb ruhen die Hoffnungen auf finanziell gut gestellte Verbände. Der Bund der Steuerzahler wird sich wohl eher nicht aus dem Fenster lehnen, aber Fritz bestätigt die Presseberichte über die Klagebereitschaft von Haus und Grund *„auf der gestrigen GV der Haus und Grund Minden wurde mitgeteilt, dass man nach Prüfung durch die Kanzlei [...] Geld bereitstellen wird, um entlang eines ersten Bescheides alle Rechtsmittel auszuschöpfen."*

Wieder einmal wirkt die Landesinitiative über NRW hinaus. Mein Telefonat mit dem Vorstand des Vereins „Hausgeld-Vergleich" in Bayern führt zu einem Kontakt zum Bayerischen Rundfunk, der schon Interesse an der Thematik geäußert hat und einen Beitrag vorbereitet. Er kündigt mir einen Anruf an, der in den nächsten Tagen erfolgen sollte. Meine Geduld wird nicht lange strapaziert. Schon am Mittag meldet sich der Redakteur telefonisch bei mir. Er sucht vor allem Betroffene in NRW, die bereit sind zu einem Interview vor der Kamera. Wenn ich ihn richtig verstehe, sieht er sich persönlich den angedrohten Zwangsmaßnahmen in München ausgesetzt und so renne ich mit unserem Thema offene Türen bei ihm ein. Klaus schreibt dazu später noch *„Der Teamleiter des bayrischen Rundfunks, Herr Thürmer, brauchte von uns gar nicht erst „auf Schaum" gebracht zu werden"*.

Dichtheitsprüfung	18.03.2013, 16:24

Sehr geehrter Herr Thürmer, danke für unser Gespräch heute Morgen. Mit einigen Mitstreitern im NRW-Netzwerk habe ich inzwischen Kontakt aufgenommen. Fritz Pucher habe ich um Vermittlung in Sachen Billerbeck gebeten, sowie Werner Merkes wegen der Situation in Köln. Ich warte noch auf Rückmeldung. (Sie können auch gerne direkt Kontakt aufnehmen.)

Mit Frau Dell habe ich gerade gesprochen. Sie ist einverstanden und freut sich auf Ihren Anruf wegen Terminvereinbarung: Hildegard Dell, [...] Wassenberg, Tel. [...] (ohne Internet und E-Mail)
Auch Klaus Lau steht zur Verfügung: Klaus Lau, [...], Mönchengladbach, [...]

Hier einmal einige Unterlagen zum Thema zu Ihrer freien Verfügung:
Mein Schreiben an Frau Kraft enthält eine übersichtliche Schilderung konkreter Belastungen in Wassenberg [...], darunter auch die Eheleute Dell, von denen ich berichtet hatte.
Hier das Antwortschreiben der EU-Kommission auf eine Anfrage der Initiative in SH [...]
Das Sanierungsprojekt Billerbeck ist hier sehr gut dokumentiert (insbes. Kostenüber-

sicht auf Seite 27)
[...]
Fakten zu angeblichen EU-Vorgaben
Der neueste, im August 2009 veröffentlichte, 5. Bericht der EU-Kommission zur
Umsetzung der EU-Kommunalabwasserrichtlinie hat es bestätigt – Deutschland
erfüllt die EU-Vorgaben im Bereich Abwasserentsorgung vorbildlich. Dabei schneidet Deutschland im europäischen Vergleich sehr gut ab, die Anforderungen der Richtlinie werden voll erfüllt. Darüber hinaus gibt es keine EU-Richtlinie zur Prüfung der
privaten Abwasserleitungen.

FernsehbeiträgePlusminus am 30.11.2011 Abwasserleitungen – nicht ganz dicht:
'Kanalhaie' wittern ein dickes Geschäft (darin Rita Peters, [...] Bad Lippspringe, Tel
[...], Auskunft auch über Holger Schulze von der BI in Lage [...])
Sat1 Planetopia am 19.12.2011 Kostenfalle Kanalcheck – Neues Gesetz bittet
Hausbesitzer zur Kasse

Die meisten Kommunen hier im Süden von NRW informieren die Bürger direkt nur
sehr kurzfristig. Den Bürgern bleibt dabei kaum Zeit, über Alternativen nachzudenken. Das Beispiel der Gemeinde Niederzier ist typisch für das Vorgehen und kommt
einer Erpressung nahe [...] . Tragisch dabei ist, dass die Anwohner glauben, damit
die gesamte Prüfung schon hinter sich zu haben. Unsere Freunde dort haben mir die
Prüfunterlagen gezeigt und aus denen geht hervor, dass nur der öffentliche Kanal bis
zur Grundstückgrenze geprüft und saniert wurde. Da sie hoffen, dass die Gemeinde
nun stillhält, möchten sie nicht in die Öffentlichkeit.

weitere Kontakte, die regional gut vernetzt sind und weitere Beispiele beisteuern
können
Holger Schulze, Bürgerinitiative in Lage, Tel [...]
Jürgen Kampmeier, Bürgerinitiative Extertal, [...]
Fritz Pucher, Bürgerinitiative Haddenhausen, [...] , s. o.
Volker Steffen, Haus und Grund Oberberg, [...]
Bernd Ahlers, Nordwalde, [...]

Die kommunale Welle rollt derweil und nimmt Fahrt auf. Weitere Städte und
Gemeinden beerdigen inzwischen sang- und klanglos ihr Projekt „Dichtheitsprüfung"[55]. Viele Räte sind einfach nur noch genervt von den Bürger-
protesten und dem ständigen Hin und Her auf Landesebene[56]. So meldet
Neuenkirchen kurz und bündig den Erfolg des eigenen Antrags mit Unterstützung der örtlichen SPD:

Info   Wednesday, March 20, 2013 10:18 AM

Hallo zusammen, es geht auch ohne großes "TamTam". Einstimmig hat der Rat der
Gemeinde Neuenkirchen am 18.03.2013 auf Vorschlag der Verwaltung alle im
Zusammenhang mit der DHP stehenden Passagen aus den kommunalen Satzungen
ersatzlos gestrichen und ist damit ohne große Diskussion einer Anregung nach § 24
GO NRW der BI "Alles-dicht-in-Neuenkirchen" sowie einem Antrag der SPD-Frak-
tion gefolgt.

Dadurch hat die Gemeinde ein deutliches Zeichen gesetzt und den Bürgerinnen und

Bürgern gezeigt, dass sie über die bestehenden landesrechtlichen Regelungen hinaus in Sachen DHP keinen weitergehenden Handlungsbedarf sieht.

Seit Beginn der Diskussion um die DHP hat es in Neuenkirchen Einigkeit zwischen der Politik, der Verwaltung und der BI gegeben, was sich auch immer in offen geführten diversen Gesprächsrunden gezeigt hat.

Gruß Hartmut Lohrmann

Genauso wurde in Löhne die Kuh parteiübergreifend schon vom Eis geholt. Dirk Schattenberg schreibt *„Hallo, ein Erfolg in Löhne (auch für die IGmB-Löhne): der Rat der Stadt Löhne hat soeben einstimmig (SPD, CDU, FDP, LAB, Grüne und Linke) beschlossen, die Fristensatzung zur DHP aufzuheben!“*. Sogar GRÜNE und SPD können also pragmatisch entscheiden, zumindest an der Basis. Jürgen Klute in Königswinter ist ähnlich erfolgreich [57], Hattingen schafft die Prüfungen ab, Rheinbach und Olpe kündigen Erleichterungen an, Augustdorf und Würselen folgen ebenfalls, Düsseldorf rät zum Abwarten und DERWESTEN schreibt einige Wochen später *„‚Damals hat man wieder mal im vorauseilenden Gehorsam die eigene Landesregierung überholt‘, erklärte Hausmann. ‚Nachdem Düsseldorf nun zurückgerudert ist und die verpflichtende Untersuchung aufgegeben hat, bleibt auch den Oberhausenern nichts anderes mehr übrig als den Anker zu werfen.‘“* [58]. Auch in Nideggen stellen CDU, FDP und MfN einen gemeinsamen Antrag zur Entlastung der Bürger. Wie wird der Rat hier entscheiden? Eigentlich rechne ich mit einer breiten Mehrheit, einschließlich der Stadträte der SPD. Nur die Weltenretter von GRÜNEN und UNABHÄNGIGEN werden wohl überwiegend gegen Erleichterungen stimmen.

Den Gegenentwurf bietet wieder einmal Köln. Hier fragt der Oberbürgermeister erst einmal bei den Stadtentwässerungsbetrieben nach, ob die denn nun auch außerhalb von Wasserschutzgebieten prüfen lassen wollen. Laut Express vom 19. März 2013 bezieht Jürgen Roter sich in der Frage der Prüfungen auf den kommunalen Dienstleister *„Wie mir die StEB mitgeteilt hat, beabsichtigt sie zum jetzigen Zeitpunkt nicht, weitere Prüfpflichten außerhalb der Wasserschutzzonen durch eine Satzung festzulegen.“* Eine Mitstreiterin aus Köln merkt dazu an *„Wie bitte? Der mächtigste Mann Kölns fragt (!) die Steb (Stadtentwässerungsbetriebe) ob sie den Bürgern außerhalb der Wasserschutzgebiete den Kanal-TÜV aufbrummen will. Ja, hallo, die haben also die Macht, Satzungen festzulegen? Eigentlich dachte ich, es regieren vom Volk gewählte Politiker.“* Es ist schon erstaunlich, wer in der Stadt im Einzelfall tatsächlich das Sagen hat: Die StEB entscheidet und der Stadtrat nickt allenfalls noch ab – esu lööp dat en Kölle – § 7 Kölsche Jrundjesetz: „Wat wellste maache“.

Der Beitrag des Bayerischen Rundfunks geht jetzt auf die Zielgerade. Klaus ist wieder mal dabei und räumt zum wiederholten Mal seinen Keller auf, kreidet die vorgesehenen Kopflöcher ein. Inzwischen dürfte er Übung darin haben.

> 26.03.2013, 20:26
>
> Termin ARD Türmer – ja morgen um 10.00 Uhr hier
>
> Hallo Siegfried,
> der Termin ist morgen um 10.00 Uhr hier in MG. Er hatte den heute noch mal bestätigt. Ich habe heute wieder alles eingekreidet und abgeklebt ...
> .. für wahrscheinlich ein paar Sequenzen, denn der gesamte Beitrag wird nicht länger als 5- 6 Minuten lang werden. Er kommt mit einem Kamerateam aus Dortmund angereist. Wenn du näheres erfahren möchtest hier seine Handynummer: [...]
>
> Wenn alles beim Alten bleibt hat er um 14:00 Uhr den Termin in Wassenberg. Bist Du da nicht auch dabei? Kannst auch von uns aus gerne mit zu uns kommen, wenn du Lust hast.
>
> Heute war er auf Empfehlung von H & G Düsseldorf e. V. Dr. Fliescher bei einem Chaosfall.
>
> Gruß Klaus

Ich arbeite morgen von zu Hause aus, habe aber durchaus viel zu tun und meine Rolle dort vor Ort ist mir nicht klar. Die hundert Kilometer nach Wassenberg würden schon über eine Stunde kosten. Damit wäre der Nachmittag wohl gelaufen. Deshalb zögere ich.

Am Mittag des folgenden Tages erreicht mich dann der Anruf eines der Redakteure aus Wassenberg, der mich fragt, wo ich denn bleibe und wann ich komme. Ob es sich denn jetzt noch lohnt, loszufahren, frage ich zurück. Schnell schließe ich mein Büro, leite die geschäftlichen Anrufe wieder auf mein Mobiltelefon um und setze mich ins Auto. Meine liegengebliebene Arbeit werde ich wohl am Abend erledigen. Irrtümlich habe ich Wegberg im Navi als Ziel angegeben. Aber da wohnt Robert Horras. Der Fehler fällt mir glücklicherweise kurz vor Erkelenz auf – also am Rastplatz raus, nachsehen wo die Eheleute Dell wohnen, Adresse eingeben und weiter. Kurz vor vier klingele ich dann an der Haustüre.

Nach herzlicher Begrüßung durch Frau Dell finde ich im Wohnzimmer bei Kaffee und Kuchen neben einem Kamerateam Robert Horras vor. Auch er ist zum Interview extra angereist aus dem benachbarten Wegberg. So lerne ich die beiden erstmals auch persönlich kennen. Zum Interview folge ich dem Filmteam dann in eine Straße, deren Bewohner auf der einen Seite im Wasserschutzgebiet leben und zukünftig prüfen und sanieren müssen, die auf der anderen Straßenseite nicht. So einen Fall gibt es auch in Nideggen und vielen anderen Gemeinden, woran der Unsinn der Vorschriften offensichtlich wird. Der Wind pfeift ziemlich scharf bei blauem Himmel und ich friere in meinem leichten Jackett. Die warme Jacke hatte ich in der Eile zu Hause vergessen. Eine viertel Stunde lang stehe ich Rede und Antwort vor der laufenden Kamera.

In der Sendung vom 10. April – „*ARD-Plusminus : Wie Hauseigentümer abkassiert werden*" – findet sich dann weder mein Beitrag, noch der von Robert Horras wieder. Dafür kommen Klaus Lau und Hildegard Dell ausgezeichnet zur Geltung:

Inhalt: Dichtheitsprüfung – Wer Pech hat zahlt – und oft auch noch zu viel!
[...]
Kanalprüfung statt Urlaubsfreuden

Bei Hildegard Dell begann der Schlamassel mit einem Brief vom Bürgermeister ihrer Heimatstadt Wassenberg in Nordrhein-Westfalen. Darin wurde sie aufgefordert, den Kanalanschluss ihres Hauses auf Dichtheit überprüfen zu lassen. Geschätzte Kosten: bis zu 500 Euro – sagt die Stadt.

Hildegard Dell ist entsetzt: "Mein Mann ist Frührentner. Der ist krank. Ich muss für viele Medikamente noch zusätzlich zahlen. Jeden Monat! Das kann ich auch nicht. Wir können nicht in Urlaub fahren, da haben wir kein Geld für. Aber für den Kanal muss ich bezahlen. Nein wirklich nicht!"

Was sie besonders ärgert: Nicht alle Haus- und Wohnungseigentümer im Ort müssen zahlen. Nur, wer auf einer von der Stadt herausgegebenen Liste steht. Teilweise kommt es auf die Hausnummern an. In einer Straße der sogenannten Feierabend-Siedlung zum Beispiel müssen die Hausnummern 2, 4 und 6 die teure Dichtheitsprüfung machen lassen – der Rest nicht!
[...]
Trümmerfeld im Keller

Nicht nur das: Um zu prüfen, ob nichts kaputt ist, muss man oft sogar erst was kaputt machen! So bei Klaus Lau in Mönchengladbach. Er hätte laut des Chefs der herbeigerufenen Kanalfirma gleich an mehreren Stellen den Kellerboden aufschlagen sollen – für die Kanal-Kamera:

"Um die Winkel und Ecken wäre er gar nicht rumgekommen", erklärt Hausbesitzer Klaus Lau. "Und dann hat der Monteur schlicht und ergreifend gesagt: Da müssen wir Kopflöcher hacken. Und das wird teuer – das hat er auch gleich gesagt. Damit er dann hier wieder separat mit Hochdruckreiniger und Kamera einfahren kann."

Klaus Lau hat Glück gehabt: Vor kurzem wurde das entsprechende Gesetz in Nordrhein-Westfalen wieder abgeändert – er muss seinen Kanalanschluss nun vorerst doch nicht prüfen lassen.
[...]

Übrigens setzt München schließlich die angestrebten Prüfungen aus, wie der Bayerische Rundfunk am 17. April schon meldet „*Münchner Abwasserkanäle Frist zur Überprüfung abgeschafft Bislang musste bis Ende 2015 jeder Münchner Hausbesitzer nachweisen, dass der Abwasserkanal unter seinem*

Haus dicht ist. Diese Frist gibt es nicht mehr. Sie wurde auf unbestimmte Zeit verlängert.“

Für den 11., 15. und 27. April sind wieder Treffen der Bürgerinitiativen geplant. Ich trage die in guter Absicht in meinen Kalender ein. Mal sehen, ob und welchen davon ich ggf. schaffe. Nebenbei erstelle ich auf Anfrage jeweils ein Logo für „Alles dicht in Gladbeck“ und für „Alles dicht in Engelskirchen“.

Alle Interessengruppen versuchen, auf die Ausgestaltung der anstehenden Rechtsverordnung Einfluss zu nehmen. Der Gutachterkrieg ist in vollem Gange. Namen wie Dr. Kaufmann oder Dr. Thoma waren früher eher neutral zu sehen. Die Dissertation des letzteren bot uns schon 2011 gute Ansatzpunkte für unsere Argumentation, indem dort festgestellt wurde, dass Verunreinigungen sich nur in unmittelbarer Nähe von Schadstellen nachweisen lassen, die Verschmutzungen also keineswegs das Grundwasser erreichen. Beide Experten finden sich jetzt gemeinsam in einer Gutachtersozietät wieder, die als Kronzeuge für den VDRK auftritt. Geld regiert halt die Welt und Wissenschaftler müssen auch leben.

Aber auch die Befürworter der Prüfungen neigen zuweilen zu Ausweichbewegungen und Vermeidungsstrategien. Bei denen verfügt halt nicht jeder über 10.000 Euro in der Portokasse, so wie der grüne Minister. Hohe Wellen bis in den Landtag schlägt demzufolge die sogenannte „Lex Becker“. Die „Westfälischen Nachrichten“ schreiben dazu *„Sonderlösung für den Staatssekretär? Grünen-Politiker Becker weckt mit Initiative gegen Kanal-TÜV Unmut“* und weiter *„Er schrieb es triumphierend als Erfolgsmeldung: Die von Rot-Grün beschlossene und von Bürgerinitiativen bekämpfte Dichtheitsprüfung für private Abwasserrohre habe er für das Naafbachtal bei Lohmar ‚durch meine Initiative verhindert‘, jubelte Horst Becker, Parlamentarischer Staatssekretär der Grünen im Umweltministerium, in einer Pressemitteilung.“* [59]. Na ja – typisch. Öko ist nur super, wenn andere dafür bezahlen.

Es ist mittlerweile Ende April und die Rechtsverordnung lässt weiter auf sich warten. Der Infodienst Grundstück und Wasser des IKT berichtet, dass die nicht mehr vor der Sommerpause kommen wird und verschiebt wegen bestehender Unsicherheiten den für Mai angestrebten Tag der Grundstücksentwässerung auf den Herbst. So etwas hatte ich befürchtet. Die Hängepartie geht in die Verlängerung und viele Kämpfer sind einfach müde. Was soll man auch noch auf Landesebene dagegen unternehmen, was nicht schon versucht wurde? Alle Diskussionen und Argumente drehen sich irgendwie im Kreis. Was soll dabei jetzt anderes herauskommen als das bisher Erreichte? *„Wahnsinn ist, immer wieder das Gleiche zu tun und andere Ergebnisse zu erwarten.“* lautet eine volksnahe Definition dieses Geisteszustands, mit der – vermutlich zu Unrecht – Albert Einstein gerne zitiert wird.

Die FDP hakt per „Kleine Anfrage 1111" am 24. April nach *„Aus welchen Gründen wurde dem Landtag bislang noch keine Rechtsverordnung zur sog. Dichtheitsprüfung zugeleitet?"*. Immerhin scheint es schon einen ersten Entwurf zu geben, der allerdings noch nicht online verfügbar ist[60]. So schreibt ein offenbar besser informierter Dichtheitsprüfer, der auch schon bei der einen oder anderen unserer Versammlungen aufgetreten ist und da einen recht guten Eindruck hinterlassen hat:

Sun, 21 Apr 2013 12:52:07 +0200

Rechtsverordnung zur Dichtheitsprüfung

Sehr geehrte Damen und Herren,
wie Sie sicherlich bereits mitbekommen haben, gibt es einen Entwurf der Rechtsverordnung zur Funktionsprüfung privater Abwasseranlagen. Laut meinen Informationen ist das Regelwerk" DWA-M 149-2" nicht darin enthalten. Dies hätte aber weitreichende Konsequenzen für jeden, der eine Funktionsprüfung durchführen muss, denn die oben genannte Norm ist deutlich großzügiger in der Schadensklassifizierung. Das alternative Regelwerk, die "DIN 1986-30" , ist deutlich strenger bei der Durchführung einer optischen Dichtheitsprüfung.

Die DWA-M 149-2 ermöglicht es einem unabhängigen Dichtheitsprüfer, bis zu 80 % der zu prüfenden Abwasseranlagen als "NICHT sanierungspflichtig" zu klassifizieren. Da die Rechtsverordnung noch verabschiedet wird, ist es aus Sicht der Bürgerinitiativen gegen die Dichtheitsprüfung sinnvoll, sich dafür einzusetzen, dass die DWA-M 149-2 in die Rechtsverordnung aufgenommen wird. Wenn also schon geprüft werden muss, dann doch am besten mit diesem Regelwerk, denn so ist die Wahrscheinlichkeit, dass nicht saniert werden muss, am größten.
[...]

Der gutgemeinte Hinweis wird unterschiedlich aufgenommen. Viele unter uns kämpfen kompromisslos für die Abschaffung, nicht für Erleichterungen. So wird die Thematik nur kurz in der Runde diskutiert, in der Folge aber nicht weiter aufgegriffen.

Vom Treffen in Nordwalde berichten die „Westfälischen Nachrichten" *„Erfahrungsaustausch in Nordwalde – Bürgerinitiativen wollen weiter kämpfen"* und weiter *„Die Berichte aus den landesweiten Kommunen reichten von „Thema erledigt" bis „die Politiker sind den Verwaltungen hörig". Teilweise ziehen Bürgerinitiativen, Verwaltungen und Politiker an einem Strang wie etwa in Petershagen, Gronau oder Neuenkirchen, teilweise bleiben die Kommunen auch hart, wie in Voerde. Besonders übel scheint es die BI in Extertal getroffen zu haben. „Die meisten Ratsmitglieder wollen das auf Deubel komm raus durchziehen", berichtete die Vertreterin der Initiative ‚Alles dicht in Extertal'.*"[61] Weitere Gefahr lauert in Forschungsvorhaben, die wohl eher mit vorgezeichnetem Ergebnis beauftragt werden[62].

Solche Nachrichten machen mich durchaus unruhig. Schließlich steht die Ratsentscheidung in Nideggen noch aus und das Rot-Güne Lager ist dort stark vertreten mit Wackelkandidaten auf der anderen Seite. Die Stadt ist zwar pleite, beherbergt aber für Eifelverhältnisse extrem viele eher gutsituierte Einwohner – Ärzte, Lehrer, Akademiker, die im Ruf stehen, zu Müsli und Veggieburger zu neigen, für die hohe Strompreise kein echtes Problem darstellen, die Windräder im Naturschutzgebiet Klasse finden und die sich auch sonst gerne jedes Ökosiegel leisten. Mit meinen Ansichten falle ich da völlig aus dem Rahmen.

Wegen der ausbleibenden Rechtsverordnung hakt Uwe telefonisch im Umweltministerium bei Dr. Mertsch nach. Der Entwurf ist danach noch in Bearbeitung und die endgültige Version soll ca. ab 2./3. Mai ins Netz gestellt werden. Derweil laufen mehrere Anfragen bei mir ein, wie man sich denn jetzt verhalten soll, wenn die Gemeinde mit Prüfungsforderungen vorstellig wird. Wieder einmal verweise ich auf Robert Horras als juristisch versierten Ratgeber. Auch Fritz macht sich konkrete Gedanken über rechtliche Schritte und weitere Möglichkeiten, gegen den Kanal-TÜV vorzugehen.

Derweil wird ein Urteil des Verwaltungsgerichts Minden bekannt, in dem es heißt: *„Das VG Minden hat mit Urteil vom 03.04.2013 (Az.: 11 K 2559/12) entschieden, dass nach Wegfall des § 61 a LWG NRW durch das Gesetz zur Änderung des Landeswassergesetzes vom 05.03.2013 (GV NRW 2013, Seite 133) eine Funktionsprüfung bei privaten Abwasserleitungen zur Zeit nicht mehr angeordnet werden kann, weil die Regelung des § 61 a LWG NRW zum 16.03.2013 ersatzlos gestrichen worden ist.“* Für Kommunen, die noch alte Satzungen exekutieren, dürfte das ein Schlag ins Kontor sein. Genauso verheerend dürfte sich das Regelungsvakuum in den Auftragsbüchern der Handwerker auswirken, für deren gleichermaßen oft unverschuldete Schwierigkeiten ich durchaus Verständnis habe.

Olpe, Wenden und Drolshagen drehen dem Kanal-TÜV schon einmal das Wasser ab – hoffentlich endgültig. Weitere Kommunen folgen. Die Dichtheitsprüfung für private Abwasserkanäle ist auch in Dülmen vom Tisch. Die örtliche Bürgerinitiative „Alles dicht in Dülmen“ will ihre Arbeit nun auf anderen Feldern fortsetzten und bei kommenden Kommunalwahl als Freie Wählergemeinschaft kandidieren.[63] Über einen ähnlichen Schritt denken einige Gruppen jetzt nach, für die wegen fehlender Wasserschutzgebiete die Arbeit demnächst beendet sein könnte. Obwohl noch weitere Initiativen zu uns stoßen, schwindet der Elan der Bewegung insgesamt schon spürbar. Verständlicherweise macht sich bei vielen Ermüdung breit und einige kämpfen in der Konsequenz wohl nur noch mit gebremstem Schaum. Das schlägt sich auch in der laufenden Unterschriftensammlung nieder. Trotz wiederholter Werbung stocken die Zahlen nach anfänglich großen Steigerungen. *„Derzeit werden 2326 registrierte Teilnehmer berücksichtigt aus 317 Orten in 13 Bundesländern“* melde ich am 27. Mai in die Runde.

„Fake News" vom Focus sorgen schließlich wieder für Aufregung. Wenn man dem Artikel glaubt, könnten alle Anstrengungen der vergangenen Jahre umsonst gewesen sein:

Kanallobby-die 10 köpfige Hydra   15.05.2013, 13:49

Hallo, was sagt Ihr dazu?
Wir kämpfen mit wenigstens einem kleinen Erfolg gegen den Kanal-TÜV und nun droht die Einführung in ganz Europa!!!

Von diesem, unseren kleinen Erfolg, nur eine Prüfung in Wasserschutzgebieten ist da auch keine Rede mehr. Also hätten wir doch komplett verloren. Was ist da bloß los mit unsrer Demokratie und dem Ansehen unserer Wissenschaftler?

Prof. Hepcke muss sich doch voll veralbert fühlen. Wie seht Ihr unsere Chancen denn noch? Wird es noch Aktionen geben? Wie stehen unsere juristischen Chancen? Werden diese immer noch so optimistisch eingeschätzt?

"Die EU will eine Pflicht zu Dichtheitsprüfungen für Abwasserkanäle einführen – vermutlich im Jahr 2015." [...]

Freundliche Grüße Anna Berg

Glücklicherweise ist an der Meldung nichts dran – offenbar frei erfunden. Uwe klärt die Sachlage direkt mit dem Europa-Punkt[19] – nur um sicherzugehen –, der recht schnell antwortet und sehr eindeutig Stellung bezieht. Dass es keine bestehende Regelung gibt, war uns ja schon früher bekannt und daran hat sich auch wohl nichts geändert:

Donnerstag, 23. Mai 2013 um 15:50 Uhr
Von: "Info@europa-punkt.de" <info@europa-punkt.de>
Betreff: Re: Herr Gellrich – Ihre Anfrage an den Europa-Punkt

Sehr geehrter Herr Gellrich, vielen Dank für Ihre Anfrage an den Europa-Punkt. Die Dichtheitsprüfung ist eine ausschließlich deutsche, landesrechtliche Regelung. Auf europäischer Ebene gibt es – entgegen einiger Presseberichte – keine Richtlinie, die die Dichtheitsprüfung von Abwasseranlagen privater Haushalte vorschreibt! Die Richtlinie „über die Behandlung von kommunalem Abwasser" (RL91/271/EWG, geändert durch die Richtlinie 98/15/EG) enthält zwar allgemeine Anforderungen an Kanalisationen, die auch die Verhinderung von undichten Stellen bezwecken, aber sie enthält keine Pflicht zur (Selbst-)Überwachung! **Nicht zuletzt die Berücksichtigung des Subsidiaritätsprinzips, die Hervorhebung regionaler und lokaler Besonderheiten und Gegebenheiten und des Prinzips der Verhältnismäßigkeit – bezogen insbesondere auf wirtschaftliche und soziale Auswirkungen – machen eine sol-**

---

19 Europäische Kommission, Regionalvertretung in Bonn, Bertha-von-Suttner-Platz 2-4, 53111 Bonn,Tel.: 0228 – 53009-57, Email: kontakt@europapunkt-bonn.de, www.europa-punkt-bonn.de

che konkrete Regelung durch die EU ohnehin unwahrscheinlich.

Mit freundlichen Grüßen
Ihr Europa-Punkt Team
C. Lauer

Die EU stellt also grundsätzlich die Verhältnismäßigkeit solcher Vorschriften infrage. *„Wir setzen damit in NRW nur EU-Vorschriften um"* hieß es doch noch vor nicht allzu langer Zeit vonseiten der Politik. Waren das einfach Irrtümer, die jedem passieren können, oder schlicht bewusste Lügen?

Mitte Mai liegt schließlich der Entwurf zur Rechtsverordnung vor und sorgt für erwartbaren Ärger. Roland Schmidt schreibt im Namen der Bürgerinitiativen an die Landtagspräsidentin. Ich käme auch hier nie auf den Gedanken, gegen die Verwendung von „Alles dicht in NRW" zu protestieren, auf den ich ja im Grunde ein Copyright besitze. Im Gegenteil sollte er genauso in derartigen Zusammenhängen verwendet werden:

Bürgerinitiativen „Alles dicht in NRW"
c/o BI „Alles dicht in Havixbeck und Hohenholte"
Roland Schmidt [...]

Landtagspräsidentin Nordrhein-Westfalen
Frau Carina Gödecke MdL
Platz des Landtags 1
40221 Düsseldorf   Havixbeck, 17. Mai 2013

Entwurf einer Verordnung zur Selbstüberwachung von Abwasseranlagen
Einleitung der Verbände – Anhörung / Schreiben vom 26. April 2013

Sehr geehrte Frau Landtagspräsidentin,
mit großem Befremden haben wir den Ihnen am 26. April 2013 von Herrn Minister Johannes Remmel zugestellten „Entwurf einer Verordnung zur Selbstüberwachung von Abwasseranlagen – Selbstüberwachungsverordnung Abwasser – Einleitung der Verbände-Anhörung „zur Kenntnis genommen.

Aufgrund des massiven Widerstandes der mittlerweile mehr als 75 Bürger-Initiativen in NRW gegen die „Dichtheitsprüfung privater, häuslicher Abwasserleitungen" hatte Minister Remmel im Landtag vollmundig verkündet, in allen Belangen zu diesem Thema auch die Bürgerinitiativen anzuhören und ihre berechtigten Anliegen bei Neufassung des Gesetzes und der Rechtsverordnung zu berücksichtigen. Mit Ausnahme einer unbefriedigenden, sogenannten „Expertenanhörung" am 10. Januar 2013 im Landtag ist davon nichts übrig geblieben.

Der jetzt vorliegende Entwurf der Rechtsverordnung weist massive handwerkliche Fehler auf, ist in sich extrem widersprüchlich und verletzt vor allem den Gleichheitsgrundsatz. Darüber hinaus stiftet er auf viele Jahre durch die Verschiebung der Verantwortlichkeiten in die Kommunen dort politischen Unfrieden.

Bei der jetzt eingeleiteten Anhörung werden ausschließlich Verbände gehört, die wahrscheinlich auch noch wirtschaftlichen Nutzen aus der Verordnung ziehen. Dies ist dann auch der Grund, dass deren Stellungnahmen nicht öffentlich einsehbar und somit geheim bleiben. Von einem bürgerfreundlichen transparentem Verfahren – wie versprochen – kann da wohl keine Rede sein.

Mit der Legitimation von über 200.000 Unterschriften gegen die durch nichts begründete „Dichtheitsprüfung privater, häuslicher Abwasserleitungen" verwahren sich die Bürgerinitiativen in NRW gegen ein derartiges undemokratisches Verfahren. Wir fühlen uns von der Politik als mündige Bürger nicht mehr wahrgenommen und vertreten.

Mit freundlichem Gruß
Stellvertretend für die Bürgerinitiativen in NRW

Bernd Ahlers   Roland Schmidt   Fritz Pucher
BI Nordwalde,   BI Havixbeck,   BI Haddenhausen,

Gerhard Minuth   Uwe Gellrich
BI Harsewinkel, BI Heek

Für die Richtigkeit: Sprecher der BI Havixbeck – Hohenholte

Zur Kenntnisnahme: CDU – Landtagsfraktion
FDP – Landtagsfraktion
Landtagsfraktion „Die Piraten"
SPD – Landtagsfraktion
Landtagsfraktion Bündnis90/Die Grünen

In ihrer „Kleine Anfrage 1298" vom 31. Mai haken auch Henning Höne und Kai Abruszat von der FDP nach *„Aus welchen Gründen legte die Landesregierung keinen Wert darauf, die betroffene und in Bürgerinitiativen landesweit organisierte Öffentlichkeit am Anhörungsverfahren zu beteiligen?"*.

Der Artikel des Focus verschwindet nach Uwes Anschreiben umgehend aus dessen Online-Angebot. Sicherheitshalber richte ich anlässlich dieser Klarstellung noch am selben Tag einen Appell an die SPD-Parlamentarier im Landtag. Antworten auf die persönlichen Anschreiben erhalte ich danach von den Abgeordneten Schloemer, Meesters und Krick mit vorhersehbarem Inhalt, später noch vom MdL Münstermann:

Re: Klarstellung der EU zur Dichtheitsprüfung   09.06.2013, 19:54

Sehr geehrter Herr Münstermann, danke für Ihre Antwort auf mein Schreiben. Meine Stellungnahme an Herrn Meesters habe ich unten zur Information angehängt. Sie und Ihre Fraktion haben dieses unselige Gesetz beschlossen. Sie und Ihre Fraktion können es wieder ändern – ggf. mit breiter Unterstützung aller Partien mit Ausnahme Ihres Koalitionspartners. Das WHG eröffnet die Möglichkeit, private Abwasserleitung grundsätzlich von jeder pauschalen Prüfpflicht auszunehmen. Nur das ist der Sachlage angemessen.

Rechnen Sie bitte damit, dass das Thema noch lange nicht von Ihrem Tisch ist. In den

Kommunen geht es jetzt erst richtig los, spätestens nach Erscheinen Ihrer Rechtsverordnung zu Ihrem neuen Gesetz. Bei vielen Ihrer Parteigenossen auf kommunaler Ebene herrscht heftiges Kopfschütteln über das Vorgehen der Landes-SPD. Wie erklären Sie die Maßnahmen eigentlich Ihren Wählern, vor allem denjenigen, die in Wasserschutzgebieten demnächst betroffen sind? Die meisten Bürger machen sich ja erst dann Gedanken, wenn der Sanierungsfachmann Angebote mit vier- und fünfstelligen Beträgen ins Haus schickt.
[...]

Wie Uwe herausgefunden hat, geht der fragliche Artikel auf eine Pressemitteilung eines „Verband privater Bauherren e. V." (VPB) zurück. Darin heißt es tatsächlich *„Viele haben schon davon gehört: 2015 sollen laut EU alle Abwasserkanäle privater Häuser auf Dichtigkeit geprüft werden."* Auch den schreibt er noch an und bittet um Richtigstellung. Die verteidigen allerdings ihre Pressemitteilung und bleiben bei der nachweislich sachlich falschen Darstellung. Na ja, wer kennt schon den VPB und wen vertreten die überhaupt?

Wie kommen solche Falschmeldungen zustande? Zu Beginn der Proteste verschanzten sich Politiker aller Ebenen gegen jedwede Kritik hinter genau so einer Behauptung, an der auch damals nichts dran war. Oder hat sich da ein Journalist einfach nur die mühsame Recherche erspart und alte Informationen aus dem Archiv gekramt – ist ja auch egal. Solche Falschmeldungen sind nicht auszurotten, sobald sie einmal in die Welt gesetzt sind. Es ist ja auch so einfach, den schwarzen Peter ganz weit nach außen zu schieben. Da kann man dann halt nichts machen. Das hat man dann zu ertragen wie das Wetter. Nicht nur beim vielfach kritisierten Glühlampenverbot wirkte das auch schon. Das hatte der damalige Umweltminister Sigmar Gabriel bei der EU auf den Weg gebracht, um sich dann später mit allen Beteiligten in Deutschland hinter der EU verstecken zu können. Beim Billard nennt man das „Über Bande spielen".

Inzwischen heben auch Roetgen in der Eifel und Jülich ihre Abwassersatzungen auf, trotz vorprogrammierten Ärgers mit den Bürgern, die auf Druck der Stadt schon geprüft und saniert haben. Beinahe schiefgegangen ist die Abstimmung in Nideggen. Ich selbst hatte im April nur das Ergebnis beiläufig zur Kenntnis genommen und der Angelegenheit danach keine Beachtung mehr geschenkt. Eigentlich hatte ich mit einem klaren Votum gerechnet mit Stimmen auch aus dem Lager der SPD, GRÜNEN und UNABHÄNGIGEN. Aber deren Front stand und es wurde knapp für die Entscheidung, ob die Prüfungspflicht auch außerhalb von Wasserschutzgebieten verpflichtend festgeschrieben werden soll. Das hätte mir gerade noch gefehlt. Die meisten Kommunen stellen sich schützend vor ihre Bürger und ausgerechnet hier gewinnen im Rat die Gefolgsleute der GRÜNEN-Landtagsabgeordneten. Nachdem mich die MfN Monate später auf die knappe Abstimmung hinweisen, schreibe ich umgehend an meinen Nideggener Verteiler:

04.07.2013, 18:40

knappes Abstimmungsergebnis gegen flächendeckende Dichtheitsprüfung in Nideggen

Bitte an möglichst viele Nideggener weiterverteilen …

Ein äußerst knapper Ratsentscheid bewahrt die Nideggener Bürger vor einer verschärften Dichtheitsprüfung, die weit über die Pflichten nach dem neuen Landeswassergesetz und der anstehenden Rechtsverordnung hinausgegangen wären.

Mit ihrem Antrag vom 25. März 2013 folgten CDU – Menschen-für-Nideggen und
FDP dem landesweiten Trend, auch den Bürgern in Nideggen nur noch die unbedingt
gesetzlich vorgeschriebenen Maßnahmen zur Dichtheitsprüfung und Zwangssanie-
rung zuzumuten.
Die am 09. April folgende Abstimmung kam zu einer äußerst knappen Entscheidung
zugunsten des Antrags von 13 zu 12 Stimmen. Ausnahmslos alle Ratsvertreter von
SPD, GRÜNEN und "Unabhängigen" stimmten gegen diesen Beschluss mit dem
Argument der Gleichbehandlung aller Bürger.

Da Nideggen nur vergleichsweise wenige Wasserschutzgebiete ausweist, hätte das
bedeutet, dass 96 % der Bürger (weniger als etwa 450 Bürger – vor allem in Embken
– von 10688 im Stadtgebiet) zu existenzgefährdenden und sinnlosen Investitionen
gezwungen würden, um sich solidarisch zu zeigen mit etwa 4 % unmittelbar durch
die Landespolitik Betroffenen. Der vorgelegte Antrag ermöglicht der Verwaltung,
auch bei den betroffenen Straßen in Embken, Muldenau und Wollersheim auf die
Vorlage von Bescheinigungen zu verzichten. Genau das wäre richtig und angemessen
im Sinne einer bestmöglichen Gleichbehandlung.

In unserer Stadt sollte jedes Ratsmitglied die Interessen der Bürger an oberster Stelle
vertreten. Dazu wurde jeder Einzelne gewählt. Landespolitisch motivierte Ziele
haben dahinter zurückzustehen.

Es wäre sicher nicht falsch, Ihre Ratsvertreter einmal persönlich, per Telefon oder E-
Mail anzusprechen und Ihre Meinung zu vermitteln.
[...]

An unseren Ratsherren der SPD richte ich danach noch einen direkten Appell über das Kontaktformular des Bürgerinformationssystems der Stadt Nideggen.

Abstimmung vom 09.04. zur Dichtheitsprüfung   05.07.2013, 15:12

Sehr geehrter Herr Keß,
ich war entsetzt darüber, dass der Ratsentscheid uns Bürger nur knapp vor einer verschärften Dichtheitsprüfung bewahrt hat, die weit über die Pflichten nach dem neuen
Landeswassergesetz und der anstehenden Rechtsverordnung hinausgegangen wäre.
Erwartet hatte ich, dass der Antrag von CDU, MfN und FDP mit breiter Mehrheit
angenommen würde. Für mich war selbstverständlich, dass Nideggen dem landesweiten Trend folgt und auch uns nur noch die unbedingt gesetzlich vorgeschriebenen

Maßnahmen zur Dichtheitsprüfung und Zwangssanierung zumutet.

Aus welchen Gründen haben Sie sich in der Abstimmung am 09. April gegen die
Interessen der Nideggener Bürger gestellt?
[…]

Eine Antwort habe ich nie erhalten. Auch das benachbarte Düren hebt nun
die beschlossene Abwassersatzung auf und „Alles dicht in Dorsten" tritt unserem Verbund bei.

Während uns die Lockerungen im vorliegenden Entwurf der Rechtsverordnung bei weitem nicht weit genug gehen, trommeln die Verbände der Kanalunternehmen im Gegenteil für deren Verschärfung. Der „infodienst Grundstück und Wasser" des KomNetGEW/IKTschreibt in seiner Mai-/Juni-Aus-
gabe:

Mai/Juni 2013
NRW: Verordnungsentwurf zur Dichtheitsprüfung in der Diskussion
Verbände haben SüwV Abw geprüft – Kritik an Details und am großen Ganzen

Das nordrhein-westfälische Umweltministerium hat zu dem Entwurf für die neue
Selbstüberwachungsverordnung Abwasser (SüwV Abw), die unter anderem die
Untersuchung privater Abwasseranlagen regeln soll, von mehr als zwanzig Verbän-
den und Institutionen weit mehr als 50 Seiten Stellungnahmen erhalten.
[…]
Einige Punkte im Verordnungsentwurf rufen noch Widerspruch hervor. Darunter die
Regelung, dass Kommunen per Satzung regeln können, dass die Bescheinigungen
über das Ergebnis der Prüfung der Gemeinde vorzulegen sind. An dieser Kann-Rege-
lung stoßen sich die DWA und der Verband der unabhängigen Sachkundigen für
Dichtheitsprüfungen von Abwasseranlagen (VuSD).
[…]
Ein weiterer Punkt, den Haus und Grund als erklärter Gegner der Dichtheitsprüfung
ebenfalls begrüßt, ist die Beschränkung der Prüfpflicht auf Abwasseranlagen in Wasserschutzgebieten und außerhalb auf Anlagen, die industrielles und gewerbliches
Wasser ableiten. Eine flächendeckende Untersuchung aller Grundstücksentwässe-
rungsanlagen wünscht sich dagegen die DWA. Es sollte nicht jeder einzelnen
Gemeinde überlassen werden, für Gebiete außerhalb von Wasserschutzzonen selbst
einen Zeitpunkt für die Zustandsprüfung durch Satzung festzulegen. Das führe zu
einer Ungleichbehandlung und zu einer Abhängigkeit von den jeweiligen politischen
Verhältnissen vor Ort, so die DWA.
[…]

Immerhin hat Haus und Grund da noch gegen gehalten, wenn auch bei weitem nicht so, wie es erforderlich wäre. Auch die geben offenbar die Bürger
in Wasserschutzgebieten zum Abschuss frei. Wieder einmal zeigt sich, dass
nur wir selbst unsere Interessen konsequent vertreten können. Alle anderen
fahren immer ihre eigene Agenda, die von vielfältigen Zielen und Nebenzie-
len diktiert wird. Da sind wir manchmal nützlich, oft aber auch nicht. Leider
haben die Bürger an sich keine gut finanzierte Lobby.

In der gleichen Ausgabe finden sich *„Hängepartie in NRW: Kommunen wollen nicht mehr warten Immer mehr NRW-Gemeinden ohne WSG heben Satzungen zur Dichtheitsprüfung auf.“* und *„STÄDTE UND GEMEINDEBUND NRW EMPFIEHLT: Satzungen vorerst nicht anwenden statt aufheben“.* Das hört sich allerdings nach einem Flächenbrand an, den der Städtebund eindämmen möchte, bevor zu viele Fakten geschaffen werden[64].

Beim BI-Treffen Münsterland am 19. September soll unter anderem über das Vorgehen in Vorfeld der Kommunalwahlen im Mai 2014 beraten werden. Die Frontverläufe verlagern sich schließlich schon jetzt in die Kommunen, spätestens dann aber, wenn das Thema im Landtag endgültig durch ist.

Eine weitere Beteiligung der Bürgerinitiativen scheint nicht mehr geplant zu sein. Einladungen, wie noch zu Beginn des Jahres, liegen nicht vor. Das Ministerium zieht das wohl jetzt alleine durch und sieht aufgrund der Machtverhältnisse keine Notwendigkeit mehr, die „Störenfriede“ da draußen noch zu hören. Hans-Peter sorgt für Klarheit, indem er die Gelegenheit während des Stadtfestes ergreift zu einem persönlichen Gespräch mit Norbert Meesters. Darin gibt dieser überdeutlich zu erkennen, dass eine Beteiligung der Bürgerinitiativen am laufenden Entscheidungsprozess unerwünscht ist:

Sunday, September 08, 2013 6:21 PM

Fw: Gespräch mit Norbert Meesters! AW: VDRK: "SPD und GRÜNE vertreten die Interessen der Branche"

Hallo liebe Mitstreiter/innen,
ich hatte gestern auf dem Voerder Stadtfest, welches in diesem Jahr bei uns in Möllen stattfand, eine sehr kurze Gelegenheit mit Nobert Meesters (Umweltpolitischer Sprecher SPD) zu sprechen. In Zeiten des Wahlkampfes lassen sich ja bekanntlich unsere Volksvertreter sehr gerne, möglichst pressewirksam, auf das „Wahlvieh“ hernieder. ;-)

Anmerkung: Auf dem Bild sieht man Herrn Meesters in der Nähe der Kamera rechts, während der Grußworte von Arbeitsminister Guntram Schneider!

Erst gab es ein 2 Minuten „Dreier-Gespräch“ mit dem Beigeordneten Limke, Meesters und mir, dann hatte der „Bürger Meesters“ (unter diesem Pseudonym machte er Wahlkampf zur Landtagswahl) auch noch wenige Minuten zum Dialog mit mir allein.
[…]

- Auf die Frage warum seine SPD- Fraktion, auch im Zusammenhang mit der Rechtsverordnung, nur mit den Verbänden (z. B. VDRK) spricht bzw. Einwände zulässt und die Bürgerinitiativen weiter außen vor lasse sagte er mit ziemlich ernster Miene: „Ich habe noch kein persönliches Gespräch mit dem VDRK geführt und lasse mir in diesem Zusammenhang auch keine Lobbypolitik nachsagen!“

- Auf meine Frage „Werden aus Sicht der SPD, wenigstens bei der anstehenden Anhörung, diesmal auch die BIs eingeladen?", gab es nur Ablenkungsmanöver unter dem Motto, „wir wussten ja bei der letzten Anhörung Anfang des Jahres, dass vonseiten der Opposition schon ein Vertreter eingeladen wurde und deshalb war ja dann auch alles in Ordnung!" Keine weitere Zusage für die Zukunft!!!

- Nachdem ich dann gefragt hatte, ob ein Moratorium mit begleitendem Monitoring nicht sinnvoller gewesen wäre, als diese sogenannte bürgerfreundliche Lösung mit brachialer Gewalt einfach durchzuziehen, schaute er mehrmals auf die Uhr und sagte: „Gewiss gab es dazu auch in meiner Partei kontrovers geführte Diskussionen, aber ich persönlich stehe zu dieser Entscheidung!" Abschließend der Satz: „Ist ja mal ganz nett Herr Bergmann, Sie auch mal persönlich kennengelernt zu haben!" Danach verließ er das Festgelände und wart verschwunden!

Viele Grüße und einen schönen Restsonntag!
Hans-Peter Bergmann

Danach setzt ein unübersichtlicher politischer Schlagabtausch ein, der unsere Leute in ein Wechselbad der Gefühle taucht. Cristof Rasche, FDP, meldet am 18. September *„seit Montag steht fest: SPD und Grüne wollen den Zwang zur Dichtheitsprüfung doch wieder einführen. Entgegen dem Versprechen von Ministerpräsidentin Hannelore Kraft sieht der nun vorgelegte Verordnungsentwurf eine starre Prüfpflicht in und außerhalb von Wasserschutzgebieten vor."*, gefolgt von Andre Kuper, CDU, *„Wenn dieser Entwurf in Kraft gesetzt wird, gibt es die Dichtheitsprüfung wieder für alle Grundstückseigentümer, also auch für die Grundstücke außerhalb von Wasserschutzgebieten (alle 30 Jahre)."* Ein Dementi durch Norbert Meesters vom 22. des Monats – *„SPD und Grüne bleiben bei ihren Zusagen: Eine Dichtheitsprüfung für Privatpersonen wird es nur in Wasserschutzgebieten geben"* – sorgt weiter für Verwirrung. Was stimmt denn nun?

Gleichzeitig wird ein erster Auftrag für das von Johannes Remmel vorgesehene Monitoring vergeben. *„Dazu muss man wissen, dass die Untersuchungen u. a. geleitet werden von einem erklärten Befürworter der Dichtheitsprüfung/Zwangssanierung und einem der einflussreichsten politischen Einpeitscher in OWL seit vielen Jahren. Herr Remmel will offenbar keinerlei Risiko eingehen, dass am Ende etwas anderes als das politisch gewünschte Ergebnis vorliegt."* kommentiere ich einen Artikel *„OWL-weites Forschungsprojekt zu Dichtheitsprüfungen"* in der Lippischen Landeszeitung vom 19. September.

Der Wahlkampf für den Bundestag geht zwischenzeitlich in die Endphase. Für keine der Parteien spielt das Thema Dichtheitsprüfungen dabei irgendeine Rolle. Die schon vorliegenden Unterschriften sollte man in Richtung Bund nutzen, schlägt manch einer vor. Aber so eine Aktion würde ungehört verpuffen. Die CDU gewinnt schließlich mit großem Abstand vor der SPD, FDP ist raus, Piraten chancenlos. Robert Longerich schickt seinen „Wahlschlappenblues" in die Runde. Offen bleibt, wem er denn die Daumen gedrückt hatte. Auch ein anderer Ausgang hätte für uns wohl keine große Rolle gespielt mangels bundesweiter Relevanz.

Die Rechtsverordnung soll in der inzwischen vorliegenden Form am 9. Oktober von Rot-Grün im Parlament durchgewunken werden. Ich habe mir nun die Zeit zur sorgfältigen Lektüre genommen und kommentiere meinen ersten Eindruck:

29.09.2013, 15:48

Stellungnahme zur neuen Rechtsverordnung zum LWG 61A
„Selbstüberwachung von Kanalisationen und Einleitungen von Abwasser aus Kanalisationen im Mischsystem und im Trennsystem"

Auf den ersten Blick enthält die Rechtsverordnung zum novellierten Gesetz 61A nichts Überraschendes, wenn man die öffentlichen Verlautbarungen der Rot/GRÜNEN NRW-Regierung verfolgt hat.

Aber wie immer steckt der Teufel im Detail. Einerseits sollen nur Wasserschutzgebiete von einer behördlich überwachten Prüf- und Sanierungspflicht betroffen sein. Andererseits heißt es im abschließenden Abschnitt dem Wortlaut nach, dass jede Leitung, die einmal einer Erstprüfpflicht unterlag, alle 30 Jahre erneut zu prüfen ist. Das wären dann neben denen in Wasserschutzgebieten auch alle neu verlegten Abwasserleitungen und solche, die eine bedeutende Änderung erfahren haben. Hier muss der Gesetzgeber Klarheit schaffen, ob diese widersinnige Formulierung tatsächlich so gemeint ist.

Der eigentliche Wortbruch aber liegt in der Ermächtigung der Gemeinden, auch außerhalb von Wasserschutzgebieten Prüf- und Sanierungsvorschriften nach Belieben zu erlassen. Man könnte sich hier zwar zurücklehnen und feststellen, dass jede Kommune eben den Rat bekommt, den sie verdient. Den Betroffenen ist damit aber nicht geholfen und unter dem Vorwand einer Gleichbehandlung der Bürger werden sehr viele Kommunen solche erweiterten Pflichten auferlegen – nicht nur solche mit einer GRÜNEN Meinungsführerschaft im Rat.
[…]

Meine ausführliche Stellungnahme leite ich in persönlichen Anschreiben jedem Landtagsabgeordneten zu mit einem letzten Appell:

An 30.09.2013, 15:20
Herrn […]
16. Landtag NRW
Düsseldorf

Stellungnahme zum "Entwurf einer Verordnung zur Selbstüberwachung von Abwasseranlagen – Selbstüberwachungsverordnung Abwasser – SüwVO Abw"

Vorlage 16/1131 vom 16.09.2013

Sehr geehrter Herr […],
zu Ihrer Information mit der Bitte um Beachtung und Unterstützung möchten wir Ihnen hier eine Stellungnahme der "Initiative Alles dicht in NRW" übermitteln.

Leider rechtfertigt der vorliegende Entwurf alle Befürchtungen, die die Bürger im Vorfeld hegten. Es ist unverantwortlich und sachlich nicht zu rechtfertigen, dass rigide Zwangsmaßnahmen ohne belastbaren Nachweis einer tatsächlichen Gefährdungslage durchgesetzt werden. Zumindest sind die Ergebnisse des geplanten fünfjährigen Monitorings abzuwarten und einer eingehenden Prüfung durch unabhängige Experten zu unterziehen. Bitte machen Sie Ihren persönlichen Einfluss geltend für eine sachgerechte Lösung des brisanten Themas.
[...]

Dass so etwas noch irgendetwas bewirkt, glaube ich allerdings nicht. Was jetzt noch kommt, entspricht eher Nachhutgefechten. Da die Verordnung und vor allem die Umsetzung den Kommunen einen großen Spielraum einräumt, sollte der Druck unbedingt aufrechterhalten bleiben. Keinesfalls darf der Eindruck entstehen, die Bürgerinitiativen könnten mit dem Erreichten überwiegend zufrieden sein. Schließlich geben die Verbände der Wasserwirtschaft ihrerseits auch keine Ruhe und sammeln weiter Argumente für eine Rückkehr zur alten Regelung. Da wird unsere Aufmerksamkeit noch dauerhaft gefragt sein.

Ich selbst will mich aber weiter zurücknehmen. Thomas Korte verabschiedet sich derweil auf den Jakobsweg. Viele sehen die Schlacht auf Landesebene als fürs Erste geschlagen an. Mit dieser Regierung wird nicht mehr zu machen sein. Die Kämpfe dürften sich nun auf die kommunale Ebene zurückverlagern. Schließlich stehen dort demnächst Wahlen an – ein idealer Umstand, um bei den Kandidaten Druck aufzubauen und Zusagen einzufordern.

Dichtheitsprüfung adieu – für die Meisten

Das war's jetzt fürs Erste. Mehr wird vorläufig nicht zu bewegen sein. Ungeachtet der lauten negativen Bewertungen, einschließlich meiner eigenen, die ich in die Runde geschickt habe, denke ich, dass wir alle gemeinsam viele unserer Ziele erreicht haben. Für die Landespolitiker ist das Thema erst einmal durch. Mehr ist nur mit einer anderen Regierung zu machen.

Auf Landesebene beobachten wir vor allem das Monitoring, zu dem gezielt erste Aufträge vergeben werden. Minister Remmel will kein Risiko eingehen. Einen Bericht von Uwe kommentiere ich noch in die Runde:

04.10.2013, 14:21

Fwd: Johannes Weinig spricht sich für Kanal-Tüv aus

Prof. Weinig ist seit Jahren als politischer Scharfmacher in OWL bekannt und aktiv. Weshalb bittet das Ministerium nicht beispielsweise Prof. Hepcke, die Untersuchungen gleichberechtigt zu leiten? Nur dann sind neutrale Ergebnisse zu erwarten. Herr Remmel möchte mit der Beauftragung von Prof. Weinig offenbar jedes Risiko missliebiger Resultate ausschließen.

Arzneimittel gelangen vor allem über die Kläranlagen direkt und ohne langwierige Versickerung in die Gewässer, weil diese dort nicht eliminiert werden können. Das müsste Prof. Weinig eigentlich wissen. Er ist außerdem wohl einer der wenigen "Experten" weltweit, der eine Selbstabdichtung von Abwasserleitungen bestreitet. Alleine dieser Fehlgriff sollte ihn als Gutachter schon disqualifizieren. Neutralität ist aufgrund seiner diversen Veröffentlichungen und Vorträge zum Thema ohnehin nicht zu erwarten.
[...]

Einige Tage danach gebe ich mein vorläufig letztes Interview für die Aachener Zeitung aus Anlass der Verabschiedung der Rechtsverordnung im Umweltausschuss [65]:

Dramatische Tragweite   09.10.2013
WERNER SIEGFRIED GENREITH
Initiative „Alles dicht in NRW", Nideggen

Sind Sie mit den Regelungen des Kanal-TÜVs zufrieden?

Genreith: Nein, natürlich nicht. Wir haben zwar das ursprüngliche Gesetz gekippt und nun mit der Rechtsverordnung mildere Konditionen. So fallen etwa die Pflicht zur Druckprüfung oder zur Beseitigung von Bagatellschäden weg. Vor diesem Hintergrund hat sich der Kampf gelohnt. Aber es sind noch immer zu viele Menschen betroffen. Wir sehen hierin einen Wortbruch der Ministerpräsidentin, die vor der Wahl 2012 in einem Interview versprochen hatte, „Ein- und Zweifamilienhäuser würde ich erst einmal davon ausnehmen".
[...]

Wie meistens, entspricht das stark verkürzt abgedruckte Interview nicht ganz dem, was tatsächlich gesagt wurde – trotzdem insgesamt ein gelungener Artikel.

Die Verordnung ist ohne Veränderung im Umweltausschuss am 9. Oktober durchgegangen. Laut Josef Hovenjürgen wird es am 17. Oktober in der Plenarsitzung direkt zur Abstimmung kommen. Das geht wohl jetzt seinen unaufhaltsamen Lauf. Trotzdem richte ich einen letzten Aufruf in die Runde, weniger in der Erwartung, irgendetwas daran ändern zu können, sondern eher, um unseren ungebrochenen Widerstandswillen zu bekräftigen:

10.10.2013, 18:24
Wir bitten um Ihre Hilfe: am 17. Oktober wird die Rechtsverordnung im Landtag beschlossen

Liebe Mitstreiter,
durch nachhaltigen Widerstand der letzten Jahre haben wir alle ein bestehendes Landesgesetz gestoppt. Die meisten Bürger glauben, damit sei das Thema "Dichtheitsprüfung und Zwangssanierung" vom Tisch. Das ist ein folgenschwerer Irrtum. Im Gegenteil haben wir es jetzt mit einer Rechtsverordnung zu tun, die immer noch für zu viele Bürger zu so sinnlosen wie existenzbedrohenden Belastungen führen kann.

Wie das Büro der CDU-Landtagsfraktion uns mitteilte, wird am 17. Oktober entgegen der Ankündigung nicht nur eine Debatte über die neue Rechtsverordnung zur Dichtheitsprüfung geführt, sondern unmittelbar zur Abstimmung gerufen. Da die Verordnung gestern, am 09.10., im Umweltausschuss mit der Rot-GRÜNEN Mehrheit unverändert durchgewunken wurde, ist das Ergebnis der Abstimmung voraussehbar. Trotzdem wird die Opposition auf namentlicher Abstimmung bestehen, sodass die Entscheidung jedem einzelnen Abgeordneten zuzuordnen ist.

Bitte schreiben Sie Ihre Abgeordneten der SPD kurzfristig an. Nutzen Sie den Mustertext unten. In der Vergangenheit hat sich gezeigt, dass Schreiben von vielen unterschiedlichen Personen wahrgenommen werden und für Verunsicherung bei den Abgeordneten sorgen.
[...]

Die Presse berichtet weiter, der NDR ruft mich an und bittet um Kontakte zu Betroffenen, Treffen der Bürgerinitiativen werden angekündigt, „Alles dicht in Dorsten", „Alles dicht in Oerlinghausen", „Alles dicht in Wesel" und „Alles dicht in Schermbeck" machen von sich reden. Ob Erfolg oder Misserfolg wird weiter vehement in unserer Runde diskutiert. Christoph Larisch aus Bocholt schreibt *„Offenbar hat ihm [Der Betriebsleiter] der Kontakt mit den "begeisterten" Bürgern inzwischen jede Lust auf die Dichtheitsprüfung genommen."* und Jürgen Klute mahnt zu Realismus und dazu, jetzt konstruktiv mit dem Erreichten fortzufahren:

23.10.2013, 03:08
Fw: Kanal-TÜV: neue Rechtslage und weiteres Vorgehen

Hallo zusammen, die in der letzten Woche verabschiedete neue Verordnung enthält diese Besonderheiten:

Die Gemeinden können Nachweise für die Dichtheitsprüfung nur verlangen, wenn sie dies in einer Satzung regeln. Die Satzung müsste auch eine Bußgeldvorschrift enthalten, denn die neue Verordnung bezeichnet einen Verstoß gegen die Pflicht zur fristgemäßen Dichtheitsprüfung zwar als Ordnungswidrigkeit, enthält aber keine Regelung zum Bußgeld. Das ist ziemlich untypisch, ein Formelkompromiss.

Damit hat das Land die Verantwortung, ob und in welchem Umfang die Dichtheitsprüfung durchgeführt und durchgesetzt wird, auch für alte Häuser in der Wasserschutzzone 3 den Kommunen überlassen. In Königswinter haben wir die Beschlusslage von Münster übernommen: Die Stadt darf nicht über die gesetzlichen Regelungen zur Dichtheitsprüfung an privaten Abwasserleitungen hinausgehen. Damit kann es keine Überwachung der Dichtheitsprüfung geben, keine Anforderung von Nachweisen, kein Bußgeld bei Nichtbefolgen. (In Königswinter haben wir allerdings noch kein Wasserschutzgebiet 3, nur ein großes WSG 3 in Planung)

Daher würde ich allen Initiativen empfehlen, nicht länger zu verkünden, das Land habe jetzt den Bürgern den Kanal-TÜV aufs Auge gedrückt. Stattdessen muss bekannt gemacht werden, dass die Kommunen es in der Hand haben, die Dichtheitsprüfung durchzusetzen, die Nachweise gegen Bußgeldandrohung einzutreiben oder es sein zu lassen. Nun muss wieder Druck auf die Kommunen gemacht werden, keine Satzung in dieser Richtung zu verabschieden. Am besten Kommunen mit der Münster-Beschlusslage ausfindig machen und diese als Vorbilder benennen.

Und dabei in der Sache argumentieren, dass die WSZ 3 die chemische Wasserschutzzone ist, ca. 300 m bis 3 km vom Trinkwasserbrunnen entfernt, in der das Ablagern von radioaktiven und chemischen Gefahrstoffen verboten ist, das Ausbringen von Gülle hingegen erlaubt ist, so dass ein paar Tröpfchen verdünntes Pipi aus unseren Leitungen kein Grund für aufwendige Sanierungsmaßnahmen sein können.
Vor der nächsten Landtagswahl kann man dann die Landesregierung wieder in den Fokus nehmen.

Viele Grüße Jürgen Klute Ratsmitglied köwi

So sehe ich das auch – kommt Zeit, kommt Rat, kommt Landtagswahl. Am 9. November tritt die neue Rechtsverordnung schließlich in Kraft. Jetzt warten viele noch auf die entsprechende Mustersatzung des Städte- und Gemeindebundes.

Der „Goldrausch" der Branche ist damit wohl beendet und die Überschrift über das alte Logo der Initiative hinfällig. Die würde in Zukunft wohl niemand mehr verstehen. Für die bereits geplanten Versammlungen und folgende Aktionen lasse ich auf Uwes Anregung nochmal fünftausend angepasste Aufkleber drucken und an ihn liefern. Statt „Goldrausch in NRW" steht da jetzt „Leben muss bezahlbar bleiben". Die Kosten teilen wir uns.

Abbildung 9: Logo der Initiative seit Ende 2013

Eine gute Nachricht gibt es noch aus Baden-Württemberg: *„Das Stuttgarter Umweltministerium hat die Pläne zur Einführung einer Dichtheitsprüfung für Abwasseranlagen entschärft. Nach dem ersten Gesetzentwurf vom Januar sollte die Prüfung für alle Gebäude in den Wasserschutzzonen I, II und III Pflicht werden. Damit wäre rund ein Viertel der Landesfläche betroffen gewesen. **Nach heftiger Kritik der Verbände der Hausbesitzer und Wohnungsunternehmen hat das Ministerium die Zone III, die mit Abstand die größte Zone darstellt, aus der Pflicht genommen.** ‚Als Ergebnis der Anhörung haben wir die einschlägigen Vorschriften überarbeitet', sagte ein Sprecher des grünen Umweltministers Franz Untersteller den Stuttgarter Nachrichten."* [66] Damit hat sogar das GRÜNEN-regierte Bundesland die Prüfvorschriften entschärft. Auch wir hätten angesichts der geringen Bedeutung der Schutzgebiete I und II mit so einer Regelung gut leben können.

Wieso kriegen die das hier nicht hin, wenn andernorts selbst eine grüne Regierung das kann? – Es ist nur noch absurd!

Ich lehne mich jetzt erst einmal zurück, die Beine hoch, eine Flasche Bier in der Hand, Chips auf dem Tisch. Dabei sitze ich vor dem Fernseher im schwarzen T-Shirt mit der Aufschrift „Opa 2014 … Loading", freue mich auf mein erstes Enkelkind und kämpfe jetzt nur noch ganz entspannt gegen den Klimawandel, meinetwegen auch noch gegen Erdbeben und Vulkanismus und hoffe, dass mir der Himmel nicht auf den Kopf fällt.

Und es gibt in der Tat wichtigeres in meinem Leben. Meine Tochter erwartet im kommenden April ihr erstes Kind. Vorher sind noch die Hochzeit und der Abschluss ihrer Promotion geplant – voller kann ein Terminkalender kaum sein. Auch deshalb ist die Dichtheitsprüfung schon seit Wochen für mich persönlich in den Hintergrund getreten und – wie ich zugeben muss – weil ich mich nicht mehr direkt betroffen fühle. So geht es wohl vielen.

Für die Aktualität meines Internetauftritts sorgt vor allem Uwe, der immer wieder Artikel einstellt. Die Technik für mein Portal und auch für die Unterschriftenaktion läuft stabil auch ohne mein Zutun. Die laufenden Kosten sind vernachlässigbar. Nur kurz denke ich sogar darüber nach, meinen Auftritt demnächst vom Netz zu nehmen. Ich bin mir aber sicher, dass ein solcher Schritt ein verheerendes Signal setzen würde dahingehend, dass der Widerstand auf Landesebene nun zusammengebrochen wäre. Und so sehe ich schnell davon ab. Außerdem wird der Auftritt längst auch außerhalb von NRW zur Information und Argumentation genutzt. Die monatlichen Besucherzahlen bleiben nach wie vor noch im fünfstelligen Bereich.

Anfang Dezember ist endlich die Mustersatzung verfügbar, die auf den neuen Regelungen der Rechtsverordnung basiert. *„Die Mustersatzungen wurden mit dem Ministerium für Inneres und Kommunales des Landes NRW und mit dem Ministerium für Umwelt und Naturschutz, Landwirtschaft und Verbraucherschutz des Landes NRW sowie der Kommunal Agentur NRW abgestimmt. Die Ministerien haben am 04.12.2013 ihre endgültige Zustimmung erteilt."*

Die Presse ist weiter an unserem Thema dran. *„Sehr geehrter Herr Genreith, wie besprochen hier meine Kontaktdaten. Wir sind für die Sendung Servicezeit auf der Suche nach Betroffenen, deren Abwasserrohre vermutlich durch die Hochdruck-Rohrreinigung beschädigt worden sind. Herzlichen Dank und freundliche Grüße, Manuel Gerber freier Mitarbeiter WDR"* – ein Wunsch, der nicht leicht zu erfüllen ist. Erst einmal kann ich nur einige Kontakte herstellen, die hoffentlich weiterhelfen. Mir selbst ist kein Fall bekannt, in dem so etwas nachweislich vorgekommen ist. Eine Kausalität ist in solchen Fällen ohnehin kaum beweisbar.

In der Tat verlagert sich der Protest jetzt zurück in die Kommunen unter dramatisch besseren Vorzeichen als noch 2011, zumal keine Gemeinde wirklich zu wissen scheint, wann welcher Kanalanschluss errichtet wurde. So vermeldet etwa Schwerte *„Wir haben Schwierigkeiten zu ermitteln, welche Hausanschlüsse denn tatsächlich vor 1965 gebaut wurden [...] Die städtischen Unterlagen geben zwar die Baujahre der Häuser wieder, aber wer zum Beispiel in den 1970er-Jahren die alte Sickergrube durch einen Kanalanschluss ersetzt hat, ist heute kaum noch zu ermitteln."* So dürften die meisten der noch betroffenen Bürger aufatmen und – wenn sie das Informationsdefizit geschickt nutzen – erst einmal noch die nächste Landtagswahl abwarten können. Ein Neujahrsgruß von Klaus steht stellvertretend für den begründeten Optimismus *„[...] In den NRW – Kommunen, wo die CDU das Sagen hat, sollte das besonders vor den Kommunalwahlen bei energischer Einflussnahme durch die jeweilige BI eine relativ leichte Übung sein. Auch da, wo GRÜNE und SPD „kippeln", dürften durchaus gute Chancen auf „freiwillig" zahnlose Tiger in Sachen Kanal-TÜV Verfolgung gegeben sein. Die am grünen Nasenring vorgeführten SPD Stadträte können dann mit ihren Oberbürgermeistern die anstehenden Prozesse verlieren oder die nächste Landtagswahl abwarten. Guten Rutsch ins Neue Jahr 2014 Glück, Gesundheit und einsichtige oder lernwillige Stadträte   Klaus Lau"*

Abbildung 10: NRW-Treffen Dülmen im Januar 2014

Abbildung 11: Münsterlandtreffen im März 2014

Abbildung 12: Treffen in Hamm-Pelkum im April 2014

Uwe Gellrich aus Dorsten, der Pate stand bei der Gründung unzähliger „Alles-dicht"-Bürgerinitiativen, der mit Kontaktfreude und Organisationstalent die Initiative über die letzten Jahre stets aktuell und lebendig erhalten und der unseren Landespolitikern immer wieder bewiesen hat, dass die Proteste noch andauern,

Klaus Lau aus Mönchengladbach, ohne den die Initiative „Alles dicht in NRW" niemals so schnell so erfolgreich geworden wäre,

Karl-Udo Priesmeier aus Bielefeld, der über seine engen Kontakte in seine SPD immer wieder für Aufsehen und Nachdenklichkeit gesorgt und letztlich seine Partei erfolgreich bewegt hat, nicht zuletzt auch für sein professionelles Lektorat dieses Buches und die wertvollen Anregungen zum Inhalt,

Fritz Pucher aus Minden-Haddenhausen, dessen fachlicher Rat und Zuspruch gerade in den ersten Jahren eine wichtige Motivation waren,

Hartmut Hepcke, der mit seinem wissenschaftlichen Renommee und fundierter Expertise die Diskussionen auf Landtagsebene versachlicht hat und den diversen Auftragsgutachten und Experten der Gegenseite wirksam entgegengetreten ist,

Erwin Fritsch und die „Menschen für Nideggen", die mich von Anfang an vorbehaltlos unterstützt, die die Fahne gegen den Prüfwahn im Stadtrat meines Heimatortes hochgehalten, vieles erreicht und schlimmeres verhütet haben,

Gerhard Minuth aus Harsewinkel, der mit seiner unermüdlichen Recherchearbeit immerzu für Aktualität sorgt und mich auf dem Laufenden hält,

Bernd Ahlers aus Nordwalde, der mit seiner Professionalität so manche Veranstaltung zu einem Erlebnis gemacht hat, darunter die unvergessene Demo in Münster,

Barbara Werner aus Wadersloh mit ihren wunderbaren Texten, Anschreiben, Ermunterungen und mutigen Initiativen,

Horst Heuberger, Rolf Finkbeiner, Klemens Henkes und Reinhard Polte aus Schleswig-Holstein, die mir am Anfang mit belastbaren Fakten und Texten geholfen haben, die gröbsten Stolperfallen zu umgehen,

All die unzähligen Mitstreiter, die mit eigenen Schreiben, Petitionen, Eingaben, Kontakten in die Politik unterstützt, die mich die Zeit über mit Informationen versorgt und stets auf dem Laufenden gehalten haben, ohne die „Alles dicht in NRW" nicht denkbar gewesen wäre.

Tabelle 2: Jeder Erfolg hat viele Väter. Sehr viele weitere Namen wären hier ausdrücklich zu nennen. Dafür reicht leider der Platz nicht. Die Liste beschreibt einige der Personen, mit denen ich persönlich intensiver in Kontakt stand oder die für mich eine besondere Rolle gespielt haben.

Kommt Zeit, kommt Rat, kommt Landtagswahl.

Relative Ruhe

Persönlich ist der Jahreswechsel eher geruhsam. Private Ereignisse dominieren eindeutig meine Gedanken. Neben meiner Freude über den erwarteten Nachwuchs mischt sich die Sorge um meine Mutter, die nach einer Krebsoperation im September schon bei der Hochzeit meiner Tochter über heftige Rückenschmerzen klagte. Mit dem Jahreswechsel bin ich außerdem in die aktive Altersteilzeit gestartet. Eine Mitteilung darüber hat es seitens meines Arbeitgebers nicht mehr gegeben und so legt nur mein dezimierter Gehaltszettel Zeugnis der Veränderung ab. An meinem aktuellen Job ändert sich damit allerdings vorläufig nichts. Ich vereinbare weiterhin Jahresziele mit meinem Management und dokumentiere die für das abgelaufene Jahr – alles wie gewohnt. Nur meine Karriereplanung lasse ich verständlicherweise schleifen, was noch zu unerwarteten Widrigkeiten führen wird.

Das Problem „Dichtheitsprüfung" glaube ich für mich gelöst zu haben und fühle mich eher als Beobachter der weiteren Entwicklung. Im Gegensatz zu früher habe ich auch keinen Plan mehr im Kopf, aus dem irgendwelche Schritte in der Sache abzuleiten wäre. Das alles einfach erst mal laufen zu lassen, erscheint mir eine vernünftige Strategie. Ein Vorsatz für das Neue Jahr ist schnell gefasst: Für längere Zeit will ich mich soweit wie möglich auf die Aufgabe als Web-Admin für meinen Internetauftritt zurückziehen, gelegentlich notwendige Updates durchführen, den Mail-Verkehr nur noch überfliegen und alles an meinen Verteiler weiterleiten, was irgendwie mit dem Thema zu tun hat. Direkte Anfragen an mich sind jetzt eher selten und so dürfte sich der Aufwand in engen Grenzen halten.

Dafür kann ich mein jetzt schon drittes Buchprojekt in Angriff nehmen. Nur der Titel – „Einsichten eines Schwarms" – liegt schon länger fest. In den folgenden Wochen sammle ich Material, skizziere Geschichten, schreibe bruchstückhafte Gedanken in eine Art Tagebuch. Die Ideen dazu tatsächlich umzusetzen wird kompliziert. Es sind eigentlich drei hoffentlich spannende Geschichten in verschiedenen Zeiträumen, die sich teilweise überlappen und die ich widerspruchsfrei verzahnen muss. Die Schwierigkeiten damit hatte ich erwartet und erscheinen lösbar. Nur schnell geht das eben nicht.

Gerhard meldet sich, wie schon gewohnt, nach kurzer Unterbrechung über den Jahreswechsel wieder zurück und ein Interessent fragt bei mir an *„sind auch Gäste an der Veranstaltung zugelassen, d. h. betroffene Bürger, die noch nicht einer BI angeschlossen sind? Mit freundlichen Grüßen aus dem (ebenfalls betroffenen Kleinenbroich)"*. Klaus meldet am 4. Januar den ersten Pressekontakt des Jahres *„Gegen 10 Uhr bekam ich heute Morgen einen Anruf der WDR Redakteurin Manuela Klüppel [...] zur Sendung ,Lokalzeit',* *die bei uns noch unbedingt heute deswegen drehen wollte, weil der Beitrag noch heute Abend auf Sendung gehen sollte."*

Das geht ja gut los im Neuen Jahr und wie das mit den „Guten Vorsätzen" wohl oft so ist, kann auch ich die nicht ohne weiteres durchhalten. Auch bei mir meldet sich der freie Mitarbeiter des WDR wieder und hakt nach wegen der laufenden Anfrage nach Betroffenen, die ich schon aus den Augen verloren hatte *„Sehr geehrter Herr Genreith, gibt es schon Neuigkeiten? Ich weiß, dass es sehr schwer ist, jemanden zu finden, […]".* Ich kann noch keinen Erfolg melden und leite die Nachricht noch einmal mit Dringlichkeit in unsere Runde:

Re: Antw: Re: WDR Anfrage	07.01.2014, 14:37

Hallo Herr Gerber, leider habe ich dazu keine verwertbaren Rückmeldungen erhalten. Das hängt sicher auch damit zusammen, dass wir das Verfahren in NRW Ende 2011 stoppen konnten. Ich persönlich erwarte, dass ab Mitte des Jahres das Thema wieder an Brisanz gewinnt, sobald die Kommunen die bis dahin beschlossenen Satzungen in Wasserschutzgebieten dann unter hohem Zeitdruck umsetzen. Im Augenblick gibt es in den meisten Städten und Gemeinden noch nicht einmal der neuen Gesetzeslage angepasste Abwassersatzungen.

Ihre modifizierte Fragestellung habe ich noch einmal in unser Netzwerk gegeben. […]
Viele Grüße und ein Frohes und erfolgreiches Neues Jahr wünsche ich Ihnen
W. S. Genreith

Einer Anfrage vom NDR am selben Tag kann ich ebenso wenig ausweichen. Informationen liefere ich, einen aktuellen Stand zu laufenden Aktionen habe ich allerdings nicht unbedingt:

NDR-Dokumentation	07.01.2014, 14:36

Lieber Herr Genreith
danke für die schnellen Informationen eben am Telefon. Sonja Brier und ich arbeiten derzeit an einer 45 minütigen Dokumentation zur Abwasser-Problematik für die Sendereihe 45min im NDR (Sendetermin Montag 22.00)
Wir wollen in unserer Dokumentation auch auf das Problem der Dichtigkeitsprüfung eingehen und sind Ihnen und Ihrem Netzwerk dankbar, wenn Sie uns mit Kontakten und Informationen zum Thema unterstützen können.

Herzlichen Dank

Auch diesen Ball spiele ich deshalb sofort ab und verweise die Redakteurinnen an weitere Kontakte. Neben überregionalen Sendungen erscheinen landesweit immer wieder Artikel in der jeweiligen Lokalpresse, darunter auch zum NRW-Treffen, für das Uwe immer wieder wirbt *„Hallo zusammen, Presse hat ihr Kommen zugesagt. Fernsehen ist auch informiert. Also kommt so zahlreich wie möglich. Die Themen gehen uns immer noch alle an, denn*

ganz schnell kann auch deine Gemeinde/Stadt betroffen sein. Also bis Sams-
tag, den 11.01.2014, 10 Uhr, Dülmener Hof, Haltener Str.178, 48249 Dül-
men. Gruß Uwe". Er organisiert das großartig, sicher nicht ganz alleine, aber
federführend. Auch Hartmut Hepcke wird dort einen Vortrag halten. Diesmal
wollen meine Frau und ich wieder einmal teilnehmen und verbinden die Rei-
se mit einem Besuch bei Freunden im Ruhrgebiet.

Je nach örtlicher Problemstellung kommen weit mehr Teilnehmer zusammen
als erwartet. Eine Versammlung von „Alles-dicht-in-Dorsten-Rahde" sprengt
den Saal einer Gastwirtschaft. Uwe ist fast überall gerade bei den jungen
Bürgerinitiativen mit beteiligt. *„Hallo zusammen, Bilder von der Veranstal-*
tung der BI-Dorsten, in Dorsten-Rade am 14.01.2014. Der Saal in der Gast-
wirtschaft Nienhaus-Venhoff war mit ca. 100 Besuchern mehr als gut gefüllt,
mehr passten beim besten Willen nicht mehr rein. Nochmals meinen DANK
an alle Mitstreiter, für diese wieder einmal super gelungene 5. Veranstaltung
in Dorsten. Gruß Uwe" und wenig später *„Hallo zusammen, nach den Ver-*
anstaltungen in Dorsten und Schermbeck, platzte jetzt auch der Saal in We-
sel aus allen NÄHTEN. Gruß Uwe Gellrich". Es ist unglaublich, was Uwe da
leistet. Ohne ihn würde „Alles dicht in NRW" wohl langsam aber sicher in
die Irrelevanz abgleiten. Er trägt in der Tat jetzt die Hauptlast der landesweiten Protestbewegung. Dabei beweist er eine ungeheure Energie, Zähigkeit,
Durchhaltevermögen und Zielstrebigkeit, die man bei ihm und seiner ruhigen, unaufgeregten Art nicht ohne weiteres vermuten würde. So jemand ist
ein Glücksfall für jede Bewegung.

Während in einigen Kommunen die Protestwelle jetzt erst richtig rollt, legen
andere schon ihre Webauftritte still, wie etwa Nordwalde. *„Hallo Siegfried,*
leider mussten wir unsere Webseite "www.alles-dicht-in-nordwalde.de" aus
Kostengründen (die Gebühr dafür wurde uns zu teuer) kurzfristig stilllegen.
Bitte lösche doch deshalb unseren Link in deiner Übersicht und setze statt-
dessen vorerst mal bitte einen Link auf deine NRW-Seite, da ich nicht weiß,
ob wir nochmal online gehen. Danke!". Die wenigsten allerdings kündigen
diesen Schritt an. Meist ist einfach der Link unvermittelt nicht mehr aktiv.
Die Entwicklung war abzusehen. Viele Kommunen haben keine oder kaum
Wasserschutzgebiete und der Zuspruch zu den lokalen Bürgerinitiativen
bricht einfach zusammen. Weshalb sollte man auch laut protestieren, wenn
es nur noch andere trifft? Immer mehr Kommunen heben ihre Satzungen auf,
verzichten auf Prüfbescheinigungen. So antworte ich einer frustrierten Kölner Aktivistin:

Re: Fw: Köln 1. Opfer der Kanallobby   03.02.2014, 17:53

Solange die öffentliche Resonanz auf unsere Aktionen relativ bescheiden ist, werden
wir nicht mehr viel bewegen können. Die jetzt Betroffenen müssen gemeinsam laut-
stark auf die Straße. Ich hoffe, dass bis zum Sommer sich genügend Leute endlich
betroffen fühlen und Wut und Verzweiflung dann groß genug sind, dass endlich

einige tausend Bürger bereit sind, ihren A… zu bewegen zu einer Demo nach Düsseldorf vor dem Landtag. Ansätze in 2011/12 sind an Desinteresse gescheitert.

Grüße W.S.Genreith

P.S. In Münster waren nur einige hundert Demonstranten dabei, weniger als bei einer gleichzeitig stattfindenden Feministinnen Demo, die in kurzen Röckchen und knappen Tops gegen Vergewaltigung protestierten. Da konnten wir natürlich nicht mithalten. Aber so ticken Leute eben.

Auch ich sehe mich da überwiegend nicht mehr in der Pflicht. Gerade Anfragen und Hilfe-Ersuchen von Betroffenen, die sich vorher offenbar in keiner Weise engagiert haben, behandle ich eher reserviert. Solidarität empfinde ich weiter für diejenigen, die mit uns zusammen seit Jahren schon kämpfen und den ganzen Mist immer noch vor sich haben, wenn auch unter deutlich abgemilderten Bedingungen.

Dass die Unterschriftenaktion stockt, ist angesichts der landesweiten Entspannung keine Überraschung. Nach vielversprechendem Start verharrt die Zahl bei gut viertausend Zeichnungen. Damit ist sicher kein Staat zu machen. Zum Vergleich: Allein in Rheine waren in 2011 bei einer Straßensammlung schon über sechstausend Unterschriften gegen die Dichtheitsprüfung zusammengekommen.

Ansonsten stehen erfreuliche private Ereignisse an. Meine Tochter hat es tatsächlich geschafft, nach nur drei Jahren und dazu noch hochschwanger ihre Promotion am Deutschen Krebsforschungszentrum abzuschließen. Das erste Enkelkind wird ein Mädchen. Soviel ist klar. Der Name ist noch Geheimsache. In spätestens zwei Monaten werde ich mehr wissen.

Im Vorfeld der Kommunalwahlen sorgt Uwe für weiteres Werbematerial mit der Aufschrift „Alles-dicht-in-NRW" *„Hallo zusammen, wir müssen sichtbarer werden. Unsere Aufkleber kennt Ihr Stück 0,20 Euro – NEU!!! Zum Aufbügeln auf Baumwolle 1 DIN A4 Bogen 1 Euro"*. Zur nächsten Versammlung bringt er dann sogar Stofftaschen und T-Shirts mit dem Aufdruck mit.

Ein Kommentator, offenbar aus der Kanalbranche, meldet sich auf einen von vielen Beiträgen, die Uwe im Lokalkompass veröffentlicht, der nur wenige Tage sichtbar bleibt und kurz darauf vom Moderator wieder gelöscht wird. Er zeigt sehr deutlich, welche Wut über die Entwicklung der letzten Monate sich auch auf der Gegenseite aufgebaut hat:

Markus O[…] aus Alpen   am 01.03.2014 um 08:45 Uhr

Herr Gellrich und alle anderen die sich aus Geiz und unvernunft dafür einsetzen, dass die Prüfung abgeschafft werden soll.

Ich hoffe, dass man Ihnen allen ein denkmal setzt. Das an vordertser Stelle der Hepcke steht und dass in 100 – 200 Jahren unsere Nachfahren Sie vom Sockel reißen.

Vor 100 Jahren hat man über unsere Autos und die daraus resultierende Umweltver-schmutzung genau so geredet wie Sie es heute machen. Nur ncht über den Tellerrand schauen.

Hoffentlich sind Ihre Denkmäler aus Bronze, damit man Sie einschmelzen kann und eventuell noch für irgendetwas positives zu gebrauchen sein werden.

Ihr seit echte Ignorante Rentnersäcke die einfach nur Geizig sind und glauben die weisheit mit dem Löffel zu sich genommen haben.

http://www.lokalkompass.de/wesel/politik/dichtheitspruefungkanal-tuev-jetzt-nimmt-auch-der-widerstand-in-wesel-fahrt-auf-d392374.html#comment1293381

So richtig glücklich mit unserem Erfolg ist der wohl nicht. Aus solchen Kommentaren schließe ich, dass das Geschäftsmodell tatsächlich kaum mehr existiert und auch in den Wasserschutzgebieten die Aufträge nur sehr schlep-pend eingehen. Schließlich tolerieren viele Kommunen inzwischen auch die Untätigkeit von Bürgern.

Der angekündigte Beitrag im WDR erscheint schließlich Anfang März. Ich erfahre nur über Uwe einen Tag später davon und verlinke den Artikel dar-aufhin *„WDR-Servicezeit vom 4.3.2014 Dichtheitsprüfung kostet Frau H.O. 21.437,96 Euro, plus Neugestaltung des Vorgartens! Kanalschaden nach Dichtheitsprüfung: Hochdruckreinigung kann ganze Abwasserleitungen zum Einsturz bringen Dienstag, 04. März 2014, 18:20 – 18:50 Uhr“*. Da sind die Redakteure offenbar doch noch fündig geworden, auch wenn ich selbst bis auf diverse Kontakte nicht wirklich dazu beitragen konnte.

Erst Mitte März starte ich noch einmal eine Kampagne, um weitere Proteste auf kommunaler Ebene anzuschieben:

Kommunalwahl 25. Mai   15.03.2014, 21:25

Liebe Mitstreiter, bitte leiten Sie die Mail an Freunde, Bekannte, Nachbarn, Kollegen weiter.

Nur vor der Wahl haben wir die Chance, Politikern substantielle Versprechen und Festlegungen abzuringen. Jede Wahl gibt Ihnen die Gelegenheit, die Bewerber mit Fragen zu konfrontieren. Besuchen Sie Wahlveranstaltungen vor Ort. Bestehen Sie auf klaren Antworten. Fragen Sie jeden Bewerber jeder Partei mündlich und schrift-lich. Kommen Sie mit Gleichgesinnten, die ähnliche Fragen stellen. Unangenehme Fragen einzelner Bürger werden gerne abgewürgt. Bei mehreren Fragern fällt das zunehmend schwer.
[…]

Ob das wirkt, bleibt mir verschlossen. Ich selbst unternehme in meiner Stadt nichts dergleichen, zumal ich hier vor Ort nicht mit weiterer Unterstützung durch Mitbürger rechnen kann. Selbst Betroffene in den Ortschaften im Stadtgebiet, die gelegentlich meinen Rat suchen, unternehmen letztlich nichts. Von einer Demo vor dem Rathaus ist mir zumindest nichts bekannt geworden.

Ende März erschreckt mich Erwin Fritsch mit einer Bitte um Rückruf zu einem geplanten Wasserschutzgebiet *„Hallo Herr Genreith, bitte am Wochenende tel. R. zur Frage "vorläufiges" Wasserschutzgebiet. Wie gehen wir da in der Satzung vor?"*. Er geht wohl davon aus, dass ich das Thema kenne – ist aber nicht so. Nach erster Beschreibung könnte mich das tatsächlich treffen und mein Puls zieht deutlich an. Erst nach einigen Tagen gebe ich meiner Familie Entwarnung. Die Grenze des neuen Wasserschutzgebietes verläuft „nur" bis auf fünfhundert Meter an unserem Grundstück vorbei. Klar ist nach diesem Erlebnis allerdings, dass niemand wirklich sicher sein kann, zukünftig nicht doch noch von den Prüfungen betroffen zu sein. Dieser Vorfall erinnert mich daran, dass Tiefenentspannung nicht die richtige Strategie sein könnte und ich die Entwicklung zumindest weiter beobachten sollte.

Andere aus unserer Abwasserrunde sind ohnehin nicht entspannt und nutzen politische Veranstaltungen durchaus dazu, das Thema Dichtheitsprüfung wach zu halten, vor allem bei den Bewerbern für die anstehenden Kommunalwahlen. Die Erfahrung zeigt, dass Politiker zu maximalen Zugeständnissen neigen, wenn sie vor solchen Ereignissen direkt angesprochen werden. So hat Wesels CDU-Bürgermeisterkandidat Mike Rexforth die Initiative für ein Gipfeltreffen mit dem möglichen nächsten Ministerpräsidenten Armin Laschet und der Landtagsabgeordneten Marie-Luise Fasse ergriffen [67]:

16. Mai 2014

Die CDU hält den Widerstand gegen den rot-grünen Zwangs-Kanal-Tüv aufrecht. CDU-Politiker aus Hamminkeln, Schermbeck, Wesel und Voerde haben die Resolutionen und Protestnoten gegen die Dichtheitsprüfung an den CDU-Landes- und Fraktionsvorsitzenden Armin Laschet übergeben. Bei dem Gesprächstermin im Düsseldorfer Landtag war auch die hiesige CDU-Landtagsabgeordnete und Kreisvorsitzende Marie-Luise Fasse mit dabei.

Armin Laschet unterstützt den Protest: „Das rot-grüne Gesetz ist weder bürgernah noch bürgerfreundlich. Es ist ein weiterer Beleg für die Regelungswut und den Vorschriftenwahnsinn von Rot-Grün. Natürlich müssen Abwasserrohre dicht sein. Die CDU setzt hier weiterhin auf Eigenverantwortung. **Die Prüfung von privaten Abwasserkanälen muss nur dann durchgeführt werden, wenn ein begründeter Verdacht besteht, dass sie undicht sind.**"

[...]

Neß: „Die SPD hat nicht Wort gehalten. Für den Wortbruch ist übrigens der Weseler SPD-Landtagsabgeordnete, Herr Meesters, persönlich verantwortlich, denn als umweltpolitischer Sprecher der SPD-Landtagsfraktion ist er zuständig für das Thema Zwangskanalprüfung. Er trägt somit höchstpersönlich Verantwortung für diese Belastungen, die auf die Hausbesitzer in unserer Region zukommen."

[...]

Die benutzten Formulierungen „dicht" und „undicht" gehen wieder einmal am eigentlichen Punkt „Verhältnismäßigkeit" vorbei, aber das Signal ist eindeutig. Derzeit kostet diese klare Position den Oppositionspolitiker Armin Laschet noch nichts. Aber vielleicht haben wir noch Gelegenheit, ihn in nicht allzu ferner Zukunft beim Wort zu nehmen.

Die Kommunalwahlen am 25. Mai sind vorüber. In vielen Kommunen wurden die Dichtheitsprüfungen im Vorfeld vehement thematisiert. In Nideggen erzielen die MfN einen nie gekannten Höhenflug, der die Wählergruppe auf den zweiten Platz hinter die CDU katapultiert.

Bis zum Sommer erlahmt das allgemeine Interesse an den Protesten wieder. Ich denke, das wird so bleiben, mindestens bis der erste Stichtag näherrückt und schreibe in das Sommerloch, um nach vier Monaten wieder einmal ein deutliches Lebenszeichen zu geben:

Die relative Ruhe	09.07.2014, 12:44

Liebe Mitstreiter,
viele werden schon festgestellt haben, dass derzeit relative Ruhe herrscht zum Thema Dichtheitsprüfung. Dies spiegelt sich in den Besuchen auf unserer Website wider (s. u.) und auch in unserem Mail-Eingang. Fußball WM und beginnende Ferienzeit tun ein Übriges. Anders als vor wenigen Jahren noch sind die ideologischen Verfechter des Prüfungswahns heute in der Defensive und ermöglichen vor Ort pragmatische Lösungen zur Umsetzung der neuen Vorgaben in bestehenden Wasserschutzgebieten. Das ist unser Erfolg und senkt natürlich andererseits das Streitpotential im Lande deutlich. Die meisten der aktiven Gegner sind inzwischen nicht mehr unmittelbar selbst betroffen.

Spannend wird sein, wie sich Mitbürger in Wasserschutzgebieten verhalten, sobald die Bescheide und Aufforderungen zu Prüfung und Sanierung ankommen. Wir werden sehen, ob sich daraus neuer Widerstand ergibt und wie hoch die Wellen gegen den existenzgefährdenden Unsinn dann schlagen.

Wir bleiben dran!

Mein Schreiben wird von dem einen oder anderen wohl als möglicher Rückzug verstanden, was ich so durchaus nicht beabsichtigt hatte. Vielleicht liegt die Wahrnehmung auch einfach darin begründet, dass in den letzten Wochen tatsächlich wenig von meiner Seite kam. Deshalb möchte ein besorgter Mitstreiter noch einmal bestätigt wissen, dass die Informationen weiter fließen:

Re: Die relative Ruhe	09.07.2014, 13:04

Guten Tag Herr Genreith,
als "Mitbürger im Wasserschutzgebiet" werde ich auf keinen Fall kampflos aufgeben.

Deshalb bin ich nach wie vor daran interessiert, insbesondere im letzten Jahr vor Ablauf der Frist über Musterprozesse zur Rechtslage informiert zu werden. Das gilt auch für Namen + Anschrift insoweit erfahrener Rechtsanwälte.

Sicher darf ich aber davon ausgehen, dass "Alles dicht in NRW" darüber auch weiterhin informieren wird.

Bei dieser Gelegenheit nochmals besten Dank für Ihre bisherigen Bemühungen! [...]

... was ich umgehend bestätige. Ohne solche Rückmeldungen wäre ich vielleicht in der Tat geneigt, auch meinen Auftritt allmählich einschlafen zu lassen. Bis auf gelegentliche Schreiben empfinde ich meinen Einsatz als überschaubar. Uwe sorgt derweil mit immer neuen Artikeln auf meiner Seite für die notwendige Aktualität, sodass der Auftritt nicht veraltet wirken kann, wie so viele andere, soweit sie überhaupt noch im Netz sind. Vorübergehend kann ich allerdings nicht auf ihn zählen. *„Liebe Mitstreiter, ich ziehe mich aus verschiedenen Gründen erst einmal aus unserem gemeinsamen Kampf gegen die Dichtheitsprüfung ... etwas zurück. Werde aber versuchen am 13. Sept. beim BI-NRW-Treffen zu erscheinen.“* schreibt Uwe Mitte Juli in die Runde. Er muss sich wohl erst einmal um persönliche Angelegenheiten kümmern, wie er mir anvertraut. Willi Kappen übernimmt derweil die Organisation des Treffens in Dülmen.

Eine neue Protestwelle bleibt auch am Jahresende 2014 aus. Die meisten Bürger werden erst dann wach, wenn die Behörden vor der eigenen Türe stehen. Ich habe da inzwischen wenig Mitleid und spiele die Bälle umgehend zurück, so wie im Fall eines Betroffenen aus Köln vom 25. August: „bei *meinem Ärger über die Aufforderung zur Dichtigkeitsprüfung bis 2015 bin ich im Internet auf Ihre Seite gestoßen. Unser Haus ist vor 1965 gebaut worden und ich weiß, dass die Rohre undicht sind. Können Sie mir sagen wie ich nun erst einmal vorgehen soll.“* Schließlich kenne ich die Klagen unserer Kölner Bürgerinitiative über das mangelnde Interesse der Mitbürger. Aus den bisherigen Presseartikeln hätte wirklich jeder von den drohenden Belastungen wissen und sich vor Jahren schon engagieren können. Ein breiter Widerstand damals hätte sicher auch in Köln Wirkung gezeigt. Jetzt dürfte für den Schreiber wohl alles zu spät sein. Mein Rat lautet in solchen Fällen immer ähnlich: Tut euch zusammen und belagert die Rathaustreppe mit Plakaten, Sprechchören und dergleichen. Manchmal hilft so was ja recht kurzfristig. Außerdem empfehle ich immer wieder, das Errichtungsdatum des eigenen Abwasserkanals mangels Beweisbarkeit in die siebziger Jahre zu verlegen.

„Es kann keinen Mitstreiter wirklich verwundern, dass sich das früher sehr zeitaufwendige und erfolgreiche Engagement der wirksam erfolgreichen ‚Frontkämpfer‘ inzwischen so weit erschöpft hat, dass sich in Zukunft der verbliebene Einsatzwille auf das persönliche Kommunalengagement beschränkt.“ schreibt Klaus noch einmal in die Runde. Ab jetzt kämpft jeder für sich, wie auch die folgende Mail beweist: *„Sehr geehrter Herr Genreith,*

ich bitte, mich aus dem Postverteiler zu streichen. In Enger ist die DP nun endlich vom Tisch. Ich hoffe, dass die Streichung auf diesem Wege klappt. Ich habe keine andere Möglichkeit gefunden. Die Aktionen der Bürgerinitiativen sind doch ein gutes öffentliches Druckmittel! Viele Grüße Susi K[...]".

Derweil kippen weitere Kommunen ihre Satzungen, darunter Simmerath, Königswinter, Lippstadt, Neunkirchen-Seelscheid, Lüdinghausen, verbunden jeweils mit dem Verschwinden des zugehörigen Protestpotentials. Abstrakte Solidarität gibt es halt nur mit Eisbären, Juchtenkäfern und Feldhamstern. Nachbarn und Mitbürger gehören nun mal einfach nicht dazu – ich verstehe das. Die Kölner geben schließlich auf wegen erwiesener Aussichtslosigkeit:

Von: BI Alles dicht in Köln   Montag, 3. November 2014 20:27
Betreff: Lebenszeichen aus Köln

Hallo noch kämpfende und hoffende Mitstreiter, erst einmal Respekt für das lokale Engagement. Ja wir in Köln leben noch – uns geht's gut. Wie ihr alle verfolgen konntet stehen die Zeichen hier ganz klar auf Pro DHP, selbst die Kölner CDU nickt dem Grün-Roten Filz in Sachen Kanal TÜV hinterher, einfach ekelhaft.

Wir waren live dabei und geben auch keine Statements zu eigenen "Recherchen" Außenstehender ab, egal ob Facebook oder sonstige wilde Informationen ... Wie auch immer, unsere politische Arbeit haben wir wegen der gänzlich fehlenden Möglichkeiten hier in Kölle eingestellt und gratulieren den Gemeinden mit echten Volksvertretern z. B. Königswinter.

Es wäre nur schön, wenn wir uns hier auf die heiße Phase konzentrieren und Bürgern, die klagen möchten unterstützen, denn die Gerichtsbarkeit ist für viele Gemeinden/Bürger die letzte Hoffnung. Ich hoffe, die Zusagen von Haus und Grund Rheinland gelten noch ... Leider können weder wir noch der Rest der Welt verhindern, dass ca. 80 % der Bürger sich sytemkonform verhalten und schlicht das tun was man von ihnen verlangt, so ist nun mal der deutsche Michel.

Selbst in meinem Bekanntenkreis haben viele das Nötige im vorauseilendem Gehorsam veranlasst: Inliner für 4.000 €, alles halb so wild – war alles keine große Sache, jaja. Werner und ich sind müde darüber und es lohnt einfach keine Diskussion mehr. Wir haben wirklich die Schnauze voll davon, sorry. Hier in Köln sind Zigtausende bei denen die Einschüchterung bestens funktioniert, zumal Köln ohnehin sehr grün verstrahlt ist, was Kritikunfähigkeit in Sachen Umwelt angeht (...Er hat Umwelt gesagt, steinigt ihn !!! ...") Also, bleibt' gesund, war eine schöne Zeit mit Euch / Sehr nette Leute haben wir kennengelernt.

Sven und Co. aus K.

Bis demnächst mal – wir checken nur sehr selten E-Mails, bitte nicht wundern, wenn die Antwort 2 Wochen dauert ...

Wen wundert's? Jede Stadt und jede Gemeinde verdient letztlich die Führung, die sie bekommt – § 2 Kölsche Jrundjesetz „Et kütt, wie et kütt".

Schließlich werden die von den Bürgern gewählt. Eine Einzelkämpferin und Hausverwalterin einer Wohnungseigentümergemeinschaft kommentiert die bizarre Situation in der größten Stadt NRWs:

Re: WG: Lebenszeichen aus Köln   04.11.2014, 17:56

Hallo alle miteinander!
Ja, ich bin aus Köln und habe schon vor längerer Zeit gehört, dass sich hier nicht lohnt, was woanders funktioniert. Dazu ist zu sagen, dass offensichtlich der Verein "Kölner Haus- und Grundbesitzerverein von 1888" sogar dafür stimmt und, wie er sagt, sich bemühen will, dass auch andere Gemeinden sozusagen ordentlich sind. So stand es in deren Zeitung. Das ist wohl so zu erklären, dass im Vorstand des Vereins Handwerksvertreter sitzen. – Muss man mehr dazu wissen? Seit ich das weiß, habe ich auf der Eigentümerversammlung dafür gestimmt, dass wir aus diesem Verein austreten und dem Verein "Haus und Grund Rheinland" beitreten. Die Kündigung ist schon fristgerecht raus. Nun will ich noch mit Haus und Grund Rheinland mich in Verbindung setzen, wie sie dort noch dazu stehen. Ich habe schon sozusagen in der Tasche, dass wir dort eintreten.

Was kann man gegen Dummheit machen? Heißt es nicht ohnehin, "gegen Dummheit kämpfen Götter selbst vergebens"? Man kann nur aufklären. Ich habe Aufkleber besorgt und Einkaufsbeutel mit dem Aufkleber "alles dicht in NRW".

Herzliche Grüße

So unterschiedlich können benachbarte Städte sein. Hier hat Düsseldorf mit seiner bürgerfreundlichen Satzung eindeutig die Nase vorn. Also ab sofort gilt „Alt" statt „Kölsch" und „Helau" statt „Alaaf". Als Eifeler bin ich da sowieso leidenschaftslos.

Bis auf die angestrebte Klage aus Extertal kommt eine rechtliche Klärung der Vorschriften nicht voran. *„Haus und Grund Rheinland hat es abgelehnt die Feststellungsklage, von der ganz NRW profitieren würde, ausserhalb des Satzungsgebietes zu unterstützen. Weitsicht geht anders."* schreibt Fritz Anfang November. Damit macht auch Haus und Grund faktisch einen Rückzieher von seiner früheren, vollmundigen Ankündigung. Merkwürdig finde ich das schon: Wenn ein toter Eisbär auf einer Scholle weit weg im arktischen Meer treibt, finden sich unter Umständen dutzende Organisationen und die gesamte Presse ein, um zu helfen, zu klagen, Spenden zu sammeln und Geld bereitzustellen. Sobald es um die eigenen Leute vor der Haustüre geht, ist niemand zuständig.

Ende November verkündigt Klaus noch den abschließenden Erfolg seiner Bemühungen in seiner Heimatstadt:

DICHTHEITSPRÜFUNG MG   21.11.2014, 06:30

jedes Leiden hat ein Ende …

Eilmeldung ab: „Interessengemeinschaft IG MG Dichtheitsprüfung Nein Danke" :
[…]

Hallo in die diversen NRW-Runden und an die zahlreichen Einzelkämpfer bei denen
ich mich für die nahezu 5 – jährige gute Zusammenarbeit bedanke.

Gestern (20.11.2014) hat der Rat der Stadt Mönchengladbach per 47. Nachtrag zur
Entwässerungssatzung beschlossen, die von allen NRW – Bürgerinitiativen im NRW
– Landtag erstrittene „Kannregelung" zum Wohle aller Beteiligten zu nutzen und
demzufolge die Prüfbescheinigungen über die Durchführung der Dichtheitsprüfung
privater Abwasserkanäle in den für die Prüfpflicht verbliebenen Wasserschutzgebieten (WSG) nicht mehr anzufordern, wie bis zum Dezember 2013 auch hier vorgesehen, flächendeckend, sondern vielmehr nur noch für (Kanal-) Neubauten und wesentliche Änderungen am Kanalsystem mit Errichtung ab dem 09.11.2013.
[…]

Die vielen Erfolgsmeldungen aus NRW-Kommunen werden sicher auch von
der Landesregierung wahrgenommen und dort nicht unbedingt positiv verbucht. So merkt Uwe an *„Ich bin ja einmal gespannt wie der Herr Rem.
Grüne, auf all diese Mitteilungen (Beschlüsse) reagieren wird."* Zumindest
mir ist nicht bekannt, dass die Regierungspräsidenten irgendeinen Gegen-
druck aufbauen, wie noch vor Jahresfrist, oder der Städte- und Gemeindebund, außer mit unverbindlichen Appellen, wirksam in die aus deren Sicht
sicherlich unerwünschte Entwicklung eingreift.

Wie in jedem Jahr steht vollkommen überraschend Weihnachten wieder vor
der Türe. Mit *„Euch allen wünschen ich Frohe Festtage Herzliche Grüße
aus der Eifel Werner Siegfried Genreith P.S. Wir bleiben weiter dran – die
Besucherzahlen der Seite hatten sich im Oktober mehr als vervierfacht und
bleiben auf hohem Niveau."* setze ich noch eine ermutigende Weihnachtsbot-
schaft ab.

Nach seinem Erfolg in Mönchengladbach verabschiedet sich Klaus nun wohl
endgültig aus seinem überregionalen Engagement. *„Für Euch und alle ehemaligen Mitstreiter natürlich alles Gute"*, schreibt er Anfang Januar 2015.
Aber immer noch entstehen hin und wieder auch neue Initiativen, bei denen
meist Uwe Pate steht, so wie in Horn-Bad Meinberg[68] und Rhede. *„Sehr
geehrte Damen und Herren, ich würde gerne wissen, wie ich eine Bürgerinitiative hier in unserem Ort gründen kann."*, fragt mich ein Betroffener aus
Wickede. Den Rat kann ich ihm geben und verweise auf die Anleitung auf
meiner Seite.

Im Februar 2015 schließt auch mein ältester Sohn seine Promotion als Physi-
ker erfolgreich ab. Damit ist jetzt schon der zweite „Dr. rer. nat." in der Fa-

milie. Nach seiner Verlobung Ende letzten Jahres ist im Sommer die Hochzeit geplant. Beruflich bin ich weiter regelmäßig unterwegs, allerdings deutlich seltener als zuvor und vor allem „nur noch" in Nordrhein-Westfalen zwischen Aachen, Duisburg und Blomberg.

Meine Tätigkeit für die Initiative beschränke ich soweit wie möglich auf die Administration meines Internetauftritts und eine oberflächliche Beobachtung meines E-Mail-Aufkommens. Das ist zumindest wieder einmal mein Vorsatz für das neue Jahr 2015, den ich nicht immer, aber meistens durchzuhalten gedenke. Nach der Erfahrung der vergangenen zwölf Monate bleibt abzuwarten, wie lange der hält. Leite ich eingehende Nachrichten an meinen Verteiler weiter oder nicht, sind die einzigen Entscheidungen, die ich vorläufig treffe. Manchmal ist etwas Interessantes dabei, dem ich dann doch nachgehe. Hinweise auf Fernsehsendungen, auf Aktivitäten von Verbänden lese ich sorgfältiger.

So drängt der VDRK wieder auf eine Bundesregelung im Interesse seiner Mitglieder. Die Verbraucherzentrale NRW berät unkritisch im Sinne der Landesregierung, was für Unmut sorgt. Einen „Tipp", der die Rot-Grünen Argumente pro Dichtheitsprüfung ungefiltert an die Leser transportiert, kommentiere ich in die Runde „… *leider trommeln auch die Verbraucherzentralen mit dieser einseitigen und unkritischen Darstellung letztlich für die Interessen der Kanalbranche … Eigentlich sollten solche Organisationen im Sinne der Verbraucher handeln und solche Behauptungen kritisch hinterfragen. Bitte gerne weitere Kommentare direkt an die Verbraucherzentrale*", was zu dem einen oder anderen heftigen Beitrag führt. „*Hallo, liebe Mitstreiter, ich habe den Totalversagern vom "Verbraucherschutz" (kann man nur in Anführungszeichen setzen!) den Marsch geblasen. Die spinnen doch!*" lässt eine Aktivistin aus Köln ihrem Zorn freien Lauf.

Der Herr aus Wickede meldet sich noch einmal über das Kontaktformular meiner Seite:

Initiative "Alles dicht in NRW"   01.04.2015, 19:46

Sehr geehrter Herr Genreith, es gibt Bürgermeister wie z.B. in Finnentrop dieser sagt, es besteht keine klare Gesetzeslage den Bürger eine Zwangsprüfung machen zu lassen, unser Bürgermeister (Wickede-Ruhr) beruft sich auf die Verfassung welche er geschworen hat zu dienen ??? .

Die Verbraucherzentralen stellen sich mittlerweile auf die Seite der Politiker , was auch nicht nachvollziehbar ist , meines erachtens gibt es doch keine Klare Gesetzes Richtung womit dieses begründet werden kann , oder ???

Wir in Wickede-Echthausen werden auch eine Bürgerinitiative gründen und uns Alles Dicht in NRW anschließen .
[…]

*„[...] Übrigens, die Verbraucherzentralen sind überwiegend öffentlich finan-
ziert und stehen zuerst einmal auf der Seite der Politik und dann erst auf der
der Verbraucher."* kläre ich ihn über deren Rolle auf.

Mangels Engagement von Haus und Grund bleibt die rechtliche Klärung die
Sache einer einzigen Bürgerinitiative, die hier ein beträchtliches Prozessrisiko eingeht:

> Gesendet: Samstag, 4. April 2015 14:44
>
> Betreff: Situation in Extertal Darstellung im Extertaler Spiegel
>
> Liebe Mitbürger/innen,
> die BI "Alles dicht in Extertal" hat einen Anwalt mit der Erstellung einer "Muster-
> klage" vor dem Verwaltungsgericht beauftragt.
>
> Die Klage wird am Beispiel eines Ehepaares aus Bösingfeld geführt. Die Kosten des
> Klageverfahrens trägt die BI "Alles dicht in Extertal" mit Unterstützung weiterer
> Bürgerinitiativen, da auch anderen Ortes ähnlich vorgegangen wird. Dennoch gehen
> wir für Sie alle ein finanzielles Risiko ein! Wir sind auf Spenden angewiesen, um das
> stemmen zu können!
>
> Bitte unterstützen Sie uns!
> Treuhandkonto BI Extertal
> Verwendungszweck: Klage
> [...]

Die sollten neben ihrem ganzen damit verbundenen Zeitaufwand und Ärger
zumindest nicht auf ihren Kosten sitzen bleiben. Der Aufruf mit Bankverbin-
dung bekommt umgehend einen herausragenden Platz auf meiner Seite. Bis
tief in die Nacht hinein hat Karl-Udo noch ein Flugblatt mit Hintergrundin-
formationen zu dem Vorgang entworfen *„Hallo Mitstreiter, nachdem Siegfried die Mail der Extertaler schon ins Portal gestellt hat, habe ich ein Flugblatt erstellt für meinen Rundbrief an mein hiesiges Netzwerk. Link zur Hin-
tergrundinformation ist eingebaut. Ich gehe davon aus, ihr seid einverstanden und wer möchte, kann gerne darauf zurückgreifen. Den Nachbarn im
Extertal ganz viel Erfolg in der Sache und viele Grüße aus 'Bieledorf' Karl-
Udo".* Die Spendenaktion läuft damit recht vielversprechend an.

Derweil geht die Vorbereitung für ein NRW-Treffen in die Endrunde, augenscheinlich wieder einmal mit prominenter Besetzung. *„Sehr geehrter Herr
Gellrich, Herr Hovenjürgen bedankt sich herzlich für die Einladung zum BI-
Treffen am 30. Mai 2015 in Dülmen. Er nimmt gerne teil, wird aber aufgrund seiner zeitgleich terminierten Bürgersprechstunde, erst um 12:30 Uhr
bei Ihnen im Hotel Dülmener Hof anreisen."* Es verspricht wieder interessant
zu werden, mit durchaus hochrangigen Sprechern. Uwe ist ziemlich bekannt
in politischen Kreisen und hat mit seinen Einladungen immer wieder Erfolg.

Mit ihrem „Verbrauchertelefon Kanaldichtheit" sorgt die Verbraucherzentrale wieder für Ärger. Ein Mitstreiter schreibt: *„Auf eine kritische Mail hat mir die Verbraucherzentrale NRW u. a. diese Sätze geschrieben: Für den Vollzug des Wasserhaushaltsgesetzes sind die jeweiligen Länder zuständig. Dabei können diese selbst entscheiden, auf welchem Wege sie die Einhaltung des Bundesgesetzes gewährleisten wollen. Neben Nordrhein-Westfalen haben auch bereits die Länder Hamburg, Hessen und Schleswig-Holstein Fristenregelungen für die Überwachung von Abwasserleitungen eingeführt."* Solche Aussagen sind irreführend, so als würde der Bund hier Maßnahmen erzwingen. Die Hinweise auf Hessen und Schleswig-Holstein sind schlicht falsch und man hätte auch auf die Bedingungen in Baden-Württemberg eingehen sollen, die den Unsinn längst entschärft haben. Es ist nicht Sache der Verbraucherzentralen, den politischen Irrsinn zu rechtfertigen. Neutrale Beratung sieht anders aus.

Ende Mai, rechtzeitig vor dem NRW-Treffen am nächsten Tag in Dülmen, geht erstmals eine Umfrage durch die Presse, nach der Rot-Grün keine Mehrheit mehr im Landtag hätte. Diese Aussicht hebt zwar bei einigen unter uns die Stimmung, aber noch trennen uns zwei Jahre von einer möglicherweise neuen Regierung. Da kann noch viel passieren und ob unser Problem dann noch durchdringt in die öffentliche Diskussion oder gar Wahlkampfthema werden kann, ist mehr als fraglich.

Dass durchaus nicht alle Stadträte im Interesse ihrer Bürger entscheiden, erfahre ich im Juni wieder von den MfN. Es ging um eine Entscheidung, auf Prüfbescheinigungen auch in den Nideggener Wasserschutzgebieten zu verzichten. Nach dem vorangegangenen Beschluss hätte die Verwaltung den Verzicht schon in ihren Entwurf schreiben müssen. Danach war sie schließlich verpflichtet, keine Regelungen zu formulieren, die über die gesetzlich vorgeschriebenen hinausgehen. Aus diesem Grund hatte ich mich auch entspannt zurückgelehnt, was die Nideggener Situation betrifft. Wieder einmal muss ich lernen, dass politisch niemals irgendetwas sicher ist, nicht einmal schon gefasste Beschlüsse, und jederzeit jede Absurdität möglich bleibt. Diesmal scheren auch CDU und FDP im Stadtrat aus und verweigern dem Appell der Wählergruppe MfN die Gefolgschaft, auf Änderung des vorliegenden Verwaltungsentwurfs zu bestehen:

#1 W.S.G.   2015-07-24 10:26
Der Antrag der Menschen für Nideggen bekam leider keine Unterstützung durch die anderen Parteien. Damit bleiben die MfN die einzige Gruppe im Rat, die sich noch für die Interessen der Bürger dieser Stadt uneingeschränkt einsetzt.
[...]

Ich bin wieder einmal fassungslos. Die vom Rat beschlossene Vorgabe wurde offenbar von der Verwaltung ignoriert. Was treiben unsere Feierabendpolitiker da eigentlich? Anstatt diesen Verstoß zu monieren, winkt die Mehrheit den fehlerhaften Entwurf durch. Und die wussten genau, was sie da taten.

Aber darum sollen sich jetzt bitte die Betroffenen selbst kümmern. Mich trennen davon immerhin fünfhundert Meter.

Mein neues Buch geht jetzt in Druck: „Einsichten eines Schwarms" unter meinem Pseudonym „Friedegis Heintger" beschreibt in drei zeitlich versetzt laufenden Erzählungen die Entdeckung des Geheimnisses von Bewusstsein und Intelligenz durch einen wissenschaftlichen Außenseiter, der unweigerlich die Kontrolle verliert mit dramatischen Folgen. Die über vierhundert Seiten stimmig und spannend zu schreiben, waren eine echte Herausforderung. Dafür ist mir das uneingeschränkte Lob meiner Kinder und Schwiegerkinder sicher. Meine Tochter berichtet mir, ihr Mann habe im Urlaub wohl fast eine ganze Nacht hindurch gelesen, weil er die Geschichte so fesselnd fand.

In regelmäßiger Folge erreichen mich nun tatsächlich Anfragen, wie man sich denn verhalten solle angesichts von Prüfverfügungen. Das Jahr 2015 neigt sich dem Ende zu und damit die Frist für alte Häuser. Mein Rat lautet regelmäßig, das Alter der eigenen Anlage erst einmal auf die siebziger Jahre zu datieren. Kaum eine Kommune wird in der Lage sein, das Gegenteil zu beweisen. Damit sind zumindest einige Jahre Zeit gewonnen bis über die nächste Landtagswahl hinaus.

Derweil bereitet Uwe ein weiteres NRW-Treffen vor und Willi Kappen richtet seinen eindringlichen Appell in die Runde, nachdem die Anmeldezahlen bislang enttäuschend bleiben:

> Gesendet: Freitag, 18. September 2015 06:14
> Betreff: Unsere Tagung am 31.10.15 in Dülmen
>
> Hallo liebe Mitstreiter in den NRW-BI's, einen schönen guten Tag!
> Von Uwe Gellrich habe ich erfahren, dass erst ca. 25 Personen AUS ALLEN NRW-BI'S bei ihm angemeldet sind. Ja sollen wir uns denn blamieren?? Sollte denn der MdL Markert rechthaben mit seinem Ausspruch: „…zu den Bürgerinitiativen geht sowieso keiner mehr hin …". Der hat, wie ihr wisst, nämlich auch sein Kommen zugesagt. Ich möchte ihn am 31.10. nicht breit grinsend, auf seinem Platz sitzend, sehen müssen. Diesen Anblick sollten wir uns alle ersparen. Drei weitere MdL haben auch zugesagt. Deshalb möchten wir, die BI Dülmen, euch ganz eindringlich bitten, alle eure/unsere Mitstreiter mobil zu machen und am 31.10.15 nach Dülmen zu kommen, sodass wir uns nicht blamieren, sondern im Gegenteil, zeigen wie stark wir sind.
>
> Also, machen wir es uns nicht selbst schwer und zeigen diese Stärke auch. Meldet kurzfristig eure Teilnehmerzahlen bei Uwe Gellrich an, sodass auch wir mit unseren Planungen weiterkommen. Die Tagesordnung wird euch, nach Fertigstellung, natürlich auch zu gesandt.
> In diesem Sinne
>
> Mit freundlichen Grüßen Willi Kappen

Noch vor Monaten war es kein wirklich ernstes Problem, einen Saal zu füllen. Zwei Wochen nach diesem Aufruf hat sich die Zahl der Anmeldungen fast verdoppelt, bleibt aber immer noch hinter den Erwartungen zurück:

Gesendet: Mittwoch, 30. September 2015 10:23
Betreff: wichtig!!! DHP-Alle sind herzlichst willkommen!-

Liebe Mitstreiter!? Ich bin schwer enttäuscht von einigen Bi`s >Alles-dicht-in-NRW<! Viele sind momentan nicht mehr betroffen. Und das habt ihr/sie dem Einsatz der Bürgerinitiativen (auch Einzelkämpfern) zu verdanken.

Ich kann die vielen Tage und Stunden (täglich), welche die Aktiven im Kampf gegen den Kanal-TÜV /Dichtheitsprüfung aufgebracht haben gar nicht mehr zählen. Mein Gott (auch Euer), ihr sollt hier keine Lobeshymnen singen. Aber zeigt BITTE durch Euer Erscheinen am 31.10.2015 in Dülmen unseren Zusammenhalt.
- Oder sollen wir uns bis auf die Knochen blamieren.
[...]
Es grüßt Euch Euer Mitstreiter (seit Ende 2008) Uwe Gellrich

Ich kann ihn nur bewundern für seine Energie und Ausdauer. Seinen Aufruf leite ich in die Runde. Leider werde ich selbst auch nicht dort sein. Aber schließlich geht alles gut aus und Uwe schreibt Mitte Oktober *„VIELEN DANK für eure Anmeldungen zum 31.10. in Dülmen. Bis jetzt haben wir 70 Meldungen. Das finde ich schon ganz TOLL."* Tatsächlich werden es dann noch viel mehr sein.

Auch die Spendenaktion für Extertal ist fürs erste erfolgreich. *„erst einmal vielen Dank für Eure Unterstützung bis jetzt. Damit ist die erste Instanz finanziell abgesichert. Aber es wird in die zweite Instanz gehen. Hier ist ein Gutachten erforderlich welches nochmals eine größere Summe erfordert. Und dann müssen wir eventuell in die dritte Instanz gehen."*

Bernd Ahlers meldet sich noch einmal bei mir *„Hallo Siegfried, schöne Grüße aus dem vorweihnachtlichen Münsterland aus Nordwalde bei Münster. Ich hoffe, Du erinnerst dich noch an mich. Hier ist es bezüglich der Dichtheitsprüfung inzwischen sehr ruhig geworden, weil wir hier im Münsterland und speziell in meinem Wohnort kaum noch betroffen sind. Trotzdem höre ich von den anderen Mitstreitern immer wieder, dass der Kampf noch weiter geht. Deshalb habe ich mal eine Frage: Ich habe hier immer noch ca. 3000 Aufkleber "Alles-dicht-in-NRW.de" rumliegen, die ich damals kurz vor meinem Rücktritt habe versehentlich nochmal anfertigen lassen."* Ich verweise an Uwe *„Der eigentliche Motor der Bewegung ist derzeit Uwe Gellrich. Ihm ist es zu verdanken, dass über 100 Teilnehmer auf der letzten Versammlung in Dülmen dabei waren und Herrn Meesters widerlegt haben, der meinte, das Thema interessiere niemanden mehr."*

Kurz vor Silvester 2015 erreicht mich dann noch die mehrseitige Aufforderung eines dubiosen „Juristen", einen bestimmten Link aus meinem Webauftritt zu entfernen. In einem schauderhaften Deutsch heißt es dort „*Gründe: Die Inhalte Ihrer hier benannten Links sind stark lügenhaft sowie auch die Basisartikel der Aachener Zeitung ist bereits sind hier zu Gunsten von A[...] gelöscht worden.*" und weiter im Text „*Sollte keinerlei Bestätigung Ihrerseits zu u.a. vollständiger Löschung verleumderischer Inhalte zu Lasten des Unterzeichners sowie u.a. über Dritte übermittelten sowie durch Sie veröffentlichten Daten erfolgen, werden wir umgehend straf –und zivilrechtliche Schritte zu Ihren Lasten vollumfänglich prüfen.*"

Uff – was war denn das? Vielleicht eine automatische Übersetzung aus dem Japanischen? Der Schrieb liest sich wie die Bedienungsanleitung für einen chinesischen Christbaumständer. Ich überlege nur kurz, ob ich das ernst nehmen soll. Der Urheber ist kein Anwalt, obwohl er in aller Unbeholfenheit versucht, diesen Eindruck zu erwecken. Seine Legitimation erscheint mir zudem mehr als zweifelhaft. Bei der Aachener Zeitung war er wohl schon erfolgreich, sodass der betreffende Zeitungsartikel [69] über eine Dürener Kanalfirma tatsächlich vom Verlag schon gelöscht wurde. Darin ging es um Sponsoring und Steuerhinterziehung in großem Stil. Der Artikel zeigte sehr schön auf, wie Korruption heutzutage funktioniert und bestätigt meine früheren Vermutungen über den Charakter der Einflussnahmen. Amtsträger werden nicht direkt bestochen. Das wäre viel zu gefährlich und vor einer investigativen Presse kaum geheimzuhalten. Heutzutage werden Vereine gesponsert, in denen auch Politiker nicht selten Funktionen bekleiden, oder denen dort zumindest eine Bühne für die politisch überlebenswichtige Eigenwerbung geboten wird. Man kennt sich halt zum Nutzen beider Seiten. Das hat zudem den Vorteil, dass der Aufwand auch noch von der Steuer abzugsfähig ist. Nachzuweisen sind solche Mauscheleien so gut wie nie.

Da ein toter Link ohnehin wenig sinnvoll erscheint, entferne ich den natürlich auch aus meinem Auftritt „*ohne Anerkennung einer Rechtspflicht wurde der unten bezeichnete Link auf den Artikel der ‚Aachener Zeitung‘ gelöscht. Weitere Dokumente und Unterlagen dazu existieren und existierten hier nicht in unserem Bestand.*"

Weder für die überregionale Presse noch für die Landespolitiker ist das Thema Dichtheitsprüfung im Jahr 2016 noch von irgendeinem Interesse. Die aktiven Initiativen fechten allerdings nach wie vor ihre Kämpfe mit örtlichen Entscheidungsträgern aus, über die immer wieder die jeweilige lokale Presse berichtet. Darunter ist leider auch Fritz, der für die Fremdwasserproblematik in Ostwestfalen immer noch keine befriedigende Lösung erreichen konnte.

Der Sachstand in der laufenden Feststellungsklage aus Extertal wird immer wieder nachgefragt. Bürger suchen Empfehlungen für Rechtsanwälte, die mit der Materie vertraut sind. Einige hundert Besucher täglich zähle ich noch immer auf meiner Seite. Nachrichten über den Prüfwahn in anderen Bundesländern erreichen mich gelegentlich, wie etwa aus Bayern und auch aus Niedersachsen, wo es nie ein Gesetz dazu gab, aber lokale Verwaltungen durchaus rigoros vorgehen und Prüfungen auf unterschiedlicher Grundlage einfordern. Für Mai haben Uwe Gellrich und Willi Kappen wieder ein NRW-Treffen in Dülmen organisiert. Irgendwie schaffen es die beiden noch immer, einen Saal zu füllen. So bleibt der Protest wach.

Im August kommt unser zweites Enkelkind zur Welt und das dritte erwarten wir schon im Oktober. Dass diese Ereignisse für mich im Vordergrund stehen, ist naheliegend. Aber die kommende Landtagswahl wirft ihre Schatten voraus und so ganz ignorieren kann ich die Vorgänge nicht. Der Ausgang ist ungewiss. Rot-Rot-Grün könnte eine Option werden oder Schwarz-Rot. Ob sich da die Dunkelroten gegebenenfalls durchsetzen, erscheint mir mehr als zweifelhaft, genauso, ob die Schwarzen eine Koalition platzen lassen wegen der Dichtheitsprüfung. Dass Schwarz-Gelb eine Chance hat, glaubt bei den vernichtenden Umfrageergebnissen für die FDP kaum jemand. Nach Rücksprache mit Uwe gebe ich die Ende 2015 abgeschlossene Unterschriftenliste weiter an die Piratenpartei mit der Bitte, die Funktionsprüfung im Wahlkampf zu thematisieren – ein erster Versuch, das Thema noch einmal auf eine Agenda zu hieven.

Im September schickt die Verbraucherzentrale ein Schreiben an mich wegen eines zornigen Kommentars: *„Auf dem Blog "NRWsagtnein" ist kein Impressum zu finden, sodass ich durch unterschiedliche Wege versuche, um an "Moni" heranzutreten. Ich bitte Sie, anliegendes Schreiben an Moni – wohlmöglich Monika Mostert – weiterzuleiten."* Was die Person „Moni" angeht, kann ich der Absenderin nicht so richtig weiterhelfen. Auch sonst kennt niemand in unserer Runde die Urheberin persönlich. Der Name ist möglicherweise ein Pseudonym. In diesem Sinne antworte ich *„da das Schreiben vermutlich per Post an meine Adresse unterwegs ist, hat Uwe Gellrich mich gerade vorab darüber informiert. Dazu muss ich leider feststellen, dass "Moni" (vermutlich Monika Mostert) mir auch nicht persönlich oder sonst näher bekannt ist."* Nachdem der Brief per Post bei mir eingegangen ist, nehme ich doch noch einmal gegenüber der Verbraucherzentrale zu dessen Inhalt Stellung:

Kommentare unter Presseartikeln von Moni	02.09.2016, 18:42

Sehr geehrte Frau [...],
ehrlich gesagt, habe ich gezögert, auf die immer wieder vorgebrachten falschen Argumente in immer wieder gleicher Weise zu antworten. Am besten lesen Sie den Leitartikel oben auf der Seite alles-dicht-in-nrw.de , der eine gute Zusammenfassung bietet. Die Rückstände, von denen Sie sprechen, stammen weit weit überwiegend aus Kläranlagen-Überläufen und Landwirtschaft, niemals aus defekten privaten Abwasserleitungen. Hier fehlt vollkommen jede Verhältnismäßigkeit.

Aber ich will die leidige Diskussion jetzt an dieser Stelle nicht fortsetzen. Sie bringen eines der üblichen Totschlagargumente ("... Jeder Tropfen, der in die Umwelt gelangt, ist aber einer zu viel ..."), deren einziger Zweck es ist, jede offene Debatte im Keim zu ersticken. Da fehlt nur noch die Frage "Sind Sie etwa gegen Umweltschutz?". Ihrem Argument zufolge müssten wir auch sofort den Straßen-, Schienen- und Flugverkehr einstellen, weil ja jeder Toter einer zu viel ist und sich Unfälle niemals vermeiden lassen. Vielleicht denken Sie einmal darüber nach, was Verhältnismäßigkeit bedeutet.

Eine Antwort erhalte ich nicht. Aber „Moni", die ich nur per E-Mail erreichen kann, ist beunruhigt wegen der vermeintlichen Klagedrohung, die sie in dem Schreiben sieht. Ob denn ihre Anonymität sichergestellt ist, fragt sie mich, nachdem sie mir erklärt, welche Maßnahmen genau sie denn dazu getroffen hat. Weshalb sie anonym bleiben will, ist mir allerdings nicht klar. Vielleicht spielt dabei eher eine abstrakt empfundene Bedrohung eine Rolle. Alle ihre Beiträge, soweit ich die kenne, sind zwar oft sehr emotional und auch wütend, aber strafrechtlich aus meiner Sicht keineswegs relevant. Da gibt es deutlich grenzwertigere Kommentare in jedem beliebigen Blog. Hinsichtlich der Verbraucherzentrale kann ich sie beruhigen. Die beanstandeten Aussagen dürften keinesfalls justiabel sein und der Schriftwechsel bleibt in der Tat folgenlos.

In der Klage aus Extertal geht nichts so richtig voran. Der beauftragte Rechtsanwalt schreibt *„mit dem zuständigen Richter [...] habe ich soeben in unserer Sache gesprochen. Die Sache steht in den nächsten 2–3 Monaten nicht zur Bearbeitung an. Und dann wird es voraussichtlich wieder einen Richterwechsel geben. Also ist mit einer Entscheidung nicht so bald zu rechnen."*

Wieder ist es Uwe, der im Wahlkampf den direkten Kontakt zu den Politikern sucht. Einen ersten Erfolg seiner persönlichen Bemühungen meldet er Anfang November *„Hallo zusammen, mehr konnte ich leider nicht erreichen. Landtagswahlprogramm DIE LINKE"* mit einem Auszug daraus *„Landeswassergesetz (LWG) und Zwangssanierung in Wasserschutzgebieten ist immer noch für viele Betroffene eine existenzielle Bedrohung ohne jeden belegbaren ökologischen Nutzen. Wir setzen uns ein für Umweltschutz, der die Verhältnismäßigkeit zwischen der Belastung gerade einkommensschwacher Bürgerinnen und Bürger und ihrer Wirkung auf die Umwelt nicht grob missachtet. Jede Belastung der Bürgerinnen und Bürger aus rein ideologischen Gründen lehnen wir ab."*

Die Positionierung fällt eher schwammig und nicht eindeutig aus. Trotzdem finde ich das schon einmal beachtlich. Damit ist die Dichtheitsprüfung nun offiziell wieder Wahlkampfthema. Seine Einschränkung *„mehr konnte ich leider nicht erreichen"* war unnötig und animiert mich zu einem erneuten Versuch, die Dichtheitsprüfung wieder breiter zu thematisieren. Am 12. November bitte ich per Briefpost die Pressesprecher jeder Partei, die derzeit im Landtag sitzen oder vermutlich demnächst einziehen werden, um eine Stellungnahme. *„wir bitten Sie um die Stellungnahme Ihrer Partei zur Zukunft* *der Funktionsprüfung (ehemals Dichtheitsprüfung) privater Abwasserleitun-gen. Das anhängende Schreiben senden wir Ihnen hier vorab als E-Mail. Vielen Dank im Voraus"*

Gerhard Minuth schreibt daraufhin *„Hallo Siegfried, ich fürchte, dass wir das Thema DHP/FP den Landtagsabgeordneten nicht ‚aufdrängen' können. Die haben das Thema für sich abgehakt und MdL Remmel hat es den Kom-munen „aufgebrummt". Dennoch sollten wir nichts unversucht lassen!".* Ein anderer Aktivist schreibt *„Toll Herr Genreith! Bin gespannt auf die Reaktio-nen … Vielen Dank für Ihre Bemühungen + schönen Sonntag!"* und auch Karl-Udo findet die Initiative in Ordnung *„Hallo Siegfried Toll, die Idee, im Vorfeld der Landtagswahl die Parteien anzuschreiben. Damit bist du schnel-ler gewesen als ich, weil ich so was eigentlich für das Treffen im Münster-land in der nächsten Woche auch anregen wollte. Aktueller Anlass für mich ist die Tatsache, dass wir hier in Bielefeld derzeit leider etwas Ärger über die Presse bekommen haben mit unseren "Freunden" vom BUND..(Näheres folgt gelegentlich)".*

Am 18. November leitet Hanns-Jörg Rohwedder von den Piraten den Zwi-schenbericht zu Remmels Monitoring an Uwe. Von der noch amtierenden Regierung wird der nun rege genutzt als angeblicher Beweis für die Schäd-lichkeit undichter privater Abwasserleitungen. Ich selbst bin kein Fachmann und warte auf fundierte Kommentare zum Inhalt. Schließlich äußerst sich ein Toxikologe, Professor an der Universität Düsseldorf, zu der Methodik. Sein Fazit lautet *„In dieser Form taugt der ‚Zwischenbericht' nur zur Panikma-che und bildet eine Basis für Auslegung in jede Richtung. In der Form und ohne weitere Differenzierung vollkommen sinnlos!"* Ein Toxikologe ist sicher kein Abwasserexperte. Trotzdem ist er sehr wohl in der Lage, eine wissen-schaftliche Methodik zu bewerten. Und schließlich geht es auch bei der Be-wertung eines Gefahrenpotentials aus Abwasserleitungen um den möglichen Transport von Giftstoffen und deren Auswirkungen. Hartmut Hepcke äußert sich erst später in ähnlichem Sinne.

Auf meine Anfrage an die Pressesprecher trudeln nur allmählich Antworten ein. Die GRÜNEN bringen erwartbar Bekanntes:

05.12.2016 14:04

Sehr geehrter Herr Genreith,
vielen Dank für Ihr Schreiben vom 11. November, welches ich Ihnen hiermit gerne im Namen der Landtagsfraktion von Bündnis 90/Die Grünen beantworten möchte.
[…]
Eine Funktionsprüfung von Hausanschlussleitungen stellt nicht nur den Schutz unse-res Grund- und Trinkwassers sicher, sondern prüft und erkennt gleichzeitig das in die Kanalisation eintretende Fremdwasser. Deshalb ist die Funktionsprüfung zum Schutz des Wassers, der Umwelt, aber auch im Sinne des Hausbesitzers unverzichtbar
[…]
Ferner haben Sie in Ihrem Schreiben erwähnt, dass bislang keine Erkenntnisse über

die Auswirkungen defekter Abwasserleitungen auf Grundwasser und Boden bestehen. Beiliegend zu diesem Schreiben übersende ich Ihnen einen kürzlich erschienen
Zwischenbericht zu einer Untersuchung des Rheinisch-Westfälisches Institut für
Wasser Beratungs- und Entwicklungsgesellschaft mbH (IWW), über die Auswirkung
undichter privater Abwasserleitungen auf Boden und Grundwasser. Das Unter-
suchungsvorhaben ist noch nicht abgeschlossen, dennoch ist das Zwischenergebnis
festzustellen, dass undichte private Abwasserleitungen sehr wohl Auswirkungen auf
dem umliegenden Boden und das Grundwasser haben.

Aus diesem Grund halten wir an der Dichtheitsprüfung für private Haushalte in Wasserschutzgebieten fest.
[...]

Die Behauptungen kann ich so nicht stehen lassen und antworte sofort in aller Kürze „*Sehr geehrter Herr Zumdick, vielen Dank für Ihre Stellungnahme, die ich so für unsere Internetseite übernommen habe. Bezüglich des Monitoring – der Zwischenbericht liegt uns schon seit einiger Zeit vor – möchte
ich Ihnen hier eine erste Bewertung vom 30.11.2016 durch einen unabhängigen Wissenschaftler zukommen lassen. Mehr werden sicherlich noch folgen.
Ich denke, auch Prof. Hepcke wird sich noch dazu äußern – spätestens, sobald ein Abschlussbericht vorliegt. Kurz zusammengefasst "In der Form und
ohne weitere Differenzierung vollkommen sinnlos!*“. Meine Antwort hätte ich
mir eigentlich ersparen können. Dass ich das gemacht habe ist wohl genauso
sinnlos wie der erwähnte Zwischenbericht.

Andere Parteien ersparen sich eine Stellungnahme, möglicherweise allerdings deshalb, weil man schon mit anderen Personen aus unserer Runde im
Gespräch ist. Dafür habe ich natürlich Verständnis.

In der folgenden Woche erreicht mich noch die Antwort des FDP-Generalse-
kretärs Johannes Vogel auf meine Anfrage vom November:

12. Dezember 2016

Sehr geehrter Herr Genreith,
haben Sie vielen Dank für Ihr Schreiben vom 11. November 2016 und die Fragen zur
Dichtheitsprüfung.

Für uns Freie Demokraten ist klar, dass Kanäle – egal ob privat, gewerblich oder
öffentlich – dicht und damit voll funktionsfähig sein müssen. Die Dichtheitsprüfung
mit einer generellen Pflicht zur Überprüfung von Hausanschlüssen ist aber weder in
ihrer damaligen Form als § 61a LWG noch in der von Rot-Grün novellierten Fassung
ökologisch sinnvoll oder den Betroffenen zumutbar. Die Kosten der Prüfung und
möglicher Kanalsanierung bleiben gerade für junge Familien und Rentner, die sich
nur unter großen Mühen ein kleines Häuschen leisten können, eine unkalkulierbare
Belastung. Zudem stellt sie Hauseigentümer unter einen nicht gerechtfertigten
Generalverdacht und ist für die Kommunen nur schwer umsetzbar. Die Freien
Demokraten haben dies in der vergangenen Legislaturperiode frühzeitig erkannt und
sich konsequent dafür eingesetzt, den Kanal-TÜV, die verpflichtende Dichtheitsprüfung für private Abwasserkanäle in Nordrhein-Westfalen abzuschaffen.

Bestärkt werden wir in unserer Auffassung durch die inzwischen vorliegenden ersten Ergebnisse des vom Umweltministerium veranlassten Grundwassermonitorings. Der wissenschaftlich-fachliche Nachweis für die Erforderlichkeit der rot-grünen Dichtheitsprüfung ist nicht erbracht.

Die Freien Demokraten im nordrhein-westfälischen Landtag begleiten unsere Initiative für die Abschaffung des Kanal-TÜV parlamentarisch. Die von der FDP-Landtagsfraktion im Landtag eingebrachte Gesetzesinitiative sieht eine Dichtheitsprüfung grundsätzlich nur noch bei Neubauten, umfassenden Umbauten oder wenn eine begründete Gefahr für den Boden oder das Grundwasser besteht vor. Diese Haltung teilt der FDP-Landesverband NRW. Das schützt die Umwelt Im ausreichenden Maß, ist praktikabel und gleichzeitig bleibt Hauseigentum für die Bürgerinnen und Bürger bezahlbar. Hieran wollen wir weiterhin festhalten und im kommenden Landtag für eine parlamentarische Mehrheit werben.
[...]

Auch dieses Statement bietet keine echte Überraschung. Eine solche Formulierung *„bleiben gerade für junge Familien und Rentner, die sich nur unter großen Mühen ein kleines Häuschen leisten können, eine unkalkulierbare Belastung."* hätte ich früher eher von den Sozialdemokraten erwartet. Na ja — die Zeiten ändern sich eben.

Mein sechzigster Geburtstag läutet gleichzeitig das Ende meiner beruflichen Laufbahn ein. Ab Januar 2017 befinde ich mich im passiven Abschnitt meiner Altersteilzeit. Das ganze fühlt sich vorläufig an wie ein langer Urlaub, zumal ich noch einige Dinge in Düsseldorf bei meinem Arbeitgeber zu regeln habe. Allerdings beabsichtige ich durchaus nicht, die gewonnene Zeit überwiegend für die Fortsetzung des Kampfes gegen den Prüfungswahn zu investieren. Viel wichtiger ist mir erst einmal, meine private Forschung intensiv weiterzutreiben. Tatsächlich gelingt es mir schließlich, einen mathematischen Nachweis zu führen, an dem ich mich schon seit Jahren immer wieder erfolglos versucht hatte. Es macht halt einen Unterschied, ob ich in ein so schwieriges Thema immer wieder vergleichsweise kurz eintauche oder mich konzentriert über Wochen damit beschäftigen kann. Die Ergebnisse sind nun reif für eine Veröffentlichung.

Den weiteren Verlauf der Proteste kann ich ganz gut anhand meines Mail-Verkehrs verfolgen. Vor allem Uwe und Gerhard halten mich zuverlässig auf dem Laufenden. In der Regel bin ich da nur auf Kopie ohne selbst reagieren zu müssen. Zum Zwischenbericht äußert Hartmut Hepcke seine Einschätzung, die durchaus zu dem passt, was der Düsseldorfer Toxikologe schon angemerkt hatte *„zu diesem Bericht ist es so gut wie unmöglich eine Aussage zu treffen. Es fehlen, oder sollten nicht mitgeteilt werden, präzise Informationen: wo welche Bodenbeschaffenheit vorliegt, welche Art der Abwasserleitungen (Beton......) usw. Um erfolgreich etwas anzugreifen, benötigt man auch viele wichtige Details. [...]".* Der Bericht taugt in der vorliegenden

Form offenbar nur zu ministerialer Polemik, jedoch nicht für eine wissenschaftlich-fachliche Auseinandersetzung mit Inhalten.

Die LINKE schreibt am 16. Januar auf meine Anfrage vom November und zieht sich damit offiziell aus dem Widerstandslager zurück. Nach diversen unverbindlichen Solidaritätsbekundungen lautet der Schlusssatz: *„Da keine Chance besteht eine bundeseinheitliche Gesetzesnovellierung durchzusetzen – DIE LINKE hat weder im Bund noch in NRW die Mehrheit – ist die jetzige Regelung für uns erst einmal akzeptabel."* Von denen wäre wohl in einer Rot-Rot-Grünen Koalition keinerlei Rückendeckung mehr zu erwarten.

Der Wahlkampf animiert nicht nur uns dazu, jetzt wieder auf die Politik einzuwirken. Wann sonst auch sollte der Einsatz erfolgversprechender sein? Leider spielt die Presse nicht mit. Für die ist das Thema eben schon lange kalt. Karl-Udo sorgt zumindest lokal für die unbedingt notwendige Öffentlichkeit und setzt damit ein Gegengewicht zu neuerlichen Publikationen unserer Gegner:

> aktuelle Presseschau aus Bielefeld   21.01.2017, 21:59
>
> Hallo Freunde,
> nachdem uns hier n Bielefeld zuletzt speziell die "einschlägig Verdächtigen" aus Umweltverbänden (z.B. BUND/Dr. D[...]) oder der Kanalbranche mit gezielten, redaktionellen Presseberichten oder Leserbriefen Verdruss bereitet hatten (ich habe mehrfach darüber berichtet), ist es uns jetzt gelungen, zumindest unser Netzwerk "Alles-dicht" und einige unserer wichtigsten Kritikpunkte in die lokale Presse zu bringen.
>
> Den Artikel aus der 'Neuen Westfälischen', Ausgabe BI-Süd = Lage der wesentlichen WSG, findet ihr im Anhang.
>
> Grundlage für den heutigen Beitrag waren ein Positionspapier, das ich vor längerer Zeit aus Veranlassung besagter Presseartikel mit Bernd Rohleders Unterstützung verschiedenen Chefredakteuren zugesandt hatte (dito. als Anlage beigefügt) sowie ein längeres Telefoninterview, das ich in den letzten Tagen der bearbeitenden Redakteurin gegeben habe.
> [...]

Trotzdem dümpelt das Thema Dichtheitsprüfung in der Öffentlichkeit vergleichsweise ruhig vor sich hin. So sagen die eingeladenen Politiker von CDU, FDP und GRÜNE aus unterschiedlichen Gründen ihre Teilnahme am NRW-Treffen am 1. April nach und nach ab. Nur die Herren Meesters (SPD) und Rohwedder (Piraten) sind schließlich dabei.

Eine unendliche Geschichte

Die Landtagswahl am 14. Mai 2017 führt zum Machtverlust von Rot-Grün. Minister Remmel ist damit Geschichte. Die CDU liegt deutlich vorn, die

FDP schneidet sensationell gut ab, die SPD bricht dramatisch ein, die GRÜ-NEN halbieren beinahe ihr vorheriges Ergebnis, DIE LINKE ist knapp draußen und die Piraten bleiben chancenlos. CDU und FDP bilden eine Koalition unter einem Ministerpräsidenten Armin Laschet. Ob der sich jetzt noch an sein Versprechen vom Mai 2014 erinnert? Immerhin sind ziemlich genau drei Jahre seitdem vergangen.

„Sehr geehrter Herr Gellrich, vielen Dank für Ihre Glückwünsche! Sollte es zu Koalitionsverhandlungen kommen, stehen zahlreiche Themen auf der Agenda. Die Funktionsprüfung wird sicherlich eines davon sein." lässt Henning Höne ausrichten und ein Mitstreiter erinnert sich daraufhin *„Hallo, vielen Dank für die Mail. Herr Laschet hatte uns erklärt, sich für eine Gesetzesänderung einzusetzen. Ich möchte ihn nun bald beim Wort nehmen."*

Im Koalitionsvertrag, der im Juni schon vorliegt, wird festgehalten *„Eine verpflichtende Funktionsprüfung privater Abwasserkanäle (Dichtheitsprüfung) soll es nur bei Neubauvorhaben, bei wesentlichen baulichen Veränderungen auf Grundstücken und bei begründeten Verdachtsverfällen geben."* Bedeutet das jetzt das endgültige Aus für die unseligen Prüfungen?

„es sieht tatsächlich so aus, als dürften wir uns heute Abend ein Gläschen gönnen!? siehe Auszug aus Koalitionsvertrag (heute früh veröffentlicht – s. Anhang) zum Thema "Wasser" und darin besonders die grüne Passage! – Daher erst mal ein besonders schönes Wochenende" schreibt Karl-Udo am 16. Juni in die Runde und Uwe folgt mit *„es scheint wirklich so weit zu sein, dass ich jetzt nach meinem Beginn mit dem Thema Dichtheitsprüfung (Ende 2008) diesbezüglich bald nur noch unsere Siegesfeier organisieren muss. Es war teilweise viel Arbeit, Demo Münster und vor dem Landtag Düsseldorf sowie vor vielen Rathäusern, Telefonate mit Landtagsabgeordneten, Presse, Bezirksregierung, MdB, Gründung neuer Bürgerinitiativen usw. Aber es hat auch viel Spaß gemacht und ich habe viele neue Freunde kennengelernt. Mit den restlichen Aufklebern „Leben muss bezahlbar bleiben" werde ich dann wohl meine Wohnung verunstalten können. Oder vielleicht beim letzten Treffen versteigern."*

Ungeduldig warten nun alle Betroffenen auf die Umsetzung dieser Absichtserklärung, schließlich tickt die Uhr bis zum Stichtag Ende 2020. So richtig weit ist der nicht mehr entfernt und Monate sind im Gesetzgebungsprozess schnell vergangen. Sobald die neue Umweltministerin feststeht, schreibe ich einen kurzen Glückwunsch *„Sehr geehrte Frau Christina Schulze Föcking, die Bürgerinitiativen Alles-dicht-in-NRW gratulieren Ihnen zur Ernennung als Ministerin für Umwelt, Landwirtschaft, Natur und Verbraucherschutz in NRW. Viel Erfolg bei Ihrer neuen Aufgabe!! Wir hoffen weiterhin auf eine gute Zusammenarbeit."* in der Hoffnung, dass die Ministerin die Passage im Koalitionsvertrag schnellstmöglich in Angriff nimmt und tatsächlich liefert.

Bis es soweit ist, heißt es Durchhalten und Zeit gewinnen für alle Betroffenen. Dazu rate ich jedem, der sich Hilfe suchend an mich wendet. *„so wie Sie vorgeschlagen haben, sollten Sie erst einmal auf den Bürgermeister zugehen. Die Landesregierung wird sich wohl eher zurückhalten, zumal in den Bezirksregierungen noch viele Überzeugungstäter aus dem Rot-Grünen Lager sitzen. Das wird Herrn Laschet noch heftigen Gegenwind bescheren und er wird mit seiner Mannschaft ein starkes Rückgrat brauchen. Sie können aber gerne in einem Schreiben an die LR [Landesregierung] Ihre Situation und die Dringlichkeit der Novelle deutlich machen"* antworte ich auf eine entsprechende Anfrage aus Stolberg.

Dieser Gegenwind ist auch bald spürbar. Die Lippische Landes-Zeitung titelt am 10. Oktober *„Dichtheitsprüfung ist nicht auszuhebeln – FDP und CDU wollen den generellen Zwang in NRW aufheben. Der Städte- und Gemeindebund verweist darauf, dass das gar nicht geht. Das Bundesrecht steht dem Gedanken entgegen"*[70]. Dass der Städte- und Gemeindebund unseren Zielen ablehnend gegenüber steht, ist bekannt und keine Überraschung. Sich auf die EU zu berufen wagt aber auch dort niemand mehr. Vor hundert Jahren hätten die sicher die Bibel herangezogen mit Bischof und Papst als Zeugen. Dafür ist jetzt das Bundesrecht an der Reihe und soll als Vorwand für die Alternativlosigkeit der bestehenden Regeln herhalten. Es ist nicht zu fassen, mit welchen Tricks da wieder gearbeitet wird. Was kommt denn danach? Womöglich hat die UNO ja auch noch ein passendes Abkommen in petto. Die Aussage ist schlicht falsch und darf nicht unwidersprochen bleiben. Auf mein Rundschreiben meldet sich Helmut Schilling aus Horn-Bad Meinberg mit einem Vorschlag:

10.10.2017, 22:41

Zeitungsartikel Dichtheitsprüfung ist nicht auszuhebeln

Hallo Siegfried, mich erreichte soeben über G. Lenzing deine Ausführungen über den Artikel in unserer Tageszeitung.
zur Information

Die Behauptung im Artikel, die Prüfpflicht ließe sich nicht
abschaffen, ist schlicht falsch. Baden-Württemberg hat schließlich
die Pflicht faktisch abgeschafft, indem sie nur noch bei WSG I + II
besteht. Andere Bundesländer vor allem im Osten haben die Pflicht
nie eingeführt. Dr. Queitsch ist übrigens vielen hier als alter
Hardliner schon bekannt und so eine Behauptung ist typisch für ihn.
Grüße W.S.Genreith

Wäre es möglich, dass Du daraus einen Leserbrief an unsere Tageszeitung formulierst? Evtl. mit meiner Unterstützung. Es würde große Aufmerksamkeit erregen, wenn jemand von „weit weg" sich zu Wort meldet. Stichwort: Gronau, Herausnahme des WSG Zone III aus der Satzung. Unsere Initiative darf in der Tageszeitung (Lippi-

sche Landeszeitung) höchstens eine Stellungnahme abgeben. Selbstverfasste Leserbriefe?, Fehlanzeige, abgelehnt
[...]

Viele Grüße Helmut

Mein Leserbrief wird dann auch am 22. Oktober in der Lippischen veröffentlicht. Ob es hilft?

Immer wieder gehen noch Hilfeersuchen bei mir ein. Mein Rat bleibt: Zeit gewinnen! Noch gibt es keine festen Zusagen der Landesregierung über einen Termin, zu dem die versprochenen Erleichterungen verabschiedet werden. Am 30. November wird uns ein „Entwurf einer Verordnung zur Änderung der Selbstüberwachungsverordnung kommunal (SüwV-kom)“ zugespielt, den viele für das von den Koalitionsparteien zugesagte Papier halten. Ein Landtagsabgeordneter der CDU informiert mich persönlich darüber, dass die Vorlage am 6. Dezember ohne Diskussion den Ausschuss passiert habe. Danach stellt sich allerdings schnell heraus, dass private Abwasserleitungen von dem Entwurf nicht tangiert sind und Enttäuschung macht sich wieder einmal breit:

13.12.2017, 10:20

Fwd: Entwurf einer Verordnung zur Änderung der Selbstüberwachungsverordnung kommunal (SüwV-kom)

Liebe Mitstreiter, leider betraf uns diese Änderung nicht. Im Antrag geht es nur um kommunale Einleiter. Wie mir ein Landtagsabgeordneter gerade telefonisch bestätigte, versuchen starke Kräfte im Ministerium, kommunalen Verbänden und Kanal-Lobby die Umsetzung der Koalitionsvereinbarung zu torpedieren. Wenn wir jetzt den Druck nicht wieder aufbauen und die Einlösung der Versprechen vor der Wahl einfordern, kann die Sache noch schiefgehen. Deshalb mein Appell an jeden

Schreibt Eure Landtagsabgeordneten der CDU und FDP an und erinnert sie an die Wahlversprechen und den Koalitionsvertrag. Texte können von der Seite verwendet werden (https://alles-dicht-in-nrw.de – etwas verändert, wo's passt).

Grüße W.S.Genreith

Immerhin ist der Koalitionsvertrag mittlerweile schon ein halbes Jahr alt und bis jetzt liegt nicht einmal ein Entwurf vor, aus dem hervorgeht, wie denn die entsprechende Passage umgesetzt werden soll. Ich bin nicht sicher, ob solche Aufrufe noch Wirkung entfalten. Früher hätte so etwas zu hunderten Schreiben geführt. Jetzt sind das nach meiner Einschätzung vielleicht noch ein paar Dutzend. Ich kann mich aber irren und die Zahlen sind doch höher, als ich denke.

In den Antworten werden vonseiten der FDP die guten Absichten bestätigt *„[...] Aus diesem Grund hat sich die NRW-Koalition bereits im Koalitionsvertrag darauf geeinigt, dass eine Funktionsprüfung nur noch in drei Fällen* *verpflichtend ist: Bei Neubauvorhaben, bei wesentlichen baulichen Veränderungen und bei begründeten Verdachtsvorfällen. Somit bleibt auch die Verhältnismäßigkeit gewahrt, insbesondere im Hinblick auf die stetig steigenden Kosten für privates Wohneigentum. Mit freundlichen Grüßen Henning Höne MdL"*. Die Aussage wirkt klar. Aber kann man sich darauf verlassen? Viele denken dabei noch an den Wortbruch von Hannelore Kraft, die ja schon 2012 in Aussicht gestellt hatte, Ein- und Zweifamilienhäuser auszunehmen. *„Hallo Herr Genreith und das ist es jetzt? Die Abschaffung des Kanal-TÜV's? Der Koalitionsvertrag REICHT???"* fragt Moni aus Köln am 28. Dezember nicht ganz zu Unrecht. Auch Uwe hat nachgefragt und erhält im Januar eine Antwort aus dem Büro vom Abgeordneten Josef Hovenjürgen:

12. Jan. 2018 um 15:02

Sehr geehrter Herr Gellrich,
die Thematik um die Dichtheitsprüfung wird derzeit interfraktionell beraten. Darüber hinaus wird im zuständigen Ministerium ein Paket erarbeitet, welches u. a. Fragen zur Dichtheitsprüfung enthält.

Ich bitte um Ihr Verständnis, dass es aufgrund der Komplexität des Vorgangs noch etwas Zeit in Anspruch nehmen wird.

Mit freundlichen Grüßen aus Düsseldorf
Im Auftrag
[...]
Landtagsbüro Josef Hovenjürgen MdL,
Fabian Schrumpf MdL, Petra Vogt MdL

Vertrauen ist gut, Gewissheit ist besser. Was passiert da eigentlich hinter den Kulissen? Welche Gespräche laufen da? Welche „Experten" nehmen Einfluss? Vertritt da irgendjemand noch unsere Interessen? Von den Bürgerinitiativen ist nach meinem Kenntnisstand jedenfalls niemand in irgendwelche Beratungen eingebunden und auf „Haus und Grund" können wir uns auch nicht uneingeschränkt verlassen.

Zum Jahresanfang 2018 starte ich eine länger geplante Aufräumaktion. Mein ehemals beruflich genutztes Büro im Keller ähnelt inzwischen einer Abstellkammer. Vieles verschwindet jetzt in der Mülltonne, anderes wird auf den Dachboden verbannt. Auf meinem Rechner sieht es kaum besser aus. Da haben sich unglaubliche Mengen nutzloser Daten angesammelt. Viele Gigabyte landen jetzt auf der virtuellen Müllhalde. Schließlich ist mein Mail-Archiv an der Reihe. Alleine das zu den Protesten gehörende Verzeichnis belegt schon stattliche zwei Gigabyte – für reine Textdaten ohne Videomaterial ist das eine enorme Menge, die auf Papier eine ganze Bibliothek füllen würde. Hier zögere ich noch, die Löschtaste zu betätigen. Einige Erinnerungen kommen mir in den Sinn und ich beginne zu lesen. Statt zu löschen, sortiere ich erst einmal wichtige und unwichtige und nach Jahreszahl. Damit bin ich für viele Stunden beschäftigt. Immer mehr Erinnerungen werden wach, an vergangene Erfolge, Niederlagen, Überraschungen, die ich fast schon vergessen hatte. Eigentlich liegt hier eine unglaublich spannende Geschichte ausgebreitet vor mir. Ob ich die wohl interessant erzählen kann? Eine Dokumentation vielleicht, eingebettet in eine spannende Erzählung?

„Darüber könnte man ein Buch schreiben" lasse ich im Kreise der Familie verlauten. Meine Frau ist skeptisch, meine Kinder auch. Also denke ich noch einmal darüber nach. Ergibt das irgendeinen Sinn? Eine nackte Chronik wäre wohl ziemlich langweilig. Kann ich die Spannung, die in dem Material steckt, denn überhaupt vermitteln? Einen Versuch wäre es doch wohl wert, denke ich. Außerdem habe ich gerade Lust auf so was. Es ist wieder einmal Neuland und ich liebe Experimente.

Also fange ich einfach an, schreibe einen ersten Entwurf nur aus dem Gedächtnis heraus, erstelle eine Gliederung. Das geht relativ schnell. Einige wenige in unserer Runde ziehe ich ins Vertrauen. Die Rückmeldungen reichen von *„interessiert doch niemanden mehr"* bis *„guter Gedanke, leider kann ich nichts dazu beitragen"*. Na ja – das war vielleicht nicht anders zu erwarten. Ich bin inzwischen aber überzeugt, dass es funktionieren kann. Die systematische Recherche in meinem Archiv deckt schnell auf, wie fehlerhaft das eigene Gedächtnis sein kann. Viele Schilderungen im Erstentwurf waren schlicht falsch, oder hatten zu einer anderen Zeit stattgefunden, oder die handelnden Personen waren ganz andere. Da kommt jetzt wohl viel Arbeit auf mich zu. Tausende Mails sehen mir skeptisch entgegen. Ob das überhaupt zu schaffen ist?

Derweil geht das Hinhalten von Seiten der Politik weiter. Die Neue Westfälische schreibt am 7. Februar *„Von der NW um eine Stellungnahme gebeten, teilt die umwelt- und agrarpolitische Sprecherin der CDU-Fraktion im Landtag, Bianca Winkelmann, mit: ‚Ein wichtiges Anliegen der neuen NRW-Regierung ist es, ideologiefreie Entscheidungen im Sinne der Bürger zu treffen.' Daher werde auch die Dichtheitsprüfung ("Kanal-TÜV") novelliert. Bis dahin empfehle sie jedem Bürger ‚abzuwarten, wie die zukünftige Neuregelung aussieht'. Winkelmann hofft, dass bis zum Sommer eine neue Verordnung fertig wird."*[71]

Die Sache zieht sich wie Kaugummi. Was soll daran so schwer sein? Baden-Württemberg und Hessen haben es schließlich vorgemacht. Jede der beiden Lösungen wären auch für uns hier akzeptabel. Misstrauen macht sich breit in unserer Runde. *„Der Osterhase kann zurzeit nicht ruhn, denn er hat alle Pfoten voll zu tun. Und dementsprechend liefert er im Trab Euch meine allerbesten Grüße ab."* richtet Uwe treffende Ostergrüße aus. Derweil gründet sich im Mai wieder einmal unter seiner Patenschaft die 84. und vorläufig letzte Bürgerinitiative als „Alles-dicht-in-Haminkeln".

Am 15. Mai 2018 tritt die bisherige Umweltministerin überraschend zurück. Bis sich Ursula Heinen-Esser in den neuen Aufgabenbereich eingearbeitet hat, kann es dauern. Viele sehnsüchtig erwartete Gesetzesvorhaben verzögern sich damit und niemand weiß, wie die frisch gebackene Ministerin persönlich zu den Prüfungen steht. Ende Mai geht noch einmal eine Bestätigung der CDU ein, an dem Änderungsvorhaben festzuhalten:

Betreff: Dichtheitsprüfung   Thu, 24 May 2018 21:27:47 +0200

Sehr geehrter Herr Balsen,
auf Ihre Nachfrage bei der Zuhörtour in Rosellerheide hin habe ich mich erkundigt, wann die Vorschriften zur Dichtheitsprüfung geändert werden sollen.

Die Änderung ist fest beabsichtigt. Zurzeit werden intensiv Details geprüft, dabei geht es vor allem um die Frage, was ein sogenannter „begründeter Verdachtsfall" sein soll, in dem Dichtheitsprüfungen auch in Zukunft erforderlich sein sollen. Eine Neufassung der Vorschriften soll noch in diesem Jahr erfolgen. Hausbesitzer, die nach derzeitiger Rechtslage bis zum Jahr 2020 eine Dichtheitsprüfung durchführen müssen, haben noch Zeit und sollten auf jeden Fall die neuen Regelungen abwarten, keinesfalls aber überstürzt handeln.

Mit freundlichen Grüßen
Ihr […]

Auch Uwe ist weiter am Ball. Auf seine erneute Nachfrage an Josef Hovenjürgen antwortet ein wissenschaftlicher Mitarbeiter:

        Montag, 28. Mai 2018, 18:50:13 MESZ
Betreff: Pflicht zur Kanalanschlussprüfung

Sehr geehrter Herr Gellrich,
nach Rücksprache mit Herrn Hovenjürgen informiere ich Sie gerne über den aktuellen Verfahrensstand hinsichtlich des Themas Pflicht zur Kanalanschlussprüfung.

Nach der zurzeit gültigen Rechtslage ist die Selbstüberwachung privater Abwasserleitungen in den §§ 7 ff. der Verordnung zur Selbstüberwachung von Abwasseranlagen -Selbstüberwachungsverordnung Abwasser – SüwVO Abw geregelt. Die Ermächtigungsgrundlage für diese Regelung in der SüwVO Abw ist § 59 Abs. 4 des Wassergesetzes für das Land Nordrhein-Westfalen – LWG -. Es muss daher die SüwVO Abw unter Beteiligung des Landtags geändert werden, um den Koalitionsvertrag umzusetzen. **Weil es sich um eine komplexe Sach- und Rechtslage handelt, werden derzeit Wege und Möglichkeiten geprüft, den im Koalitionsvertrag festgeschriebenen Passus umzusetzen.**

Eine verpflichtende Dichtheitsprüfung soll es nach dem Koalitionsvertrag nur bei Neubauvorhaben, bei wesentlichen baulichen Veränderungen auf Grundstücken und in begründeten Verdachtsfällen geben.

Die wesentliche Frage ist, wie begründete Verdachtsfälle vollzugstauglich beschrieben werden können, so dass die Vollzugsbehörden und die betroffenen Bürgerinnen und Bürger wissen, woran sie sind. Ein solches Verfahren wird einige Zeit in Anspruch nehmen.

Zum gegenwärtigen Zeitpunkt kann ich Ihnen leider keine konkreteren Informationen mitteilen. Sobald uns diesbezüglich weitere Informationen vorliegen, kommen wir gerne erneut auf Sie zu.

Mit freundlichen Grüßen
[…]
Wissenschaftlicher Mitarbeiter

Die Aussagen machen misstrauisch. Wird hier argumentativ ein Ausstieg aus einem Versprechen vorbereitet?

Zum Treffen am 9. Juni fahre ich diesmal wieder nach Dülmen. Mit meiner Frau habe ich mehrere Fahrradtouren geplant, unter anderem wieder zu den Wildpferden. Das Wetter ist heiß und sonnig bei wenig Wind – fast perfekt in dem flachen Gelände. Ich treffe wieder alte Bekannte. Karl-Udo ist dort und auch Hartmut Hepcke, die ich beide lange nicht mehr gesehen habe. Fritz musste leider kurzfristig absagen – schade. Auf Uwes Bitte hin erläutere ich die Entwicklung der Besucherzahlen auf meiner Seite und kündige mein Buchprojekt an. Damit habe ich mich jetzt wohl selbst in die Pflicht genommen. Einige Mitstreiter zeigen sich durchaus interessiert und bieten spontan Hilfe an bei den Recherchen an.

Daneben geht es um eine Erweiterung des Themenspektrums für meine Seite. Die ist wegen der immer noch vergleichsweise hohen Besucherfrequenz attraktiv. Ich bin da sehr strikt: Nur Themen, die sich eng um die private Abwasserentsorgung drehen, will ich akzeptieren, zumal die Meinungen in unserer Abwasserrunde abseits der Dichtheitsprüfung weit auseinandergehen. Plötzlich steht die Frage im Raum, wie wir mit den Parteien im Landtag umgehen, dem inzwischen auch die AfD angehört. Als sich eine Mehrheit für die grundsätzlich strikte Gleichbehandlung aller parlamentarischen Kräfte abzeichnet, verlässt ein langjähriger Mitstreiter empört den Saal. Später kündigt die ganze zugehörige Bürgerinitiative die weitere landesweite Zusammenarbeit auf. Das ist schade, aber der politische Riss durchzieht nicht nur eine abstrakte Gesellschaft, sondern trifft auch unsere Runde direkt. Darüber ist niemand unglücklicher als Uwe, dem es gesundheitlich ohnehin nicht gut geht.

Die verworrene Lage in den Kommunen brennt vielen Betroffenen unter den Nägeln. Einige Stadtväter sind nicht bereit, die erwartete Aufhebung der Prüfpflicht mit den gesetzlich jetzt schon erlaubten Erleichterungen vorwegzunehmen und beharren auf der Abarbeitung bestehender Satzungen. So schreibt ein Betroffener aus Much im Rhein-Sieg-Kreis an Haus und Grund Rheinland:

Sonntag, 15. Juli 2018 um 15:17 Uhr
Betreff: Dichtheitsprüfungen

Sehr geehrter Herr Erik Uwe Amaya,
das, was die CDU-Landtagsabgeordneten Bianca Winkelmann und Rainer Deppe
Ihnen sowie den Herren Dr. Johann Werner Fliescher und Thomas Tewes über die
Umsetzung der Koalitionsvereinbarung zu den Dichtheitsprüfungen erzählt haben,
hat mir nicht genügt. Herr Fabian Licher hat in Ihrem Verbandsmagazin, Ausgabe
Juni 2018, darüber berichtet. Ich habe mich inzwischen anderweitig erkundigt und
dabei Folgendes erfahren: Die Umsetzung der Koalitionsvereinbarung wird derzeit
noch im Umweltministerium in Düsseldorf aufgehalten. Verantwortlich dafür ist dort
ein Herr Fragemann, den Sie unter der Durchwahl-Nr. [...] erreichen können. Wenn
er sich nicht meldet, wenden Sie sich am besten seine Kollegin, Frau Wiedenhöft. Sie
hat die Durchwahl-Nr. [...] .

Trotz der Koalitionsvereinbarung werden Dichtheitsprüfungen von den kommunalen
Entsorgungsbetrieben nach wie vor verlangt, so zum Beispiel bei uns hier in der
Gemeinde Much. Mit einem Schreiben, das ich nicht als Bescheid bezeichnen
möchte, sind wir dazu aufgefordert worden, bis zum 15. August 2018 die Bescheinigung über die Dichtheitsprüfung bei der Gemeindeverwaltung vorzulegen.

Wann genau die Koalitionsvereinbarung rechtsverbindliche Kraft erlangen wird, steht
bislang noch gar nicht fest, obwohl der Koalitionsvertrag inzwischen schon über ein
Jahr alt ist. Und wenn die Sache vielleicht irgendwann mal neu geregelt sein wird,
wird das vielen Haus- und Grundstückseigentümern trotzdem nichts nützen, denn
das, was die Kommunen in ihren jeweiligen Satzungen hierzu festgelegt haben, wird
dadurch sicherlich nicht eingeschränkt werden. Deshalb wird die Umsetzung der
Koalitionsvereinbarung nicht in jedem Fall eine Veränderung zugunsten der Haus-
und Grundstückseigentümer mit sich bringen. Das wird so bleiben, wie es hier auch
jetzt schon praktiziert wird, die Gemeinde Much beruft sich bei ihrem Verlangen
nach der Dichtheitsprüfung auf ihre eigene Satzung.

Mit freundlichen Grüßen
Toni H[...] 53804 Much

Ähnlich wie hier spitzt sich auch in Stolberg die Lage zu. Die Stadtverwaltung macht Druck, schreibt Bürger an, besteht auf Terminen. Der Hinweis
auf die bevorstehende Aufhebung der Prüfungspflicht auch in Wasserschutzgebieten hilft nicht. Nicht einmal auf die Vorlagepflicht von Bescheinigungen will die Stadt verzichten:

Re: Fwd: WG: Aktuell Presse zur DHP   24.09.2018, 16:50

Hallo, heute wurde mir in einem längeren Telefonat aus der CDU mitgeteilt, dass es
Probleme gibt, die versprochenen Änderungen im Landtag durchzusetzen. Wann die
Änderung in Kraft treten wird, ist unbekannt.

Ich habe auf die Problematik der Bescheide z. B. aus meiner Heimatstadt Stolberg
hingewiesen, auch habe ich erwähnt, dass der Eindruck entsteht, dass für die Politiker
keine Rolle spielt, ob die Hausbesitzer die Kosten überhaupt zahlen können usw.

Ich habe darauf hingewiesen wie wichtig es wäre, wenn die Novelle noch 2018 in Kraft treten würde.

Ich habe auch ein Gespräch angeboten. Meine Einwände sollen an die Fraktion weiter gegeben werden.
Werner G[…], 52224 Stolberg

Im Oktober entschließe ich mich erstmals nach langer Schreibpause, die Fraktionsvorsitzenden der Regierungsparteien an ihr Versprechen zu erinnern und fordere über meinen inzwischen nach einer Bereinigungsaktion stark geschrumpften Verteiler zur Nachahmung auf:

Schreiben an den Landtag   09.10.2018, 11:04

Liebe Mitstreiter, das anhängende Schreiben habe ich an die Fraktionsvorsitzenden von CDU und FDP letzte Woche per Briefpost geschickt.

Es wäre aus meiner Sicht gut, wenn Sie ähnliche Briefe an Abgeordnete der Regierungsparteien aus Ihrem Wahlkreis und ans Umweltministerium schicken, mit einer freundlichen Erinnerung, die Versprechen vor der Wahl und aus dem Koalitionsvertrag jetzt endlich umzusetzen. Viele Betroffene warten dringend auf eine solche Klärung ihrer Situation. Die Umweltministerin ist auch über Facebook zu erreichen.

Meine Befürchtung ist, dass sich die Beamten aus dem Umweltministerium, die überwiegend schon unter Rot-Grün in Diensten standen, gegen die neue Umweltministerin durchsetzen und versuchen, die versprochenen Erleichterungen zu sabotieren. Im Übrigen sollten wir alle auch die Verbände der Kanalunternehmen nicht unterschätzen, die im Hintergrund ihre Fäden ziehen.
[…]

Die Rückmeldungen zeigen mir, dass ein solcher Aufruf immer noch eine erfreuliche Wirkung entfaltet. So schreibt etwa Rainer Tenbrink von der noch vergleichsweise jungen Bürgerinitiative „Alles-dicht-in-Rhede" *„Ich für meine Person, sehe hier absolut schwarz, was unsere Interessen angeht. Ich lasse mich gerne eines Besseren belehren bzw. positiv überraschen. Der Optimismus seit dem Regierungswechsel ist für mich verflogen."* und bezieht sich dabei auf die Antwort auf sein Schreiben an die Vorsitzende des Umweltausschusses:

                                        Montag, 15. Oktober 2018 13:29
Betreff: AW: Koalitionsvertrag der CDU/FDP in NRW: Ihr geplante Novellierung der verpflichtenden Funktionsprüfung privater Abwasserkanäle (Dichtheitsprüfung)

Sehr geehrter Herr Tenbrink,
im Auftrag von Frau Dr. Peill danke ich Ihnen für Ihre Nachricht vom 30. September bezüglich der verpflichtenden Dichtheitsprüfung von Abwasserrohren in Wasserschutzgebieten.

Frau Dr. Peill bat mich Ihnen mitzuteilen, dass es sich bei dieser von Ihnen angesprochenen Regelung um eine Thematik handelt, die aktuell sehr intensiv im zuständigen Arbeitskreis diskutiert wird. Zu der im Koalitionsvertrag niedergeschriebenen Aussage (S. 81 bzw. 84) steht die CDU-Fraktion auch weiterhin.

Des Weiteren will ich Ihnen gerne mitteilen, dass das Umweltministerium diesbezüglich noch in dieser Woche ein Gespräch mit den kommunalen Spitzenverbänden hat **in dem ausgelotet werden soll, welche Maßnahmen machbar sind.** Gerne wird sich Frau Dr. Peill in den nächsten Tagen erneut bei Ihnen melden, wenn es nach diesem Gespräch neue Erkenntnisse gibt.

Mit freundlichen Grüßen [...]

Die Formulierung lässt in der Tat nichts Gutes erahnen und geht mit identischem Wortlaut auch an andere Mitstreiter. „*Welche Maßnahmen machbar sind*" hört sich doch zu sehr nach Rückzug an. Werden hier etwa Argumente gesammelt, um einen geplanten Wortbruch zu begründen? Ich selbst schwanke in meiner eigenen Beurteilung zwischen Zuversicht „Die werden das schon machen" und Misstrauen. Jetzt schon an Armin Laschet und die Umweltministerin Ursula Heinen-Esser zu eskalieren, halte ich für verfrüht.

Die Antwort von Christof Rasche auf mein eigenes Anschreiben wird aus Stolberg kommentiert:

Re: Antwort Christof Rasche FDP   22.10.2018, 14:46

Hallo nach Nideggen,
vielen Dank für die neuen Informationen. Wenn ich dies alles so lese und noch die Stellungnahme von Frau Dr. Peill aus der vergangenen Woche nehme, steht für mich fest, die Änderung ist noch lange nicht beschlossen.

Ich hatte Herrn Hovenjürgen bereits meine Bedenken zum begründeten Verdacht geäußert und dies scheint eines der Probleme zu sein.

Die Umweltschutzorganisationen werden wohl nicht zu unseren Gunsten argumentieren, wie sich die Städte bei dem angekündigten Gespräch verhalten ist abzuwarten, zum einen sollen sie ja lt. Verwaltungsgericht gar nicht zuständig sein und zum Zweiten ist die Arbeit sehr unangenehm.

Man muss bedenken und so weit gebe ich unserem Bürgermeister recht, er muss sich an die bestehende Satzung und an das Gesetz halten und so lange dies nicht geändert ist, hat er kaum eine Alternative. Da er kein positives Signal aus dem Landtag hat, wird er in Kürze hier in Stolberg alle 1370 Hauseigentümern den endgültigen Bescheid zustellen lassen.

Und dies wird nicht nur für Stolberg gelten.

Eine verfahrene Situation -- auf dem Rücken der betroffenen Hauseigentümer, die oft gar nicht wissen, was da auf sie zu kommt, die nicht wissen, mit welchen Kosten sie rechnen müssen und wie sie diese bezahlen sollen.

Viele Grüße aus Stolberg
Werner G[…]

Nach einem Urlaub an der Küste steht im November wieder Nachwuchs ins Haus. Ich werde jetzt schon zum vierten Mal Großvater — ein tolles Gefühl. Nur selten denke ich darüber nach, wie man denn politisch wirksam noch gegensteuern könnte. Auf die freundlich unverbindliche Antwort von Christof Rasche (FDP) antworte ich so erst zwei Wochen später:

Koalitionsvertrag   3. Nov. 2018
Funktionsprüfung privater Abwasserleitungen

Sehr geehrter Herr Rasche,
vielen Dank für Ihre Antwort auf mein Schreiben vom September. Dazu habe ich einige Anmerkungen.

Wenn ich höre, dass das Umweltministerium den Entwurf erarbeitet und dann weiß, dass unter anderen ein Herr Fragemann damit befasst ist, der schon 2011 unter Johannes Remmel gearbeitet hat, bleibt bei mir ein mulmiges Gefühl. Ob dieser Beamte hier eigene Überzeugungen einfließen lässt oder wie überhaupt er und seine Kollegen persönlich über die Problematik denken, kann ich nicht beurteilen. Zumindest trägt seine Antwort vom April 2011 aus dem Umweltministerium heraus, in dem er die Dichtheitsprüfung vehement verteidigt, schon seine Unterschrift. Der anstehende Entwurf sollte daher von der Regierungskoalition mit besonderer Skepsis behandelt werden.

Derzeit ist für mich nicht nachvollziehbar, weshalb es nicht ausreichend sein soll, auf eine landesweite Rechtsverordnung für private Abwasserleitungen ganz zu verzichten und stattdessen auf die allgemeinen Pflichten aus dem WHG des Bundes und anderen Gesetzeswerken zu verweisen. Es genügt vollkommen, bei dem zu vernachlässigenden Gefahrenpotential die Überwachung privater Anlagen in der Eigenverantwortung der Bürger zu belassen. Wie Prof. Hepcke und andere schon vor Jahren festgestellt haben, gehören derartige Vorschriften ohnehin zurück ins Baurecht, wo sie bis 2007 auch verankert waren.

Es wäre schön, wenn unter den noch zu hörenden Gruppen auch noch einmal Vertreter der Bürgerinitiativen bzw. Betroffene eingeladen werden. Des Weiteren bitte ich Sie, auch uns den Entwurf zeitgleich mit anderen Interessengruppen zur frühzeitigen Kommentierung zukommen zu lassen.

Vielen Dank im Voraus

Danach habe ich nichts mehr gehört — weder eine Antwort, noch eine Einladung oder ein Entwurf haben mich erreicht. Eine weitere Beteuerung der guten Absichten aus den Reihen der FDP geht Anfang Dezember an Hubert Schulte:

Montag, 3. Dezember 2018 09:34

Betreff: Re: WG: Brief

Sehr geehrter Herr Schulte,
vielen Dank für Ihr Schreiben vom 12. Oktober, welches Sie gleichlautend an unseren Fraktionsvorsitzenden Herrn Christoph Rasche MdL gesendet haben.

Herr Rasche hatte Ihnen bereits zentral für die Fraktion der FDP geantwortet, da die Funktionsprüfung privater Abwasserleitungen Bestandteil des Koalitionsvertrags der NRW-Koalition ist.

Das Ministerium für Umwelt, Landwirtschaft, Natur- und Verbraucherschutz des Landes Nordrhein-Westfalen erarbeitet aktuell einen ersten Entwurf. Sobald dieser Entwurf vorliegt, werde ich mich mit diesem kritisch auseinandersetzen, und diesen, sollte er nicht unseren Vorstellungen entsprechen, entsprechend verändern.

Da auch das Ministerium an die Vorgaben des Koalitionsvertrags gebunden ist, erwarte ich, dass unsere Forderungen, dass es eine verpflichtende Funktionsprüfung privater Abwasserkanäle nur bei Neubauvorhaben, bei wesentlichen baulichen Veränderungen auf Grundstücken und bei begründeten Verdachtsfällen geben soll, im Entwurf umgesetzt wird. Da die Gesamtthematik viele rechtliche Themen umschließt, bitte ich Sie noch um ein wenig Geduld. Auch die Frage, ob eine Entschädigungsmöglichkeit gegeben ist – bei bereits durchgeführten Prüfungen – ist nur sehr komplex zu bewerten.

Sobald der Entwurf des Ministeriums vorliegt, werden die Interessenvertreter und Verbände selbstverständlich am weiteren Verlauf beteiligt. Dies ist gängige Praxis und wird von uns Freien Demokraten auch gerne gepflegt.

Sollten Sie weitere Rückfragen haben, melden Sie sich gerne bei mir.
Freundliche Grüsse sendet
[…] MdL

Ende 2018 ist die abschließende Lösung der Probleme weiter ungewiss. Kurz vor Weihnachten entschließe ich mich daher doch noch, Armin Laschet und Ursula Heinen-Esser darauf hinzuweisen, dass wieder einmal faktisch ein Wortbruch im Raum steht:

14. Dez. 2018

Sehr geehrter Herr Ministerpräsident,

im Mai 2014 haben Sie persönlich versprochen *„Die Prüfung von privaten Abwasserkanälen muss nur dann durchgeführt werden, wenn ein begründeter Verdacht besteht, dass sie undicht sind.“* und so ist es im Koalitionsvertrag von 2017 auch sinngemäß festgehalten. Die Hoffnungen, die Sie damit geweckt haben, wurden bis heute leider nicht erfüllt. Mit einer weiteren Verzögerung der Umsetzung ist den jetzt Betroffenen nicht mehr geholfen. Auch wenn das Vorhaben spät in 2019 oder gar 2020 letztlich umgesetzt wird, steht damit faktisch ein Wortbruch im Raum. Ich bitte Sie dringend, das Thema „Funktionsprüfung“ zur Chefsache zu machen und diesen gordischen Knoten jetzt zu durchschlagen.

Trotz aller gegenteiliger Beteuerungen diverser Abgeordneter in den letzten Wochen entsteht nachhaltig der Eindruck, dass die Entscheidungen bewusst und systematisch bis auf einen Termin nahe oder nach dem entscheidenden Stichtag verzögert werden. [...]
Wenn die Ministerialbürokratie mit der Erarbeitung eines befriedigenden Entwurfs überfordert sein sollte, rege ich an, dass man einfach in Hessen (2012) oder Baden-Württemberg (2013) abschreibt. Sowohl eine sofortige Aussetzung der bestehenden Rechtsverordnung, als auch eine Beschränkung auf Wasserschutzgebiete I und II wären vorläufig akzeptable und vor allem schnelle Lösungen.

Ich wünsche Ihnen und Ihrer Familie Frohe Festtage.
Mit freundlichen Grüßen

Nach einem Telefonat mit einem Landtagsabgeordneten, sowie diversen Kontakten anderer Aktivisten in den politischen Raum, erhärtet sich der Eindruck bei mir und vielen unserer Mitstreiter, dass der zuständige Fachbereich im Umweltministerium, dessen Beamte schon unter Rot-Grün in Amt und Würden waren, die Koalition mit bewusster Verzögerung und konstruierten Problemen regelrecht vorführt. Nach weiteren Anschreiben sagen einzelne Abgeordnete aus CDU und FDP noch kurz vor Weihnachten zu, diesem Verdacht nachzugehen.

Ob der Unsinn tatsächlich noch rechtzeitig vor dem nächsten Stichtag 2020 – Prüfpflicht für alle Häuser in Wasserschutzgebieten – ein Ende findet, ist offen. An ein Wort zu glauben, habe ich mir abgewöhnt. Selbst schriftliche Verträge sind heutzutage nicht unbedingt viel Wert. Verschafft sich hier etwa Altkanzler Adenauer noch einmal Geltung, nach dem man nicht nur jeden Tag schlauer werden darf, sondern der auch einmal meinte *„Was kümmert mich mein Geschwätz von gestern“*?

Es bleibt festzuhalten: **Auch ein zu spät eingelöstes Versprechen ist ein gebrochenes Versprechen.**

Und noch etwas möchte ich zum Schluss der Landesregierung NRW unter Ministerpräsident Armin Laschet und den sie tragenden Parteien CDU und FDP ins Stammbuch schreiben. Sehr vielen Mitstreitern erging es wohl ähnlich wie mir selbst: Die vergangenen Jahre haben mich desillusioniert zurückgelassen und mein Urvertrauen darin zerstört, dass Politik letztlich den Menschen dient. Dieses Land ist meine Zukunft und ich hoffe sehr, dass es auch noch für die Zukunft meiner Kinder und Enkel steht. Anders als früher beschreiben die ersten beiden Zeilen aus Heinrich Heines „Nachtgedanken“ meinen Gemütszustand heute recht gut: „Denk ich an Deutschland in der Nacht, Dann bin ich um den Schlaf gebracht, [...]“

Noch haben Sie es in der Hand!

Ende gut ...

Seit der Veröffentlichung der ersten Auflage dieses Buches erreichen mich widersprüchliche Signale. Die noch unter Remmel 2013 begonnene Studie „Landesweites Monitoring über die Auswirkungen undichter privater Abwasserleitungen auf den Boden und das Grundwasser" hat sich absehbar zu einem kostspieligen Desaster entwickelt[72] [73]. Sie konnte keinesfalls einen wie immer gearteten Nachweis erbringen, dass von privaten Abwasserleitungen eine nennenswerte Umweltgefahr ausgeht. Nach einer weiteren E-Mail-Kampagne vom 9. April 2019 ruft mich ein Landtagsabgeordneter der CDU an und bittet um ein persönliches Treffen, das am 12. April dann in einem Café in meinem Heimatort stattfindet. Darin legt er mir einen Entwurf für die Änderung der Funktionsprüfung vor. Der Inhalt klingt vielversprechend und das Papier soll noch bis zur Sommerpause in den Landtag. Danach scheint erst einmal nichts zu passieren. Im Gegenteil künden weitere Nachrichten aus dem Landtag und Antworten auf meine letzte Aktion von unüberwindbaren Schwierigkeiten. Im August schreibt die IKZ-Online unter „Lokales/Iserlohn": „[...]Experte in Sachen Dichtheitsprüfung im Iserlohner Rathaus ist Joachim Reiß von der Abteilung Stadtentwässerung. Und der rechnet nicht mehr damit, dass es noch Änderungen geben wird, auch im jüngsten sogenannten „Entfesselungspaket" der Landesregierung hätten sich keine Anhaltspunkte ergeben. [...]"[74]

Im Herbst habe ich die Hoffnung auf eine weitere Entlastung wegen solcher und ähnlicher Meldungen schon aufgegeben. Der Widerstand der alten Kader im Ministerium und der mangelnde politische Wille machen eine Lösung unwahrscheinlich. Beim NRW-Treffen am 16. November beherrschen Skepsis bis hin zu Pessimismus die allgemeine Stimmung im vollbesetzten Saal, zumal eingeladene Politiker aus unterschiedlichen Gründen abgesagt haben.

Am Dienstag, dem 10. Dezember 2019 dann ein Paukenschlag: Um 16:03 Uhr erreicht mich die E-Mail aus dem Landtagsbüro von Josef Hovenjürgen mit einer wirklichen Überraschung. Der „Antrag der Fraktion der CDU und der Fraktion der FDP" mit dem Titel „Dichtheitsprüfungen in Wasserschutzgebieten in begründeten Verdachtsfällen zum Schutz des Grundwassers und der Grundstückseigentümer" liegt nun als Drucksache 17/8107 tatsächlich zur Abstimmung vor und soll dem Spuk ein Ende setzen. Am Abend noch gegen 21:10 ruft Dr. Ralf Nolten (MdL CDU) mich an und bestätigt den Sachverhalt, bittet um Verständnis für die lange Dauer des Verfahrens und erklärt, dass die Vorlage am 19.12.2019 schon im Plenum zur Abstimmung steht und mit Sicherheit abgesegnet wird. Vielleicht schon Januar 2020 sollte die Dichtheitsprüfung dann endgültig zur Ruhe gebettet werden.

Tatsächlich verläuft die Abstimmung wie angekündigt. Am Donnerstag, dem 19. Dezember 2019 verkündet die Vizepräsidentin des Landtags, Angela

Freimuth, um 12:37 Uhr und 42 Sekunden das Ergebnis der Abstimmung: Der Antrag von CDU und FDP wird angenommen. Die AfD schließt sich an. Nur SPD und GRÜNE stimmen geschlossen dagegen. Der damit erteilte Auftrag entspricht in etwa dem, was ich im Frühjahr schon gesehen hatte:

Der Landtag beauftragt die Landesregierung,

- eine verpflichtende Funktionsprüfung privater Abwasserkanäle (Dichtheitsprüfung) nur bei Neubauvorhaben, bei wesentlichen Änderungen und in begründeten Verdachtsfällen zu verlangen. Bestehende Reglungen zur Prüfung industrieller oder gewerblicher Abwasseranlagen sowie über abgelaufene gesetzliche Fristen bleiben da-von unberührt;

- § 8 Abs. 1 SüwVO Abw zu streichen;

- den bestehenden § 8 Abs. 3 SüwVO Abw wie folgt zu ändern:
Innerhalb von durch Rechtsverordnung festgesetzten Wasserschutzgebieten hat der Eigentümer eines Grundstücks im Erdreich oder unzugänglich verlegte Abwasserleitungen zum Sammeln oder Fortleiten von Schmutzwasser oder mit diesem vermischten Niederschlagswasser seines Grundstücks unverzüglich von Sachkundigen nach den allgemein anerkannten Regeln der Technik auf deren Zustand und Funktionsfähigkeit prüfen zu lassen, wenn ihm bekannt ist, dass bei der Überprüfung des kommunalen Kanalnetzes (§ 2 Abs. 1) entweder Ausschwemmungen von Sanden und Erden, Ausspülungen von Scherben, Ausspülungen von weiteren Fremdstoffen, die auf eine Undichtigkeit des häuslichen Kanals schließen lassen, oder Ablagerungen von solchem Material am Einlaufbereich des häuslichen Anschlusskanals in den kom-munalen Kanal festgestellt wurden. Die Pflicht nach Satz 1 besteht auch, wenn Absackungen im Grundstücksbereich oder im Bürgersteigbereich, die auf eine Ausschwemmung von Sanden und Erden schließen lassen, oberhalb des Verlaufs des häuslichen Anschlusskanals festzustellen sind oder wenn mehrere Verstopfungen des Kanals in kurzer Zeit an den Stadtentwässerungsbetrieb gemeldet werden.

Im Umweltministerium mauern die alten Kader unbeirrt weiter. Ein führender Beamter sieht die Umsetzung nicht vor dem Jahresende, kündigt an, noch einmal alle betroffenen Verbände anhören zu wollen. Die Ministerin scheint außerstande, dem Treiben ihrer Beamten Einhalt zu gebieten.

Für die, die sich frühzeitig mit der Thematik auseinandergesetzt und die Gefahr erkannt haben, kommt die Regelung vielleicht noch rechtzeitig. Für andere ist es wohl schon zu spät. Nach 13 Jahren und heftigen Protesten landen demnächst auch die letzten Reste aus dem ehemaligen §61A LWG auf dem Müllhaufen der Geschichte.

Ende gut, Alles gut!?

Beim Treffen am 8. Februar 2020 ist der Saal in Havixbeck übervoll[75], so dass zunächst die Sitzplätze nicht reichen. Die beiden Landtagsabgeordneten Josef Hovenjürgen (CDU) und Markus Diekhoff (FDP) sind erschienen. Beide versprechen, den Druck auf die Ministerialbürokratie aufrechtzuerhalten und weitere Verzögerungen nicht zu tolerieren. Wir werden sehen!

Letzter Akt

Die Mühlen der Gesetzgebung mahlen langsam aber unerbittlich. Geduld ist weiter angesagt. *„Das Landeskabinett hat am 3. März 2020 den Entwurf für eine "Verordnung zur Änderung der Selbstüberwachungsverordnung Abwasser" verabschiedet. Im Kern geht es dabei um die Abschaffung der turnusmäßigen Dichtheitsprüfung für Hausanschlüsse für häusliches Abwasser."* verkündet endlich eine Pressemitteilung aus dem Umweltministerium. Was kommt denn jetzt noch? Weshalb wird die Änderung nicht einfach verkündet und in Kraft gesetzt. Immer noch gilt die alte Verordnung von 2013.

Am 30. April erreicht mich vorab per E-Mail die Einladung für den 26. Mai zu einer Expertenanhörung im Landtag. Von Seiten der Bürgerinitiativen wurde auch Hartmut Hepcke angeschrieben. Nur Haus & Grund Rheinland Westfalen dürfte auch noch auf unserer Seite sein. Aus der Teilnehmerliste entnehme ich, dass wohl wieder die Gegenseite stark präsent ist mit namhaften Vertretern des Städte- und Gemeindebundes Nordrhein-Westfalen, des Städtetages Nordrhein-Westfalen, des Landkreistages Nordrhein-Westfalen, der Stadtentwässerungsbetriebe Köln, der Verbraucherzentrale NRW, der GELSENWASSER AG, des BUND.

Nach einigen Tagen und einem Telefonat mit Dr. Ralf Nolten (MdL CDU) entscheide ich mich für eine persönliche Teilnahme und schreibe die gewünschte Stellungnahme zum Entwurf, die ich zur internen Abstimmung zunächst einmal in die Runde schicke, nach wenigen Tagen dann unverändert an den Landtagspräsidenten.

Meine Zusammenfassung der Anhörung geht schließlich wieder an den Verteiler – für die, die es noch interessiert:

Kurze Rückmeldung der Anhörung im Landtag   26.05.2020, 17:48

Die Anhörung heute lief von 13:00 - 15:00 im Plenarsaal des Landtags. Da ich der einzige Vertreter der Bürgerinitiativen dort war, hatte ich relativ viele Redebeiträge zu liefern. Die Argumente von allen Seiten sind wohl hinlänglich bekannt. Die geladenen "Experten" (also auch ich) durften nur auf Fragen der Abgeordneten antworten.

Hr. Schaaf u.a. bezog sich wieder einmal auf die vermeintlich geringen Kosten (Ich habe RWTH STudie von Prof. Pinnekamp dagegengestellt und die Kosten aus Billerbeck, u.a.). Dr. Quietsch ritt immer wieder das Thema Rechtsunsicherheit, weil der meinte, mit dem jüngsten Urteil des OVG wäre ja nun wohn die Sicherheit hergestellt, die jetz wiede ein Frage sei. (Ich erwähnte später, dass begangene Fehler keine neuen rechtfertigen können, selbst die EU solche Maßnahmen für unverhältnismäßig hält und das WHG auf Eigenverantwortung setzt.)

Frau F[…] Ö[…] von der Verbraucherzentrale entpuppte sich als vehemente Verfechterin der bestehenden Regelungen. Mir war zwar schon bekannt, dass die Verbraucherzentralen nicht unbedingt auf unserer Seite stehen und auch nicht auf Seiten der Verbraucher (immerhin sind die öffentlich finanziert und können damit grundsätzlich nicht neutral sein). Die Beiträge auf entsprechende Fragen fand ich allerdings krass. Bei kritischer Nachfrage von Seiten der CDU stotterte sich die Dame einen Blödsinn zurecht, der kaum wiederzugeben ist (Ich bin auf das Protokoll gespannt, dass hoffentlich bald erscheint). Kern ihrer Ansage war dann schließlich, dass die ihren bisherigen Beratungsansatz um 180° drehen müssten, dies zu einer immensen Verunsicherung der Verbraucher führen würde und deshalb von einer Abschaffung der Dichtheitsprüfung dringend abzuraten sei. Da die Dame sich selbst disqualifizierte, bin ich im weiteren Verlauf nicht weiter auf die Argumente eingegangen.

Vereinzelte Reaktion zeigen noch Skepsis, ob das denn dann tatsächlich demnächst als neue Verordnung auch veröffentlicht wird und damit in Kraft tritt. Am 4. Juni halte ich das Protokoll der Sitzung in Händen.[76] Karl-Udo kommentiert:

Re: wichtig-Anhörung 26. Mai 2020 Ausschussprotokoll   07.06.2020, 08:07

mein Kommentar dazu:

Zunächst mal sollten wir alle dem Siegfried ausgesprochen dankbar sein, dass er nochmal die Mühe auf sich genommen hat, an der Expertenanhörung teilzunehmen und dabei auch noch m.E. eine hervorragende Klinge geschlagen hat!!

Knapp, sachlich und präzise nochmals unsere wesentlichen Kritikpunkte zu verdeutlichen und das angesichts einer Übermacht an z.T. hochkarätigen Gegnern der Novellierung - davor ziehe ich den Hut!

Das Protokoll zeigt damit auch, wie eminent wichtig unser nochmaliges und hoffentlich letztes Agieren in dieser leidigen Angelegenheit war, denn Verbündete kann ich in diesem Gremium nur in Ansätzen ausmachen - ist aber auch nichts Neues.

Bleibt zu hoffen, dass Siegfried mit seiner Einschätzung "Rest ist Formsache" auch Recht behält und die Entscheidungsträger nicht noch mal wankelmütig werden, wozu allenfalls die geballte zahlenmäßige Macht unserer Gegner beitragen könnte, nicht jedoch deren altbekannte Argumente, die sich weiterhin überwiegend auf spekulative Annahmen stützen.

Warten wir also gespannt auf das Finale!

Es grüßt aus OWL   Karl-Udo Priesmeier

Schon am 10. Juni sprechen sich die relevanten Ausschüsse final für die Annahme des Entwurfs aus. *„Hallo, endlich für immer geschafft??!! Danke an Euch alle."* schreibt Uwe in die Runde.

Das Landesparlament schließlich stimmt am 26. Juni um 17:32:55 für die Abschaffung. Wieder ist Geduld gefragt. Noch fehlt die Veröffentlichung. Mit Datum vom 15. Juli 2020 endlich ist es so weit. Nach 10 Jahren, 2 Monaten und 8 Tagen ist die Initiative „Alles dicht in NRW" und mit ihr die Dichtheitsprüfung Geschichte.

Epilog

Mein erster Ausflug in die mir bis dahin vollkommen unbekannten Gewässer der Landes- und Kommunalpolitik hat mit „Alles dicht in NRW" Ausmaße angenommen, die ich mir nie hätte vorstellen können. Viele Illusionen über die Triebfedern politischer Entscheidungen sind mir dabei unwiederbringlich verloren gegangen und ich hinterfrage heute vieles, was ich früher einfach akzeptiert hätte. Das Wörtchen „offenbar" und vergleichbare Formulierungen sind für mich seither Reizworte, die vor allem darauf abzielen, Nachfragen zu unterbinden, und ein Spruch ziert heute meine Mail Signatur *„Zu tun, was alle tun, zu sagen, was alle sagen, zu denken, was alle denken, ist immer bequem, aber selten richtig"*.

Für mich ist immer noch unfassbar, welcher immense Aufwand und gigantische Energie unzähliger Bürger über Jahre hinweg eingesetzt werden mussten, um eine einzelne Fehlentscheidung zu revidieren, die innerhalb von Minuten von uninteressierten Parlamentariern durchgewunken wurde. Leider ist dies kein Einzelfall. In der Politik geht es regelmäßig vor allem um Macht, darum, Recht zu haben und Recht zu behalten, das eigene Image zu pflegen. Genauso wichtig erscheinen eine gute Selbstdarstellung und Lob zu bekommen unter Gleichgesinnten in der selbstgeschaffenen Blase. Rückgrat zu zeigen, wie es früher einmal ein Herbert Wehner oder Franz Josef Strauß in harten Auseinandersetzungen bewiesen, ist ein Auslaufmodell, kommt ganz schnell einem politischen Selbstmord gleich oder wird gebrochen, wobei die Medien eine durchaus unrühmliche Rolle spielen. Meinem inzwischen gewonnenen Eindruck nach orientiert sich Politik gerade in vielen existentiell wichtigen Gebieten nicht zuerst an der Faktenlage und schon gar nicht regelmäßig am Wohl der viel zitierten „Bürgerinnen und Bürger". Vor allem auf kommunaler Ebene erschüttert mich diese Erkenntnis, obwohl es da meiner Wahrnehmung nach noch die meisten Ausnahmen von der Regel gibt.

Bei den schlimmsten Auswüchsen steht an erster Stelle ein politischer Wille, orientiert an hochfliegenden Zielen ohne konkreten Nutzen und ungeachtet der möglicherweise zerstörerischen Folgen im Einzelfall. Menschlicher Pragmatismus war gestern, gnadenlose Ideologie ist heute. Geeignete Fakten finden sich immer, werden im Nachgang ausgewählt, Statistiken bewusst missdeutet oder die Daten passend „bereinigt"[20]. Sogenannte „Experten", deren Qualifikation niemand prüft, oder willfährige „Wissenschaftler", deren vorrangiges Ziel die Akquise lukrativer Projekt- und Studienaufträge ist, liefern mundgerecht die passenden Argumente dazu. Die Presse zeigt währenddessen landauf landab eine schon unheimliche Staatsnähe und nimmt dessen Kampagnen dankbar auf, ohne deren Begründung aus eigenem Antrieb wirklich kritisch zu hinterfragen. Genau das wäre die herausragende Aufgabe un-

---

20 Eine Bereinigung der Rohdaten ist in der Statistik regelmäßig notwendig, bietet allerdings auch weitere Möglichkeiten zur Manipulation, wenn sie absichtsvoll eingesetzt wird.

abhängiger Medien. „Wo alle einer Meinung sind, wird meistens gelogen" war einmal ein heute vergessener Leitspruch kritischen Journalismus'. Das habe ich gerade am Anfang vermisst. Erst unser öffentlicher Widerstand hat schließlich für eine ausgewogenere Berichterstattung gesorgt. Aber nicht unschlagbare Sachargumente waren der Schlüssel, sondern Lautstärke.

In anderen Fällen waren Lobbyisten erfolgreicher, weil die Schmerzgrenze im Einzelfall nicht so weit überschritten wurde, um einen Sturm des Protestes lostreten zu können. Legionellentest, Rauchmelderpflicht, Gebäudedämmung, Glühlampenverbot sind Beispiele aus jüngerer Zeit. Von solchen Vorgaben profitieren nachprüfbar und risikolos die Hersteller und Anbieter entsprechender Geräte und Dienstleistungen, deren Vertreter die ständigen Stichwortgeber der Politik sind. Auch die Feinstaubplakette hat die Feinstaubbelastung in den Städten keinesfalls nachhaltig gesenkt, aber immer rigidere Grenzwerte den Autoproduzenten satte Renditen beschert. Ob für die Bürger der Nutzen die finanziellen Nachteile ausgleicht, ist dagegen mehr als fraglich und solche Vorschriften machen schon das nackte Leben zunehmend unbezahlbar. Leider ist derzeit keine politische Kraft erkennbar, die hier nicht nur mit Worten, sondern auch mit Taten kompromisslos gegensteuert. Ich wünsche mir in solchen Debatten eine Abkehr von der allgemeinen Konsenskultur. Laute Worte, ein kompromissloses NEIN und harte Auseinandersetzungen im Interesse der Bürger sind es, die ich in den Parlamenten sehen möchte. Ich denke, ich spreche vielen unserer Mitstreiter damit aus der Seele.

Wenn auch jeder „Einzelfall" für sich keine breite Protestwelle auslöst, führen die vielen „Einzelfälle" zusammengenommen durchaus zu weiter steigender Politikverdrossenheit, die sich irgendwann irgendwo explosiv Bahn brechen muss, wenn der Druck nicht nachlässt. Dann genügt schon ein banaler Anlass, um eine Lawine in Gang zu setzen, die sich jeder Steuerung entzieht. Eindrucksvoll zeigt sich ein solcher Vorgang in der gerade aufflammenden Protestbewegung der sogenannten „Gelbwesten" in Frankreich.

Auch „Alles dicht in NRW" war ein zunächst nur unscheinbarer Baustein unter vielen im erfolgreichen Widerstand gegen den Paragrafen 61A des Nordrhein-Westfälischen Landeswassergesetzes von 2007. Dieser Funke aber genügte, damit sich die aufgestaute Not, Wut und Verzweiflung landesweit Bahn brach. Der Name der Initiative stand über die Jahre stellvertretend für die Auflehnung gegen vielfach existenzgefährdende Zwangsmaßnahmen und gab der Bewegung ein landesweites Gesicht gegenüber Presse und Landesregierung, das alle Widersprüche, Uneinigkeit, Interessenkonflikte und Rangeleien unter Vertretern lokaler Gruppen überdeckte. Ohne „Alles dicht in NRW" wäre die Geschichte anders verlaufen. Die Behörden vor Ort hätten weiterhin, wie bis dato geschehen, erfolgreich eine Bürgerbewegung nach der anderen mit kleinen Zugeständnissen ruhiggestellt und das Gesetz insgesamt rigoros vollzogen.

Eines möchte ich noch an die Adresse der Partei loswerden, der mein Vater über Jahrzehnte angehörte. Auch als Folge solch falscher Weichenstellungen ist die SPD im Jahre 2019 auf dem Weg in die Bedeutungslosigkeit. Das Führungspersonal hat immer noch nicht begriffen, dass es mit vielen ihrer Hauptthemen nur noch typische GRÜNEN-Wähler erreicht. Grüne Politik, wie sie heute betrieben wird, bedient vor allem wirtschaftliche Interessen milliardenschwerer Industrien, unter denen Windkraft und Fotovoltaik eine herausragende Rolle spielen. Mit einer Politik für die Schwachen ist sie schon lange nicht mehr in Einklang zu bringen. An der Fotovoltaik verdienen nur die Wohlhabenden. Nur wer Geld übrig hat, kann in Windkraft investieren. Von Dieselfahrverboten sind vor allem die betroffen, die sich keine neuen Autos leisten können. Nur den Schwachen bleibt kein anderer Ausweg, als zu zahlen und zu verzichten. Wenn die SPD nicht begreift, dass im Zweifel soziale Gesichtspunkte eindeutig Vorrang haben müssen vor zweifelhaften ökologischen Zielen, dann wird der weitere Niedergang nicht aufzuhalten sein. Das, was die SPD seit Jahren im Schlepptau der GRÜNEN treibt, betrachte ich – so wie viele Mitstreiter, darunter auch eingefleischte SPD-Anhänger – , als fortgesetzten Verrat an den kleinen Leuten. Ähnliches gilt in abgeschwächter Form allerdings auch für andere Parteien, die Sozialpolitik mit Ökologismus verwechseln.

Eine versteckte Agenda dürfte aber auch hier am Werke sein, die deren erratisches Verhalten erklären könnte. Als gleichzeitig gewinnbringende Wirtschaftsunternehmen sind die Parteien nicht in erster Linie auf Wähler angewiesen. Schon am 4. Dezember 2000 titelte etwa der Focus „*Heimliches Milliardenreich*" in Bezug auf die SPD und selbst im Jahr 2016, das überwiegend geprägt war von Wahldesastern – in Baden-Württemberg und Sachsen-Anhalt zog sogar die AfD schon deutlich vorbei –, war die Partei wirtschaftlich sehr erfolgreich. Die Vermutung liegt also nicht ganz so fern, dass die versteckte Agenda sich in erster Linie an ganz anderen Zielen orientiert als dem Gewinnen von Wahlen.

Die uralten Mechanismen, die hinter den Kulissen wirken, sind allerdings grundsätzlicher Art und werden sich wohl auch auf absehbare Zeit nicht ändern. Nur sollte sich jedermann deren bewusst sein und im Rahmen seiner Möglichkeiten gegensteuern. Der Kopf dient nicht ausschließlich der Nahrungsaufnahme und mit betreutem Denken sollte sich niemand zufriedengeben. Das Gleiche gilt auch für eine Partei, wenn sie denn überhaupt ein lebendiges Abbild der Gesellschaft bleiben will. In der Tat wirft die Dokumentation der Ereignisse in diesem Buch ein schonungsloses Schlaglicht auf die Motive aktueller Politik. Wenn Ideologie das Handeln bestimmt, spielt die Würde der Menschen nur eine untergeordnete Rolle. Mit oft hanebüchenen, pseudowissenschaftlichen Argumenten setzt ein ins Absurde übersteigerter Ökologismus Regeln durch, die sich nicht mehr vorrangig am Wohle der Bürger orientieren. Wie seit Jahrhunderten schon wird jeweils eine hypothetische Hölle heraufbeschworen, die zu vermeiden keine Opfer zu groß und keine Kosten zu hoch sein können. Bürokratische Monster setzen danach unsinnige Vorschriften rücksichtslos gegen die offenkundigen Interessen Betroffener durch und jeder Kollateralschaden wird billigend in Kauf genommen.

Die Ideologie ist allerdings nur die Droge für das jeweilige Fußvolk, das die unverrückbaren Wahrheiten nicht infrage stellt, jeden Ketzer aus der Gemeinschaft ausschließt und hasserfüllt zu vernichten trachtet. Genau so soll es sein, denn in Wirklichkeit geht es den führenden Köpfen um Macht, um die Lenkung der Bevölkerung, die Schaffung eines neuen Menschen und um Geld. Wenn auch der Sachverstand oft fehlt, so wissen doch erfahrene Politiker und Priester eines gleichermaßen sicher: Mache den Leuten Angst und du kannst ihnen nach Belieben das Geld aus der Tasche ziehen. Diesen simplen Machtmechanismus zu begreifen, dürfte wirklich niemanden intellektuell überfordern. Danach sollte es leichter fallen, die unzähligen alarmistischen Meldungen, mit denen wir fast täglich bombardiert werden, vernünftig einzuordnen.

Verschiedentlich wurde ich gefragt, ob „Alles dicht in NRW" eine Blaupause sein könnte für vergleichbare Protestbewegungen. Ich bin da eher zurückhaltend. Die Antwort lautet wie so oft: Es kommt darauf an! Wenn ich als Milliardär über sehr viel Geld verfüge, gelingt fast sicher die brachiale Methode: Ich rufe die eine oder andere Nichtregierungsorganisation (NGO) ins Leben, finanziere sie großzügig, führe so mit Hilfe „der guten Menschen" die öffentliche Meinung auf den „richtigen" Weg und treibe Politik und Medien mit wohl dosiertem Kapitaleinsatz vor mir her. Wenn man es geschickt anfängt, lässt sich damit am Ende oft sogar noch Geld verdienen.[77]

Worauf es abseits von diesem Sonderfall ankommt, will ich noch einmal am Bild einer Lawine deutlich machen. Angenommen im Gebirge baut sich hoch oben ein Schneebrett auf. Ob das irgendwann zu Tal geht und wohin, erscheint erst einmal nicht klar. Jetzt kann die weitere Entwicklung dramatisch von der Initiative und den Begabungen eines Einzelnen abhängen. Wenn jetzt jemand – körperlich fit und auf Skiern sicher unterwegs – die Chance erkennt und vermutet, dass die kritische Masse da oben schon erreicht ist, kann der durchaus aufsteigen, mit einfachen Hilfsmitteln eine Lawine auslösen und ihr dabei eine günstige Richtung geben. Ein Anderer verfügt vielleicht über ein Fluggerät oder eine handliche Feldartillerie im Schuppen, die er zum gleichen Zweck entsprechend seiner Möglichkeiten einsetzen könnte.

Soweit der Vergleich, der nur die grundlegenden Bedingungen deutlich machen soll. Einmal hängt der Erfolg von einer kritischen Situation ab: Unzufriedenheit, Enttäuschung, Angst, Wut müssen schon ein gewisses Maß überschritten und noch kein Ventil in die Öffentlichkeit gefunden haben. Ob das so ist, lässt sich kaum sicher beurteilen. Ist schon Öffentlichkeit hergestellt, gibt es vermutlich schon die eine oder andere Initiative, die das Anliegen vertritt. Meist ist es dann besser, sich dort aktiv einzubringen.

Wie der nächste Schritt aussehen kann, hängt dann sehr von den besonderen Talenten dessen ab, der eine Initiative ergreift. Der Eine verfügt vielleicht über beste Kontakte in die Politik oder die Presse und setzt dort einen Hebel an. Ein Anderer ist vielleicht hervorragend in den sozialen Medien vernetzt und kann über seine Follower einen wirksamen Protest organisieren. Noch ein Anderer ist vielleicht ein begnadeter Redner oder Organisator. „Alles dicht in NRW" zeigt nur, dass man auch als Einzelner etwas Durchschlagendes unternehmen kann. Es ist durchaus nicht aussichtslos, erfordert aber Durchhaltevermögen und Frustrationstoleranz. Es ist wichtig, auf die eigenen Stärken zu setzen. Daneben sind klare Ziele und eindeutige Forderungen ohne innere Widersprüche natürlich ebenso Erfolgsfaktoren, sowie eine belastbare Argumentation von Anfang an. Deshalb ist auch eine sorgfältige Vorbereitung wichtig, bevor man sich an die breite Öffentlichkeit wendet, sonst ziehen Gegner einen Vorstoß leicht ins Lächerliche.

Ich selbst bin ein eher technisch-wissenschaftlich orientierter Mensch mit einem Hang zum Schreiben. Hätte ich versucht, als Redner Säle zu füllen, wäre meine Initiative schnell gescheitert und ich hätte mich frustriert wieder zurückgezogen. Als Erfolgsrezept sehe ich die unbedingte persönliche Zurückhaltung des Initiators. Nur so können sich die vielfältigen Talente in einer heterogenen Bewegung voll entfalten und die Last verteilt sich schnell auf viele Schultern.

Allerdings waren mir solche Zusammenhänge am Anfang durchaus nicht klar. Ich habe einfach aus der Not heraus das eingesetzt, was ich gut kann und mir teilweise sogar Spaß bereitet. Dem daraus entstehenden Sog bin ich mehr oder weniger gefolgt, habe dabei immer wieder für mich naheliegende Möglichkeiten ergriffen, der Bewegung weiteren Schub zu geben und Hindernisse aus dem Weg zu räumen. In kurzen Worten zusammengefasst, war meine Landesinitiative wohl deshalb erfolgreich, weil sie zum richtigen Zeitpunkt kam, sehr früh klare Ziele mit belastbaren Argumenten formulierte, eine effiziente Vernetzung aller Betroffenen ermöglichte, und – nicht zuletzt – meinen persönlichen Talenten entsprang.

Buchempfehlungen

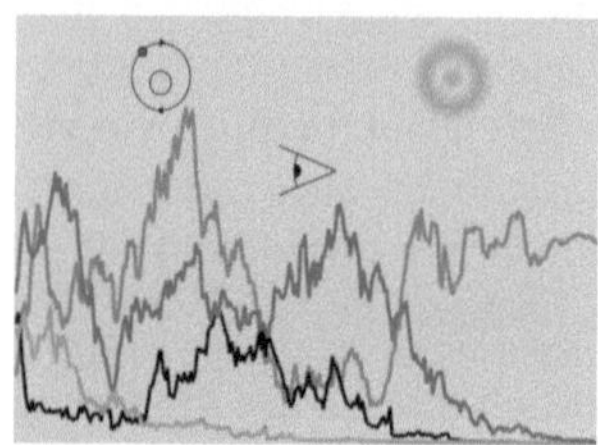

ISBN 978-3-7460-6726-1
Books on Demand

ISBN 978-3-7386-2019-1
Books on Demand

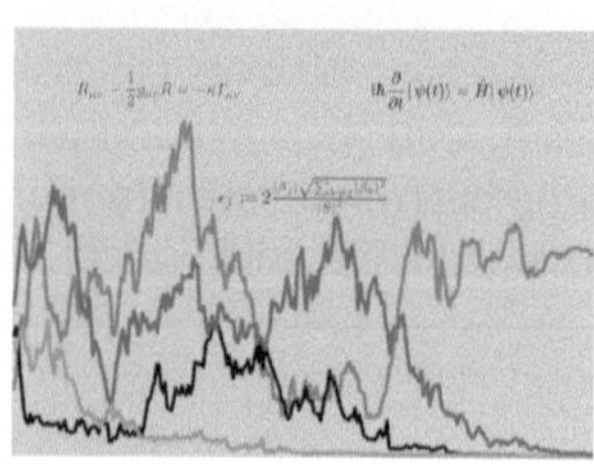

ISBN 978-3-8482-2357-2
Books on Demand

ISBN 978-3-7460-4952-6
Books on Demand

Quellen

[1]   Windmöller, Dirk "Rat legt Dichtigkeitsprüfung trocken", *Neue Westfälische* [Zeitungsverlag Neue Westfälische GmbH & Co. KG], 17. März 2011

[2]   Frigelj, Kristian "Darf's noch etwas mehr sein", *Welt am Sonntag* [Axel Springer SE], 27. Februar 2011

[3]   "Alleingang von Nordrhein-Westfalen bei Dichtheitsprüfung war ein Fehler", *EUWID Wasser und Abwasser* [EUWID Europäischer Wirtschaftsdienst GmbH, Gernsbach], 11. März 2011

[4]   "Abruszat: Dichtheitsprüfung in NRW stoppen", *Mindener Tageblatt* [J.C.C.Bruns Betriebs-GmbH], 23. März 2011

[5]   Sistemich, Franz "Abwassergrundableitungen: Kosten von über 10.000 Euro befürchtet", *Aachener Zeitung* [Aachener Verlagsgesellschaft mbH], 31. März 2011

[6]   "Dichtheitsprüfungen: Von der Welle zum Thema doch überrascht", *Mindener Tageblatt* [J.C.C.Bruns Betriebs-GmbH], 9. April 2011

[7]   Sistemich, Franz "Nideggen wendet sich an das Land", *Aachener Zeitung* [Aachener Verlagsgesellschaft mbH], 23. April 2011

[8]   "Dichtigkeitsprüfung Lindner setzt sich für eine neue Lösung ein ", *Kölner Stadt-Anzeiger* [DuMont.next GmbH & Co. KG], 11. April 2011

[9]   Jansen, Guido "Die Angst, Geld in den Kanal zu schütten", *Aachener Nachrichten* [Aachener Verlagsgesellschaft mbH], 27. April 2011

[10] Kallmeier, Nina "Dichtheitsprüung, nein danke", *Löhner Zeitung* [WESTFALEN-BLATT Vereinigte Zeitungsverlage GmbH], 11. Mai 2011

[11]   "Wir müssen geschlossen gegen die Kanalprüfung angehen", *Neue Westfälische* [Zeitungsverlag Neue Westfälische GmbH & Co. KG], 12. Mai 2011

[12] Burger, Reiner "Nordwalde - Noch ganz dicht?", *Frankfurter Allgemeine* [Frankfurter Allgemeine Zeitung GmbH], 16. Mai 2011

[13] Kampferbeck, Jens "Kritik an Gegnern von Dichtheitsprüfung „Das ist erstunken und erlogen"", *MV online* [Altmeppen Verlag GmbH & Co. KG], 13. Juli 2011

[14] Kampferbeck, Jens "Protest gegen Dichtheitsprüfung – Laumann unterstützt Bürgerinitiative", *MV online* [Altmeppen Verlag GmbH & Co. KG], 7. Oktober 2011

[15] Jägeler, Franz "Abwasserleitungen, nicht ganz dicht - "Kanalhaie" wittern ein dickes Geschäft", *plusminus* [Bayerischer Rundfunk, Anstalt des öffentlichen Rechts], 30. November 2011

[16] Hepcke, Hartmut. Warum die Umsetzung des § 61a LWG NRW scheitern muss, 22. November 2011

[17] Schwerdtfeger, Christian "Kanal-TÜV: Land droht Klage", *Rheinische Post* [Rheinische Post Verlagsgesellschaft mbH], 17. Dezember 2011

[18]   "Bochumer Nischenunternehmen - Den richtigen Riecher gehabt",
Westdeutsche Allgemeine Zeitung [FUNKE MEDIEN NRW GmbH], 7. Juli
2010

[19] Fasel, Andreas "Chaos im Kanal", *Welt am Sonntag* [Axel Springer
SE], 8. Januar 2012

[20] VOOGT, GERHARD "NRW kippt Kanal-TÜV für
Eigenheimbesitzer", *Rheinische Post* [Rheinische Post Verlagsgesellschaft
mbH], 18. Januar 2012

[21] VOOGT, GERHARD "Kanalprüfer fürchten um ihre Jobs", *RP Online*
[Rheinische Post Verlagsgesellschaft mbH], 27. Januar 2012

[22] Tückmantel, Ulli "Nicht ganz dicht", *RP Online* [Rheinische Post
Verlagsgesellschaft mbH], 27. Januar 2012

[23]   "„Sie bestreiten die Gefahr von austretendem Abwasser? – Ja!“",
infodienst Grundstück und Wasser [IKT - Institut für Unterirdische
Infrastruktur gGmbH], 10. Januar 2012

[24] Wellmann, Reiner "Untragbar und zum Teil existenzgefährdend", *MV
Online* [Altmeppen Verlag GmbH & Co. KG], 1. März 2012

[25]   "CDU-Stadtverband will Laumanns Wiederwahl", *ivz-online*
[ivz.medien GmbH & Co. KG], 23. März 2012

[26] Brockmann, Reinhard "Kai Abruszat ist der FDP Spitzenmann",
WESTFALEN-BLATT [WESTFALEN-BLATT Vereinigte Zeitungsverlage
GmbH], 26. März 2012

[27]   "Umweltministerin PUTTRICH (CDU) erfüllt die Erwartungen der
Fuldaer SPD", *OSTHESSEN|NEWS* [Medienkontor M. Angelstein GmbH &
Co. KG], 30. März 2012

[28]   " FLIEDEN : 4. Bürgermeister-Kandidat vorgestellt: SPD schlägt
Markus HOFMANN (48) vor", *OSTHESSEN|NEWS* [Medienkontor M.
Angelstein GmbH & Co. KG], 15. Dezember 2011

[29] Gerhards. Daniel "400 Unterschriften gesammelt: Bürgerantrag gegen
Dichtheitsprüfungen", *Aachener Zeitung* [Aachener Verlagsgesellschaft
mbH], 12. August 2012

[30] Blasius, Tobias "NRW-Regierung plant nun doch „Kanal-TÜV" für
alle", *DERWESTEN* [FUNKE MEDIEN NRW GmbH], 16. September 2012

[31]   "Regierungsfraktionen beraten noch Dichtheitsprüfung für Kanäle",
BILD [Axel Springer SE], 17. September 2012

[32]   "Kanal-TÜV: Initiative übt heftige Kritik", *Rheinische Post*
[Rheinische Post Verlagsgesellschaft mbH], 18. September 2012

[33]   "Kanal-TÜV: Rot-Grün massiv in der Kritik", *Mindener Tageblatt*
[J.C.C.Bruns Betriebs-GmbH], 18. September 2012

[34] Blasius, Tobias "Geplanter Kanal-TÜV trifft auf breiten Widerstand",
DERWESTEN [FUNKE MEDIEN NRW GmbH], 18. September 2012

[35] Maug, Rolf "„Kanal-TÜV" kommt - aber erst in 14 Jahren",
DERWESTEN [FUNKE MEDIEN NRW GmbH], 18. September 2012

[36] Pastoor, Jörg "Massives Interesse an Infoveranstaltung Gegner wollen Protest weiter ausdehnen", *Westfälische Nachrichten* [Aschendorff Medien GmbH & Co. KG], 19. September 2012

[37] "SPD sauer über den Kanal-TÜV", *DERWESTEN* [FUNKE MEDIEN NRW GmbH], 20. September 2012

[38] Riemenschneider, Hilmar "Kraft bremst beim Kanal-TÜV", *Dülmemer Zeitung* [J. Horstmannsche Buchhandlung GmbH & Co. KG], 20. September 2012

[39] Neß, Norbert "Josef Hovenjürgen: Remmel hat bei der rot-grünen Dichtheitsprüfung den Überblick verloren ", *BundesPressePortal* [BundesPressePortal - parteiübergreifend & bürgernah (BPP)], 20. September 2012

[40] "Vorschlag für NRW: Industrie, Gewerbeund Wasserschutzgebiete bis 2020 prüfen", *infodienst Grundstück und Wasser* [IKT - Institut für Unterirdische Infrastruktur gGmbH], 13. November 2012

[41] Gantzkow, Sven "Einigung bei Kanal-TÜV - Nur wenige Hausbesitzer müssen Kanäle überprüfen", *WDR* [Westdeutscher Rundfunk Köln], 23. Oktober 2012

[42] Voogt, Gerhard "Kanal-TÜV: Kraft sagt basta", *Rheinische Post* [Rheinische Post Verlagsgesellschaft mbH], 23. Oktober 2012

[43] Pfitzner, Florian "Teutonenriege: "Wir haben Druck gemacht"", *Neue Westfälische* [Zeitungsverlag Neue Westfälische GmbH & Co. KG], 27. Okober 2012

[44] "Dichtigkeitsprüfungen Geteiltes Echo auf Aus für Kanal-TÜV", *Kölnische Rundschau* [M. DuMont Schauberg Expedition der Kölnischen Zeitung GmbH & Co. KG],

[45] Schwerdtfeger, Christian "Kanal-TÜV: Seniorin droht Hausverkauf", *Rheinische Post* [Rheinische Post Verlagsgesellschaft mbH], 6. November 2012

[46] "Opposition lehnt überarbeiteten "Kanal-TÜV" weiterhin ab", *DERWESTEN* [FUNKE MEDIEN NRW GmbH], 8. November 2012

[47] "Experte appelliert: Protest fortsetzen", *Die Glocke* [E. Holterdorf GmbH & Co KG], 20. November 2012

[48] Mohr, Jürgen "Informationsveranstaltung zur Dichtheitsprüfung in Übach-Palenberg ", *WDR - Lokalzeit Aachen* [Westdeutscher Rundfunk Köln], 10. Oktober 2012

[49] "Beim Kanal-TÜV ist noch viel im Unklaren", *Aachener Zeitung* [Aachener Verlagsgesellschaft mbH], 15. November 2012

[50] Steffen, Volker "Dichtheitsprüfung nicht vom Tisch!", *Haus & Grund Oberberg* [Haus & Grund Oberberg e.V.], 10. Januar 2013

[51] "Johannes Weinig spricht sich für Kanal-Tüv aus Mindener Professor für Wasserwirtschaft im Landtag angehört", *Neue Westfälische* [Zeitungsverlag Neue Westfälische GmbH & Co. KG], 10. Januar 2013

[52] "Kanal-Tüv: Kritiker bereiten Klage vor", *RP ONLINE* [Rheinisch-Bergische Verlagsgesellschaft mbH], 10. Januar 2013

[53]   "Laumann auf Gronau-TourKaffee, Kinderstation und Kanal-TÜV als Gesprächsthemen für CDU-Sozialpolitiker", *Westfälische Nachrichten* [Aschendorff Medien GmbH & Co. KG], 23. Februar 2013

[54]   Goebels, Wilfried und Kals, Udo "Düsseldorf - Kanal-TÜV: Verband prüft Klage", *Aachener Zeitung* [Aachener Verlagsgesellschaft mbH], 28. Februar 2013

[55]   Dangelmeyer, Joachim "Kein Kanal-Tüv in Velbert", *WESTDEUTSCHE ZEITUNG* [Westdeutsche Zeitung GmbH & Co. KG], 12. März 2013

[56]   "Bürgerinitiative „Alles dicht" Der Politik den Ball zugespielt", *Westfälische Nachrichten* [Aschendorff Medien GmbH & Co. KG], 19. März 2013

[57]   Von mel "Dichtheitsprüfung: Koalition im Königswinterer Stadtrat will Eigentümer schonen", *General-Anzeiger* [Bonner Zeitungsdruckerei und Verlagsanstalt H. Neusser GmbH], 21. März 2013

[58]   "CDU sieht SPD-Kehrtwende bei Kanal-TÜV", *DER WESTEN* [FUNKE MEDIEN NRW GmbH], 10. April 2013

[59]   Riemenschneider, Hilmar "Sonderlösung für den Staatssekretär? Grünen-Politiker Becker weckt mit Initiative gegen Kanal-TÜV Unmut", *Westfälische Nachrichten* [Aschendorff Medien GmbH & Co. KG], 12. April 2013

[60]   "Dichtheitsprüfung : Hoffen auf verträgliche Lösung", *Kölner Stadtanzeiger* [DuMont.next GmbH & Co. KG], 28. April 2013

[61]   Terstegge, Sigrid "Erfahrungsaustausch in Nordwalde Bürgerinitiativen wollen weiter kämpfen", *Westfälische Nachrichten* [Aschendorff Medien GmbH & Co. KG], 28. April 2013

[62]   "Undichte Kanäle unter der Lupe Neues Forschungsprojekt von FH Bielefeld und Hochschule OWL", *Neue Westfälische* [Zeitungsverlag Neue Westfälische GmbH & Co. KG], 15. April 2013

[63]   Michalak, Markus "„Alles dicht in Dülmen" will bei Kommunalwahl als Freie Wählergemeinschaft kandidieren - Neue Alternative fürs Rathaus", *Dülmer Zeitung* [], 13. Mai 2013

[64]   VPU "Dichtheitsprüfung: Jülich hebt Satzung auf", *Aachener Zeitung* [Aachener Verlagsgesellschaft mbH], 24. Mai 2013

[65]   (udo) "ZWEI FRAGEN - Dramatische Tragweite", *Aachener Zeitung* [Aachener Verlagsgesellschaft mbH], 9. Oktober 2013

[66]   Wehaus, Rainer "Baden-Württemberg Hausbesitzer müssen ihre Abwasserrohre prüfen", *Stuttgarter Nachrichten* [Stuttgarter Nachrichten Verlagsgesellschaft mbH], 19. November 2013

[67]   Neß, Norbert "Armin Laschet: Landes-CDU bleibt bei Zwangs-Kanal-Tüv am Ball ", *Lokalkompass* [WVW Westdeutsche Verlags- und Werbegesellschaft mbH], 16. Mai 2014

[68]   Gocke, Torben "Initiative befürchtet, dass zu viele Bürger zur Kasse gebeten werden", *Lippische Landes-Zeitung* [Lippischer Zeitungsverlag Giesdorf GmbH & Co. KG], 13. September 2016

[69] Esser, Robert "Ein dreckiges Geschäft?", *Aachener Zeitung* [Aachener Verlagsgesellschaft mbH], 4. August 2012

[70] Sewing, Astrid "Dichtheitsprüfung ist nicht auzuhebeln", *Lippische Landes-Zeitung* [Lippischer Zeitungsverlag Giesdorf GmbH & Co. KG], 10. Oktober 2017

[71] Hartmann, Frank " Lübbecke Wasserschutzgebiet soll stark ausgeweitet werden Dichtheitsprüfung: Landtagsabgeordnete empfiehlt, Neuregelung bis Sommer abzuwarten", *Neue Westfälische* [Zeitungsverlag Neue Westfälische GmbH & Co. KG], 7. Februar 2018

[72]   "Landesweites Monitoring über die Auswirkungen undichter privater Abwasserleitungen auf den Boden und das Grundwasser", Johannes-Rau-Forschungsgemeinschaft e. V., September 2015, https://jrf.nrw/vernetzung/iuta-iww-landesweites-monitoring/

[73]   "VORLAGE 17/2478: Schriftlicher Bericht Dichtheitsprüfung: Landesweites Monitoring", Landtag NRW [Der Präsident des Landtags NRW], 2. Oktober 2019

[74] "'Kanal-TÜV': 2020 wird es ernst", *IKZ-online* [FUNKE MEDIEN NRW GmbH], 14. August 2019

[75] "Landesweites Treffen der Bürgerinitiativen - Abschaffung der Straßenbaubeiträge gefordert", *Westfälische Nachrichten* [Aschendorf Medien GmbH], 13. Februar 2020

[76]Ausschuss für Umwelt, Landwirtschaft, Natur- und Verbraucherschutz, "Ausschussprotokoll APr 17/1017", 26. Mai 2020

[77] Weimer, Wolfram "Greta Thunberg und die erstaunlich lukrativen Geschäfte ihrer Hintermänner ", *FOCUS Online* [FOCUS Magazin Verlag GmbH], 18. August 2019

Sein erster Ausflug in die Untiefen der Landes- und Kommunalpolitik entwickelt sich zu einem Krimi ungeahnten Ausmaßes. Hoffnungen im ständigen Wechsel mit Aussichtslosigkeit und überraschenden Wendungen begleiten ein dramaturgisches Feuerwerk im Kampf mit Politik, Medien und milliardenschweren Lobbyinteressen. „Alles dicht in NRW" trat eine Protestlawine los, die nach kaum zehn Monaten mit Wucht in Landtag und Landesregierung einschlug und schließlich ein Gesetz zu Fall brachte, das von allen Parteien einstimmig beschlossen und in den Kommunen schon umgesetzt wurde – ein beispielloser Vorgang in der gesamten Geschichte des Landes.

„Für mich ist immer noch unfassbar, welcher immense Aufwand und gigantische Energie unzähliger Bürger über Jahre hinweg eingesetzt werden mussten, um eine einzelne Fehlentscheidung zu revidieren, die innerhalb von Minuten von uninteressierten Parlamentariern durchgewunken wurde." [der Autor]